KÜLTÜRLEŞME, KİŞİLERARASI İLETİŞİM VE ALMANYA'DAKİ TÜRKLER

Dr. Hülya Anakız ERTÜRK

Kültürleşme, Kişilerarası İletişim ve Almanya'daki Türkler

© LITERATÜRK academia 492
İnceleme-Araştırma 466

Aralık 2023

Editörler: **Muzaffer YILMAZ – Esra Saniye TUNCER**
Genel Yayın Yönetmeni: **İsmail ÇALIŞKAN**

ISBN: 978-625-6949-77-5

T.C.
Kültür ve Turizm Bakanlığı
Yayıncı Sertifika No: **16195**

Kapak Tasarım: DİZGİ**MIZANPAJ**.COM

KÜTÜPHANE BİLGİ KARTI
- Cataloging in Publication Data (CIP) -

ERTÜRK, Hülya Anakız
Kültürleşme, Kişilerarası İletişim ve Almanya'daki Türkler

ANAHTAR KAVRAMLAR

1. Almanya, 2. Göç, 3. Kültürleşme, 4. Bütünleşme, 5. Kişilerarası İletişim

- key concepts –
1. Germany, 2. Migration, 3. Acculturation, 4. Integration, 5. Interpersonal Communication

LITERATÜRK academia

" LITERATÜRK academia " **Nüve Kültür Merkezi kuruluşudur.**

www.nkmkitap.com

Fevzi Çakmak Mh. Menemen Cd. E Blok No: 40 D: 1
(Yeni Matbaacılar Sitesi) Karatay / KONYA
Tel: 0.542.134 42 42 - 0.555.980 10 95

KÜLTÜRLEŞME, KİŞİLERARASI İLETİŞİM VE ALMANYA'DAKİ TÜRKLER

Dr. Hülya Anakız ERTÜRK

Hülya Anakız ERTÜRK

Konya doğdum, tüm eğitimim süresince Konya'da bulundum. Selçuk Üniversitesi Halkla İlişkiler ve Tanıtım bölümünde lisans, yüksek lisans ve doktora eğitimimi tamamladım. 2013 -2018 yılları arasında Selçuk Üniversitesi'nde çalıştım, Niğde Ömer Halisdemir Üniversitesi'nde 2018 yılından beri çalışmaya devam ediyorum. Çalışma alanlarım arasında göç, kültürlerarası iletişim, kişilerarası iletişim ve siyasal iletişim konuları bulunmaktadır. Bu alanda farklı çalışmalar gerçekleştirdim ve bu konular doğrultusunda dersler vermekteyim. İlgi alanlarım arasında edebiyat ve sanat konuları yer almaktadır.

ÖN SÖZ

1961'de başladı her şey, Haydar Paşa Tren Garından davul ve zurnayla uğurlanan ilk ekibin gittiği Almanya, şu anda çok sayıda Türk'ün yaşadığı bir coğrafyaya dönüştü. Kuşaklar kuşakları takip etti, kimi göç etti kimi orada doğdu. Hâlbuki başlangıçta sadece misafir işçiydiler. Çalışıp, para kazanıp döneceklerdi ülkelerine. Ancak Almanya'da başlayan misafirlik, Türkiye'de misafirliğe dönüştü. Almanya'da göçmen işçi, Türkiye'de Almancı oldular. Zaman içerisinde artan işçi göçü sayısı, Alman siyasal ve sosyal sistemini korkuttu. Almanya Türklere geri dönün çağrısında bulundu. Kimi bu çağrıya yanıt vererek Türkiye'ye döndü, kimi farklı yollarla Almanya'ya gitmeye devam etti. Petrol ambargosu, ekonomik krizler, 11 Eylül saldırıları Türklerin aleyhine işledi. Göç bazen tersine döndü, bazense sürdü. Şu anda yerleşmiş bir göçmen kitlesi oluştu. Böyle bir kitle üzerinde araştırma yapmak beni heyecanlandırdı. Almanya'daki Türklerin kimlik ve aidiyet duyguları, kültürel edinimleri, sosyo kültürel düzeyleri, yaşadıkları problemler her biri çok kıymetli verilerdi benim için. Ancak bu verilere ulaşmak bir o kadar da zordu. Bu çalışma sürecinde hep ertelediklerim vardı. Öncelikle onlardan özür diliyorum. Aynı zamanda bu süreçte yanımda olup, beni destekleyenlere de teşekkür etmek istiyorum.

Başta lisansüstü eğitimim süresince güler yüzü ve şefkati ile bana destek olan ve beni yönlendiren sevgili danışmanım Prof. Dr. Makbule Evrim GÜLSÜNLER'e ne kadar teşekkür etsem azdır. Akademik süreçte kendisi ile çalışma şansı elde ettiğim Prof. Dr. Mehmet FİDAN hocamın beni motive eden gücü ve bu süreçte bana olan inancı benim için çok değerliydi, hocam iyi ki varsınız. Prof. Dr. Şükrü BALCI bana zaman ayırıp, akademik birikimiyle hatalarımı telafi etti ve yaparsın Hülya demek yerine *'yaparız Hülya'* diyerek bu süreçte yalnız olmadığımı gösterdi, hocam hakkınızı teşekkürle ödeyemem. Tez savunma jürimde olmayı kabul eden hocalarım Doç. Dr. Enes BAL ve Doç. Dr. Özgür SELVİ 'ye de değerli katkılarından dolayı teşekkür ederim. Lisans öğrenciliğimden itibaren her daim varlığı ile güç veren çok değerli hocam Prof. Dr. Ahmet KALENDER'e ayrıca teşekkür etmek istiyorum.

Birçok süreci birlikte paylaştığım, arkadaşlıktan yana şansım olduğuna inandığım Semanur'a, benim çalışmamı kendi çalışması gibi benimseyip, beni motive eden Zeynep'e, çalışmanın araştırma kısmında çok sayıda gurbetçiye ulaşmamı sağlayan Bilgehan'a ve çalışmanın uygulama kısmında destek ve katkılarıyla yanımda olan Nagihan'a teşekkür ederim. Siz olmasaydınız, bu süreç benim için çok zor olurdu.

Hayatımın her sürecinde yer alan ve yer almasını hep dilediğim Havvanur'a ayrıca teşekkür ederim. Suzan ve Öznur sizler de iyi ki varsınız. Katkılarınız benim için çok önemliydi.

Ayrıca Prof. Dr. Elif Şeşen, Doç. Dr. Lokman Zor, Doç. Dr. Duygu Ünalan, Arş. Gör. Serhat Madsar hocalarıma da teşekkür etmek istiyorum.

Son olarak şu an hayatta olmayan canım babama, duaları ile büyüdüğüm canım anneme ve varlığına binlerce kez şükrettiğim, bana kendimi çok özel ve değerli hissettiren başta abim olmak üzere tüm aileme teşekkür etmek istiyorum. Yüzümü güldüren yeğenlerim Alparslan ve Hüseyin varlığınız büyük bir mutluluk sebebi... Çok değerli ailem ne söylesem sizi bu önsöze sığdıramam, varlığınız en büyük gücüm, en büyük şükretme nedenim iyi ki ailem sizsiniz...

Ayrıca Almanya'ya göç eden ve araştırmama katkı sağlayan değerli katılımcılara da teşekkürü bir borç bilirim. Bu çalışma Almanya'daki gurbetçi Türklere ithaf edilmiştir.

İÇİNDEKİLER

BİRİNCİ BÖLÜM
KİŞİLERARASI İLETİŞİMİN KURAMSAL ÇERÇEVESİ

İKİNCİ BÖLÜM
GÖÇ VE KÜLTÜRLEŞMENİN KAVRAMSAL ÇERÇEVESİ
VE KİŞİLERARASI İLETİŞİM BOYUTU

ÜÇÜNCÜ BÖLÜM
KİŞİLERARASI İLETİŞİM BAĞLAMINDA
ALMANYA'DAKİ TÜRKLERİN KÜLTÜRLEŞME
DÜZEYLERİNİN İSTATİSTİKSEL BULGULARI

KISALTMALAR VE SİMGELER

BFA   : Busdesantalt für Arbeit / Alman Federal İşçi Bürosu

CDU   : Christlich Demokratische Union Deutschlands / Hristiyan Demokrat Birliği

CSU   : Christlich-Soziale Union in Bayern / Hristiyan Sosyalist Parti

DESA   : Department of Economic and Social Affairs / Birleşmiş Milletler Ekonomik ve Sosyal İşler Bölümü

EAAM   : The East Asian Acculturation Measure / Doğu Asya Kültürleşme Ölçeği

FDP   : Freie Demokratische Partei / Hür Demokrat Partisi

IOM   : International Organization for Migration / Uluslararası Göç Örgütü

KİÖ   : Kişilerarası İletişim Ölçeği

KMO   : Kaiser – Meyer – Olkin

NSU   : Nationalsozialistischer Untergrund / Neo- Nazi Örgütü

OAU   : Organization of African Unity / Afrika Birliği Örgütü

POF   : Plenty of Fish

SPD   : Sozialdemokratische Partei Deutschlands / Sosyal Demokrat Parti

TDK   : Türk Dil Kurumu

UNHCR : United Nations High Commissioner for Refugees / Birleşmiş Milletler Mülteci Örgütü

n   : Sayı

p   : Anlamlılık Düzeyi

S.D   : Standart Daviation / Standart Sapma

X   : Aritmetik Ortalama

α   : Güvenirlilik Kat Sayısı

TABLOLAR LİSTESİ

ŞEKİLLER LİSTESİ

GİRİŞ

Toplumsal değişmelerin göstergelerinden biri olan göç, insanlık tarihi kadar eskidir ve tarihsel süreç içerisinde hep var olmuştur. İnsanlar çağlar boyunca itici güçler veya motive edici nedenlerle göç etmiştir. Daha iyi kazanç sağlama, savaştan kaçma, sulak arazilere yerleşme isteği, toplumsal baskılardan ve ötekileştirilmekten kaçma arzusu ile insanlar daima hep yer değiştirmiştir. Yalçın'a göre *"Göçün nedenleri ortadan kalkmadıkça, insanın göç etme serüveni de sürecektir"* (2017, s. 16).

Türk toplumu ise Nermin Abadan Unat'a göre göçle büyük ölçüde ilk kez İkinci Dünya Savaşı sonrasında karşılaşmıştır. Bu göç hareketi bireysel tercihlerden çok *'toplum mühendisliği'* olarak adlandırılan planlı devlet politikalarından oluşmaktadır. 1960 askeri müdahalesi sonrası, ekonomik açıdan toparlanmak isteyen Türkiye dışarıya göç vermiştir. Bu *'demografik çözüm'* Türkiye'nin toplumsal dokusunu büyük ölçüde değiştirmiştir (2017, s. 1).

Başta Almanya olmak üzere Hollanda, Fransa, İngiltere, İsveç gibi Avrupa ülkelerine göç verilmiştir. Almanya, diğer ülkelere göre daha fazla Türk göçmenin yaşadığı bir ülke olması sebebiyle, Türkiye için büyük önem taşımaktadır. Bununla birlikte Türkiye'den, Almanya'ya göç tarihi altmış yıllık bir sürece dayanmaktadır. Bu altmış yıl içerisinde Türkler Almanya'da bir toplum inşa etmişlerdir.

Almanya'ya göç edenler; ücret karşılığı çalışanlar, işsizler, emekliler, bağımsız işyeri sahipleri ve öğrenciler gibi statülere sahiptirler. Bazılarının oturma izni yoktur (Demir, 2010, s. 21). Başlangıçtaki işçi göçü, aile birleşimleri ile orada doğanlar veya

Alman vatandaşlık hakkına sahip olanlar bu göçü kalıcı hale getirmiştir ve Almanya'da büyük bir Türk nüfusunun oluşmasına zemin hazırlamıştır. Nitekim bugün Alman nüfusunun yaklaşık olarak yüzde üçünü Türkler oluşturmaktadır. Dolayısıyla her iki ülke açısından da bu göç hareketi önem taşımaktadır.

Almanya'ya göç konusu siyasal ve sosyal sistemler açısından önem taşıdığı gibi akademik düzeyde de önemlidir. Almanya'ya göç konusu farklı disiplinler tarafından incelenmiştir. Konunun amacı doğrultusunda yapılan çalışmalara araştırmanın önemi kısmında yer verilmiştir. Bu araştırmada ise kişilerarası iletişim ekseninde, Almanya'da yaşayan Türklerin kültürleşme eğilimleri ele alınmıştır. Kişilerarası iletişim konusu çok geniş bir alanı kapsamaktadır. İlk çağlardan itibaren insanlar diyaloglar kurmaktadır. Bu iletişim etkinliği ise zaman içerisinde değişime uğramıştır. Nitekim ağ toplumunun oluşumuna kadar, insanlar günlük yaşamlarında çoğunlukla yüz yüze iletişim kurmaktaydı. Ancak modern zamanlarda kişilerarası iletişim etkinliği farklılaşmıştır. Yüz yüze diyaloglarla birlikte uluslararası ve kozmopolit bir iletişim etkinliği ortaya çıkmıştır. Bireyler anlık mesaj uygulamalarıyla zaman ve mekan farketmeksizin iletişim kurmaya başlamış ve ağ toplumu oluşmuştur. Bu teknoloji ile sonradan tanışanlar olduğu gibi doğrudan bu teknolojinin içine doğanlar da vardır. Prensky bu bireyleri kategorize ederek dijital yerliler ve dijital göçmenler kavramlarını ortaya koymuştur. Gerçek mekanların yanı sıra sanal mekanlarda bir araya gelen bireyler kendi insiyatiflerinde kendilerini tanımlamışlardır. Bu sanal mekanlar kişiye özgürlük sunan, kimlik değişimine açık mekanlar olma özelliği taşımaktadır. Nitekim sosyal ağlar bireyin tekelinde, kişiye kendini yeniden tanımlama özelliği sunan yerlerdir. Bu sebeple bireyler gerçek kimliklerinden farklı kimlikler ile kendini tanımlayabilmektedir. Bu durum ise bireyin kendine yabancılaşmasına neden olabilmekte, kendine yabancılaşan birey de yalnızlaşabilmektedir. Çünkü sosyal ağlara ve dijitale bağımlı hale gelenler yüz yüze ilişkilerden uzaklaşabilmektedir. Bunlar ağ toplumunun kişilerarası sorunlarıdır.

Çalışmada ele alınan bir diğer konu ise kültürleşmedir. En eski tanımıyla kültürleşme, farklı kültürlere sahip bir grup insanın doğrudan etkileşim kurarak kendi kültürlerinde meydana getirdikleri değişikliktir (Redfield vd., 1936, s. 149-150). Berry'e göre *"bir kişinin repertuarındaki her davranış, diğer kültürlerle etkileşime girdiğinde değişime adaydır"* (2001, s. 621). Bu süreç ise iki grup yönünde bir değişimi ifade etmektedir. Nitekim iki grup da birbirlerinin kültür öğelerinden etkilenerek kültürel bir takas yaşamaktadırlar. Bu değişim ana akım kültürden ziyade göçmen kültürde görülmektedir. Göçmen kültür baskın toplum içerisindeki bir azınlıktır. Dolayısıyla içinde bulunduğu kültürün öğelerine daha çok maruz kalmaktadır. Kültürleşmenin yönelimleri ise farklı boyutlardan oluşmaktadır. Kültürleşme hakkında yapılan erken çalışmalara bakıldığında kültürleşme ile asimilasyonun aynı kabul edildiği görülmüş ve tek boyutlu modeller ortaya çıkmıştır. Kültürleşme sadece asimile olmakla sınırlı değildir. Birey, ana akım kültüre yakın olduğu kadar kendi kültürüne de yakın olabilir veya orijin kültürden uzak bir şekilde kendi kültürünü yaşayabilir. Bununla birlikte birey hem kendi kültüründe hem de göç ettiği toplumun kültürel atmosferinde kendine yer bulamayabilir. Böyle bir durum karşısında birey birden fazla kültürleşme eğilimi gösterebilir. Kültürleşen birey ise yaşadığı topluma psikolojik ve sosyokültürel açıdan adapte olur. Kültürleşmenin sonucunda ortaya çıkan adaptasyon, kültürleşme aynı anlama gelmemektedir. Adaptasyon yeni bir dil öğrenme, göç ettiği toplumu tanıma ve o toplum hakkında bilgi edinme sürecidir. Bu süreçte yeni ilişkiler kurarak günlük yaşamı idame etme çabasıdır. Bu süreçte birey kendini fiziksel ve psikolojik açıdan iyi hissederse psikolojik olarak uyum sağlamıştır. Yeni topluma entegre olduğunda ise sosyo-kültürel adaptasyon gerçekleşmiş olur.

Kültürleşme açısından kişilerarası iletişim etkin bir role sahiptir. Göç edilen toplumla kaynaşmanın, toplumla bütünleşmenin yeni kültürü anlamanın en iyi yolu toplumsal temastan geçmektedir. Kişilerarası ilişkiler yoluyla bir toplumu tanımak kültürleşmeyi kolaylaştırmaktadır. Kim Young Yun adlı teorisyen kültürleşmenin sağlanmasında en aktif rolün kişilerarası iletişim olduğunu öne sürmektedir. Bu araştırmada da kültürleşme sürecinde kişilerarası iletişimin rolü test edilmek istenmiştir. Bunun için nicel veri toplama yöntemlerinden anket tekniği kullanılmış ve katılımcılardan elde edilen yanıtlar analiz edilmiştir. Veriler çalışmanın üçüncü bölümünde yorumlanmıştır.

Araştırma ise üç ana bölümden oluşmaktadır. Birinci bölümde kişilerarası iletişim konusu geleneksel ve dijital olmak üzere iki açıdan ele alınmıştır. Buna göre kişilerarası iletişim kuramsal boyutlarıyla açıklanmaya çalışılmıştır. Kişilerarası iletişim kavramı gelişimsel, durumsal ve etkileşimsel yaklaşıma göre kategorize edilmiş, kavramda dijitalleşme boyutuna yer verilmiştir. Kişilerarası iletişimdeki ilişki süreci bir dizi aşama içerisinde değerlendirilmiştir. Her bir aşama kişilerarası ilişkilerdeki anlamına ve ilişki türleri açısından niteliğine göre aktarılmıştır. İlişki türleri ise yakınlık derecesine göre resmi ve resmi olmayan ilişki türleri olarak iki açıdan ele alınmıştır. Her bir ilişki türünün sosyal sistem içerisinde taşıdığı anlam tartışılmış, aile ilişkileri kadın ve erkek rolleri bağlamında açıklanmıştır. Kişilerarası iletişimin gelişimi kavramsal açıdan incelenmiştir. Kişilerarası iletişim 1900'lerde sonra kavramsal bir boyut kazandığı için 1900 sonrası kayıt altında bulunan çalışmalar kişilerarası iletişimin gelişimi açısından kronolojik olarak sıralanmıştır.

Kişilerarası iletişimi oluşturan sözlü ve sözsüz iletişim pratikleri iki ayrı başlık halinde sunulmuştur. İki iletişim türü de özellikleri, avantajları ve birbirlerine göre üstünlükleri ile detaylı olarak incelenmiştir. Sözsüz iletişim kodlarının taşıdığı anlamların geçerliliği konusunda geniş bir tartışma yapılmıştır.

Kişilerarası iletişim sürecinde etkili olan faktörler kuramsal boyutuyla bu çalışmada yer almıştır. Kişilerarası iletişim sürecinde en önemli unsurun algı olduğu, diğer unsurların ise algıyı şekillendirdiği belirtilmiştir. Algı kavramı içerisinde, kişilerarası iletişim sürecini engelleyen Halo etkisi, stereotipleştirme, kehanet teorisi gibi algılama hataları kavramsal olarak açıklanmıştır. Algılama sonucunda oluşan tutum kavramı ise sosyal psikoloji alanında çalışan kişilerin eserleriyle değerlendirilmiştir. Kişilik ve benlik kavramlarına ayrıca yer verilmiş ve aralarındaki farklar belirtilmiştir. Empati kavramı da kişilerarası iletişim sürecinde etkili olan faktörler arasında değerlendirilmiştir. Algıyı şekillendiren bir diğer unsur olarak sosyo-demografik özelliklere çalışmada yer verilmiştir. Kültür faktörü birinci bölümde aktarılmış ve bu kavram daha çok kültürlerarası iletişim boyutuyla açıklanmaya çalışılmıştır.

Birinci bölümde önemli görülen ve literatüre kişilerarası iletişim açısından katkı sağlaması düşünülen bölüm ise kişilerarası iletişimin dijitalleşme boyutudur. Bu bölümde dijitalleşmenin kişilerarası iletişim üzerindeki etkileri derinlemesine tartışılmıştır. Günümüz toplumu ağ toplumu olarak nitelendirilmiş ve değişen bu toplum yapısının sosyal sistem üzerindeki etkileri incelenmiştir. Dijitalleşme ile ortaya çıkan yalnızlaşma ve yabancılaşma duygusu üzerinden, dijital determinizm anlatılmaya çalışılmıştır. Dijitalleşmeyi sağlayan sosyal ağlar kullanım şekillerine göre kategorize edilmiştir. Bu sınıflandırma literatür açısından önem taşımaktadır.

Çalışmanın ikinci bölümünde; göç, kültürleşme ve dijitalleşme ekseninde kültürleşmede kişilerarası iletişim konularına yer verilmiştir. Göç kavramı, nedensellik boyutuyla incelenip göç türleri kategorize edilmiştir. Göçmen, mülteci ve sığınmacı ayrımı yapılmıştır. Göç tarihi kısmında Türklerin Almanya'ya göçü kronolojik olarak aktarılmıştır. Bu göç tarihi içerisinde Türklerin Almanya'daki konumları, Almanların Türk algısı, yaşanan olaylar, tüm boyutlarıyla değerlendirilmiştir. Kültürleşme biçimsel ve nedensel boyutları ile açıklanmıştır. Literatürde birbirinden farklı anlamlara gelen kültürleşme kavramı tanımlarına yer verilmiş; biçimsel boyutlarında kültürleşme, modeller üzerinden açıklanmaya çalışılmıştır. Kültürleşmenin nedensellik boyutunda kültürleşme ile sosyokültürel ve psikolojik uyuma etki eden faktörlere yer verilmiştir. Kültürleşme açısından kişilerarası iletişim alandaki araştırma sonuçlarından desteklenerek aktarılmaya çalışılmıştır.

Araştırmanın üçüncü bölümü iki kısma ayrılmaktadır. Birinci kısımda metodolojiye yer verilmiş ve burada araştırmanın konusu, amacı ve önemi, araştırmanın uygulanması, örneklem seçimi, soru formu araçları, kullanılan analizler, ölçeklerin yapı geçerlilik analizleri, araştırma soruları ve hipotezler ortaya koyulmuştur. Bulgular ve yorumlar kısmında ise araştırma sonuçları betimleyici analizler ve parametrik testler ile yorumlanmıştır. Betimleyici analizlerde değişkenlerin frekans yüzdelerine bakılmış, parametrik testlerde ise ANOVA ile t – testi yapılmış ve önceden saptanan hipotezlerin doğruluğu sınanmıştır. Bununla birlikte ölçekler arasındaki ilişkiyi tespit etmek için korelasyon ve regresyon analizi de yapılmıştır.

Sonuç olarak, bu çalışma kişilerarası iletişim perspektifi doğrultusunda kültürleşmenin yönelimini Avrupa göçü üzerinde inceleyen ilk çalışmadır. Son dönemde Türklerin hem kültürleşme yönelimlerini hem kişilerarası iletişim becerilerini hem de kimlik aidiyet duyguları ile kültürel ve psikolojik uyumlarını deneyimlemek açısından bu çalışma söz konusu literatüre katkı sunması amaçlanmaktadır.

BİRİNCİ BÖLÜM
KİŞİLERARASI İLETİŞİMİN
KURAMSAL ÇERÇEVESİ

Bu bölümde kişilerarası iletişim tüm yönleriyle ele alınmaya çalışılmıştır. Farklı görüşler ekseninde kişilerarası iletişim tanımlarına yer verilmiştir. Kişilerarası iletişimde ilişki süreci, aşamalar halinde açıklanırken ilişki türleri de alt başlık olarak incelenmiştir. Kişilerarası iletişim kavramının gelişimi kronolojik açıdan değerlendirilmiştir. Sözlü ve sözsüz iletişim becerileri iki ayrı başlıkta detaylandırılırken, kişilerarası iletişimi etkileyen faktörler sıralanmıştır. En son başlıkta dijitalleşme boyutuyla kişilerarası değerlendirilmiştir.

1.1. Kişilerarası İletişimi Anlamak

"İnsan nedir", biyolojik açıdan insan diğer canlılar gibi oksijen, karbon, hidrojen, azot, kalsiyum ve fosfor gibi çeşitli elementlerden oluşan ve vücudunda bu elementlere bağlı olarak fiziksel ve kimyasal reaksiyonlar meydana gelen bir varlıktır (Yenson, 1995, s. 7). Psikolojik açıdan diğer canlılardan farklı olarak, fizik ve kimya kanunlarınca açıklanamayan irade, şuur ve düşünme yetisine sahiptir. Sosyolojik olarak toplumu oluşturan bireyler iken, felsefi bağlamda varlık sebebi sorusunun karşılığıdır. Din bilimlerine göre belirli sorumlulukları olan ve yaptıklarından sorumlu olan kişidir. İktisadi olarak ise insanın belirli ihtiyaçları vardır. İnsan, ihtiyaçlarını karşılamak için üretir ve tüketir. İhtiyaçların boyutu, iktisadi sınırların ötesindedir. Nitekim Abraham Maslow temel ihtiyaçlar hiyerarşi kuramında ycme, içme, barınma gibi fizyolojik ve güvenlik ihtiyaçlarının

yanı sıra, insanın sevgi, saygı, statü ihtiyaçlarının da olduğunu söylemektedir. Sevme, sevilme, bir gruba ait olma, çevre ile iyi ilişkiler geliştirme gibi insan doğasında bulunan ihtiyaçlar iletişim vasıtasıyla tatmin edilmektedir. Ünlü düşünürler de iletişimin bir ihtiyaç olduğu tezini kendi ideolojileri ile anlatmışlardır. Aristoteles'e göre *'insan toplumsal bir varlıktır'* ve doğası gereği toplumsallaşma arzusu içerisindedir. Toplumsallaşma kişinin çevresiyle iletişim kurmasına bağlıdır.

Platon da Aristoteles ile aynı düşünceye sahiptir. Platon'a göre insanlar doğaları gereği kendi kendilerine yeten bir varlık değildir ve bir başkasına gereksinim duymaktadır. Bu gereksinim insanları etkileşime itmektedir. Etkileşime bağlı olarak çıkan bu nihai durum karşısında insan, toplum içinde sosyalleşerek kendini tanımlamaktadır (Senemoğlu, 2016, s. 42). İnsan, kendi toplumsal gerçekliğini, kendisi oluşturmaktadır. Çevresi ile iletişim kurarak, toplumsal ilişkiler geliştirmekte bunun sonucunda kendi toplumsal kimliğini ortaya çıkarmaktadır. Hayatın anlamını iletişimin farklı boyutlarında inşa etmektedir (Kartari, 2014, s. 21).

Bu durum, bireysel düzeyde olabileceği gibi toplumsal düzeyde de olabilir. Bir diğer ifade iletişim makro ve mikro düzeyde olmak üzere farklı türlere ayrılmaktadır. *İçe dönük iletişim* ya da *kişinin kendisi ile iletişimi, kişilerarası iletişim, grup iletişimi, örgütsel iletişim* gibi kategoriler iletişimin bireysel düzeydeki boyutları kapsarken, *kitle iletişim, uluslararası iletişim, kültürlerarası iletişim* gibi boyutlar da toplumsal nitelikteki iletişimin kapsamına girmektedir (Güngör, 2013, s. 49). Belirtilen bu mikro ve makro yapıdaki iletişim türlerinin tanımlarını aşağıdaki tabloda görmek mümkündür.

Tablo 1. Makro ve Mikro Yapıdaki İletişim Türleri

Makro Yapıdaki İletişim Türleri	
Kitle İletişim	Kitle medyası aracılığıyla teknolojik yöntemlerle aktarılan çağdaş bir iletişim biçimidir (Chandler ve Munday, 2018, s. 240). Bununla birlikte kitleler ile yüz yüze, aracılandırılmamış iletişim de kitle iletişim olarak kabul edilmektedir.
Uluslararası İletişim	Herkesin içinde bulunduğu bir iletişim türü olmayıp, daha çok uluslararası ilişkiler bağlamında gerçekleşen bir iletişim türüdür. Devlet adamları, siyasetçiler, eğitim, kültür, turizm gibi alanlarda yer alanların amaçlarını gerçekleştirmek için yapılan iletişim türüdür (Aziz, 2012, s. 63).
Kültürlerarası İletişim	Farklı kültürlerden gelen insanlar arasında gerçekleşen iletişim türüdür.
Mikro Yapıdaki İletişim Türleri	
İçe Dönük İletişim	Kişi kendi içinde düşünüp, kendi içinde tartışmalar yaşayıp, bir konu hakkında karar verirse içe dönük iletişim gerçekleşmiş olur (Erdoğan, 2005, s. 157).
Grup İletişimi	Küçük topluluklar ve örgütsel yapılar arasında araçlı ya da araçsız etkileşim ve paylaşımdır (Gökçe, 2006, s. 87).
Örgütsel İletişim	Üyelerin eylemlerinin örgüt hedeflerini karşılayacak şekilde eşgüdümlemek, üretime ilişkin oydaşma yaratmak amacıyla örgüt üyeleri tarafından simgelerin iletimi ve yorumudur (Mutlu, 2008, s. 228-229).
Kişilerarası İletişim	En az iki kişi arasında karşılıklı rızaya dayalı yüz yüze ve e-iletişim kanalları aracılığıyla gerçekleşen bir iletişim faaliyetidir.

Bireysel düzlemde ya da mikro düzeyde yer alan ve çalışmanın ana konusunu oluşturan kişilerarası iletişim yaşamın her alanında vardır. Nefes almak kadar gerekli ve kaçınılmaz bir eylemdir. Kişi yalnız kalmadığı müddetçe çevresi ile sürekli iletişim halindedir (Satir, 2005, s. 5). Nitekim insanın kendini anlamaya başladığı andan itibaren en yoğun uyguladığı iletişim şekli kişilerarası iletişimdir. Bireyler sosyal, psikolojik, kültürel ve ekonomik nedenlere bağlı olarak çeşitli amaç ve gereksinimlerini doğrultusunda kişilerarası iletişim faaliyetlerinde bulunmaktadır (Erdoğan, 2005, s. 177).

Kişilerle iletişim kurma isteği evrenseldir. Bu durum kadın, erkek, yaşlı, genç olmak üzere, herkes için geçerli bir durumdur. İnsanlar sosyalleşerek, yalnızlıktan kurtulmak isterler. Yalnızlık kişiyi yoran bir süreçtir ve yalnızlık duygusu kişileri depresyona itmektedir. Araştırmalara göre kişiyi en çok mutlu eden şey çevresi ile kurduğu yakın ilişkidir (DeVito, 2013, s. 229). Yakın ilişkiler kişilerarası iletişim yoluyla kurulmaktadır.

Kişilerarası iletişim, etimolojik açıdan Latincede *'interpersonal communicare'*, İngilizce de *'interpersonal communication'* ya da *'between persons communication'* sözcüklerinin karşılığıdır. *Interpersonal* ya da *between persons* kişilerarası anlamına gelirken, *communicare* ya da *communication* paylaşmak anlamına gelen iletişim anlamında kullanılmaktadır (Caputo vd., 1994, s. 8)

Kişilerarası iletişim sosyoloji, psikoloji, sosyal psikoloji, iletişim gibi sosyal bilimlerin çeşitli bilim dalları ile ilişki içerisindedir. Her bilim dalı kendi perspektifi doğrultusunda kişilerarası iletişimi anlamlandırmaktadır. Sosyoloji; kişilerarası iletişimi sosyal kurallar, normlar ve roller açısından ele alırken, psikoloji; daha çok kişilerin psikolojik özellikleri, bilişsel ve duygusal yapıları üzerine odaklanmaktadır. İletişim perspektifi ise insan iletişimini temel almaktadır (Gürüz ve Eğinli, 2017, s. 49).

Kişilerarası iletişim, kullanım şekline göre de farklı özellikler sahiptir. Amacı, gerçekleşme şekli, iletişim ortamı gibi birçok faktör, kişilerarası iletişimin farklı özelliklere sahip olduğunu göstermektedir. Literatürdeki tanımlardan yola çıkarak, *'kişilerarası iletişim nedir?'* sorusuna yanıt aranmıştır. Bu doğrultuda kişilerarası iletişimin özellikleri ve kişilerarası iletişim kavramı açıklanmaya çalışılmıştır.

Kişilerarası iletişim çift yönlü bir yapıya sahiptir ve iki taraf arasında gerçekleşen diyaloga dayalı bir iletişim sürecidir. Hartley'e göre bu süreç, yeni anlamların oluşumuna katkı sağlamaktadır (2014, s. 44). Nitekim kişi kendinden bağımsız değildir. Kişi bir olayı veya durumu, kendi kültürel kodlarıyla ve sosyo demografik özellikleriyle anlamlandırabilmektedir. Bu sebeple kişilerarası iletişim, kişilerin kendi dünyalarında ürettiği anlamların bütünüdür, şeklinde bir ifade kullanılabilir.

Anlam bütünlüğünün sağlanması için ise en az iki kişi arasında bir etkileşimin olması gerekmektedir ve bu kural kişilerarası iletişim tanımlarının genelinde vardır ve kişilerarası iletişim bir dizi süreçten oluşmaktadır (Caputo vd., 1994, s. 8 ve Gürüz ve Eğinli, 2017, s. 50).

Bu süreç bir olay veya olaylar dizisinden ötede, devam eden bir zaman dilimini kapsamaktadır. Herhangi bir olayın başını veya sonunu bilmek, o olayı anlamak açısından yeterlidir. Ancak bu kural kişilerarası iletişimde geçerli değildir. Kişilerarası iletişim sürekli gelişen ve devam eden bir süreçtir. Süreç belirli bir amaç dahilinde gerçekleşmektedir (Hartley, 2014, s. 49).

Bunun nedeni çeşitli ihtiyaçlardan kaynaklanmaktadır. Rubin, Perse ve Barbato'nun *'Conceptualization and Measurement of İnterpersonal Communication Motive'* adlı makalesinde geliştirdikleri ölçeğe göre insanlar keyif almak, takdir edilmek, beğenilmek, sevgi gösterisinde bulunmak, çevresini kontrol etmek, belirli bir gruba dahil olmak, günlük sıkıntılarından kaçınmak veya rahatlamak gibi nedenlerle iletişim kurmaktadır (1988, s. 616-617). Bu amaçlar doğrultusunda kişi belirli bir doyuma ulaşarak, tatmin olmaktadır. Aslında bu ölçek, kullanımlar ve doyumlar yaklaşımının kişilerarası boyutudur. Yaylagül'e göre kişiler kullanımlar ve doyumlar yaklaşımında toplumsal ve psikolojik kökenli ihtiyaçlarını medya içerikleri sayesinde gidermektedir (2013, s. 71-72). Kişilerarası iletişimde birey kanaat önderleri, gruplar, aile ve arkadaş gibi yakın kişiler ve çevreler ile iletişim kurarak, toplumsal ve psikolojik ihtiyaçlarını gidermektedir. Birey bu sayede tatmin olmaktadır. Kullanımlar ve doyumlar yaklaşımının öncüsü Elihu Katz ve arkadaşları da medya dışındaki kanaat önderlerini, grupları, aile ve arkadaşlar gibi kişileri doyum ve tatmin noktasında referans göstermektedir (Akar, 2017, s. 79).

Etkileşimin şekli tarihsel süreç içerisinde sürekli bir değişim göstermiştir. Endüstri devrimi sonrasında kişilerarası iletişim etkinliği artmıştır. Modern bireyler, üretilen iletişim teknolojileri farklı çevrelere ulaşmıştır (Okur ve Özkul, 2015, s. 215). Gelişen teknoloji ağı, kişilerarası iletişimi sanallaştırmıştır. Bu sayede kişilerarası iletişim hem aynı mekanda yüz yüze gerçekleşen, hem de internet aracılığıyla sanallaşan bir aktiviteye dönüşmüştür.

Peter Hartley teknolojik araçlar ile gerçekleştirilen kişilerarası iletişimi sorunsallaştırmıştır. Teknoloji kaynaklı hatalardan dolayı, kişilerarası ilişkilerinin kalitesinin düşeceğini savunmuştur. (2014, s. 40). Hartley'e burada bir ölçüde katılmak mümkündür. Yüz yüze görüşmeler, aracılandırılmış iletişime göre daha verimlidir. Ancak Nancy'a göre günümüzde iletişim teknolojisi büyük bir gelişim göstermiştir. Özellikle internetin WEB teknolojisinin altyapısı sayesinde kişilerarası iletişim büyük ölçüde dijitalleşmiş ve kolaylaşmıştır. Bu değişim sayesinde kişilerarası iletişim yeni bir forma kavuşmuştur (2010, s. 1-3).

Mekanik iletişim kanallarının ortaya çıkması ile bireyler mekân ve uzaklık fark etmeksizin dünyanın herhangi bir bölgesindeki kişiye, saliseler içerisinde mesaj gönderip kişi ile sohbet ederken, birçok veriye de sanal ortamdan ulaşmaktadırlar. Cep telefonlarından, akıllı saatlere kadar birçok yerde internete erişim vardır. İnternete erişimin bu denli sarsıcı ve kapsayıcı yönü kişilerarası ilişkileri de etkilemiştir. Bireyler zaman ve mekân fark etmeksizin dünyanın en ücra köşesindeki kişiler ile iletişim kurabilmektedir. Görüntü ile sesin birleşmesi sonucunda da gerçeklik hissi veren uygulamalar son dönemde popülerliğini korurken, etkinliğini de artırmaktadır.

Kişilerarası iletişimin bir diğer özelliği sözlü ve sözsüz iletişim pratiklerinden oluşmasıdır. Bilgilerini, duyguların ve düşüncelerin paylaşımı sözlü ve sözsüz iletişim kanalları ile yapılmaktadır. Bu sayede içinde bulunulan durum anlamlandırılmaktadır (Satir, 2005, s. 5). İletişimde hangisinin etkin role sahip olduğu tartışma konusudur. Sözlü ve sözsüz iletişim ile ilgili açıklamalar ilerleyen başlıklarda detaylı olarak yer verilmiştir. Tüm bu özelliklerden yola çıkarak, kişilerarası iletişim, çift yönlü, en az iki kişi arasında olan, yüz yüze veya aracılandırılmış olarak gerçekleşen, sözlü veya sözsüz iletişim pratiklerini içeren, belirli bir amaca yönelik devam eden bir süreçtir.

Çift yönlü ve iki kişi arasında gerçekleşmesi, kişilerarası iletişimin ilişki boyutuyla sorgulanmasına neden olmuştur. Bir diğer ifade ile *"her kişilerarası ilişki, kişilerarası iletişim olarak kabul edilebilir mi?"* sorusuna yanıt aranmıştır. *"Sokakta yürürken, sadece adres sorulan kişi ile kurulan iletişim veya bindiğiniz takside taksi şoförü ile aranızda geçen diyalog kişilerarası iletişim midir?"*. *"Bir iletişimin kişilerarası iletişim olabilmesi için tarafların ilişki boyutlarının önemi nedir?"*. Tüm bu sorular, farklı yaklaşımlara göre cevaplandırılmıştır.

Gelişimsel yaklaşıma göre bir ilişkinin kişilerarası iletişimden sayılabilmesi için taraflar arasında tanışıklık olması gerekmektedir. Anlık iletişim kuranların iletişimi, kişilerarası iletişim değildir. Kişilerarası iletişimde yakınlık önemlidir (Caputo vd., 1994, s. 8-9). Anlık iletişim kuranların, aralarındaki ilişki resmidir. Kişi kendi kişiliğinden ziyade, kültürel ve sosyal formuna bağlı kalarak iletişim kurmaktadır. Gelişimsel yaklaşım ilişkileri kişilerarası ve kişilerarası olmamak üzere iki boyutta değerlendirmektedir (Miller, 1978, s. 167).

Şekil 1. Kişilerarası İletişim Süreci Düzlemi

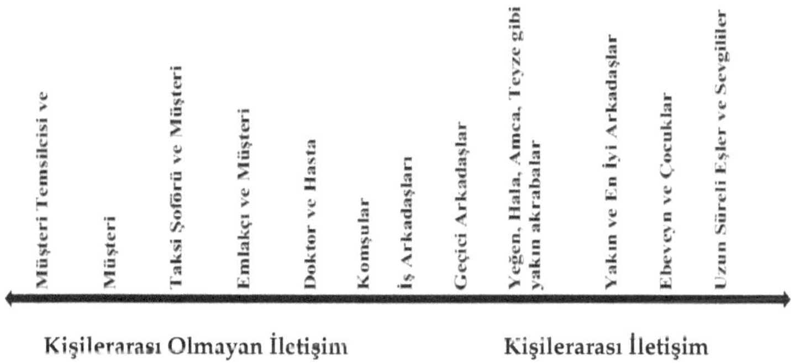

(DeVito, 2013, s. 6).

Şekil 1'e göre bir iletişimin kişilerarası iletişimden sayılabilmesi için, ilişki kuran taraflar birbirleriyle yakın bir ilişki içerisinde olmalıdır. İletişimde kişiler birbirlerinin özel alanlarına girdikçe, ilişki boyutu da kişilerarası iletişime kaymaktadır. Bir diğer ifade ile kişilik özellikleri devreye girdiğinde, ilişkilerin boyutu da değişmektedir ve iletişim kişilerarası iletişimden sayılmaktadır. Peter Hartley de *"Kişilerarası iletişim kişiler arasında olur. Roller, maskeler ya da kalıp yargılar arasında gerçekleşmemektedir"* (2014, s. 42) diyerek, kişilerarası iletişimin kişisellik boyutuna vurgu yapmaktadır. Eğer kişilerarasındaki ilişki, toplumsal rollerden, kültürel normlardan, sosyo demografik özelliklerden besleniyorsa bu etkileşim kişilerarası iletişim değildir. Etkileşimin ilişki düzeyi önemlidir.

Etkileşimsel yaklaşım bir iletişimi kişilerarası iletişim olarak kabul ederken ilişki boyutunu göz ardı etmektedir ve etkileşim boyutuna göre karar vermektedir. Bu yaklaşıma göre tüm etkileşim biçimleri kişilerarası iletişim değildir. Ancak tüm kişilerarası iletişim eylemleri bir etkileşimdir (Burleson, 2010, s. 150).

Etkileşimsel yaklaşıma göre bir eylemin kişilerarası iletişim olarak sayılabilmesi için bireyin diğer bireylerin davranışları üzerinde, gözlemlenebilir bir etki bırakması gerekmektedir. Bir kaldırımda çok sayıda insan varsa o kaldırımda yürüyen insanların davranışları birbirlerine göre şekillenir. Bu bir etkileşim örneğidir, fakat kişilerarası iletişim değildir. İki kişi arasında gerçekleşen bir diyalogda, kişiler birbirlerinin konuşmalarını şekillendiriyorlarsa, birbirleri üzerinde ses tonu, jest, mimik gibi iletişimsel eylemlerine şekil veriyorlarsa, kişilerarası iletişim gerçekleşmektedir. Bu doğrultuda kişilerarası iletişim, etkileşime katılan kişilerarasındaki örüntüler ile ilgilidir ifadesi kullanılabilir (Cappella, 1987, s. 189).

Gelişimsel yaklaşım bize kişilerarası ilişki ile kişilerarası iletişimin aynı şey olmadığını söylemektedir. Kişilerarası iletişim en az iki kişi arasındaki ilişkidir. İlişki ise iki insanın birbiri ile tanışması, ardından birbirini tanıması, tanırken bir samimiyet geliştirmesi sonucunda farklı ilişki türlerinin ortaya çıktığı bir süreçtir. Bu süreç bazen normal seyrinde sorunsuz olarak devam ederken, bazen de bozularak bitmektedir. İlişki bir süreç, kişilerarası iletişim bu sürecin sonucudur.

1.2. Kişilerarası İletişimde İlişki Süreci

İlişki süreci çeşitli aşamalardan oluşmaktadır. Joseph DeVito, kontak, ilişki, yakınlık, bozulma, onarma ya da çözme olarak kişilerarası ilişki sürecini çeşitli aşamalara bölmektedir (2013, s. 231). Kontak aşaması, kişilerin birbirlerini fiziksel özelliklerinden tanıyarak, birbirleri hakkında tahminde bulundukları süreçtir. Ten rengi, cinsiyet, dış görüntü, giyim gibi şeyler ilk aşamada tarafların birbirleri hakkında bilgi edinmesini sağlamaktadır. Taraflar birbirlerinin dış görüntüsünden yola çıkarak, birbirlerini statülerini, ırkların, kişisel özelliklerini tahmin ederler. Bu tahminler üzerinden de birbirleri hakkında yorum yaparlar, ancak dış görüntü unsurları her zaman doğru tahminler vermemektedir. Zihnimizde fiziksel görüntü kodları vardır. Bu kodlar kültürel ve psikolojik geçmiş ile örüntülüdür ve kültürel geçmişimiz ve psikolojik arka planımız kişileri fiziksel görüntülerine göre kategorize etmemize neden olur. Bunlar algılamadan kaynaklı hatalardır. Bir kişiyi fiziksel görüntüsünden yola çıkarak, kodlama yapmamak olması gereken erdemli davranışlar arasındadır (Smith vd., 1992, s. 93-94). Ancak yapılan bir araştırma sonucuna göre, taraflar sadece ilk dört dakika içerisinde fiziksel görüntüden etkilenerek birbirleri iletişim kurup kurmayacağına karar vermektedir (Carlson ve Fullmer, 1992, s. 33).

İletişim kurulmak istenen kişiler genellikle fiziksel olarak çekici bulunan kişilerdir. Çekicilik teorisi olarak geçen bu teoriye göre tüm koşulların eşit olduğu bir yerde fiziksel olarak çekici olan kişiler, çekici olmayanlara göre daha fazla sevilmektedir (Freedman vd., 2003, s. 199). Bununla birlikte kişiler kendilerine benzeyen kişiler ile daha yakın ve samimi ilişkiler kurmaktadırlar. Kişi her ne kadar fiziksel açıdan çekici bulundukları kişilerden hoşlansa da ulus, ırk, fiziksel özellik, zekâ, tutum, ideoloji gibi konularda da kendisine benzeyen kişiler ile iyi ilişkiler geliştirmektedir (Kaypakoğlu, 2010, s. 141). Taraflar birbirinin fiziksel görüntüsünden etkilenebilir, ideolojik olarak kendine yakın hissedebilir ya da aynı şehrin insanı olabilir. Tüm bunlar tarafları birbirleri ile yakınlaşmasını sağlayan ihtimallerdir. Bu ihtimallere yakın olan kişiler birbirlerini gördükten sonra birbirleri ile ilişki kurmak isteyebilirler.

Karşılıklı bağlanma da bu aşamada gerçekleşir. Bu aşamada taraflar birbirlerine hem özel hem de genel nitelikte sorular sorarak, ilk izlenimlerinin doğru olup olmadığını öğrenirler (Tolhuizen, 1989, s. 417). Birbirlerini tanıyan kişilerarasında ortak yönler ve hoşa giden taraflar fazla ise kişilerarası ilişkide bir yakınlaşma gerçekleşir. Bu aşamada taraflar birbirlerine diğer aşamaya göre daha dürüst davranırlar (Maisonneuve, 2005, s. 76).

Yakınlık aşamasından sonra taraflar arasındaki gerilime bağlı olarak ilişkiler zayıflayabilir, bu süreç ilişkilerin bozulmaya başladığı bir süreçtir. Nitekim bu süreçte kişisel memnuniyetsizlikler devreye girer, tatminsizlikler mutsuzluk getirir ve ilişkiler bozulur. Eğer memnuniyetsizlikler büyürse birlikte geçirilen zaman içerisinde sessizlikler, yetersiz açıklamalar, daha az fiziksel temas ve psikolojik yalnızlıklar olur. Taraflar arasındaki gerilimin artması ile sorunların çözümü de zorlaşır. İlişkiler bozulduktan sonra iki yol vardır; ya ilişkiyi sürdürmek için ilişki onarılmaya çalışılır ya da herhangi bir çaba sarf etmeden ilişki çözülür ve biter (DeVito, 2013, s. 234). Her ilişki bu sürece tabi değildir. Bir diğer ifade ile birbirine yabancı iki insan arasındaki ilişki süreci ile ebeveyn ve çocuklar arasındaki ilişkinin işleyişi aynı değildir. Yabancı insanlar arasındaki ilişkide önce tanıma, tanırken samimiyet geliştirme vardır. Ama anne ve çocuk ilişkisi birbirine yabancı değildir. Çocuk ebeveynlerinin öğretileri ile büyür. Birbirlerini tanıma şekilleri iki yabancı birbirini tanımasından farklıdır. İlişkilerinin seyirleri diğer ilişki türleri ile benzerlik gösterebilir. Anne çocuk ilişkisi de sekteye uğrayabilir, bozulabilir, onarılmayabilir, ancak iki yabancının birbirini tanıması ile anne çocuğun birbirini tanıması aynı değildir.

1.3. Kişilerarası İletişimde İlişki Türleri

Farklı ilişki türleri vardır. İlişki türleri yakınlık ve resmilik durumuna göre kategorize edilmektedir. Belirli bir hiyerarşiye dayalı ast üst ilişkisinin olmadığı, spontane ilişkilerin yaşandığı, gayri resmi bir dilin kullanıldığı bir sistem içerisinde yaşanan ilişkiler yakın ilişkilerdir. Arkadaşlık ilişkileri, aile içi ilişkiler veya romantik ilişkiler bu kapsamda yer almaktadır. Bunların dışında resmi ortamlarda gerçekleşen ilişkiler daha çok iş amaçlı gerçekleşen formel ilişkilerdir.

Yakın ilişkilerden ilki aile ilişkileridir. Aile bireyin özel zamanlarını paylaştığı ve genelde en çok birlikte zamanın geçirildiği ilişki durumlarını kapsamaktadır. Aile, aynı hanede bir arada yaşayan kişilerin toplamıdır ve bu kişilere ev halkı denilmektedir. Ev halkı aynı evde yaşayan, aynı yerde var olan, bütün işleri birlikte yöneten ve ortak geliri paylaşan kişilerden oluşmaktadır (Güler ve Ulutak, 1992, s. 52). Aynı zamanda aile, eşlerin duygusal ve cinsel gereksinimlerine cevap veren, üyelerini genellikle ortak inançlar, amaçlar ve kurallar ile birbirine bağlayan, çocukların fiziksel olarak korunması, bakılması, büyütülmesine olanak hazırlayan bir yapıdır (Meray, 1982, s. 162-163). Aile kavramı ile anılan akrabalık üreme ve toplumsal inşa yoluyla gerçekleşen bir sistemi ifade etmektedir. Üreme kan bağı yoluyla oluşan akrabalığı ifade ederken, toplumsal inşa yoluyla oluşan akrabalık ise evlilik sistemi neticesinde çiftlerin ailelerinin birbirlerine yakınlığını ifade etmektedir (Sahlins, 2015, s. 11-13).

Aile içi ilişkiler ilkel çağlardan günümüze kadar değişime uğramıştır. Aile, tarihsel dönemde, çağın şartlarına uygun görevler üstlenmiştir. Toplumsal yapı aile yapısını da doğrudan etkilemiştir (Türkdoğan, 1999, s. 25). Nitekim avcılık ve toplayıcılık döneminde, kadınlar toplayıcılık yaparken erkekler avlanmıştır. Yaşlılardan ve çocuklardan ise yerine getirebilecekleri kadar iş yapmaları istenmiştir (Macionis, 2012, s. 89).

İlkel dönemlerde kadınların besinleri tedarik etme rolü, kadını erkekten daha yüksek bir statüye taşımıştır (Özen, 1990, s. 404). Sanayi öncesinde toprağı işleyen erkek gücü önem kazanmış, ev içinde kadının rolü ikinci planda kalmıştır (Nirun, 1994, s. 25). Geniş aile tipleri de bu dönemde görülmeye başlanmıştır. Ekonomik gücü elinde bulunduran kişi, cinsiyet fark etmeksizin aile içinde de iktidarı ele geçirmektedir. Sanayi döneminde aile en radikal dönemini yaşamıştır. Sanayi dönemi, insan gücünün yerine makine gücünün kullanıldığı, tarım ekonomisinden makineleşmiş endüstri sürecine geçiş yapıldığı ve seri üretimin ortaya çıktığı bir çağdır.

Bu çağda aile üretici bir birim olmaktan çıkmıştır. Nitekim Sanayi Devriminden önce üretim hem ev içerisinde hem de tarım alanlarında tüm aile fertlerinin destek verdiği bir etkinlik iken, kapitalist girişimlerin yaygınlaşmasıyla aile fertlerinin her biri farklı iş kollarına yönelmiş, bu sayede ev ile iş yeri birbirinden ayrılmıştır (Giddens, 1998, s. 112). Geniş ailelerin yerini çekirdek aileler almaya başlamış (Dikeçligil, 2012, s. 26), köylerden kentlere göç gerçekleşmiştir. Bu durum kent ve kentte yaşayan insan sayısında bir artışa neden olmuştur. Buna bağlı olarak ortaya çıkan kentleşme neticesinde toplumsal yapıda bir örgütlenme görülmüştür. İş bölümünde uzmanlaşma ortaya çıkmış, insanların eylem ve ilişkilerinde farklılaşmalar meydana gelmiştir (Keleş, 1972, s. 6).

Kentleşme ile aile içi ilişkiler değişime uğramıştır. Köydeki yakın akrabalık ve komşuluk ilişkilerinin yerini, şehirlerde gayri şahsileşen ilişkiler, resmi, soğuk, kısa süreli diyaloglar almıştır. Köydeki ait olma ve bir olma duygusu şehirlerde azalmıştır. Kentleşme örf ve âdet ritüellerini azaltmış, kuşaklar arasında örf ve adetlere bağlılık farkı ise artmıştır (Görmez, 1991, s. 27).

Tüm bunlara rağmen Türk toplumu gibi akrabalık ilişkilerine bağlı toplumlarda sanayileşmenin artış göstermesi, akrabalık ilişkilerini zayıflatmamıştır. Nitekim Türkiye'ye has belirli toplumsal kodlar vardır. Bu kodlar akrabalık ilişkilerini güçlendirmektedir (Duben, 2006, s. 98).

Bunula birlikte ABD'de ve İngiltere'de yapılan büyük çaplı bir araştırma sonucuna göre insanların çoğunluğu akrabaları ile etkileşim halindedir. Bugün birçok insan hatta uzakta yaşayanlar bile akrabalarıyla bağlantı halindedir. Modern teknoloji insanlara nerede olursa olsun düzenli olarak iletişim olanağı sağlamaktadır (Outhwaite, 2008, s. 23).

Sanayileşme ile aile kurumlarındaki değişimler göçle birlikte ortaya çıkan nüfus hareketleri ve kentleşmenin getirdiği değişimler yeni bir kültür ortamı olan kozmopolit yaşam tarzını getirmiştir. Kozmopolit yaşam tarzında kişiler farklı çevrelerden gelen kişiler ile tanışıp, farklı kültürler ile senkronize olmaktadır. Kent yaşamının getirdiği bireycilik, basın yayın hayatı, eğlence hayatı, apartman yaşamı gibi etmenler sosyal değişimi hızlandırmaktadır (Atalay, 1991, s. 883).

Bununla birlikte kırsal alanda kişiler arası ilişkileri düzenleyen normların yerini resmi normlar almıştır. Aile ilişkileri de kozmopolit yaşamdan en fazla etkilenen kurumlardan biri olmuştur. Outhwaite'e göre sayıları gittikçe artan kariyer sahibi çiftler ve çocuklar aynı evi paylaşmak yerine, zamanlarının çoğunu ayrı evlerde geçirmektedir. Bu kişiler genellikle işçi sınıfı ait olan çift gelirli göçmen aileler kategorisine girmektedirler. Bu aileler aynı evi paylaşan dağılmamış bir aile isteğinden yoksun kişileri temsil etmektedir. Ancak bu kişiler yeni teknolojilerden faydalanarak aile ilişkilerini sürdürürler ve bu kişiler için coğrafi uzaklık aile olmak için bir engel değildir (2008, s. 23). Sanayi sonrası modern yaşam ailelerine bakıldığında modern teknolojik yapının aile içi ilişkilere yön verdiği söylenebilir.

Sanayi sonrası dönemde üretim şekli değişmiş, üretim elektronik aygıtlar ve bilgisayar aracılığıyla gerçekleşen bir sisteme dönüşmüştür (Macionis, 2012, s. 93). Bu durum dünya çapında aile yapısında değişimleri beraberinde getirmiştir. Öyle ki geniş aile ve diğer akraba gruplarının etkileri azalmış, eşin özgürce seçimi konusunda liberal bir değişim meydana gelmiş, yaygın akraba evliliğinin baskınlığı yitirilmiş, cinsel özgürlük düzeylerinde bir artış görülmüştür (Giddens, 2008, s. 246-249).

Günümüz toplumunda kadın ve erkek rollerinde de değişim yaşanmıştır. Bu cinsiyetçi değişim aile içi ilişkileri de etkilemiştir. Nitekim aile içi iletişimi, toplumsal roller şekillendirmektedir. Bir kadın veya bir erkeğe toplum tarafından atfedilen rol kişiler arası ilişkilere de yön vermektedir. Günümüz ataerkil aile yapılarında işlerin ve sorumlulukların dağılımı cinsiyet ayrımına göre yapılmaktadır. Kadınlar ev bakımı ve düzeni, çocuk bakımı ve yetiştirilmesi gibi işlerden sorumluyken, erkekler evin geçimini sağlayacak meslek rolleri ile ön plana çıkmaktadır (Powell ve Greenhaus, 2010, s. 1012).

Günümüz modern toplumuna bakıldığında ise kadının rolünün iş sahasında da görülmesi ile, evin ekonomik sorumluluğu sadece erkeğe ait olmamaya başlamıştır. Özellikle gelişmiş toplumlarda kadınlar iş sahasında daha çok yer almaktadır. Kadının ekonomik güç özgürlüğü ile tanışması, evin ihtiyaçlarına katkı sağlaması kadın ve erkeğin ev iç rollerini göreceli olarak eşitlemiştir. Bu durum aile içerisinde kadının konumunda da farklılıklara yol açmıştır şeklinde bir ifade kullanılabilir. Anne sadece mutfakta yemek yapan, çocuklarının ve eşinin bakımı ile ilgilenen bir rolün ötesinde bir rolle karşımıza çıkmaktadır. Ayrıca, çocuk bakımı sadece annenin sorumluluğu olarak görülmemektedir.

Önceleri çocuk yetiştirme sorumluluğu, sadece annenin görevi olarak düşünülürken, daha sonra babalar da çocuğun hayatında annenin rolü kadar, önemli olmaya başlamışlardır.

Geçmiş dönemde gerçekleştirilen araştırmalar çoğunlukla anneler üzerinde yapılmıştır. Sonrasında ise toplumsal cinsiyetin getirdiği rol değişiklikleri ile babalık rolü yeniden tanımlanmıştır. Geçmiş yıllara göre babalık bakım verme, katılım gösterme ve ortak ebeveynlik yönünde bir değişim göstermiştir (Uludağlı, 2017, s. 70).

Bu değişim seyri de baba ve çocuk arasındaki iletişimi etkilemiştir. Dünyanın pek çok yerinde kadının iş yaşamına dahil olmasına karşın, pek çok kadın ekonomik anlamda eşlerine bağlıdır. Aynı şey çok çocuklar için de geçerlidir. Ekonomik özgürlüğü olmayan çocuklar günlük harcamaları ve sınıfsal konumları nedeniyle ebeveynlerine bağımlı yaşamaktadır (Outhwaite, 2013, s. 23). Bu sebeple ekonomi aile ilişkileri üzerinde etkin bir güce sahiptir ifadesi kullanılabilir.

Ekonominin bu belirleyici gücü, aile içi ilişkiler üzerinde etkin bir yer sahiptir denilebilir. Görüldüğü üzere toplumlar çeşitli ekonomik evrelerden geçmiştir. Cinsiyetçi roller ekonomiye göre şekil alırken, aile içi ilişkiler de ekonomiden etkilenmiştir. İnsan yaşadığı coğrafyanın bir parçasıdır. Dolayısıyla kadın veya erkeğe toplum tarafından atfedilen roller aile içi ilişkilerin de belirleyicisidir.

Bu roller her ailede geleneksel, duygusal, deneyimsel etkenler sonucu ortaya çıkan duygu ve düşüncelerle kuvvetli bir biçimde desteklenmektedir. Her aile genel olarak o ülkenin kültüründen bir parça taşımakla birlikte aileler arasında görgü farkı da olabilmektedir. Aile görgüsü olarak adlandırılan bu durum, aile bireylerinin sürekli etkileşim halinde olmalarından kaynaklanmaktadır. Aile bireyleri bazı noktalarda kişisel davranışlarını, ailedeki diğer bireyler ile karıştırmaktadırlar (Güler ve Ulutak, 1992, s. 53). Bu çalışmada aile içi ilişkiler üzerinde daha fazla bilgiye yer verilmesinin nedeni hem kişilerarası iletişimde ailenin öneminden kaynaklanmaktadır, hem de aile süreç içerisinde değişime uğrayan bir yapıya sahiptir. Ailenin değişime uğraması da ilişkileri şekillendirmiştir.

Aile ilişkilerinden sonra yakın ilişkiler kategorisinde yer alan bir diğer ilişki türü ise arkadaşlık ilişkileridir. Arkadaşlık çocuk veya yetişkinlerde akrabalık ve hısımlık bağı olmadan ortaya çıkan, karşılıklı rızaya dayalı sorumluluklar gerektiren bir ilişki türüdür (Demir ve Acar, 2002, s. 42). Arkadaşlığın temellerini ortak zevkler oluşturmaktadır. Kişinin sosyal kökeni arkadaşlık ilişkilerinin kurulmasında en az önem taşıyan unsurdur (DeVito, 2013, s. 281). Arkadaşlık ilişkilerinin türleri iletişim sürecine göre değişim göstermekte ve bu süreç kişilerarası ilişki süreci ile benzerlik taşımaktadır. Taraflar tanıştıktan sonra ilişkide herhangi bir ilerleme kaydedilmemişse, o kişi sadece tanışık olarak kalacaktır. Tanışıklık sonrası kişiler arasında ortak zaman paylaşımları olursa ve daha fazla kişilerarası etkileşim gerçekleşirse bu rastlantısal bir arkadaşlık sürecinin sonucudur. Rastlantısal arkadaşlık sonrası aynı kişiler ile planlı bir iletişim gerçekleştirildiğinde ise ilişkinin boyutu yakın arkadaşlıktır (Kaypakoğlu, 2010, s. 149).

Arkadaşlık kişilerin birbirlerine kendileri hakkında veya herhangi bir şey için özel bilgi vermesidir, ancak yakın arkadaşlık veya dostluk özel bilgiden çok daha fazla etkileşimi içermektedir. Arkadaşlık zamanı ve sahip oldukları şeyleri paylaşmak, ortak bir proje üretmek, birbirlerine söz vermek gibi eylemlerden oluşmaktadır. Bu samimiyet kişisel bir bağ yaratmaktadır (LaFollette, 1997, s. 155).

Kişi ailesini seçemez ama arkadaşlarını kendisi seçebilir. Bu yargı kentleşmenin olduğu yerlerde yaşayan kişiler için geçerli bir durumdur. Dünyanın birçok bölgesinde kent merkezinden uzak yerlerde yaşayan insanlar, kendi bölgesinin dışına çıkmadıkları için zorunlu arkadaşlık ilişkileri geliştirmektedirler. Bu yerlerde kurulan arkadaşlıklar rızaya dayalı bir tercih değil, zorunlu bir seçimdir. Çünkü kişinin bir alternatifi yoktur. Fiziksel olarak yakınındaki kişi ile istemese de iletişim kurmak zorundadır (DeVito, 2013, s. 281). Dolayısıyla zoraki bir arkadaşlık ilişkisi ortaya çıkmaktadır. Bu arkadaşlık ilişkisi verimsiz, çatışmalı bir iletişim ortamına dönüşebilmektedir.

Romantik ilişkiler yakın ilişkiler kategorisi altında ele alınmaktadır. Aşk ilişkisi olarak da adlandırılan romantik ilişkiler çeşitli bileşenlerden oluşmaktadır. Aşk ilişkilerinde yakınlık, tutku, kişinin özgür iradesi ile seçim yapması ve buna bağlı olarak ilişkiye katılması gibi faktörler söz konusudur (Sternberg, 1986, s. 119). Aşk ilişkilerinde de zoraki seçimler söz konusu olabilir. Çiftlerden birinin karşı tarafı istememesi veya her iki tarafında rızası dışında gelişmesi sonucunda gerçekleşen ve süren ilişkiler de vardır. Bu isteksizlik, kişilerarası çatışmalara neden olabilmektedir, ancak genel olarak yakın ilişkiler kişinin rızasına dayalı, özgür iradesi ile oluşmaktadır şeklinde bir ifade kullanılabilir.

Profesyonel ilişkiler ise daha çok iş ortamı içerisinde, belirli bir hiyerarşiye dayalı, mesafeli, mesai saatleri içerisinde gerçekleşen ilişki türü olarak tanımlanabilir. Bununla birlikte işyeri ilişkileri sadece formel ilişkileri içermemektedir. Nitekim yakın dostluklar ve arkadaşlıklar ve duygusal ilişkiler de işyeri ortamında var olabilmektedir.

İş yerinin atmosferi, binanın yapısı, masaların konumu, odaların şekli gibi faktörler iş ilişkilerine yön verebilmektedir. Nitekim iş yerinde fiziksel mesafe açısından birbirlerine yakın olan kişiler, duygusal olarak da birbirlerine yakın olmaktadır. Bir diğer ifade ile iş yerindeki ilişkilerin mesafesini bina içi yerleşim planları belirlemektedir (Wickhorst ve Geroy, 2006, s. 54). Fiziksel yakınlık, kişisel etkileşimi de artırmaktadır. Bu sayede taraflar birbirlerini daha iyi gözlemleyerek, birbirlerini daha kolay tanırlar. Bunun sonucunda da diyalogların süresi artıkça, etkileşim ve yakınlaşma artar. Kişi aynı statü ve konumdaki kişiler ile etkileşime daha fazla açıktır. Ast ve üst ilişkileri ise daha mesafelidir ve mesai saatleri içerisinde gerçekleşmektedir. İş yerindeki hitap şekillerinde ise genellikle resmi bir dil kullanılmaktadır. Genellikle taraflar birbirlerini *siz* şeklinde hitap ederken, üstün astına *sen* dediği de görülür.

Kişiler iş yeri dışında, dijital ortamlarda ve organizasyonlarda bir araya gelebilmektedir. Dijital ortamlar zamandan ve mekândan tasarruf sağlarken, iş yerindeki kişileri mekân ve uzaklık fark etmeksizin bir araya getirebilmektedir. Organizasyonlar ise işyerinde interaktif bir ortam sağlamak açısından önemli görülebilmektedir. Çalışanlar arasında etkileşimi artıran organizasyonlar, kurumsal bağlılık açısından göreceli olarak önem taşımaktadır. İş yerinde ilişkileri cinsiyet, kültür gibi demografik veriler de etkileyen unsurlar arasında düşünülebilir. Cinsiyet faktörüne bakıldığında, cinsiyet sadece biyolojik bir farklılık değildir. Her iki türde de psikolojik farklılıklar bulunmaktadır. Genel olarak kadınların erkeklerden daha duygusal davrandığı, erkeklerin kadınlara göre teknik bilgiye daha fazla önem verdiği gibi yaygın düşünceler vardır. Bu ve bunun gibi birçok farklı özelliklerin işyerinde kadın ve erkeğin olay ve olgulara yaklaşımında farklılıklara yol açacağı düşünülmektedir.

1.4. Tarihsel Açıdan Kişilerarası İletişimin Gelişimi

Kişilerarası iletişimin geçmişi, insanlık tarihi kadar eskidir ve içinde bulunduğu dönemin şartlarından etkilenmiştir. Kişilerarası iletişim, ilkel çağlardaki dumanla haberleşmeden günümüzdeki e – sosyalleşmeye kadar büyük bir radikal değişime uğramıştır. Kayıt altına alınmayan ilk çağlar, kişilerarası iletişimin kayıp dönemleridir.

Sistematik olarak ise kişilerarası iletişim alanında bilinen ilk çalışmaların, Aristo'dan başlayarak, Plato 'ya kadar uzandığı bilinmektedir. Nitekim kişilerarası iletişim kavramı da literatüre yüzyıllar öncesinden Aristoteles'in '*Retorik*' adlı eseri ile girmiştir (Caputo vd., 1994, s. 31). Aristo '*Retorik* 'adlı eserinde iletişimi bir sanat olarak tanımlamaktadır. Konuşmacı ya da hatip, dinleyicileri kendi ekseninde bir tartışmanın içine çekerek konuşmayı biçimlendirmektedir (Usluata, 1994, s. 28). Aristo'nun kuramına göre iletişim süreci konuşmacı, mesaj ve dinleyici olmak üzere üç öğeden oluşmaktadır. Aristo bu üç öğeyi; ethos, pathos ve logos olarak ifade etmektedir (Devito, 1978, s. 25).

Kişilerarası iletişim alanında bir çok entelektüel ilkler 1920'lerde ekilmiştir. Bu dönemde Piaget, çocukların birbirleriyle etkileşimini analiz etmiş ve onları gözlemleyerek, çocukların içine girdikleri rollere dikkat çekmiştir. 1930'larda Harvard Üniversitesi'nden Elton Mayo ve ekibi Hawtorne tesislerine giderek, oradaki yöneticiler ve çalışanlar üzerinde sosyal psikolojik çalışmalar yürütmüşlerdir. Bu dönemde günlük hayatta konuşulan dil üzerinde çalışmalar gerçekleştirilmiştir. Ayrıca dilin sembolik anlamları da incelenen konular arasındadır (Eren, 2018, s.18). 1920'ler ve 1930'larda kişilerarası iletişim alanında ilk örneklerin görülmesine rağmen, İkinci Dünya Savaşı sonrasında kişilerarası iletişim önem kazanmaya başlamıştır (Simonson ve Park, 2016, s. 11).

Laswell'in *'The Structure and Function of Communication in Society'* (1948) adlı çalışması, İkinci Dünya Savaşı sonrasında kişilerarası iletişim alanında ortaya çıkan önemli eserlerden birisidir. Lasswell iletişimin rolünü belirlemek için, *'kim, kime, hangi etkiyle, ne söylüyor?'* sorularını yöneltmiştir. Bu eser, iletişim alanında güncelliğini kaybetmeyen bir yapıya sahiptir (Laswell, 1948, s. 216). Lasswell ile birlikte, Shannon ve Weaver da 1940'lı yılların sonunda iletişim sürecinin kaynak, mesaj, sinyal, kanal, alıcı ve gürültü olmak üzere altı değişken içerdiğini öne sürmüşlerdir (Wells, 2011, s. 4). Shannon ve Weaver modeli de güncelliğini korumaktadır. 1940'larda ise bireyi topluma entegre edebilecek iletişim stilleri ile etkileşime odaklanılmıştır. Bu dönem sosyal entegrasyon çağı olarak adlandırılmaktadır (Eren, 2018, s. 18).

Kişilerarası iletişim kavramı 1950'li yılların sonunda sosyal bilimcilerin üzerinde çalışmalar yürüttükleri bir konu olmuştur. Bu tarihlerde araştırmacılar, insan iletişimini ve kişisel ilişkilerin etkileşim kalıplarının araştırmaya başlamışlardır. 1950'li yıllarda ikisi de antropolog olan Birdwhistell ve Edward T.Hall, sözsüz iletişim ile ilgili eserler yayınlamışlardır. 1958'de psikolog Heider'ın eseri, kişilerarası iletişim kapsamında incelenmiştir. Bu eser kişilerarası iletişim çalışmasının ayrılmaz bir parçası olan ilişkilendirme teorisi üzerine bir araştırma hattı başlatmaya yardımcı olmuştur. 1960'ların başında sosyolog Erving Goffman da algıları etkilemek ve etkileşimleri yönetmek için iletişimin nasıl kullanılabileceğine dair eserler yayınlamıştır. Goffman 'The Presentation of Self in Everyday Life' adlı eserinde insanların kendileri için nasıl roller yarattığını ve izlenimleri şekillendirmek için iletişimi nasıl kullandığını anlatmaktadır (Littlejohn ve Foss, 1992, s. 46).

1970'li yıllar ise kişilerarası iletişimde retorik ve ikna konularının işlendiği, konuşma ve hitabetin önem kazandığı bir dönem olmuştur. İkna alanındaki çalışmalar erken dönem çalışmalarının çoğunu karakterize etmektedir. Bu dönemde kişilerarası iletişimle ilgili çalışmalar daha çok ana akım dergilerde yer almıştır (Encyclopedia, 2021). 1970'lerin sonlarına doğru, kişilerarası iletişim araştırmaları önemli bir çalışma alanına dönüşmüştür. Amerika Birleşik Devletlet'lerinde büyük bir önem kazanmıştır. Kişilerarası iletişim psikoloji, sosyoloji ve antropoloji ile ilişkilendirilmiştir (Dwivedi, 2016, s. 23) ve kişilerarası iletişim araştırmaları sosyal etkileşim alanına kaymaya başlamıştır. Knapp, Mehrabian, Altman, Taylor, Duck, Kelley ve Thibaut gibi araştırmacılar kişilerarası iletişim üzerinde araştırmalar gerçekleştirmişlerdir. 1980'li yıllar ise kişilerarası iletişim araştırmalarının bilişsel dönemi olarak adlandırılmaktadır. 1980'lerde Hewes'in bilişsel yaklaşımları, Planalp, Roloff ve Berger'in davranışsal araştırmaları ile popüler hale gelmiştir. Burgoon ve Patterson tarafından iletişimsel uyarlama önem taşımaktadır. Berger ise bu erken teorik atılımların, kişilerarası topluluk araştırmalarının şekillenmesine katkıda bulunduğunu söylemektedir (The Open Universty of Hong Kong Search, s. 5).

1980 ve sonrası dönemde ise toplumsal perspektifler ön plana çıkmıştır. Toplumsal perspektif olayların temelinde insanları görmektedir. Bu yaklaşıma göre iletişim toplumdan bağımsız düşünülemez. Bir diğer ifade ile iletişim dönemin ruhundan etkilenmektedir. Bu dönemde toplumsal cinsiyet, cinsellik, etnik köken, ırk, sınıf farkılıları kişilerarası iletişim bağlamında çalışılmış ve özelllikle kültür konusu iletişim açısından önem taşımıştır (Eren, 2018, s. 19). 1990 sonrası dönemde ise iletişim teknolojilerinin hız kazanması ve buna bağlı olarak sosyal ağların ortaya çıkmasıyla kişilerarası iletişimle ilgili yapılan araştırmalar dijital boyuta taşınmıştır. Dijital kişilerarası iletişim alanındaki gelişmeler ise kişilerarası iletişimin dijital boyutunda derinlemesine tartışılmıştır.

1.5. Kişilerarası İletişimde Sözlü ve Sözsüz İletişim Pratikleri

Kişilerarası iletişimin temeli sözlü ve sözsüz iletişime dayanmaktadır. Bu iki iletişim becerisinin hatları 1972 yılında yapılan bir ayrımla çizilmiştir. Sözlü iletişimin temelinde dil ve sözcükler var iken, sözsüz iletişim yüz ifadeleri, jestler ve beden duruşu gibi unsurları içermektedir (Gordon vd., 2006, s. 76). Bireyler bu unsurları kullanarak duygu ve düşüncelerini karşı tarafa aktarmaktadırlar. Duyguların aktarımında sözsüz iletişim ön planda iken düşünceler sözlü iletişim yoluyla karşı tarafa gönderilmektedir. Bu doğrultuda kişilerarası iletişim sözlü ve sözsüz iletişim olmak üzere iki açıdan ele alınmıştır. Bunlardan ilki sözlü iletişimdir.

1.5.1. Sözlü İletişim Pratikleri

İnsanoğlunun sesi söze dönüştürmesiyle, ortaya çıkan sözlü iletişim, yeni bir çağı başlatmıştır. Sesin söze dönüşmesiyle dil gelişmiş, sözün dile gelmesiyle de konuşma ortaya çıkmıştır (Güngör, 2013, s. 85). Sözlü iletişimin çıkış noktası ses olsa da temel noktası dildir ve dil sözlü iletişim süreçlerinin başında yer almaktadır. Nitekim iletişim özü itibariyle bir dili ve bir sembolizmi içermektedir. Dil ise bir taş yazısından, ikili sayı zincirlerinden oluşan elektrik titreşimlerine kadar birçok şeyi kapsamaktadır (Cherry, 1978, s. 32). Bununla birlikte dil sözlü ve yazılı iletişimde kullanılan, verili olarak hazır bir formatta sunulan, insana özgü sistematik bir düzendir ve düşünceleri aktarma aracıdır. Somut ifadelerin ötesinde yalnız dille var olabilen duyguya dayalı soyut kavramların da aktarılmasını sağlamaktadır. Bellekte herhangi bir şey zihinsel tasarım görüntü oluşturmadıkları halde dil aracılığıyla aktarılabilmektedir (Aksan, 1999, s. 13).

Duygu ve düşüncelerin aktarımının yanı sıra iletişim muhatabının davranışlarını, emirle, şakayla, tehditle, vaatle ve istenilen sözler ile yönlendirmek ve etkilemek için de dil işlevsel bir boyuta sahiptir (Ng ve Bradac, 1993, s. 5). Toplumun tarihsel gelişimi içerisinde oluşan dil, zaman içerisinde başka toplumların dillerinin de etkisinde kalarak genişlemiş ve zenginleşmiştir (Aziz, 2012, s. 101). Farklı lehçeler etnik kökenleri sembolize etmiştir. Dil iletişim aracı olmanın ötesinde ulusal ve kültürel kimliğin de sembolüdür ve bu kimliğin korunmasında önemli bir rolü vardır. Öyle ki dilin ulusal kimliğin güçlü bir sembolü olduğunu gösteren bir tarihi olayda bu örneği görmek mümkündür. İspanya'nın kuzeyinde bulunan Bask bölgesi hükümeti, Bask kültürünü ortadan kaldırmak için Bask dilini okullarda, kamu kuruluşlarında, medya yayınlarında yasaklamıştır. Bu yasağı ihlal edenlere ise para cezası getirmiştir (Samovar vd., 2004, s.141-142). Çünkü dil sadece bir iletişim aracı değildir. Psikolojik bir savunma aracı, asimilasyona karşı direnme, kendi ulusunu güçlü kılma çabasıdır.

Ses ise kelimeler, gramer ve anlam olmak üzere dört unsurdan meydana gelmektedir. Ses dilin ilk öğesidir ve sesin en küçük birimi fonemdir. Kelimeler ise soyut ya da somut objeleri temsil ederler. Kelimelerin belli topluluklar üzerinde anlaşılmayan anlamları bulunmaktadır. Gramer kelimelerin nasıl kullanılacağını yöneten kurallar seti iken, anlam kişilerin kelimelere kendilerince yükledikleri boyuttur (Fidan, 2016, s. 87).

Sözlü iletişim ise dil ve dilin kullanılması ile oluşan sözcükler yoluyla gerçekleşen bir anlaşma sistemi ve insanlar arasında gerçekleşen konuşmanın tamamıdır (Gürüz ve Eğinli, 2017, s. 106). Konuşma dili olarak da ifade edilen sözlü iletişim yüz yüze aynı ortamda doğrudan gerçekleşebileceği gibi yazılı ve elektronik ortamlarda da kişiye düşünme fırsatı tanıyarak dolaylı olarak da yapılmaktadır. Sözlü iletişim kişilerarasındaki her türlü karşılıklı konuşma ve yazışmaları kapsamaktadır (Güngör, 2013, s. 87 ve Sillars, 1997, s. 11). Sözlü iletişim vasıtasıyla kişiler birbirleri ile düşüncelerini paylaşabilirler, karşı tarafı herhangi bir konuda bilgilendirebilir, haberdar edebilir, ikna edebilir, diyalog yoluyla hoşça vakit geçirebilir ve bu sayede eğlenebilir.

Bireyin içinde toplumsal, kültürel ve bireysel ortam sözlü iletişimi doğrudan etkilemektedir. Kişinin eğitim düzeyi, yaşam biçimi gibi faktörler kişinin sözel ifadelerine yansımaktadır ve çeşitli sözel iletişim tarzları oluşmaktadır. Bu doğrultuda kişi ya da kişiler duygu ve düşüncelerini hiçbir yan anlama başvurmadan doğrudan da ifade edebilirler ya da düz ve gerçek anlamlar tercih etmeden imalar ve benzetmeler ile dolaylı olarak da düşüncelerini aktarabilirler. Bireyler bu aktarımlarını ben merkezli bir ifade ile kendi odaklı anlatımlar yaparak kişisel olarak gerçekleştirebildikleri gibi toplumsal statü ve rollerinin onlara ölçtüğü dil kalıplarını kullanarak da bağlamsal sözel iletişim tarzında bulunabilirler (DeVito, 1985, s. 90-96).

Doğrudan veya dolaylı sözel iletişim tarzlarının dışında, farklı anlatımlar ile de sözlü iletişim kurulabilmektedir. Bunlardan ilki ayrıntılı sözel iletişim tarzıdır ve bu iletişim tarzı kişinin betimlemeler ve açıklamalar ile duygu ve düşünce aktarımlarını ifade etmektedir. Öz sözel iletişim tarzı kişinin konuşma esnasında susması, eksik anlatımlarda bulunması olarak açıklanabilir. Araçsal iletişim tarzı ise iletişimin amacının ön plana çıkarıldığı iletişim tarzı iken etkisel iletişim tarzı da tarafların karşılıklı olarak anlamı onaylamalarına dayanmaktadır. Kişinin düşünceleri, varlığı onaylanarak kabul ediliyorsa onaylayan, reddediliyorsa onaylamayan bir iletişim tarzı vardır. Dâhil eden ve dışlayan iletişim tarzı da onaylayan ve onaylamayan iletişim tarzı ile benzerlik göstermektedir. Bu iletişim tarzları bireyleri konuşmanın içinde bırakıyorsa ya da bireyi konuşmanın dışına itiyorsa gerçekleşmektedir. Kendine ve diğer kişilere odaklı iletişim tarzında ise yapılan iki eylem vardır. Kişi sadece kendinden (kendi yaşamı, işi, çocukları, planları gibi) bahsediyorsa kendi odaklı bir iletişim faaliyeti yürütmektedir. Bunun tam tersini yapıyor kendinden bahsetmeyip, karşı tarafa sorular yönelterek, bilgi sahibi olmaya çalışıyorsa diğerlerine odaklı bir sözel iletişim gerçekleştirmektedir. Kişilerarası iletişimde dengeyi sağlamak için her iki taraf da eşit oranda birbirine söz hakkı vermelidir (DeVito, 2013, s. 200-202).

Savunucu iletişim tarzı kişinin kendini karşı taraftan daha üstün bir konuma getirebilmek için ya da kendini haklı çıkarmak için, savunma odaklı hareket etmesidir. Destekleyici de ise karşıdaki kişiyi anlamaya odaklı eşit olduğunu hissettiren bir dil kullanılır. Aşağılayıcı iletişim tarzı sözlü müdahaleler (sözü kesmek, ses yükseltmek gibi siz yerine sen kullanması) ile karşıdakini bastırmadır ya da kişiyi doğrudan aşağılayan cümleler kullanılmasıdır. Övücü sözel iletişim tarzı ise bunun tam tersidir ve bu iletişim tarzında kişi yüceltilir (Gudykunst ve Toomey, 1988, s. 109-112).

Özetle sözel iletişim dil temelli diyaloglardan oluşan, temelinde dilin olduğu, kültürden bağımsız düşünülmeyen, kendi içerisinde farklı tarzları olan, sözsüz iletişime göre daha kesin anlamlar içeren, karşılıklı diyaloglar ve yazışmalardan oluşan anlaşma sürecidir. Sözlü iletişim kişilerin birbirlerine ne söylediğidir. Sözsüz iletişim ise aktarılan bilginin nasıl söylendiğidir. Bu doğrultuda sözsüz iletişim sözden fazlasıdır. Aşağıdaki alt başlıkta sözsüz iletişimin ne olduğu, iletişimdeki yeri farklı referanslar kullanılarak açıklanmıştır.

1.5.2. Sözsüz İletişim Pratikleri

Sözsüz iletişim dilden çok önce kullanılan iletişimin en eski ve en ilkel biçimidir (Dickson ve Hargie, 2003, s. 44). Mağara duvarlarına çizilen görsel kodlar, sözsüz iletişimin ilk örnekleri arasında yer almaktadır. Dolayısıyla sözsüz iletişimin tarihi insanlık tarihi kadar eskidir. Sözsüz iletişimin bilimsel bilgi bağlamında çalışılması ise yeni sayılmaktadır. Çünkü sözlü ve yazılı kültürün egemenliği, sözsüz iletişimin önüne geçmiş ve kişilerarası iletişim faaliyeti sadece konuşma ile sınırlandırılmıştır (Yüksel, 2006, s. 37).

Yapılan çalışmalara bakıldığında ise sözsüz iletişim disiplinler arası bir tarihe dayanmaktadır ve birçok alanda sosyal bilimlerden, sahne sanatları uygulamalarına, popüler kültürden, kişisel gelişim kılavuzluğuna kadar birçok yerde sözsüz iletişim faaliyetleri araştırılmıştır (Tanenbaum vd., 2014, s. 17). Çünkü sözsüz iletişim disiplinler arası bir çalışma alanıdır. Birçok bilim dalı ile ilişkili olduğu gibi çok sayıda sanat alanından da destek almaktadır. Nitekim sözlü iletişim psikoloji, sosyal antropoloji, sosyoloji, sosyal psikoloji, dil bilimi, iletişim, edebiyat, yönetim ve siyaset bilimi, sahne sanatları, eğitim, anatomi, nöroloji gibi birçok bilim dalı ile iç içedir (Yalçın ve Adiller, 2016, s. 22-23)

Kavramsal açıdan ise sözsüz iletişim konuşma eylemi dışında yer alan iletişim araçları ile gerçekleşen iletişim faaliyetidir (Mutlu, 2008, s. 288). Sözsüz iletişim jest ve mimik gibi beden dili ifadeleri veya ses tonu ve ses hızı gibi dilsel öğeler ile ifade edilebileceği gibi el kol hareketleri olarak adlandırılan eylemsel araçlarla da gerçekleşmektedir (Fexeus, 2014, s. 20). Bununla birlikte giyim, aksesuar, renk gibi görsel kodlar ile veya kişisel mesafe olarak bilinen yakınlık ya da uzaklık adlı ölçü birimleri de sözsüz iletişim faaliyetleri arasında sayılabilmektedir.

Sözsüz iletişimin farklı işlevleri bulunmaktadır. Öyle ki sözsüz iletişim sözlü mesaja eşlik ederek ya da açıklama yaparak tamamlama işlevini yerine getirebileceği gibi (Burgoon ve Guerro, 1994, s. 149) sözlü iletişimde kelimelerin yerini alarak ve kelimelerin işlevini kazanarak sözün yerine geçme işlevine de sahiptir (Weaver, 1996, s. 210). Bununla birlikte kelimeler ile anlatılan şeyler vücut dili ile tekrarlanarak, onaylanarak veya desteklenerek anlatılıyorsa sözsüz iletişimin tekrarlayıcı işlevinden bahsedilebilir (Samovar vd., 2004, s. 170).

Bu durumun tam tersi de söz konusu olabilir. Sözsüz mesajlar ile sözlü mesajlar arasında bir uyumsuzluk varsa iki iletişim becerisi arasında bir çatışma gerçekleşmiştir. Bu durum sözsüz iletişimin çatışma işlevidir. Çatışma gerçekleştiği zaman ya sözcükler beden dilinin önüne geçer ya da beden dili sözcüklerden daha çok önem taşır. Dikkatler ise iki iletişim becerisinden birine odaklanır (Preston, 2005, s. 83).

Ayrıca sözsüz iletişimin sözlü iletişimi düzenlediği de görülmektedir. Bu sürece ise düzenleme işlevi adı verilmektedir. Sözsüz iletişim işaretleri kişilere konunun akışına göre çeşitli sinyaller vermektedir. Bu sinyallere bağlı olarak iletişim gerçekleşmektedir (Weaver, 1996, s. 210). Kategorik bağlamda ise sözsüz iletişimin farklı boyutları, türleri ya da unsurları bulunmaktadır. Bu doğrultuda sözsüz iletişim beden dili, paradilsel öğeler, fiziksel görünüş, dokunma, kişilerarası mesafe seklinde sınıflandırılmaktadır (Burgoon, 1994, s. 232).

Beden dili çoğunlukla sözsüz iletişimin yerine kullanılmaktadır, ancak sözsüz iletişim ile beden dili aynı değildir. Beden dili sözsüz iletişimin bir alt boyutudur. Büyük ölçüde bireye özgüdür ve genetik kodlara sahiptir. Nitekim bir takım bedensel hareketler genetik olarak da kazanılmaktadır ve bedensel hareketler bireyin kişilik yapısı ile bütünleşmektedir (Güngör, 2013, s. 79). Beden dili jest ve mimikler olmak üzere ikiye ayrılmaktadır. Konuşurken veya hareket ederken el, kol, baş ya da bedenin tümünün kullanılması esnasında ortaya çıkan hareketler jest iken, daha çok yüz hareketleri ile bir duyguyu ifade etmek için kullanılan ifadeler ise mimik olarak adlandırılmaktadır (Yüksel, 2006, s. 41). Bir diğer ifade ile jest sözlü iletişime destek olan veya onun yerine kullanılan beden hareketleri olarak tanımlanırken (Kendon, 2004, s. 47), mimik konuşmanın ritim ve içeriğini takip eden duygu ve düşüncelerin kaş, göz, ağız ve yüz hareketleri ile anlatılmasıdır (Chandler ve Munday, 2018, s. 206).

Mimikler vasıtasıyla öfke, korku, mutluluk, acı çekme belirtisi, umursamazlık, utangaçlık, öfke gibi duygular gülme, ağlama, kızma ve somurtma ifadeleri ile aktarılmaktadır. Bu ifade biçimleri ise insanın doğumuyla başlamaktadır (Gürüz ve Eğinli, 2017, s. 144). Yüz ifadelerinin doğuştan gelip gelmediği ile ilgili yeni doğan bebekler üzerinde yapılan bir araştırmada ise yeni doğan bebekler ilk aylarda benzer çevre uyarıcılarına ortak tepkiler vermişlerdir. Daha sonra çevrelerindekileri taklit ederek duygularını geliştirmişlerdir. Kültürel araştırmalara göre mutluluk, korku, kızgınlık, üzüntü, şaşkınlık ve tiksinti gibi yüz ile ifade edilen farklı temel duygular bulunmaktadır (Yüksel, 2006, s. 44). Bu duygular hemen hemen tüm dünyada aynı şekilde ifade edilmektedir, ancak bu duygular ortak olmasına rağmen kültüre özgü kurallara da sahiptir (Triandis, 1994, s. 198). Sözsüz kurallar coğrafyalara arası farklı gösterebilmektedir. Her bir coğrafya kendi kültürel özelliklerine bağlı olarak olaylar ve durumlar karşısında ortak ama farklı duygu belirtileri yansıtabilmektedir.

Duygular kişi hakkında bilgi sağlayan göstergelerdir. Çünkü kişinin herhangi bir durum ve olay karşısında verdiği duygusal tepki, kişinin kendisi hakkında bilgi vermektedir. Kişinin güçlü ve zayıf yönleri, kişilik özelikleri gibi semptomları duygular vasıtasıyla keşfedilmektedir (Weaver, 1996, s. 202). Yüz ifadeleri, bireyin duygu ve düşüncelerini destekleyen somut ifade biçimleridir.

Bununla birlikte bu temel duyguların ölçütleri genellikle standarttır. Kişi mutlu olunca güler, üzülünce ağlar, kızınca kaşlarını çatar, korkunca titrer, hoşuna gitmeyen bir şey olunca ise suratını ekşitir. Bu duygu belirtilerinin dışında yer alan istisnalar da vardır. Nitekim gülme sadece bir mutluluk belirtisi değildir. Kişi korkunç bir olay karşısında gülerek de tepki verebilmektedir. Aynı şekilde ağlama belirtisi de sadece mutsuzluk belirtisi değildir, mutluluktan ağlayanlar da vardır. Çünkü insan birden fazla duyguyu aynı anda yaşayabilen, yaşadıkları ortam ve koşullardan etkilenerek olaylara farklı tepkiler veren bir varlıktır.

Ayrıca bir insan çok sayıda mimiğe sahiptir. Bu sebeple kişilerin ifadelerindeki ara anlamlara bir değer vermek mümkün değildir. Bütün insanlığın ortak yüz ifadeleri, ortak anlam skalası haline getirilmek istenirse, yüz ifade sayısı azalır ve iletişim kurma yeteneği ortadan kaybolur (Adiller ve Yalçın, 2016, s.53).

Kişinin yüzünde çoğu çift olmak üzere yirmi kas grubu vardır. Bu kasların sadece gerilip, gevşetilmesi ile yüzlerce farklı yüz ifadesi ortaya çıkmaktadır. Yüz kasları, duygusal bir ifadeyi açığa çıkarma açısından, temel olarak alın ve kaşlar, gözler ve ağız ve dudaklar olmak üzere farklı unsurlardan oluşmaktadır (Baltaş ve Baltaş, 2015, s. 49) ve bu mimikler farklı işlevleri yerine getirmektedir.

Gözler ise beden dilinde önemlidir. Üzüntü, öfke, kin gözler ile ifade edilmektedir, ancak gözler ile ifade edilen anlamları tek bir yargıda toplamak yanlıştır. Cüceloğlu'na göre gözün kendisi başlı başına bir mesaj kaynağıdır ve Cüceloğlu bakışlara tek bir anlam yüklemektedir. Öyle ki bir kişinin karşıdakinin gözüne bakması ilgi duyması, gözlerini kaçırması bir şeyler sakladığı anlamına gelmektedir (2011, s. 44). Bunlar yanlış yargılar değildir, ancak göz kaçırmanın veya bakmanın sadece tek bir anlamı yoktur. Nitekim kişi karşıdakini beğendiği ilgi duyduğu için bakabileceği gibi tuhaf gördüğü için de bakabilir. Yine aynı şekilde utandığı için de gözlerini kaçırabilir.

Alın ve kaşlar ise kişinin kontrolü ile kasılıp, gevşetilen kaslar aracılığıyla yapıldığından, kişilerin duygularını doğrudan yansıtmakta ve genellikle duyguların gizlenmesini zorlaştırmaktadır. Kaşların hareketleri değişik duygusal durumları yansıtmaktadır. Şaşırınca kaşlar yukarı kalkmakta, üzülünce kaşlar aşağı düşmektedir (Gürüz ve Eğinli, 2018, s. 152). Ağız ve dudaklar ise alacağı şekle göre farklı anlamlar taşımaktadır. Ağız yapısındaki gülümseme mutluluğu, aşağı kıvrılmış bir dudak şekli önemseme ya da alay anlamına gelebilirken, dişlerin kenetlendiği durum ise genellikle olumsuz bir gösterge olabilmektedir (Koçyiğit, 2016, s. 124).

Jestler ise duyguları eller, kollar, parmaklar, baş, bacaklar gibi vücudun aktif parçaları ifade etme biçimidir. Bu hareketler bilinçli ya da bilinçsiz yapılabilir (Kurien, 2010, s. 33). Herhangi bir mesaja baş hareketleri ile bilinçli ya da bilinçsiz bir şekilde onay veya ret verilebilir. Eller ise kişinin kendini dışavurumudur. Eller vasıtasıyla duygular betimlenerek anlatılabilmektedir.

Jest ve mimiklerin yanı sıra duruş da beden dili göstergelerinden biridir. Nitekim duruş çok uzak mesafeden bile fark edilip değerlendirilecek bir sözsüz iletişim unsurudur (Navarro ve Poynter, 2010, s. 70). Duruş pozisyonlarının farklı anlamları bulunmaktadır. Dik duruş kendine güvenin simgesi olabilirken, omuzların düşük olması özgüven yetersizliği, bıkkınlık, çaresizlik gibi duyguların göstergesi olarak düşünülebilmektedir.

Beden dili yorumlanırken, çok dikkatli olunması gerekmektedir. Tek başına bir hareketten yola çıkarak mesaj ve kaynak hakkında çıkarımlarda bulunmak yanlış sonuçlara yol açmaktadır (Telman ve Ünsal, 2005, s. 38). Beden dili yorumlanırken, alıcı ile verici arasındaki paralelliğe dikkat edilmelidir. Kaynak ile alıcı arasındaki algı paralelliği göz bulundurulmadan yapılan değerlendirmeler sağlıklı sonuçlar vermemektedir (Yalçın ve Adiller, 2016, s. 59). İki farklı kültüre sahip kişi, birbirlerinin beden dillerini yorumlarken kendi kültürlerinden beslenirler. Herhangi bir fiziksel davranışa yükledikleri anlam da kendi kültür dağarcıkları ile sınırlı olabilmektedir.

Bir diğer ifade ile kişiler farklı kültürlere sahip olduklarında sözsüz davranışa ilişkin anlamların da değiştiği görülmektedir. Çünkü sözsüz mesajlar kültürel değerlerden bağımsız düşünülmemektedir. Sözsüz davranışı gerçekleştiren kişinin kültürel özelliklerinin bilinmesi, sözsüz davranışların yorumlamasını kolaylaştırmaktadır (Myers ve Myers, 1992, s. 207-208).

Kültürün yanı sıra kişilerin psikolojik durumları, sosyo demografik özellikleri, içinde bulundukları toplumsal atmosfer gibi birçok etken de algılamayı etkilemektedir. Bu doğrultuda beden dili yorumlanırken kişisel zeminden bağımsız hareket edilmemelidir. Nitekim literatürde beden dilinin genelleştirildiği görülmüştür. Ancak biraz önce de belirtildiği üzere beden dilindeki herhangi bir jest veya mimik her kültürde ya da her kişide aynı anlama gelmemektedir. Dolayısıyla beden dili tek bir skalada toplamak yanlış yorumlamalara neden olabilmektedir. Ancak beden dili ile ilgili aktarılan birçok yargı, tüm insanlığı tek bir kalıba itmeye çalışmaktadır. Kişilerin parmak izleri kendilerine özgüdür ve bir başkasında yoktur, kişiye özeldir. Tıpkı parmak izleri gibi jest ve mimikler de duygular da düşünceler de hisler de kişiye özgüdür ve özeldir. Dolayısıyla beden dili ifadelerinin tüm evrende ortak bir anlamının olacağını söylemek yanlış olabilecektir. İnsanlar gülünce hoşnut, ağlayınca kırgın, üzgün veya yine mutlu olabilir. Bunlar dünyanın her yerinde aynıdır. Daha önce de belirtildiği üzere, kişi gerçek ruh halini beden diline yansıtmayabilir veya kalıplaşmış beden dili doktrinlerini kullanarak kişinin ruh hali çözümlemek yanlış sonuçlara neden olabilmektedir.

Özel eğitim almış gizli servis ajanları yıllarca iki kimlikle yaşamaktadır, hatta hayatlarının önemli bir bölümünü tamamen yalan kimlik üzerine kurmaktadır (Yalçın ve Adiller, 2016, s. 53). Dolayısıyla eğitim yoluyla ya da günlük yaşamdaki tekrarlar ile kişiler kendi kişiliğinden farklı bir kimliği taşıyabilmektedir. Sözcükler ile yalan söylenir, ama beden dili yalan söylemez, gibi bir ifade beden dili adlı kılavuz niteliğindeki eserlerde karşımıza sıklıkla çıkan bir söylemdir. Bununla birlikte Alice Miller *'Beden Asla Söylemez'* (2014), Vicky Vlachonis *'Beden Yalan Söylemez'* (2014), Paul Ekman *'Yalan Söylediğimi Nasıl Anladın'* (2016), Lillian Glass *"Yalancının Beden Dili"* (2018) gibi eserlerde beden dili, iletişim sürecinde en önemli unsur olarak gösterilmektedir.

Bu söylem beden diline çok fazla anlam yüklemenin yanı sıra, beden diline farklı bir misyon da vermektedir. Bu yargı beden dili ifade edilen her eylem doğrudur, şeklindeki bir yanılgıya götürebilmektedir. Ayrıca beden dili ile yapılan her eylemin tek bir karşılığı bulunmamaktadır şeklinde bir yanılgı da ortaya çıkmaktadır. Beden dili çeşitli, uyarlanabilen, ortam ve koşullardan etkilenen bir iletişim şeklidir. Bir yerde yan yana oturan kişilerin oturuş pozisyonlarının birbirine dönük olması, iletişim kurma isteğini gösterdiği gibi kişilerin kendini o konumda rahat hissetmesinden kaynaklı da olabilmektedir veya kollarını birleştirerek bekleyen kişi iletişime kapalı da olabilir, yorgun da olabilir, düşünmek de isteyebilir. Dolayısıyla beden dilini tek bir kalıba indirgemek veya onu tek bir boyutta düşünmek, sözlü iletişimi ikinci plana itmek yanıltıcı ve eksiktir. Her iletişim şekli de kullanım alanına göre ön plana çıkmaktadır. Biri diğerinden daha önemlidir şeklinde bir yargı da bulunmakta kişilerarası iletişim açısından yanıltıcı olabilmektedir.

Beden dilinin bu denli önemli gösterilmesinin bir sonucu olarak, iletişimde beden dili ile ilgili doğru olmayan genellemeler yapılmıştır. Beden dili insan iletişimini bütünüyle açıklayan bir iletişim şeklidir denildiği gibi beden dili kişi hakkında net bilgiler verir de denilmektedir. Bunların yanı sıra farklı koşul ve ortamlardaki bireylerin aynı olaya aynı tepkiyi verebileceği söylenirken, kişilerin davranışlarını yorumlamada mutlak doğru yol sadece jest ve mimiklerdir de şeklinde de bir söylemde bulunulmaktadır (Richmond ve McCroskey, 2000, s. 3). Paradilsel öğeler içerisinde yer alan ses davranışı ise dilin ötesindeki, dilin arka planındaki sözsüz işaretlerdir. Ses tonu, sesin hızı, hangi kelimelerin vurgulandığı, konuşma esnasındaki duraklamalar gibi özellikler, dilin ne söylediğinin değil nasıl söylediğinin göstergesidir ve bunlar sözsüz iletişimin unsurlarıdır (Dökmen, 2005, s.127).

Bununla birlikte konuşma sırasında ortaya çıkan ses özelliklerinin yanı sıra, sessizlik de dil ötesidir. Dil ötesi Yunanca yakınında arasında anlamına gelen *"para"* ve dil bilimi anlamına *"linguistik"* sözcüklerinin bir araya gelmesi ile *"paralinguistik"* olarak ifade edilmektedir (Gürüz ve Eğinli, 2017, s. 194). Mesajın doğru bir şekilde kaynak tarafından algılanmasında seçilen kelimeler önem taşımaktadır, ancak seçilen kelimelerin algılanış ve anlaşılma şekli büyük ölçüde dil ötesine göre şekillenmektedir (Zıllıoğlu, 2010, s. 113). Yapılan araştırma sonuçları da bu tezi desteklemektedir. Nitekim insanlar birbiriyle iletişim kurarken ne söylediklerinden çok, söyleyiş biçimlerine dikkat edip odaklanmaktadır (Sezgin ve Akgöz, 2009, s. 43).

Ses kadar önem taşıyan sessizlik ya da susma ise sözsüz iletişim açısından önemli bir işarettir. Susma dinlemenin göstergesidir, ancak gerekli durumlar dışında gerçekleşiyorsa iletişimde çeşitli sorunlara yol açmaktadır ve susma hem nedensel hem de işlevsel olarak üç şekilde olmaktadır. Bunlardan ilki *'psikolinguistik susma'* olarak tanımlanabilen konuşmacının sözleri arasında gerçekleşen, kısa ve uzun süreli susmadır. Kısa süreli susma dilin gramer yapısından kaynaklanmaktadır. Uzun süreli susma ise daha çok bilişsel bir süreçtir. Etkileşimsel susma kaynak ile alıcı arasındaki etkileşimden kaynaklı susmadır ve karar verme, akıl yürütme, denetim kurma gibi nedenlerle gerçekleşmektedir. Son olarak üçüncü sırada yer alan sosyo kültürel susma ise toplum ve kültüre dayalı nedenlerden kaynaklanmaktadır (Zıllıoğlu, 2010, s. 185).

Sözsüz iletişimin temel öğelerinden biri de fiziksel görünüştür ve fiziksel görünüş Fiske'ye göre saç, elbise, bedensel süsler, makyaj gibi iradeye bağlı olanlar ve boy, ten rengi gibi daha az kontrol altında tutulanlar olmak üzere ikiye ayrılmaktadır (1996, s. 96). İradeye bağlı fiziksel görünüş üzerinde, iradeye bağlı olmayana göre değişiklik yapmaktan daha kolaydır. Ancak modern dünyada estetik endüstrisinin gelişen yapısı farklı operasyonlar ile bireylerin fiziksel özelliklerinde de değişiklik yapmalarına imkân tanımaktadır. Bu doğrultuda fiziksel özelliklerin daha az iradeye bağlı olduğu ancak üzerinde değişiklik yapılabileceği de unutulmamalıdır.

Fiziksel görünüşün en temel belirleyicilerinden biri ise kişinin giyim tarzı olan seçtiği kıyafetlerdir, kıyafetler kişi hakkında bilgi veren ideolojik göstergelerdir (Cüceloğlu, 2011, s. 47). Çünkü birey yaşadığı toplumdan bağımsız değildir. Toplumun kültürel yapısı bireyin giyinme şekline de yansımaktadır, fakat kültür giyim tarzını doğrudan etkilememektedir. Global dünyada popüler kültürün en çok etkilediği unsurlardan biri de bireylerin giyinme biçimleridir ve bu giyinme biçimleri evrensel bir kalıp içerisinde modanın da yönlendirmesiyle insanların giyimini aynılaştırmaktadır. Hemen hemen herkesin aynı şekilde giyindiği bir dünyada kıyafetlere özen gösterilmesi, aksesuarlar ile taçlandırılması, kıyafetlerinin güzel kokması gibi unsurlar kişi hakkında olumlu bir imaj oluşturmaktadır. İlk çağlarda sıcak ve soğuğa karşı korunma amaçlı kullanılan kıyafetler, bugün hem korunma amaçlı hem de imaj oluşturmak için tasarlanmaktadır. Kişinin giyinme şekli sosyo demografik özellikleri ve karakter özellikleri ile ilişkilendirilebilmektedir. Dolayısıyla sözsüz işaretlerin bir taşıyıcı olan giyim kuşam bireysel imajın yanı sıra Yalçın ve Adillere göre kurum kültürünün de propagandasını yapabilmektedir. Tarih boyunca *"görünüşü iyiyse her şeyi iyidir"* şeklinde bir algı söz konusudur. Nitekim kıyafetler kişinin yaşadığı kültürün ve sosyal statünün bir göstergesidir (2016, s. 56).

Sözsüz iletişim içerisinde yer alan dokunma iletişimi ise iletişimin belki de en ilkel biçimidir. Doğum ile başlayan dokunma hayatın her evresinde karşılaşılan bir durumdur. Dokunma ile birçok şey anlatılabilir. Olumlu duygular dokunma ile iletilirken, romantik ilişkilerde ve yakın arkadaşlıklarda bu durum daha çok öne çıkar. Dokunmak, destek vermek, takdir etmek, güvenmek, sevmek, cinsellik gibi çeşitli amaçları içermektedir. Bununla birlikte kişinin davranışlarına müdahale etme amacı olarak da kullanılmaktadır. Ayrıca selam amaçlı tokalaşma, görev ve yardım amaçlı dokunmalar da söz konusudur (Kaypakoğlu, 2010, s. 106-107).

Dokunmanın zıttı olan mesafe sözsüz iletişimde belirleyici bir role sahiptir ve dokunmanın samimiyet ile arasında doğrudan bir ilişki vardır. Samimiyet arttıkça, kişilerarası mesafe de azalmaktadır. Duygusal yakınlık, fiziksel yakınlığı da beraberinde etkilemektedir (DeVito, 2013, s. 194). Kişilerin samimiyet derecesine göre, ilişkilerde samimi, kişisel, sosyal, kamusal gibi farklı mesafe türleri oluşmaktadır. Samimi mesafe, taraflar arasındaki teması ifade etmektedir ve bu temas kişinin nefesini hissedecek kadar yakınlıkta olan mesafedir. Kişisel mesafe ise belirli bir uzaklıktaki mesafe anlamına gelmektedir. Yakın olan ancak belirli bir uzaklık da gerektiren bir aradır. Sosyal mesafe iş ortamında ya da sosyal alanda ortaya çıkan kişilerarası mesafedir. Kamusal mesafe ise en uzak olan ara ve bu ara kişilerarasında koruyucu bir alan oluşturmaktadır (Kaypakoğlu, 2010, s. 111-112).

Literatürde sözsüz iletişim bağlamında ele alınan bir diğer konu ise dinlemedir. Dinleme kişinin duyduğu şeyleri, analiz edip kendi mevcut bilgisi ile sentezleyip, değerlendirmesidir. Dinleme eylemi kişinin eğitim, kültür veya kimliğinden bağımsız değildir. Aynı zamanda dinleme, kişilerarası iletişimi etkileyebilecek bir yetkinliğe sahiptir (Taşer, 2015, s. 214).

Fidan'a göre dinleme iletişim başarısını belirleyen, temel unsurlardan birisidir. Dinleme iletişim süresince, insanların karşılıklı olarak birbirlerine değer verdiğinin göstergesidir. Bu nedenle iletişim sürecinde dinlemeyi beceremeyen birinin başarılı olması mümkün değildir ve dinleme becerisine sahip olmayan kişiler soyutlanır ve yalnızlığa itilir. Çünkü, gündelik yaşamımızda, iletişim kopuklarının önemli nedenlerinden birisi dinleme ile ilgili kusurlardan kaynaklanmaktadır. İletişimin kalitesini artıran şey dinlemeyi bilmektir (2016, s. 245). Bu başlık altında sözsüz iletişimin unsurlarına yer verilirken, beden dili ile sözsüz iletişim arasındaki farklar da açıklanmıştır. Sözsüz iletişimin kişilerarası iletişimdeki önemi, kültürel kodların evrensel kodlardan farkları gibi unsurlar burada ele alınmıştır.

1.6. Kişilerarası İletişim Sürecinde Etkili Olan Faktörler

Kişilerarası iletişim sosyoloji, psikoloji, sosyal psikoloji gibi sosyal bilimlerin çeşitli bilim dalları ile ilişki içerisindedir. Her bilim dalı ise kendi perspektifine göre kişilerarası iletişimi anlamlandırmaktadır. Sosyoloji, kişilerarası iletişimi sosyal kurallar, normlar ve roller açısından ele alırken, psikoloji daha çok kişilerin psikolojik özellikleri, bilişsel ve duygusal yapıları üzerine odaklanmaktadır (Gürüz ve Eğinli, 2017, s. 49). Kişilerarası iletişimi doğrudan etkileyen bu disiplinler, literatürde ilgi alanlarına göre sınıflandırılmaktadır. Psikoloji algı, kişilik, benlik, duygu, empati gibi alanlar ile ilişkilendirilirken, sosyoloji sosyal demografik özellikler, kültür, ideoloji, din gibi kültürel faaliyetler ilgilenmektedir (Taşdemir, 2017, s. 23-36, Üçok, 2018, s. 82 ve Gürüz ve Eğinli, 2017, s. 209:282). Bu bağlamda kişilerarası iletişimi etkileyen faktörler psikolojik ve sosyolojik olmak üzere iki şekilde ele alınmıştır.

Psikoloji, insan ve hayvan davranışlarını inceleyen bir bilim dalıdır, insan ve hayvan davranışlarını açıklarken, bilimsel akılcı çıkarımlarda bulunur (Morgan, 2013, s. 7). Çalışma alanını ise ölçümlenebilen ve gözlemlenebilen davranışlar oluşturur. Bu davranışların arka planında yer alan ve doğrudan gözlemlenemeyen algılama, düşünme, öğrenme, karar verme gibi zihinsel faaliyetlere açıklama getirir. İletişim ise tüm bu faaliyetlerin ortak ürünüdür, dolayısıyla psikoloji ile doğrudan ilişkilidir. Kişilerarası iletişimi etkileyen psikolojik faktörler ise algılama, kişilik, benliktir (Üçok, 2018, s. 82). Tutum algılamadan ayrı düşünülemeyen psikolojik bir faktördür.

1.6.1. Kişilerarası İletişimde Algı

Algı kelimesi Hint- Avrupa temelli bir sözcüktür. Anlamı bütün dillerde almak anlamına gelmektedir. Hint- Avrupa dillerindeki karşılığı kap, Latincede capere, Batı menşei dillerde ise *'perception'* olarak ifade edilmektedir (Hançerioğlu, 2005, s. 42). Algı duyular aracılığıyla nesneleri kavramı süreci, olaya ilişkin bilinçli farkındalık (Chandler ve Munday, 2018, s. 14) veya duyu organları vasıtasıyla dışarıdan beyne gelen uyarıların, yani nesnelerin, tatların, kokuların, seslerin, renklerin zihinde yorumlanarak, işlenmesi sürecine algılama denilmektedir (Odabaşı ve Gülfidan, 2007, s. 128).

Dışarıdan gelen bu uyarıcılar anlamlandırılırken, geçmiş deneyimlerden ve kalıtsal özelliklerden faydalanılır. Bir diğer ifade ile hem kalıtımla bize geçen genler hem de çocukluğumuzdan itibaren yaşadığımız şeyler dış dünyayı kendi perspektifimize göre anlamlandırmamızın nedenidir. Bu sebeple algılanan nesne ile zihindeki karşılığı arasında subjektif bir mesafe olabilir. Bir diğer ifade ile algılanan tam olarak objektif gerçekliği yansıtmayabilir. Dolayısıyla algılama öznel bir aktivitedir. Kişilerarası iletişim sürecine bakıldığında, en az iki özne bulunmaktadır. Bu öznelerin olayları ve durumları yorumlamaları kişisel olduğu için yorum ve çıkarımları da farklı olabilmektedir. Bu nedenle kişi aslında olayları olduğu gibi değil, baktığı gibi yorumlamaktadır (Üçok, 2018, s. 82-83). Çünkü algıyı etkileyen birçok faktör, dış dünyayı anlamlandırma konusunda kişiyi yönlendirmektedir. Mutlu'ya göre geçmiş tecrübelere dayalı sayıltılar, kültürel beklentiler, motivasyon, ruh durumları ve tutumlar algı üzerinde doğrudan etkili olmaktadır (2008, s. 22). Bunun yanı sıra beklentiler, istek ve ihtiyaçlar, etnik kimlik, ideolojik tutum gibi durumlar da algılıyı yönlendirmektedir (Türk, 2014, s. 15).

Ayrıca alıcının ve kaynağın sosyo demografik özellikleri bireylerin algılama düzeylerini doğrudan yönlendirmektedir. Eğitim düzeyi, yaş, cinsiyet, ekonomik düzey gibi etkenler bir olayı, nesneyi ya da durumu değerlendirirken kaynağa yön vermektedir. Bu bağlamda algı dış çevreden gelen bir uyarıcıyla gerçekleşen anlık bir idrak süreci olmaktan çok, bireyselliği içinde barındıran değerler bütünüdür, şeklinde bir tanımda bulunulabilir.

Forgas, Oxford öğrencileri ve orta yaş kadınlar üzerinde bir araştırma yapmıştır, bu araştırmada algıyı etkileyen faktörleri tespit etmeyi amaçlamıştır. Araştırmada Forgas, kişilerin farklı toplumsal yapıları olduğunu ve benzer durumları farklı yorumladıklarını ifade etmektedir. Öyle ki araştırma yapılan iki grubunda farklı sosyal özelliklerinden dolayı sosyalleşmeleri de farklılaşmıştır. Öğrenciler sosyalleşmeyi büyük bir özgüven içerisinde algılayıp, doğal bir eğlence olarak kabul ederken, orta yaş kadınlar daha resmi planlanan bir etkinlik olarak görmüşlerdir. Bu gibi durumlarda kişilerin kendilerini yansıtma biçimleri farkında olunan bir eylemdir şeklinde bir sonuç belirtilebilir (Hartley, 2014, s. 180-181). Aşağıdaki şekilde de bunun çok bilinen bir örneğini görmek mümkündür, iki farklı kişi aynı uyarıcıyı, kendi bulundukları konuma göre, yorumlamaktadır. Buna göre, kişinin bir olayı veya bir durumu anlamlandırması ile kendi kişisel tarihi ve görgüsü ile ilişkilidir şeklinde bir ifade kullanılabilir.

Şekil 2. Algı Farklılığı

Kaynak (Similarcartoonsblogspot, 2019).

Bununla birlikte algı sadece fizyolojik bir tepkimenin sonucu değildir. Sadece fizyolojik olarak, duyu organları vasıtasıyla gerçekleşseydi, uzuvları engelli olmayan her birey bir durumu, nesneyi, kişiyi veya olayı eşit algılayabilirdi (İnceoğlu, 2011, s. 87). Algılama süreci ise bir dizi aşamadan geçerek gerçekleşmektedir. Bir olay, nesne, durum ya da kişiyi algılayan birey önce bilgiyi ulaşır sonra bilgiyi organize eder. Sonraki aşamada bilgiyi kendi standartlarına göre yorumlar (gulfcollege.edu.om). Bilgiyi elde ederken ise her bilgiye dikkat etmemektedir. Çünkü bireyler gün içerisinde birçok enformasyon ile karşı karşıya kalmaktadır. Bunların birçoğu akılda kalmamakta ya da sadece çok azı belirgin bir şekilde zihinde yer almaktadır (Özden, 1978, s. 15).

Bir diğer ifade ile birey, algılama sürecinde edilgen değildir, algı subjesini fotoğraf gibi düşünmemektedir. Nasıl görmek istiyorsa, öyle seçici davranabilmektedir ve yeni verileri mevcut kategorilere uydurarak, önyargı ve stereotipiler oluşturulmaktadır. Önceki tutum ve görüşlerini destekleyen enformasyonlara karşı duyarlı davranmaktadır (Bilgin, 2016, s. 23), bu psikolojik duruma ise literatürde *algıda seçicilik* adı verilmektedir.

Seçici algılama ile paralel görülen diğer üç kavram ise seçici anımsama, seçici maruz kalma, seçici dikkattir. Seçici anımsama istenilen uyaranların bellekte tutulması olayı olarak adlandırılırken iken (Odabaşı ve Gülfidan, 2007, s. 132), seçici maruz kalma bireyin istediği uyaranları algılayarak bir kategorileştirme yapmasıdır. Bireyler her gün çok sayıda enformasyona maruz kalmaktadır ve algı kapasitelerine bağlı olarak uyaranların hepsini seçmemektedir. Seçtikleri uyaranlara ise seçici olarak maruz kalmaktadır (Alem, 2005, s. 266). Seçici dikkat ise insanın var olan pek çok uyarıcıdan fiilen hangisini algılayacağını etkin olarak belirlemesi olarak adlandırılmaktadır (Mutlu, 2008, s. 251).

Organize etme aşaması bireyin çevresinde yer alan uyarıcıların içerisinden herhangi bir şeye dikkat edip, dikkat edilen şeyi seçtikten sonra seçim üzerinde organize yapılmasıdır. Algısal organizasyon birbiri ile benzer ya da birbirine yakın olan şeylerin aynı potada bir araya gelmesidir. Algısal organizasyon sayesinde çok sayıda şey belli bir düzen içerisinde kategorileşmektedir. Kişiler genellikle fiziksel duyuları vasıtasıyla elde ettikleri bilgileri organize etmektedir. Bilgileri yorumlarken kendi deneyimlerinden ve içinde bulunduğu duygusal durumdan etkilenerek, bir çıkarım yapmaktadır. Bununla birlikte bazı şeylerin yorumlanması bir süreçtir, kişinin yorum yapabilmesinde kendisi ve diğerleri hakkında kişisel beklentileri ve kişisel tarihi etkilidir (Gürüz ve Eğinli, 2017, s. 213).

Bireyler günlük hayatta uyarıcıların kendi kişisel ölçütlerinin etkisinde kalarak yanlış yorumlamaktadır. Bunun sonucunda ise kişilerarası iletişimi engelleyen yanlış algılama hataları ortaya çıkmaktadır. Bunlar *algısal savunma, stereotipleştirme, model oluşturma, Halo etkisi, yansıtma, beklenti, kendi kendini gerçekleştiren kehanet, seçici algılama ve zıtlık etkileri* (Çıta ve Keçecioğlu, 2015, s. 25) ve önyargıdır. Bu sınıflama literatürde hem algısal hatalar hem de kişilerarası iletişim engelleri olarak kabul edilmektedir. Bununla birlikte önyargı ile stereotipleştirme aynı anlam taşıdığı düşünülen, ancak birbirlerinden ayrı olan kavramlar olduğu görülmüştür.

Önyargı bir birey veya grup hakkında öğrenilen, benimsenen ve kalıplaşan algıdır ve kişilerarası ilişkileri doğrudan etkilemektedir. Bireyler hakkında bir ön veri sunuyor olsa da bu veriler çoğu zaman kişinin yanlış kararlar almasına neden olmaktadır. Bireyin geçmiş, kişisel tarihi tepkilere şekil vermektedir. Bazı durumlarda ani tepkiler ortaya çıkmaktadır. Düşünmeden alınan kararlar, buna bağlı olarak ortaya çıkan tepkiler taraflar arasındaki ilişki sürecini negatif yönde etkilemektedir. Kişi ilk kez gördüğü veya tanıştığı kişi hakkında belirli bir izlenime sahip olmaktadır. Eğer kişi hakkında olumsuz bir intiba edinmişse, bu durum ileri aşamalarda da devam edilirse iletişim şekli bireyin seçtiği kelimelerden, sözsüz davranışlarına kadar her aşamaya yansıyacaktır (Gürüz ve Eğinli, 2017, s. 284). Stereotipleştirme ise bir grubun taşıdığı özelliklerin, kişiye atfedilmesidir. Grubun etnik özellikleri ile kişinin etnik özelliği aynı olduğu düşünülebilir veya bir meslek grubunun oluşturduğu imajın etkisi, o mesleği icra eden her kişide aynı olabileceği düşünülebilir (DeVito, 2013, s. 46). Mesleklere atfedilen özellikler arasında çok bilinen bir örnek vardır. Halk arasında *doktor yazısı* olarak adı geçen okunması zor yazı karakteri vardır ve bundan dolayı tüm doktorların yazısı okunmaz şeklinde bir algı oluşabilmektedir. Bu stereotipler, insan ilişkilerinde genellemelerden kaynaklı hatalardır ve kişilerarası ilişkilerde sorunlara neden olabilmektedir.

Algısal savunma ise bireylerin tehdit içeren uyarıcılara karşı kendilerini olumlu anlamda motive ederek, iyiyi düşünerek, bir sorun karşısındaki kendilerini iyi hissetmelerini sağlayan bir savunma şeklidir. Bir sorun karşısında *"her şey yoluna girecek"* şeklindeki bir telkin, geleceğe karşı savunma şeklidir (Saha, 2006, s. 253).

Model oluşturma ya da prototipleştirme yargılardan ve sonuçlardan yola çıkarak zihnin yönlendirmesine inanmaktır. Bir konu hakkında kişi kendi zihninde bir model oluşturarak, bu modele uygun bir değerlendirme yaparsa algısal yanılgı meydana gelmektedir (Eren, 2010, s. 77). Biri size *"pencerede kuş var"* dediğinde aklınıza gelen kuş türü serçe gibi sık rastlanan ve pencereye konan bir kuş olabilir. Baykuş, akbaba, penguen de bir kuş türü olmasına rağmen, pencereye konması ilk akla gelen bir kuş türü değildir (Dilber, 2014, s. 21). Bu doğrultuda prototipleştirmenin aslında akla ilk gelen alışılmış şeyler olduğunu söylemek doğru olacaktır. Pencereye bir akbaba konmayabilir, ancak serçe dışında bir kuş türü de pencereye gelebilir. Bu sebeple, zihinde oluşturulan model, her duruma uygunluk göstermeyebilir.

Bir diğer algısal hata Halo etkisidir. İlk izlenim sonrasında ortaya çıkan bir genelleştirmeden kaynaklı bir yanılgıdır. Kişinin tek bir özelliğinden hareket ederek, diğer özelliklerinin de aynı olduğunu düşünmek yanıltıcıdır. Tıpkı fiziksel olarak güzel insanların tamamen güzel vasıflarına sahip olduğunu düşünmek gibi veya zeki insanların her şey hakkında bilgi sahibini olduğunu düşünerek o kişilere hata payı vermemek gibi (Marshall, 1999, s. 292), hatalar kişileri yanıltabilmektedir. Dolayısıyla ilk izlenimden elde ettiği veriler her zaman doğru ipuçları olmamaktadır. Yanlış ipuçları, yanlış yorumlara ve algısal hatalara neden olabilmektedir.

Yansıtma etkisi ise bireylerini kendi taşıdığı özellikleri ya da inanç ve tutumları başkasında da görme eğilimidir (Saha, 2006, s. 254). Kaynak alıcıdan, ideolojik olarak farklı olabilir, alıcı ile çelişebilir. Bu sebeple kişi karşı tarafı da kendi gibi hissedip düşündüğü çıkarımında bulunursa algısal olarak yanılabilir.

Beklentiler teorisi ise kişinin iç dünyasındaki beklentilerinin algılamaya etkisidir. Bir diğer ifade ile kişinin yaşamak istediği herhangi bir şeyi zihinde yaratmak istemesi, beklentiler yanılgısı olarak ifade edilmektedir (Eren, 2010, s. 79). Beklentiler teorisi ile benzerlik gösteren kehanet teorisi bir kişi hakkında öngörüde bulunularak, bir inanış gerçekleştirilmesi ve bu inanışa göre davranılması, davranış neticesinde de varsayımın gerçeğe dönüşüp süreklilik kazanmasıdır (DeVito, 2013, s. 57). Bir diğer ifade ile *'X kişisi kişilerarası ilişkilerinde problem yaratan birisidir'* diye bir genelleme yapıldığında X kişisine problem yaratan biri gibi davranılmaya başlanır. Daha sonra bu kişi ilişkilerinde problemli davranmaya başlar ve ilişkileri hep problemli olur. Kehanet teorisi kişilerarası iletişimde iki şekilde engel oluşturabilir. Birincisi kişi gerçekte var olmayan bir şeye inanarak, karşıdaki kişiye bu yönde bir davranış geliştirdiğinde iletişim süreci olumsuz etkilenir. İkincisi ise kişinin kendi öngörüleri çevresindekileri de etkileyebilir. Beklentiler etkisinin, kehanet teorisinden farkı bu teorinin kişinin daha çok kendi ile ilgili kararlarında etkili olmasıdır (Gürüz ve Eğinli, 2017, s. 295-296). Kehanet diğer kişiler ile ilgili öngörüleri kapsarken, beklenti etkisi kişinin kendisi hakkındaki isteklerdir.

Zıtlık etkisi, bir nevi kıyaslamadır. Herhangi bir uyarıcıdaki özelliklerin, diğer uyarıcıdaki özellikler ile kıyaslanması doğru algılamanın önüne geçmektedir (Phillips ve Gully, 2011, s. 195). İkili ilişkilerde, kişiler arası farklılıklar her zaman olmaktadır, birinin diğerine üstünlüğü, kişinin kendi içinde kıyaslamaya gitmesine neden olmaktadır. Çünkü insanlar ve insan davranışları çok çeşitlidir. Her birey, her zaman aynı duruma aynı tepkiyi göstermeyebilir. Bu yüzden ilişkilerde, davranışlarda genelleme yapılarak, kıyaslamaya gidilmesi kişilerarası ilişkilere zarar vermektedir. Seçici algılama içinde bulunulan koşullara göre değerlendirmede bulunulmasıdır (Güney, 2012, s. 95). Ayrıca bütünü görmeye engel olan, objektif değerlendirmelere zarar veren bir algısal eğilimdir. Çevreden gelen uyarıcıların tamamına dikkat etmek mümkün değildir. Ancak sadece kendi eğilimlerimize vurgu yapan uyarıcılara odaklanmak da önemli noktalara kaçırmamıza neden olmaktadır.

Bununla birlikte görsel, duyumsal ve seçimleyici ve simgesel olmak üzere çeşitli algı türleri mevcuttur. Görsel algılama kişi içinde yer aldığı dış çevreye ilişkin izlenimlerinin önemli bir kesitini görme yoluyla oluşturmaktadır. Bireyin çevresindeki görüntü karmaşası içerisinde seçim yaparak görme işlemini gerçekleştirmeye başlaması anından itibaren görsel algılama başlamıştır. Görsel algılamanın gerçekleşmesinde bilişsel süreçler de önemli ölçüde etkilidir (İnceoğlu, 2011, s. 99).

Simgesel algıda ön planda olan kavram simgedir, simge herhangi bir şeyin temsilini gösteren farklı bir şeydir. Simgelere çeşitli anlamlar yüklenmektedir. Gözleri bağlı elinde terazi tutan kadın adaletin simgesi olarak görülmektedir (Özodaşık, 2009, s. 142). Duyumsal bilgi aracı olan algı beş duyu organı ve his duygusu yoluyla dış çevreden bilgiye ulaşmanın yoludur (İnceoğlu, 2011, s. 86). Duyusal bilgi, dış dünyadan bireye geçerken duyum ve algı olmak üzere iki düzeyde işlenmektedir. Duyumlar sürekli olarak bir yorumlama işlemine tabi tutulmakta ve bu şekilde tonlar dizisi melodi, küp şeklinde büyük ve kırmızı bir şekil ev olarak yorumlanmaktadır. İşte bu duyuları yorumlama ve anlamlı kılma sürecine algı denmektedir (Morgan, 2013, s. 242).

Algı kavramı söz konusu olduğunda algı sürecinde ortaya çıkan ve açıklığa kavuşturulması gereken bir dizi kavram bulunmaktadır. *"Dış çevreden gelen uyarıcıların duyu organları üzerinde bıraktığı etkiye **duyu**, bu etkinin zihinde oluşturduğu şekle **algı**, duyu organlarının uyarılması sonucunda ortaya çıkan nörofizyolojik sürece **duyum**, insanın bilişsel süreçleri kullanmadan hissederek olayların bilincine varmasına ise **sezgi**, algıların alınma sürecine **algılama**, algılama sürecinin sonunda insan zihninde oluşan zihinsel ya da bilişsel resme **imaj**"* denmektedir (Türk, 2014, s. 15). Algılamanın özünde, akıl ve ruhun birlikteliğinden oluşan ve zihni (mental) olarak nitelenen yorum bulunmaktadır. Yorumun süreci çepeçevre sarması ise öznelliği ön plana çıkarmakta nesnellik ve tek doğru olma durumunu ortadan kaldırmaktadır (Saydam, 2015, s. 88-89).

Algılama bireyin kişisel tarihinden ayrı düşünülemez. Kişi bir olayı yorumlarken veya bir kişi hakkında izlenim oluştururken, kültürel geçmişinden, kişisel özelliklerinden ve kendisinden bağımsız değildir. Bu durum kişisel olduğu için çeşitli algılama hatalarına neden olmaktadır. Algılama sadece zihinde var olan bir düşünme eylemidir. Tutum algılama sonucunda ortaya çıkan bir eylemsel bir sonuçtur.

1.6.2. Tutum

Bireylerin eylem ve davranışlarına yön veren ve algılamanın bir sonucu olan tutum sosyal psikolojinin önemli bir terimidir. Bireyin herhangi bir kişi, nesne veya olaya karşı sahip olduğu tepkisel bir ön eğilimdir. Kişilerarası iletişim açısından ikili ilişkilere olumlu veya olumsuz açıdan yön veren ve çeşitli öğelerin birleşimiyle ortaya çıkan, doğrudan gözlemlenemeyen ancak bireylerin davranışların gözlenmesiyle çözümlenen göstergelerdir.

Tutum kişinin yaşadığı, toplum içinde edindiği toplumsal değer norm ve etkileşimlerin etkisi ile oluşmaktadır. Bu nedenle tutum kişiye özgüdür, her insanın olay, durum ve kişilere karşı tepkileri birbirinden farklıdır. İnsanlar birbirlerinin tutumlarını merak ederler, böylece birbirlerinin davranışları hakkında bilgi sahibi olurlar (Gürüz ve Eğinli, 2017, s. 257).

Latince aptus sözcüğünden türeyen eylem için hazır olma ve elverişli anlamına gelen tutum, yıllar önce Gordon Allport tarafından ortaya konmuştur. Gordon Allport 1935 yılındaki *'Handbook of Social Psychology'* adlı eserinde tutumu *"yaşantı yoluyla bireyin ilişki içerisinde olduğu bütün nesnelere ve durumlara verdiği tepki üzerinde yönlendirici ve dinamik bir etki yaratan zihinsel ve sinirsel bir hazır olma durumu"* olarak ifade etmiştir (Hogg ve Vaughan, 2014, s. 162).

Bu tanıma göre, tutum zihinsel ve nöropsikolojik bir durumdur. Bir diğer ifade ile tutumun davranışlar üzerinde dinamik ya da yönlendirici bir etkisi bulunmaktadır. Ayrıca tutum, belirli bir objeye ilişkin olumlu veya olumsuz duyguların eşlik ettiği bilişlerin örgütlenmiş halini temsil eder. Tutum ilişkin olduğu tüm objelere ve durumlara karşı kişinin tepkilerini etkilemektedir (Bilgin, 2016, s. 413-414).

Literatürde tutum tek bileşken, iki bileşen ve üç bileşen olmak üzere farklı bileşenlere ayrılmaktadır. Tek bileşen, kişinin tutum sergilediği nesne hakkında duygusal açıdan değerlendirmeye gitmesi iken, iki bileşen tutumun kişinin nesneler hakkındaki inançları ve değerlerinden oluştuğu ifade edilmektedir. Üç bileşen ise bilişsel, duygusal ve davranışsal olarak üçe ayrılmaktadır (Hogg ve Vaughan, 2014, s. 162).

Bilişsel öğe bireyin doğumundan itibaren canlı veya cansız bir konu hakkında yaşantı ve görgü yoluyla elde ettiği bilgilerden oluşmaktadır. Kişi elde ettiği bu bilgilere bağlı kalarak olumlu veya olumsuz bir his geliştirebilir. Bir diğer ifade ile bir kişiden veya nesneden hoşlanabilir veya hoşlanmayabilir. Bu kavram duygusal öğe ile açıklanmaktadır. Hissettiği duyguları eylemlerine yansıttığı zaman ise davranışsal öğe söz konusu olur (Baysal, t.y., s. 123). Bu doğrultuda tutumlar sadece davranışlar yoluyla gözlemlenebilir. Bireyin herhangi bir konu hakkındaki düşüncesi eylem boyutuna geçmemişse, tutum gizli kalabilir

Tutumların nasıl gelişip biçimlendiği ve nasıl değiştirilebileceğini anlamada farklı kuramlar ve yaklaşımlar vardır. Bunlardan ilki öğrenme kuramı, ikincisi ise bilişsel tutarlılıktır. Öğrenme kuramına göre tutumlar diğer davranışlar nasıl kazanılıyorsa öyle öğrenilir (Taylor vd., 2015, s. 142-143). Duyguların ve değerlerin öğrenilmesi de bilgi edinme süreci ile aynıdır. Öyle ki bir çocuk, önce köpeğin hangi hayvan olduğunu, sonra köpeklerin nasıl hayvanlar olduğunu öğrenir, sonunda ya köpekleri sever ya da sevmez ve sonuç olarak köpeklere olumlu ya da olumsuz bir tutum geliştirir. Buna göre tutumlar belirli mekanizmalar aracılığıyla işlemektedir. Bunlar çağrışım, pekiştirme ve taklit süreçleriyle ilgili edinilen bilgi ve duygulardır (Freedman vd., 2003, s. 345).

Bilişsel tutarlılık ise bireylerin bilgileri, inançları, duyguları ve eylemleri arasında bir tutarlılık sağlama eğiliminde oldukları sayıltısından hareket eden teorilerdir. Literatürde, çok sayıda bilişsel teorisi bulunmakla beraber bunlar arasında en çok bilinenleri denge teorisi, uygunluk teorisi ve bilişsel çelişki teorisidir (Bilgin, 2016, s. 62).

Denge kuramı, bilişsel tutarlılık kuramı içerinde en bilineni denge kuramıdır. Heider tarafından 1946 yılında ortaya atılmış, daha sonra Cartwright ve Harary tarafından geliştirilmiştir. Denge kuramı, bireyin bilişsel alanının P-O-X birimi üzerinde odaklanır. Bunlar kişi (P), bir başka kişi (O), tutum, nesne veya konu ise (X) olarak ifade edilmektedir. Bu üçlünün arasındaki ilişki dengeliyse tutarlı olduğu söylenebilir. Denge ve öğeler arasındaki ilişki tipleri ve bu ilişkilerin sayısıyla değerlendirilen bir konudur. Söz gelimi P'nin X'den hoşlanması pozitif bir ilişkidir. O'nun X'den hoşlanmaması negatif yine aynı şekilde P'nin O'dan hoşlanmaması negatif bir ilişkidir (Hogg ve Vaughan, 2014, s. 165). Heider, bu üçgen arasında sevme- sevilmeme ve ait olma- olmama ilişkisi teklif etmiştir. P-O-X üçlüsündeki her üç ilişkide, P'ye göre olumluysa ya da ilişkilerin ikisi olumsuz biri olumluysa K'nin zihninde denge kuramı vardır. İki ilişki olumlu, bir ilişki olumsuz ise K için dengesiz bir durum vardır. Dengesizlik durumu, kişi açısından kaygı verici bir durumdur ve kişi içinde bulunduğu huzursuz durum ve ortamdan kaçınmak istemektedir (Kağıtçıbaşı ve Cemalcılar, 2014, s. 164).

Uygunluk kuramı denge kuramı gibi herhangi bir tutum değişikliğinde P-O- X öğelerine odaklanmaktadır. Bu kuram, bir kişinin bir kişi veya nesneye yönelik, olumlu ya da olumsuz tutumunun etkisi üzerinde duran bir kuramdır. K'nın, X hakkındaki iyi ya da kötü bir şey söylemesinin bizim K ve X' e ilişkin tutumlarımız üzerindeki etkisi nedir sorusunun araştırılmasıdır (Freedman vd., 2003, s. 352).

Bilişsel çelişki kuramı ise insanların bilişsel planda çelişki yaratan biliş, duygu ve davranışlardan kaçındıklarını, biliş öğeleri arasında bir tutarlılık oluşturmaya ve mevcut tutarlılığı korumaya çaba harcadıklarını öngörmektedir. Bilişsel çelişki günlük hayatta sıklıkla karşılaşılan bir durumdur. Kişi kendi ölçütleri dışında davranmaya itilmişse, bilişsel çelişki yaşar ve bilişsel çelişki insanların yaşamak istemediği ve kaçındığı bir durumdur. Nitekim insan ideolojik ölçütleri doğrultusunda yaşamak ister ve tercihleri bu yönde olur (Bilgin, 2016, s. 59).

Her toplumun kendine has değer, inanç ve normları vardır. Tüm bunlar bireyin tutumlarına şekil vermektedir. Sosyo kültürel açıdan kişinin taşıdığı kültürel izler, bireyin kabul ve retlerini oluşturmaktadır. Bireyin herhangi bir şeyi kabul etmesi için reddettiği şey hakkında da bilgi ve algı sahibi olması gerekmektedir. Bilgi ve algı ise kişinin doğumundan itibaren çevresinden elde ettiği verilerdir. Bu verilerin doğruluğu, toplumdan topluma veya kişiden kişiye değişmektedir. Nitekim dünya üzerinde farklı dinler, etnik gruplar ve bunlara bağlı olarak ortaya çıkan farklı kültürler vardır. Bireyin içinde bulunduğu sosyo kültürel şartlar ise toplumsal olarak bireyin kendi içerisinde ve dışındaki olay, kişi, nesne ve olgulara karşı tutumunu oluşturmaktadır. Dolayısıyla birey bunları tasvip edebilir, ötekileştirebilir veya saygı duyabilir.

Tutumlar kişilerarası iletişim açısından uzlaşımcı veya çatışmacı bir iletişim atmosferi oluşturmaktadır. Kişinin kendi ölçütlerine uygun tutum sergileyen kişiler ile olumlu iletişim kurması daha muhtemel bir durumdur. Kendi tutum ölçütlerinin dışındaki kişilerle de iletişim halinde olabilir, ancak burada vurgulanması gereken şey kişi, kendine benzeyen kişiler ile iletişim açısından daha uyumlu olabilmektedir. Bununla birlikte tutumlar kişilerin herhangi bir iletişim ortamına uyum sağlamalarında yol gösterici bir süreçtir.

1.6.3. Kişilik

XX. yüzyılın başlarında William James bir insan ile diğeri arasında küçük bir farklılık vardır diyerek, şöyle devam etmiştir: *"ancak bu küçük farklılık çok önemlidir, bu çok önemli şey de kişiliktir"* (Outhwaite, 2008, s. 420). Kişilik tanım olarak bir insanı diğer bireylerden ayıran, zihinsel, duygusal ve davranışsal özelliklerin karmaşık bütünüdür (Zastrow ve Ashman, 2014, s. 161). Bu doğrultuda bireyin ilgileri, tutumları, konuşma tarzı, eylem biçimleri, dış görünümü ve çevresine uyum biçimleri farklılık göstermektedir.

Nitekim, kişilik bireyi, diğer bireylerden ayırt eden özellikler bütünüdür. Bu tanımda dikkat edilmesi gereken nokta, ayırt edicilik, tutarlılık ve ilişki kuruş biçimidir. Bireyin kendine has özellikleri kişiye şahsilik kazandırmaktadır ve onu diğerlerinden ayırmaktadır. Tutarlılık boyutu ise zaman kavramı ile ilişkili bir durumdur. Bireyin farklı zamanlarda aynı kişilik özelliklerini göstermesi, bireyin tutarlı bir kişiliğe sahip olduğunu düşündürtmektedir. Aynı zamanda bireyin kişiliği ilişki biçimini de belirlemektedir (Cüceloğlu, 2017, s. 404).

Kişilik birçok özellik ve unsuru barındıran karmaşık bir yapıya sahiptir. Bu nedenle Gordon Allport bir incelemesinde kişiliğe ilişkin kırk sekiz tane tanım yapıldığını saptamıştır. Getzel, Allport bu saptadığı tanımları üç şekilde toplayarak, kategorileştirmiştir. Bunlardan ilki kişiliğin davranışsal tanımlarıdır. Buradaki tanımlamalarda kişilik bir insanın kendine özgü ve her zaman gözlemlenebilen davranış ve alışkanlıklarıdır. İkinci kategoride ise sosyal uyarıcı olarak kişilik tanımları yer almaktadır. Burada kişinin üstlendiği toplumsal roller bireyin kişilik yapısını oluşturmaktadır. Derinlik psikologlarına göre de kabul edilen son tanıma göre ise kişilik bireyin çevresine, kendine özgü bir biçimde uymasını sağlayan psikofizik iç güçlerdir (Baymur, 1972, s. 274).

Kişilik konusu kavram itibariyle geniş bir yelpazede yer almaktadır. Kuramsal açıdan farklı teorisyenler, kişilik hakkında farklı kuramlar öne sürmüşlerdir. Cüceloğlu'na göre insan beden, duygu ve inanç gibi değişik yönleri olan, son derece karmaşık bir varlıktır. Bu yüzden psikologlar farklı kişilik kuramları geliştirmişlerdir (2017, s. 406). Bunlar Freud'un yapısalcı kuramı, Alfred Adler'in kişilik teorisi kuramı, Carl Gustav Jung'un ve Karen Horney'in kişilik teorisi ve Carl Rogers'in insancıl kişilik teorisi kuramlarıdır.

Yapısalcı kuram psikoanalitik bir kuramdır. Bu kurama göre, kişiliğin temel belirleyicisi insan ruhunun derinliklerindeki olaylar ve çatışmalardır. Yapısalcı kuram teorisyeni Freud'a göre kişilik gelişimi kişinin bebeklik ve çocukluk yıllarına dayanmaktadır ve kişilik; id, ego ve süper ego adı verilen üç ana bölümden oluşmaktadır (Morris, 2002, s. 456-465). Bu öğelerden ilki olan id, bilinçaltında saklı olan ilkel psişik bir güçtür. Kişilik etmenleri üzerinde etkili olan temel ihtiyaç ve dürtüleri temsil etmektedir. İd insanın hayatta kalması için gerekli olan açlık, susuzluk, cinsellik gibi tüm temel güdüleri içermektedir. Haz ilkesi tarafından yönetilen id, içgüdülerin sonuçlarına bağlı olmaksızın ifade edilme ihtiyacı içerisindedir. En iyi bilinen kişilik kuramcısı Freud'a göre temel güdüler ya da içgüdüler kişilik gelişimindeki asıl enerji kaynaklarıdır. Kişi temel güdülerinden yoksun kaldığında ortaya çıkan gerilim kişiyi rahatsız etmektedir. Bunun neticesinde kişi rahatsızlığını dindirmeye ve ihtiyacını karşılamaya yönelmektedir (Zastrow ve Ashman, 2014, s. 163).

Benlik anlamına gelen ego gerçeklik ilkesine göre hareket etmektedir. İd içerisinde yer alan temel dürtüleri tatmin ederken, içinde bulunduğu durumun gerçeklerini de dikkate almaktadır. İdde yer alan dürtüler bazen toplumsal olarak hoş karşılanmamaktadır. Bu sebeple bireyi tehdit etmektedir. Ego burada dürtüleri bilinçaltına alarak kontrol etmektedir. Ancak unutulmaması gereken egonun tek işlevi idin amaçlarını engellemek değildir. İnsan davranışı bir gereksinim karşılanmadığında gerginliğini azaltma yoluna gitmektedir. Bu durum ise ego sayesinde gerçekleşmektedir. Küçük çocuklar, bir şeye ihtiyaç duyduklarında gerginlik hissederler. İhtiyaçlar karşılandığı zaman bu gerginlik azalır. Büyüdükleri zaman ise fiziksel ve toplumsal sınırları öğrenirler ve ihtiyaçların da sınırlı olarak karşılanabileceğini öğrenirler. Ego, idin isteklerini tatmin ederek gerginliği azaltır, fakat bu sırada bu hareketin sonuçlarını da göz önünde bulundurur (Burger, 2006, s. 78-79 ve Cüceloğlu, 2017, s. 408).

Son sırada yer alan süper ego ise değer yargılarından oluşmaktadır ve bu değer yargıları toplumun ahlaki değerleri ile örtüşmektedir. Süper ego sayesinde, birey toplumun değerlerine ters düşen eylemler sergilediğinde kendini suçlu hisseder. Bununla birlikte süperego kişinin ideallerini oluşturmasını ve erdemli davranışlar sergilemesini ve bunları değerlendirmesini sağlar (Lapsey ve Stey, 2011, s. 1).

Alfred Adler'in kişilik teorisi kuramına göre ise insan sosyal bir varlıktır ve kişilik bu sosyal dürtülerle oluşmaktadır. Sosyal dürtüler kişilerde doğuştan bulunmaktadır ve toplumsal yaşam içinde gelişme göstermektedir. Adler'e göre kişilik bireyin topluma ve diğer kişilere karşı geliştirdiği ve benimsediği tutumların bir ürünüdür (Gürüz ve Eğinli, 2017, s. 229). Daha önce Freud ile çalışan Adler, görüş ayrılıklarından dolayı Freud'dan ayrılan ilk grup üyesi olmuştur. Adler bireysel psikoloji olarak adlandırdığı yeni bir psikoloji akımı başlatmıştır (Burger, 2006, s. 151-152). Freud güdülenmeyi cinsellik ve saldırganlık temalarıyla açıklarken, Adler üstünlük çabasının yaşamdaki güdüleyici güç olduğunu savunur ve bütün sorunların temelinde üstünlük çabasının yer aldığını düşünür. Alfred'in belirttiği üstünlük çabası ise birey konumu itibariyle alt seviyede olabilir ve istekleri de bu doğrultudadır. İsteklerine ulaşmak için çaba gösteriyorsa, gösterdiği bu çaba üstünlük çabasıdır. Bakıma muhtaç küçük bir çocuğun yaşamını sürdürmek için, yetişkinlere muhtaç olması gibi düşünülebilir (Ansbacher ve Ansbacher, 1956, s. 103).

Adler'e göre kişi kendini ne kadar alçakta görürse, üstünlük kurma çabası da o kadar artar, ancak bu yargı genelleştirilemez. Bazı durumlarda aşağılık duygusu ters işleyebilir. Bununla birlikte Freud gibi Adler de kişilik gelişiminde bebeklik evresini önemli görmüştür, Adler bu süreçte anne ve babanın etkisi üzerinde durmaktadır. Adler'e göre çocuğun aşırı korunması veya ihmal edilmesi çocukta ilerleyen yaşlarda kişilik problemlerine neden olmaktadır. Adler ayrıca kişilik gelişiminde doğum sırasının önemli olduğunu vurgulayan ilk psikologdur. İlk doğan çocuk, kendinden sonra doğan çocuktan daha şanslıdır. Ailenin ilgisi ilk çocuk üzerinde daha fazla olacaktır (Burger, 2006, s. 152-154).

Diğer grup üyesi Carl Jung ise cinsel dürtülerin psikoanalitik yaklaşımda fazla abartıldığını düşünmektedir. Kendisi diğer dürtülerin de önemli olduğunu söylemektedir. Jung cinsel dürtülerden çok insanın amaçlarına ve bu amaçlara ulaşmak için bireyin yaşamında çaba göstermesine önem vermiştir. İçe dönük ve dışa dönük kavramlarını ilk kez kullanan kişidir. İçe dönük kişiler kendi kendine yetebilen, asosyal varlıklardır. Dışa dönük kişiler sürekli birileri ile vakit geçirmek isteyen, yalnızlıktan hoşlanmayan kişilerdir (Cüceloğlu, 2017, s. 415).

Birey kendini aşmaya çalışan yaratıcı bir varlıktır. Ruh sürekli hareket halindedir ve dinamiktir, bu enerjiyi sağlayan şey ise libidodur. Jung, Freud'un ilkelerinden hareket etmiştir, ancak Freud'dan farklı yorumlar getirmiştir. Jung egoyu doyum ve heyecan arayan dürtülerin kaynağı olarak tanımlamaktadır. Jung'a göre ise kişilik oluşumunda belirleyici olarak ifade edilen arketipler önemli bir rol oynamaktadır. Kişi bilinçdışındaki bir dürtü sonucunda geçmiş kuşaklardan aktarılan anılardan, fikirlerden, yaşantılardan fikirler edinmekte ve bu noktada arketipler devreye girmektedir. Jung, Freud'dan insanın kendi daima yenilemesi ve yaratıcı olduğu düşüncesiyle ayrılmaktadır (Güney, 2000, s. 275).

Karen Horney Freud'dan farklı kişilik farklarını cinsiyet temelli biyolojik faktörlere indirgemenin yanlış olduğunu savunmaktadır. Freud erkek ve kadınların farklı kişiliklerle dünyaya geldiğini savunmaktadır ve kişilerarası farklılıkların kaynağı sadece biyolojik faktörler ile sınırlı olduğunu düşünmektedir. Karen Horney kişisel farklılıkların biyolojik faktörlerin yanı sıra toplumsal ve kültürel faktörlerden de etkilenebileceğini söylemektedir (Burger, 2006, s. 171).

Carl Rogers'in insancıl kişilik teorisinde ise insanların gelişiminde olumlu güdülerin egemen olduğunu ve daima daha ileriye doğru bir ilerleme kaydedilmesi gerektiğini savunmaktadır. Rogers'e göre insanların doğuştan getirdikleri kalıtımsal özellikler, gelişmeye ve yenilenmeye açıktır. İnsanlar kendilerini yöneterek kendilerini gerçekleştirebilmektedir. Kişiliğin oluşumunda birey çocukluktan itibaren olumlu düşünmeye odaklanırsa kendini gerçekleştirmesi daha kolay olmaktadır (Morris, 2002, s. 468). Freud ve Freud'dan ayrılarak yeni kişilik kuramları geliştiren teorisyenlerin uzlaştığı ortak nokta, bireyin kişilik özelliklerinin bebeklik ve çocukluk dönemlerinde oluştuğu yönündedir.

Kişilik oluşumunda farklı teorisyenlerin kuramlarına yer verilirken, kuramcıların ortak ve ayrılan yönleri de ele alınmıştır. Bu doğrultuda kişilik, bireyin bebeklikten itibaren kazandığı edinimlerden oluşan, kişiyi zihinsel, duygusal ve davranışsal olarak diğer kişilerden ayrıştıran bir bütünsel yapıdır. Bireyin sert veya yumuşak bir mizaca sahip olması, düşünce ve eylemleri arasında eşgüdüm olup olmaması, duygularını dışa vurum şekli gibi faktörler bireyin kişilik özellikleri hakkında bilgi vermektedir.

Kişilerarası iletişim açısından bireyin dış çevreye yansıttığı kişilik özelliklerine bağlı olarak yansıttığı eylem ve duygular ikili ilişkileri yön vermektedir. Çok sayıda kişilik özelliği bulunmaktadır ve bu kişilik özelliklerine bağlı olarak bireyler etiketlenebilmektedir. Birey düşünce ve eylemlerinde tutarlıysa, kişiler nezdinde güvenilir kişi, olay ve olgulara sert tepkiler verip eleştirilerde bulunuyorsa sert mizaca sahip bir kişilik, ortama uyum oluyorsa uyumlu biri veya olay ve olgulardan hemen etkileniyorsa hassas bir kişilik gibi kişilik betimlemeleri kullanılabilmektedir.

Bununla birlikte bireyin kişilik özellikleri ilk aşamada gözlemlenmeyebilir. Bireyin tutarlılık özelliği bireyi tanıdıkça öğrenilebilir. Gözlemler yoluyla öğrenilen kişilik, bireyin kendi içinde sakladığı ve zamanla ortaya çıkan bir süreçtir. İlk aşamada belirgin kişilik özellikleri öne çıkabilir. Bu durum bireyin kişilik yapısı hakkında ön bilgi verir. Tüm bunlar kişilerarası iletişim açısından önem taşımaktadır.

1.6.4. Benlik

Benlik kavramı, bireyin kendi hakkındaki temsillerinin bütününü ifade etmektedir. Bu yönüyle benlik kişinin kendisi, vasıfları ve özellikleri hakkında sahip olduğu genel fikir olarak tanımlanabilir. Kişinin kendisine ilişkin bilişsel temsilleri içeren, algılarının özeti gibi düşünülebilir (Bilgin, 2016, s. 50). Bireyin kendisini tanıma, kendi ile ilgili düşüncelerini ve kanılarını bilme ve değerlendirme biçimi olan benlik tüm düşüncelerin, duyguların, algılamaların birbiri ile etkileşimi sonucunda ortaya çıkan bir olgudur. Birey kim olduğunu tanımlarken, bireyin diğerleri olan ilişkilerini de şekillendirmektedir (Gürüz ve Eğinli, 2017, s. 247).

Baumeister benliğin çok yönlü olduğunu vurgulayan bir tanım yapmıştır. Benlik bedeni tanımlamak için kullanılan sıfatlar ve bedene eklenmiş anlamlı tanımlamalar olarak adlandırılan sosyal kimliktir. Bu tanımlamalar isim, sosyal roller, değişik gruplardaki üyelikler ve diğer nitelikleri ifade etmektedir. Bununla birlikte benlik, karar verme sürecinde aktif bir role sahiptir (1995, s. 52-53). Bu doğrultuda çeşitli benlik türleri ortaya çıkmaktadır. Bazı teorisyenler benliğin çok boyutluluğundan etkilenmiş ve böylece birden çok benlik türünden bahsedilmeye başlanmıştır (Soytetir, 2005, s. 229).

Kişinin benliği içinde yaşadığı toplumdan etkilenmektedir. Benlik bireysel, sosyal ve kolektif boyutta incelenmektedir. Bireysel benlik kişinin kendini nasıl algıladığını ifade ederken, öz kavrayış, öz saygı, öz algılama ve öz anlatım içermektedir. Sosyal benlik ise bir kişinin diğer insanlar tarafından nasıl algılandığıdır. Kollektif benlik de kişinin aile, okul ve iş çevresi gibi gruplardaki üyeliklerini kapsamaktadır (Baumeister, 1995, s. 55).

Bireysel benlik içerisinde yer alan öz kavrayış bireyin kendisinin kim olduğu hakkında sahip olduğu bilgi ve kanıya verilen isimdir. Kişinin kendisi hakkında güçlü ve zayıf yönlerini bilmesi, yetenekleri ve sınırlamalarının farkında olması anlamına gelmektedir ve öz kavrayışın üç kaynağı bulunmaktadır. Kişinin imajı, bireyin kendisi ve diğerleri arasında yaptığı kıyaslamalar bireyin kendi düşünce ve davranışları ile ilgili yorumlar ve değerlendirmeleridir (Devito, 2013, s. 123).

Öz saygı ise kişinin kendisine bir birey olarak yüklediği anlamı ifade etmektedir. Öz saygı benliğin duygusal öğesidir. Batı modern toplumların bir özelliği olan bireyselci bir insan ideolojisi içerisinde kök salan bir kimlik boyutudur. Bu toplumlarda bireyler kendilerini, özel bir kişi anlayışına dayalı bir sembolik alanda inşa ederler. İçinde yaşadığımız kitle iletişim araçları ve serbest rekabet uygarlığı bireylerin olumlu bir imaja sahip olmalarını temel bir değer haline getirmiştir. Dolayısıyla öz saygının kazanılması, sosyalleşme başarısının bir göstergesi olarak görülmeye başlanmıştır (Bilgin, 2016, s. 294-295).

Öz saygıya sahip bireyler genellikle olumlu düşüncelere sahiptir ve eylemleri yapıcıdır. Başarıyı arzulayan, bunun için çabalayan, başarısızlık karşısında ısrarlı, kolay etkilenmeyen, motivasyonu yüksek kişilerden oluşmaktadır. Öz saygısı bulunmayanlar ise günlük olaylardan daha kolay etkilenen, başarılı ve mutlu olmak için negatif tepkiler veren, kararsız davranan karakterlere sahiptir (Hogg ve Vaughan, 2002, s. 136). Kişinin kendine saygı duyması, kendini önemsemesi önemlidir, ancak özsaygı da dengeyi korumak da önemlidir. Öz saygının abartılması ile kişi kendi menfaatlerini grup menfaatlerinden öne tutup, bencil bir davranış sergileyebilmektedir.

Öz algılama ya da farkındalık ise kişinin dikkatinin kendisi üzerinde toplanması ve benliğin onun bilincinin objesi haline gelmesi durumudur. Kişinin fiziksel özellikleri diğerlerinin dikkatini çekiyorsa kamusal öz farkındalık, sadece kendisinin gördüğü özelliklere odaklanması ise özel öz farkındalık olarak nitelendirilmektedir (Bilgin, 2016, s. 291).

Öz anlatım ise kişilerarası iletişim açısından en önemli benlik kavramıdır. Öz anlatım bireylerin kendisi hakkında konuşmasıdır, başka bir ifade ile öz anlatımıdır. Kişinin kendisine ait, bilgileri bir başkasına aktarmasıdır ve kişilerarası iletişimin bir parçası olduğundan bilinçli ya da bilinçsiz yapılan her türlü iletişim faaliyetini içermektedir (Soytetir, 2005, s. 249).

Kişilerarası iletişim açısından benlik kavramına bakıldığında ise benlik gelişimi kişinin doğumuyla başlamaktadır. Nitekim kişi dünyaya geldikten sonra kendi ismini, isim ile kendini diğerlerinden ayırt etmeye devam etmektedir. Yaşamının ilk yıllarında aile bireylerinden etkilenen kişi, benliğe ilişkin ilk deneyimleri aileden edinmektedir. İlerleyen yıllarda da arkadaş ortamında kendini tanımaktadır. Bu dönemde kişinin ilişki içinde bulunduğu kişiler benliğin oluşumu ve benliğe şekil verme açısından önemlidir. Bu sebeple okul dönemi benlik oluşumu açısından önemli yıllardır (Gürüz ve Eğinli, 2017, s. 250). Yetişkinlik dönemindeki benlik ise diğerlerinin davranışlarına göre şekillenmektedir ve yetişkinlik döneminde şekillenen benliğe ayna benlik denilmektedir. Kişilerarası ilişkiler yoluyla, diğerlerinin tepkilerine göre oluştuğunu vurgulayan benlik anlayışının anahtar kavramlarından biridir (Bilgin, 2011, s. 41).

Benlik kişinin doğumuyla başlamaktadır ve kişinin başından geçen sayısız olaylarla çevresinde değindiği kişilerin etkisiyle yavaş yavaş oluşmaktadır. Benliğin gelişmesinde kişilerarası ilişkilerin büyük bir önemi vardır. Takdir edilerek, onaylanarak, beğenilerek büyüyen bir çocuğun benlik gelişimi ile olumsuz eleştirilere maruz kalan bir çocuğun benliği birbirinden farklı olacaktır. Dolayısıyla çevreden gelen olumlu ve olumsuz uyarıcılar, kişinin benliği üzerinde doğrudan etkilidir (Baymur, 1972, s. 286-287). Bireyin yakın etkileşimde bulunduğu kişilerin, tutumları oldukça önemlidir. Bireyi hayal kırıklığına uğratan ya da hoşnut eden farklı olaylar, bireyin kendine değer verme duygusunu geliştirmektedir (Gençtan, 1988, s. 56). Özetle benliğin oluşumunda ve değişiminde kişilerarası iletişimin rolü yadsınamaz bir gerçektir ve benlik kişilerarası iletişim ile gerçekleşmekte ve bireyde benlik bilincini geliştirmektedir (Soytetir, 2005, s. 230).

Benlik kişinin kim olduğu ve ne yapabileceğine ilişkin, kendisinin farkında olmasını sağlar. Bir kişi idealize ettiği benliğe ne kadar yakınsa o kadar mutludur. Bu durum kişilerarası ilişkilere de olumlu şekilde yansımaktadır. Kişi idealize ettiği benlikten uzaklaşmış ise diğerleri ile etkileşimlerinde problem yaşamaktadır (Gürüz ve Eğinli, 2017, s. 252). Bilgin'e göre kişiler diğerlerine idealize ettikleri benliklerini sergilemek isterler. Çevrelerinde olumlu bir algı oluşturmak için, davranışlarını kontrol ederek hareket ederler. Bu duruma kendini sunma ya da benlik sunumu adı verilmektedir. Kişilerin benlik sunumları, çeşitli teoriler ile adlandırılmıştır. Bunlardan ilki, sosyal yaşamı ve kişilerarası ilişkileri bireylerin çeşitli rolleri oynadıkları bir tiyatro oyunu gibi kavramsallaştıran Goffman'ın Tiyatro yaklaşımıdır. Burada rol bireylerin kendilerini dışa yansıtmaları bakımından seçtikleri sözel ve sözel olmayan davranışlar bütününü kapsamaktadır. Gofmann'a göre her insan çok sayıda kimliğe yani kimlikler repertuarına sahiptir. Duruma göre çeşitli benlik durumları sergilemektedir. Diğer bir yaklaşım ise izlenim yönetim teorisidir. Bu teoriye göre bireyler saygınlıklarını korumak için davranış ve tutumlarında tutarlı davranmaktadırlar. Durumsal kimlik teorisi ise sosyal ortamın kişilerarası ilişkiler bağlamı içerisinde sosyal davranış kalıplarının olduğunu savunur. Her insan sosyal ilişkilerinde kendisi için en uygun durumsal kimliği oluşturmaya çalışır. Kendini sevdirme teorisi ise diğer kişilerin kendisi hakkında algılarını kontrol etmeye yöneliktir (2016, s. 202-204). Nitekim kişilerarası iletişim süreci için bir girdi olarak kabul edilen benlik, dinamik bir yapı göstermekte ve içinde bulunduğu iletişim sürecinden etkilenmektedir. Hatta toplumsal ilişkilerin olmadığı bir yerde benlik bilincinin oluşması mümkün değildir. Bir diğer ifade ile kişilerarası iletişim süreci ile benlik arasında karşılıklı bağımlılık ilişkisi bulunmaktadır (Soytetir, 2005, s. 228).

Eric Berne adlı bir teorisyen 1950 yılında etkileşim analizi ortaya koymuştur. Etkileşim analizi iki ya da daha fazla bireyin farklı benlik durumlarını kullanarak birbirleri ile etkileşimini ifade etmektedir. Berne'ye göre kişi üç farklı benlik durumuna sahiptir. Bunlar bireyin yaşamının ilk yıllarında anne babalarından öğrendikleri benlik ile anne baba gibi davranmaya neden olan benlik durumudur. Birey bazen kişilerarası ilişkilerinde bir ebeveyn gibi davranabilmektedir. Kişilerarası ilişkilerinde nasihat verme, standartlar koyma, katı düşüncelere sahip olma gibi kuralcı bir yaklaşımla çevresiyle etkileşimde bulunuyorsa, ebeveyn benliğini kullanıyor demektir. Çocuk benliği ise bireyin kişilerarası ilişkilerinde çocuk davranışlarını sergilemesidir. Yetişkin benlik muhakeme gücünün en yüksek olduğu, mantıklı kararların alındığı, tutarlı tutum ve davranışların gösterildiği benlik türüdür. Bu benlik durumuna göre hareket eden bireyler ilişkilerinde daha başarılı olmaktadır (Gürüz ve Eğin, 2008, s. 40-41). Etkileşim teorisi üç benlik çeşidinin de kişilerarası iletişimde egemen olduğunu savunmaktadır. Bireyler birbirleri ile aynı benlik durumuna göre etkileşime geçerlerse tamamlayıcı etkileşim, bunun tam tersi söz konusu olursa ise çapraz etkileşim gerçekleşmektedir. Bir kişinin ilettiği mesaj gerçek anlamın dışında bir de gizli anlama sahipse gizli etkileşim meydana gelmektedir (Gürüz ve Eğinli, 2017, s. 251-252).

Görüldüğü üzere, benlik ben kimim sorusuna verilen yanıttır. Kişinin dış görünüşü, fiziksel özellikleri, statüsü, konumu, kimliği gibi faktörleri içeren benlik yapısı bireyin çevresi ile ilişkilerini doğrudan etkilemektedir. Kişi gerçek benliği ile kişilerarası ilişkilerinde daha samimi ve olumlu olmaktadır. Ancak kişi idealize edilmiş benliğinden uzak ise dış çevre tarafından samimiyetsiz olarak nitelendirilebileceği kendi gerçek benliğinden uzaklaştığı için kendine de yabancılaşacaktır. Dolayısıyla kişinin idealize ettiği benliğe yakınlığı ve uzaklığı kişilerarası ilişkilerine yön vermektedir. Bununla birlikte kişi tek bir benliğe sahip değildir. Farklı durumlarda farklı benlik türleri sergileyebilmektedir.

1.6.5. Empati

Kişilerarası ilişkilerin kurulması ve sürdürülmesinde pek çok unsur yer alır. Bunlardan biri de birinin değerini anlamaya yönelik çabası olarak tanımlanabilecek olan empati kavramıdır (Kapıkıran, 2018, s. 110). Türk Dil Kurumu'na göre duygudaşlık anlamına gelen empati, Marshall'a göre bireyin kendisini duygusal düzeyde başkalarının yerine koyarak, onların ne düşündüğünü ve ne hissettiğini anlama becerisidir (1999, s. 193). Adam Smith ise iki yüz yıl önce *Ahlaki Duygular Teorisinde* empatiyi bir başkasının bakış açısını anlama ve içgüdüsel bir bakış açısına sahip olma yeteneği olarak tanımlamıştır (Hastings vd., 2006, s. 483).

Eski Yunanca, hissetme, duyma anlamına gelen pathia kelimesinin karşılığıdır ve em ön ekiyle türetilmiştir. Eski Yunancada hissetmek, acı duymak fiilinden türetilmiştir (etimolojiturkce.com). Empati sözcüğü, sanatta Almanca einfühlung kavramının karşılığıdır. Anlam olarak ise bir nesneye kişinin kendini yansıtması ve o nesne ile özdeşim kurması anlamına gelmektedir (Tureng, 2020).

İngilizcede de empati bir başkasının ayakkabısını giymek anlamına gelmektedir. Empati kavramı, Aristoteles'in *Retorik* adlı eserinde geçmektedir. Aristoteles animistik duyguları ifade etmek için empati kelimesini kullanmıştır. Aristoteles'ten sonra XIX. yüzyılda bir estetik biçimini tanımlamak için kullanılan empati kavramını ilk önce Friedrich, Vischer, Violet Paget ve ardından Theodor Lipps kullanmıştır. 1897 yılında Theodor Lipps Einfühlung kavramını açıklarken, sadece nesneler üzerinden empati yapılabileceğini söylemiştir (Sharma, 1992, s. 377). Daha sonraki yıllarda Lipps bu tezinin üzerine ekleme yaparak, 1903'teki makalesinde *'insanın kendisi dahil algıladığı her şey bilgisi dahilindedir'* şeklinde empati tanımını değiştirmiştir.

Dolayısıyla algılanan şeylere karşı empati geliştirilebilir demiştir. Bu doğrultuda insanın nesneler hakkında, kendisi hakkında ve çevresindeki kişiler hakkında bilgi edinmektedir (Ersoy ve Köşger, 2016, s. 10).

Günümüzde empati denildiğinde akla Carl Rogers ve onun konuya ilişkin çalışmaları gelmektedir, Rogers psikoterapi alanında empatik iletişim kurma becerisiyle ünlenmiştir. Rogers'a göre bir kişinin kendisini karşısındaki kişinin yerine koyarak, olaylara onun bakış açısıyla bakması, o kişinin duygularını ve düşüncelerini doğru olarak anlaması, hissetmesi ve bu durumu ona iletmesi sürecine empati adı verilmektedir. Bu tanım üç temel öğeye sahiptir, birincisi empati kurmak isteyen kişi, karşısındaki kişinin fenomonolojik alanına girip, onun bakış açısıyla bakmalıdır. İkincisi karşıdaki kişinin duygu ve düşünceleri doğru anlamalıdır. Rogers'ın dikkat çektiği üçüncü husus ise empati kuran kişinin zihninde oluşan empatik anlayışı karşıdaki kişiye iletilmesi gerekmektedir. Sadece yüzeysel bir kendini onun yerine koyma empati değildir. Empatik iletişimin gerçekleşmesi için bilişsel ve duygusal açıdan karşı taraf ile empati kurulmaya çalışılmalıdır. Karşıdaki kişinin rolüne girerek, onun ne düşündüğünü anlamaya çalışmak bilişsel bileşen iken, karşı tarafın hislerinin aynısını hissetmek duygusal bileşendir. Bilişsel rol alma ise duygusal rol almanın ön şartıdır, nitekim karşı taraf gibi düşünmeden, onun hissettiklerini anlamak zordur (Dökmen, 2005, s. 135-137). Empatinin en belirgin karakteristik özelliği gözlemcilerin, okuyucuların veya dinleyicilerin, kısa bir süre için dünyayı empati kurdukları bir kendilik olarak deneyim ediyormuşçasına bir takım fiziksel duyumsamalara sahip olmasıdır. Böyle bir fenomene kişi kendini tamamen kaptırırsa, havada süzülen bir kuşu veya bir dansçıyı izlerken yapılan istemsiz kas hareketleri ile onu taklit edebilir veya heyecanlı bir film seyrederken saklanan kurbanı görüp de nefesini tutabilir. Tüm bunlar kişinin empatik iletişime yatkınlığını göstermektedir (Chandler ve Munday, 2018, s. 123). Empatik kişi diğerinin duygularını hissedebilen ve onun bakış açısıyla bakabilen biridir. Empati genel olarak, karşıdakini anlayarak, onun potansiyelini tatmin etmeye yönelik bir çabadır. Bu çaba bireyin kendi merkezinden uzaklaşarak, kendinden çıkarak diğerinin bakış açısına yerleşmesini gerektirmektedir (Bilgin, 2016, s. 104-105). Empati kurulan tarafın yaşadığı olay veya durumu daha öncesinde yaşamak, benzer duyguları öncesinde hissetmek o kişiyi anlamayı kolaylaştırmaktadır. Bir Kızılderili atasözünde *'bir insanın makosenlerini giyip yarım mil yürümeden o insanı yargılamayın'* şeklinde bir ifade geçmektedir. Dolayısıyla karşı tarafın duygularını anlayabilmede, o kişinin yaşadığını yaşamak empati kurulmasında önemlidir.

Empatik iletişim kurulabilmesi için ise kişi ego santrik bir diğer ifade ile ben merkezci davranmamalıdır. Fiziksel veya sosyal açıdan ego santrik davranan kişi, karşıdaki kişinin yerine kendini koyamaz, dolayısıyla karşıdakini anlamada yeterli olmayacaktır. Ben merkezcilikten uzak olan kişiler, başkalarını daha kolay anlayarak sağlıklı iletişim kurabilmektedir (Kızılçelik ve Erjem, 1994, s. 144). Ayrıca kişi, empati kurduğu kişiyi değerlendirirken hem toplumun hem de kendi değerlerine göre değerlendirmelidir. Empatik iletişimde karşıdaki insanı anlamanın yolu, onun değerlerini bilmekten geçmektedir.

Bazı durumlarda karşı taraf ile empati kurulsa bile karşı tarafa bu durum tam olarak yansıtılmayabilir. Özellikle bu fark çocuklarda daha belirgindir. Çocuklar karşısındaki kişinin düşüncesini doğru anlasa bile, anladıklarını iletmekte başarılı olmayabilirler. Bu durum bazen yetişkinlerde de görülmektedir. Karşı taraf ile empati kurulduğunda bunu sözlü veya sözsüz ifadeler ile desteklemek gerekir (Dökmen, 2005, s. 137).

Yapılan araştırmalara göre de empati kuran kişiler, empati kurmayanlara göre daha fazla yardımda bulunmaktadır (Thakkar ve Kanekar, 1989, s. 383). Empatik anlayış, insanları birbirine yaklaştırma, iletişimi kolaylaştırma özelliğine sahiptir. İnsanlar kendileri ile empati kurulduğunda anlaşıldıklarını düşünerek, kendilerine önem verildiğini düşünürler. Kişinin başkaları tarafından anlaşıldığını düşünmesi, hissetmesi ise kişiyi psikolojik olarak rahatlatmaktadır. Empati, sadece kendisiyle empati kurulana yararı olan bir etkinlik değildir. Empati, empatiyi kuran kişi için de önemli bir husustur. Empati becerileri ve eğilimleri yüksek olan, bu sebeple de diğer insanlara yardım eden kişilerin, çevreleri tarafından sevilme ihtimalleri de artmaktadır. Empatinin kişilerarası iletişimi kolaylaştırıcı özelliği bilindiği için, empatik becerileri artırmak amacıyla çeşitli meslek gruplarına empatik iletişim eğitimleri verilmektedir (Dökmen, 2005, s. 146-147).

Bununla birlikte empati kavramı ile bir tutulan veya karıştırılan kavram ise sempatidir. Sempati etimolojik olarak empati kavramı ile benzerlik gösterse de esasında, birisi hakkında olumlu duygular hissetmek ya da ortak noktalar doğrultusunda birisinin bir diğerine yakınlık göstermesi olarak tarif edilebilir.

Bir insana sempati duymak demek o insanın sahip olduğu duygu ve düşüncelerin aynısına sahip olmak demektir. Bu yüzden sempati kurmak duygusal buluşma anlamına gelmektedir. Sempati duyulan kişi sevincini ya da sıkıntısını anlattığında onunla aynı duygular yaşanır ve dolayısıyla duygusal buluşma gerçekleşir (Kapıkıran, 2018, s. 119).

Empati kurduğumuzda karşımızdakinin duygu düşüncelerini anlamak esastır. Kendimizi sempati duyduğumuz kişinin yerine koymamız ve onu anlamamız şart değildir. Sempati de yandaş olmak esastır. Empati kurduğumuzda ise karşımızdaki kişiyle aynı duyguları ve görüşleri paylaşmamız gerekmez. Sadece onun duygularını ve düşüncelerini anlamaya çalışırız. Bir insanı anlamak ile o insana hak vermek farklı şeylerdir. Empatide anlamak sempatide ise anlamış olalım ya da olmayalım karşımızdakine hak vermek söz konusudur. Ayrıca empati kurduğumuz kişiler ile özdeşim kurmamız gerekli değildir. Hatta özdeşim empatiyi zedeleyebilir (Dökmen, 2005, s. 139-140).

Kişilerarası iletişim açısından önemli bir yere sahip olan empati, ben merkezcilikten uzak karşı tarafı anlamaya, onun gibi düşünüp hissetmeyi sağlayan duyusal bir araçtır. İnsanları anlamanın ötesinde onlara yardımcı olmayı da sağlayan empati duygusu karşı tarafın anlaşılmasını sağlayarak o kişide psikoljik bir rahatlama sağlamaktadır. Her insan anlaşılmak ister ve yaşamın belirli dönemlerinde anlaşılmayabilir. Bu durumda kişi iletişimde bulunduğu kişilerden uzaklaşmak ister. Bu durum kişilerarası ilişkiler açısından zedeleyici bir durumdur. Empati kurmak ise tek taraflı düşünmekten kişiyi uzaklaştırır. Karşı tarafın anlamanın yolu onun değerlerini, yaşadığı koşulları bilmekten geçmektedir. İçerisinde bulunduğu koşullar doğru analiz edilirse, karşı tarafa yardımcı olmak daha olasıdır. Empati katı düşünmenin önündeki settir. Literatürde empatinin gerekliliğinden bahsedilirken, her eylemin empati kurarak değerlendirilmesi gerektiği vurgusu vardır. Bunun sonucunda da bağışlayıcı olunabileceğine dair bir yönlendirme söz konusudur, ancak her eylem amaç ve sonuç bakımından iyi niyet taşımamaktadır. Kötü bir eylemin sonuçları irdelenirken, öncesi dikkate alınmalıdır, ancak kişinin içinde yaşadığı şartlar o kötü eylemin sonuçlarını meşrulaştırmamalıdır.

1.6.6. Sosyo-Demografik Özellikler

Bireyin toplum içerisindeki ekonomik durumu, eğitim düzeyi ve etnik kökeni diğer insanların bireyi algılamasında etkin bir role sahiptir (Baymur, 1994, s. 277). İlk izlenim fiziksel görünüşe bağlı olsa da kişi hakkında elde edilen enformasyonlar kişilerarası iletişim sürecini etkilemektedir.

İlk karşılaşmada söylenen, söylenmeyen, yapılan, yapılmayan her şey bir anlam taşımaktadır ve iletişim sürecini etkilemektedir. İlk etkinin, ilk algının, ilk izlenimin temelinde fiziksel görünüşün önemi vardır. Kişinin cinsiyeti, yaşı, giyim tarzı, fiziksel görüntüsü kişi hakkında ilk ipuçlarını vermektedir (Gürüz ve Eğinli, 2017, s. 217). Daha sonra kişinin eğitim düzeyi, sosyal ekonomik statüsü gibi daha sonradan elde edilen bilgiler sayesinde ise fiziksel görüntü ile oluşan izlenimin yerini algı almaktadır. Kişilerarası iletişimi etkileyen bu sosyo demografik faktörler ise cinsiyet, yaş, eğitim düzeyi, meslek, etnik köken ve sosyal ekonomik statüdür.

Cinsiyet kişinin kadın veya erkek olarak tanımlanan biyolojik hüviyetidir. Her iki cinsi de birbirinden ayıran anatomik ve biyolojik farklılıklardır. Doğuştan genetik olarak belirlenmiş dişi ya da erkek olma özellikleri ve temelde değişmez olan biyolojik bir yüklemdir. Cinsiyet insanları doğuştan getirmiş oldukları biyolojik bir hususiyet olarak erkek ve kadın şeklinde iki cinse ayıran kavramdır. 1970'lerden itibaren ise normal olarak biyolojik farklılıkların kastedildiği *cinsiyet* kelimesinden farklı olarak, kadın ve erkek arasındaki *sosyo- kültürel* türevli farklılıkları içine alan bir terimdir (Seyyar ve Genç, 2010, s. 128). Kadınlık ve erkeklik biyolojik bir temel gibi görünse de bu temel üzerine inşa edilen ve toplumsal bağlama göre değişen bir anlam yüklemesi vardır (Bora, 2012, s. 37).

Genel olarak toplumda kadının rolünü ev içi emekle özdeşleştirilirken, erkek rolü ise belirli bir ücret karşılığında yapılan işler ile bağlantılı olarak görülmektedir. Değişen toplum yapısı ve iş sahası kadının ev içinin dışında da emeğine ihtiyaç duymaktadır. Kadın toplumda farklı iş sahalarında farklı roller ile karşımıza çıkmaktadır, ancak Fine' a göre erkekler daha çok yüksek otorite ile bağlantılı işlerde karşımıza çıkarken, kadınlarda bu durum geçerli değerlidir. Kadınlar toplumda alt seviyedeki otoritede yer almaktadır, erkekler matematik, bilim, kariyer gibi alanlar ile ilişkilendirilirken, kadınlar beşerî bilimler, aile ve evcilik gibi konularda ön plana çıkmaktadır (2010, s. 29).

Bununla birlikte kadın ve erkeğin kullandığı dil de farklılık göstermektedir, dili kullanma biçimi, iletişim yeteneğini yansıtmaktadır. Bu kullanma biçimi aynı zamanda ne zaman susup ne zaman konuşulacağını belirli durumlarda nasıl konuşulacağını, saygının, nezaketin, samimiyetin veya mizahın nasıl ifade edileceğini içeren iletişim kurallarıdır. Erkekler ve kadınlar dili farklı kullanmaktadır. Bu farklılıkların temelinde kadınların baskı altında yaşaması ve yaşam deneyimlerinin iletişim biçimlerine yansıması vardır. Bununla birlikte kadın ve erkeklerin farklı yaratılışa sahip olduklarından ve farklı iletişim yeteneklerine sahip oldukları düşüncesi de yaygındır. Kadınların değersiz dilsel unsurları kullanmalarının, toplumdaki düşük statüden kaynaklandığını öne süren görüşler vardır (Payne, 2001, s. 104).

İki grup arasında farklı iletişim tarzlarının olması, mesajların aktarılmasında ve yorumlanmasında anlaşmazlıkların yaşanmasına neden olmaktadır. Her iki cinsin de olayları ve durumları değerlendirmesi ve ifade etmesi farklıdır. Kişilerarası iletişim sürecinde kadın ve erkeğin rolü cinsiyetlere atfedilen özelliklere göre değerlendirilmektedir. Kadınlar erkeklere göre daha yumuşak, kibar, duygusal, kolay ikna edilebilir özellikler ile nitelendirilmektedir. Buna bağlı olarak iletişimde daha uzlaştırıcı, yapıcı ve kabul eden olmaları beklenmektedir. Erkekler ise sosyal rolleri gereği daha agresif yapıdadır (Gürüz ve Eğinli, 2017, s. 280).

Değişken bir yapıya sahip olan yaş ise kronolojik ve biyolojik açıdan farklılık göstermektedir. Bireyin doğumundan yaşadığı güne kadar olan süredeki günlerin, ayların ve yılların sayısı kronolojik yaş olarak adlandırılırken, bireyin vücut yaşı yani biyolojik yaşı ise bazen kişinin kronolojik yaşından farklı olabilmektedir. Biyolojik yaş vücudun yıpranma derecesine göre farklılık göstermektedir ve kişinin sağlık durumu, medeni hali, cinsiyeti, içinde yaşadığı çevre şartları ve çalışma şartları ile yakından ilgilidir (Seyyar ve Genç, 2010, s. 838).

Normal bir insan ömrü çocukluk, gençlik, yetişkinlik ve yaşlılık evrelerinden oluşmaktadır. Her bir evre kendi içerisinde birtakım özelliklere sahiptir ve toplumlar farklı nüfus kategorilerine ayrılmaktadır. Bazı toplumlarda doğum oranları yüksek, genç nüfus yoğunluğu fazla iken, bazı toplumlarda ise yaşlı nüfus sayısı daha fazla olabilmektedir. Bu durum ülkelerin sosyal ve ekonomik politikaları ile bağlantılıdır.

Başlangıcı doğum anı olarak kabul edilen çocukluğun bitiş yaşında ise farklı görüşler vardır. Çocukluk tarihi konusundaki çalışmalar, çocukluğun doğal sanılan özelliklerinin toplumsal ve değişken olduğunu göstermektedir. Belli bir zamana ve topluma özgü tek bir çocukluk anlayışından söz edilmesi mümkün değildir. Bazı toplumlarda okul çağı dönemi ile çocukluk çağı dönemi özdeşleştirilirken, bazı toplumlarda ise beş ya da altı yaşını geçen bir çocuk yetişkin evresine ulaşmıştır (Tan, 1993, s. 25). Bununla birlikte yaş evrelerinin sınırları toplumlar arasında farklılık gösterdiği gibi hukuk açısından da farklıdır. Hukuki açıdan on sekiz yaş altı çocuk olarak kabul edilmektedir.

Çocukluk evresi toplumsal bir yapıdır, tek ve evrensel bir çocukluk sınırlaması yoktur. Yaşadıkları toplumun inşasında aktif bir oynayan çocukluk değişken bir sınıftır. Biyolojik yapıdan farklı olarak insan gruplarının doğal ve evrensel özelliği ile değil toplumların özel bir yapısal ve kültürel bileşeni ortaya çıkmaktadır (Allison ve Alan, 1997, s. 8).

Görüldüğü üzere kültürlerarası farklılıklardan dolayı çocuğa ilişkin evrensel bir yaş sınırı yoktur. Ancak yirminci yüzyılda yaratılan ve yirmi birinci yüzyılda da sürdürülen çocuk imgeleri üzerinden oluşturulan, çocuk algıları vardır. Toplumlarda çocuk genel olarak tüketen, biyolojik açıdan gelişmemiş, işgücü olarak âtıl kesimi kapsayan nüfus olarak görülmektedir.

Ergenlik ya da gençlik dönemi olarak bilinen evre ise çocukluk çağının sona erdiği, insan hayatının ortalama olarak 21-12 yaşlarına denk gelen hem ruhi olarak hem de biyolojik olarak cinselliğin fark edildiği bir dönemdir. Bu yaş evresinin genel özellikleri bedende ve ruhta ortaya çıkan değişime paralel olarak ortaya çıkan sorunlardır. Kişinin bedenindeki değişimi kabullenememesi, kendi cinsine uygun rolü seçememesi, iki cins arasında ölçüsüz davranışların gerçekleşmesi, ebeveynler ile yaşanan sorunlar (Seyyar ve Genç, 2010, s. 201-202) gibi şeyleri tamamını veya bazılarını bu yaş grubunun çoğunluğu yaşamaktadır. Ergenlik ya da gençlik, çocukluk ile yetişkinliğin arasındaki yerdeki sıkışmışlıktır. Kişi ne çocuktur ne de yetişkindir. Dolayısıyla birey olmaya çalışırken çoğu yerde zorlanmaktadır. Bu dönemde çeşitli iletişim sorunları yaşanmaktadır.

Biyolojik ve psikolojik açıdan olgunluğa ulaştığı varsayılan yetişkinlik dönemi birçok toplumda öğrenim yaşamını bitirmiş, tam zamanlı bir işe girmiş veya evlenmiş kişilerden oluşmaktadır. Yetişkinlik toplumdaki farklı yaş grupları tarafından farklı anlamlara gelmektedir. Yetişkinlik bir değil, birçok yaşantı içerdiği için herkesin yetişkinlik anlayışı önemli ölçüde farklılaşmaktadır. Halkın yetişkinlik konusundaki algısı, toplum içindeki yetişkin olan bireylerin oranından da etkilenmektedir (Onur, 1991, s. 30). Gelişen dünyadaki değişimler ise yaş gruplarının bütününü etkilemektedir. Yeni dönem yetişkinleri bireysel ilişkilerini kendileri yönetebilen, ancak kişilerarası iletişim noktasında aile içinde daha az iletişim kuran, evlilik tercihlerini anne ve babaların yönlendirmesi ile değil kendi tercihleri ile seçen bireylerdir (Giddens, 2008, s. 217).

Yaşlılık dönemi insan yaşamının son aşaması ve bireyin ileri yaşlanma devresi olarak kabul edilmektedir (Kalınkara, 2016, s. 7-8). Altmış beş yaş ve üstünde olan kişiler fizyolojik ve ruhi açıdan belirli derecede fonksiyonel kayba uğramış olabilen kimselerdir. Monoteist dinler, yaşlıların muhtaç kesim olduğunu yaşlıların sosyal hayatta korunmalarını emretmektedir, çünkü yaşlılar bakıma muhtaç kimselerdir (Seyyar ve Genç, 2010, s. 840). Yaşlılığa ilgili bakış açısı değişim göstermiştir. Geleneksel toplumlarda yaşlılar saygı duyulan, topluluk içinde sözüne önem verilen kanaat önderleri olarak görülürken, sanayileşmiş toplumlarda ise buna karşıt olarak hem aile içerisinde hem de toplum içerisindeki yetkeden yoksun kişiler olarak algılanmaktadır (Giddens, 2008, s. 218).

Geleneksel toplumlarda sınırlı bilgiye ulaşılmaktaydı. Bireyler herhangi bir konu hakkında bilgi edinmek için tecrübeli kişilere başvurmaktaydı. Tecrübe yaşla elde edilen bir süreç olduğu için yaşlı kişinin bilgisi önemlisi görülmekteydi, ancak sanayileşme sonrası ortaya çıkan enformasyon toplumu ile bilgi kayıt altına alınmaya başlanmış ve erişim kolay olmuştur. Teknolojik gelişmeler ile genç bireyler istediği anda istediği bilgiye ulaşırken, yaşlılar teknolojiden yoksun kaldıkları görülmektedir.

Kişilerarası iletişim süreci de kişinin yaşının yarattığı algıya göre şekil almaktadır. Yaş sosyal statüyü belirleyici bir unsurdur, öyle ki iletişim sürecindeki sosyal mesafeyi ayarlamaktadır. Bir kişiyi *"sen"* veya *"siz"* yapan mesafedir. Genellikle küçük bir çocuğa "sen" diye hitap edilirken, yetişkin birey için "siz" ifadesi kullanıldığı görülmektedir. Toplumsal gelenekler farklılık göstermekle birlikte genellikle kapalı toplumlarda bir tartışma esnasında yaşa hürmet edilerek, yaşça büyük olana daha çok dikkat edilir ve özür dilenir.

Bununla birlikte kuşaklar arası farklıklar da söz konusudur. Günümüz dünya sistemi, tüm dünyayı kuşatan ve aynılaştıran bir yapıya sahiptir. Bu kapitalist yapı geleneksel bir zeminde dahi inşasını sürdürebilmektedir. Geleneksel yapıyı kendi işleyişine uydururken, bazen de sistemin getirdikleri geleneksel yapı ile çelişebilmektedir. Çeliştiği yerde ise kültürel çatışmalar meydana gelerek kuşak çatışmaları veya kültürel yozlaşmalar ortaya çıkmaktadır. Kuşak çatışmaları sonucunda ise iletişim süreçlerinde anlaşmazlıklar görülmektedir.

Eğitim ise kişilerarası iletişimi etkileyen bir diğer demografik faktördür. Eğitim vasıtasıyla bir toplumun gelenekleri, alışkanlıkları, becerileri genç kuşaklara aktarılır. Bu sürece ise eğitim adı verilmektedir (Koenig, 2000, s. 156-157). Bir toplumun kültürü, ideolojisi ve normları ailede başlayıp, eğitim kurumlarında devam etmektedir. Bireye bu şekilde bir toplum içerisinde uygun görülen davranış stilleri empoze edilmektedir ya da aktarılmaktadır.

Aile içerisinde çocuğa verilen eğitim ile kurumsal bazlı normları içeren eğitim aynı düzeyde değildir. Nitekim bu eğitim programlı olarak olmayabilir. Aile bireyleri çocuklarına daha içgüdüsel davranışlarla yaklaşmaktadır (Gülsünler, 2008, s. 50). Eğitimin birey üzerindeki farklı etkileri mevcuttur. Birey eğitim sürecinde aldığı bilgi, beceri, tutum ve değerler yoluyla değişmektedir (Fidan ve Erden, 1993, s. 5). Ancak aynı eğitim düzeyine sahip kişilerde aynı davranış şekillerine de rastlamak mümkündür. Netice olarak ise bireylerde aynılaşma görülmektedir. Bu aynılaşma eğitimin bireyi tek tip insanlar haline getirdiğini savunan bir görüş değildir. Bireyler içerisinde bulundukları sosyal ve psikolojik ortamdan bağımsız varlıklar olarak düşünülmemelidir. Dolayısıyla kişinin içinde bulunduğu şartlar bireyin kişilik yapısını, yaşam şeklini, dünya görüşünü gibi unsurları şekillendirmektedir. Burada kastedilen şey, aynı eğitim düzeyine sahip kişilerin hemen hemen aynı bilgiye sahip olmasıdır.

Eğitim bir topluma ait ideolojilerin, normların ve kültürün benimsetilmesi dışında kişiye yaşamını idame ettirebilmesi için iş imkânı da sunmaktadır ve mesleki eğitimle sağlanmaktadır. Mesleki eğitim kişinin çalışma hayatındaki belirli bir meslek alanında üretici olarak herhangi bir statü ile yer alabilmesi ve işgücü olarak vasıflı hale gelebilmesi için gerekli asgari yeterliliğe ve genel meslek kültürüne sahip olmasını mümkün kılan eğitimdir (Seyyar ve Genç, 2010, s. 491).

Eğitim ve algı konusunda ise iyi eğitimli ve yüksek tahsilli kişilerin toplum bazında yarattığı algı olumlu yöndedir. Öyle ki eğitim biçimi, süresi ve derecesi bireyin toplum içerisindeki statüsünün belirlenmesinde önemli bir etmendir. Demokratik ve açık toplum olma iddiasındaki ülkelerde bile bireyin aldıkları eğitime göre sınıflandırılmaları normal görülmektedir. Örneğin

Türkiye'de eğitim görmüş kişiler aydın sıfatı ile betimlenirken, okumamış kişiler ise cahil olarak nitelendirilmektedir. Birinci kategorideki kişilere ise toplum bazında daha yüksek statü verilerek daha fazla itibar edilmektedir (Tan, 1981, s. 69). Eğitim düzeyi kişilerarası iletişim sürecini paralel düzeyde etkilemektedir. Aynı sınıf arkadaşları aynı konular çerçevesinde iletişim kurabilirken, iş ortamında da aynı eğitim düzeyine sahip kişiler konuşulacak ve tartışılacak meselelerde buluşmaktadır. Bir diğer ifade ile eğitim kişilerarası eğitim sürecinde aynı dilin konuşulmasını sağlayan zemindir.

Eğitimli kişilerin kendileriyle aynı statüdeki kişilerle daha iyi anlaştıkları, arkadaş çevrelerini ise kendileri ile aynı eğitim düzeyine sahip kişilerden seçtikleri gerçektir. Eğitim seviyeleri farklı olan insanların ise günlük yaşamda birçok konuda anlaşamadıkları görülmektedir (Taşdemir, 2017, s. 27). İnsanların bir toplum içindeki sosyal ve ekonomik statülerini, içinde yer aldıkları meslek grupları belirlemektedir. Toplum tarafından değer atfedilen mesleklerde yer alan kişiler itibar sahibidir. Mesleki bakımdan prestijli meslekler içerisinde yer alan kişilerin diğer kişiler ile kurdukları iletişim ve olaylara verdikleri tepkiler takdir edilmektedir (Gürüz ve Eğinli, 2017, s. 281).

Toplum gelişi güzel bir araya gelmiş bir insan yığını değildir. Her bireyin toplum içinde belirli bir yeri vardır. Toplumda ise bireylerin konumlarını ve fonksiyonlarını belirleyen bir yapı mevcuttur. İşte sosyal statü, her bireyin bu toplumsal yapı içinde işgal ettiği mevkidir. Bu yeri toplumun kendisi tayin ve takdir etmektedir (Güney, 2000, s. 100). Statü, sosyal sınıfların bir sonucudur. Nitekim *"sosyal sınıf gelir düzeyi, coğrafi köken, meslek, sosyal ilişki ve üye olunan örgütler ile aile durumu ve oturulan semt gibi kriterlerle belirlenen statülerine göre benzer özellikler taşıyan insanların oluşturduğu toplumsal gruplardır"* (Demir ve Acar, 2002, s. 376).

Sosyal statü göstergesi olarak görülen meslek, kişilerin toplum içerisindeki konumlarını ölçen kıstaslardan biridir. İş bölümü ve uzmanlaşma sonucu mesleklerin ve görülen işlerin giderek ayrıştığı, meslek gruplarına ise farklı derecelerde önem ve saygınlık atfedildiği görülmektedir (Tan, 1981, s. 69). Belirli düzeyde kabiliyet, tecrübe, teorik-pratik-teknik bilgi, eğitim ve icazet gerektiren, niteliği toplumdan topluma değişen, yüksek statü, prestij ve gelir kazandıran iş olarak tanımlanan meslek psikolojik ve ekonomik açıdan bireye faydalar sunmaktadır (Seyyar ve Genç, 2008, s. 491). Meslek bireyin dışarıdan nasıl algılandığını gösteren unsurlardır. Kişinin mesleği, mesleği gereği irtibat halinde olduğu çevre ve ortam, çalışma saatleri gibi unsurlar kişinin yaşam şekline yansımaktadır ve kişinin çevresi ile iletişimine etkide bulunmaktadır. Bu başlık altında sosyo demografik faktörlerin, kişilerarası iletişim sürecini nasıl etkilediğine dair açıklamalarda bulunulmuştur. Her bir sosyo- demografik özellik toplum tarafından belirli bir etikete sahiptir. Bu etiketler ise kişilerarası iletişime doğrudan yön vermektedir.

1.6.7. Kültür

Kişilerarası iletişim sürecinde etkili olan en önemli faktörlerden biri de kültürdür. Kültür kişinin kimliğini yansıtan bir öğedir. Kişilerarası ilişkiler kültürden bağımsız değildir ve kültür kişileri arası ilişkileri doğrudan etkilemektedir.

Tarihsel olarak son iki yüzyılın önemli kavramlarından birisidir. Kavram yaklaşık olarak yüz elli yıldan beri kullanılmaktadır. Kültür insanlık tarihi kadar eski olsa da bir toplumun yapıp ettiklerini ifade etmek bakımından yeni bir olgudur. Latince ekip, dikmek anlamına gelen *'colere'* sözcüğünden gelmektedir. Nasıl ekin doğal bitkilere karşılık insan eliyle üretilmiş bir durumu ifade ediyorsa, kültür de genel olarak insanın topluma ektiği şey olarak tanımlanabilir (Aydın, 2011, s. 258). XVII. yüzyıla kadar kültür kelimesinin karşılığı ekindir, ancak sonrasında Fransız yazar ve filozof Voltaire kültür sözcüğünü ekin anlamının dışında insan zekasının oluşumu, gelişimi, geliştirilmesi ve yüceltilmesi anlamında kullanmıştır. Sözlüğün kullanım alanı yaygınlaşmaya başlamış, önce *Alman Dil Sözlüğü*'nde bu kelimeye yer verilmiş, daha sonra etnolog Klemm '*İnsanın Genel Kültür Tarihi*' adlı eserinde kültür sözcüğünün anlam olarak uygarlık ve kültürel evrim olduğunu ifade etmiştir. Kültür kelimesine yüklenen bu anlam, İspanyolca, İngilizce ve Slav dillerinde de kendine yer bulmuş, ilk bilimsel tanımını yapan E. Tylor da bu tanımdan etkilenmiştir (Güvenç, 1999, s. 96). Tylor'a göre kültür bilgi, inanç, sanat, gelenek ve ahlak olarak öğrenilmiş bir yapıdır. Bu tanım kültür ile uygarlığın aynı anlama geldiğini ifade etmektedir. Bu denklem İngiliz ve Fransızca dilleri için mümkün olmakla birlikte, Almancadaki sembolleri ve değerleri anlatan kültür ve toplumun ilgili civilisation ayrımına ters düşmektedir (Marshall, 1999, s. 442). Fransa ve İngiltere, Almanya karşısında bilim, felsefe, endüstri, teknoloji bakımında ileride olan ülkelerdir ve bunlar birer uygarlık göstergesi olarak kabul edilmektedir. Almanya ise İngiltere ve Fransa'ya göre uygarlık bakımından geridedir. Uygarlığın bir kültür ölçütü olarak görülmesi, Fransız ve İngiliz uygarlığına karşı, Alman kültürü ifadesinin kullanılmasına neden olmuştur. Daha sonra, batılı etnologlar tarafından XIX. yüzyılın ikinci yarısında küçük, barışçıl uygarlıklara kültür adı verilmiş, bilimsel yazılarda uygarlık ile kültür eş tutulmaya başlanmıştır. Kültür her alanda kullanılmaya başlanmış ve farklı isimler ile sınıflandırılmıştır. Edebiyat, sanat, müzik, yabancı dil, felsefe gibi alanlarda ortaya çıkan kültür ürünleri, eğitimle elde edilen bir kültür olarak görülmüştür. Bilim ve teknoloji alanındaki gelişme uygarlığı ifade ederken, güzel sanatlar estetik kültürü olarak kabul edilmiş, endüstri ve tarım alanındaki gelişme ise maddi ve biyolojik kültür olarak sınıflandırılmıştır (Güvenç, 1999, s. 96-97). Bu durum kültürün çok boyutluluğunu göstermektedir ve sosyal antropologlar kültürü yıllarca farklı şekillerde ele almışlardır. En temel anlamıyla kültür toplumun üyeleri olarak insanlar tarafından edinilen öğrenilmiş davranış ve düşünceler bütünü veya (Lavenda ve Schultz, 2018, s. 41) bir birey veya topluluğun, yaşam tarzını biçimlendiren örf, adet, gelenek ve görenek ile alışkanlıklar, davranışlar ve inançlar toplamı olarak ifade edilmektedir (Demir ve Acar, 2002, s. 261). Bununla birlikte Türk Dil Kurumuna göre tarihsel, toplumsal gelişme sürecinde ortaya çıkan bütün maddi ve manevi değerleri oluşturmada, sonraki nesillere aktarmada kullanılan, insanın doğal ve toplumsal çevresine egemenliğinin ölçüsünü gösteren araçların bütünüdür.

Kültürü edinmenin yolu öğrenmekten geçmektedir ve kültür içgüdüsel veya kalıtımsal bir olgu değildir. Birey içine doğduğu kültürün davranışlarını zaman içerisinde öğrenmektedir. Bu öğrenimlerini ise kendinden sonraki nesillere aktarmaktadır. Dolayısıyla kültür hem tarihi hem de sürekliliği olan bir olgudur. Bir diğer ifade ile kültür dinamik bir süreçtir ve uyum yoluyla değişime uğramaktadır. Her doğan çocuk, içine doğduğu ailenin kültürel kodları ile tanışmaktadır. Aile ise içinde bulunduğu kültürün toplumsal yapısından bağımsız değildir. Bu doğrultuda bireysel kültürel kodlar, toplumsal kodların bir yansımasıdır ve bireysel olarak oluşturulan kodlar toplumsal olarak paylaşılmaktadır. Kültürel kodlar ideal ya da idealleştirilmiş bir kurallar sistemidir, bu durum birey ile kültürün çelişmesine neden olmaktadır, nitekim her insan eyleminin içerisinde ideal karşıtlığı vardır. Ancak sistemin üyesi olan birey içinde bulunduğu kültürel kuralları bildiği için kurala uymayan davranışları hemen tanımaktadır. Kültür, toplumun kıstaslarına göre ideal olması gerekendir ancak her eylem ideal değildir. Bununla birlikte kültür temel biyolojik ihtiyaçları ve bunlardan doğan ikinci derecedeki ihtiyaçları çoğu zaman önemli ölçüde karşılamaktadır (Güvenç, 1999, s. 101-103).

Kültür aynı zamanda insanları buluşturan, birleştiren, ayrıştıran, farklılaştıran çok yönlü dinamik bir süreçtir. Thun ve Kumbier, iki farklı kültürden insanlar bir araya geldiklerinde *"dünyalar birbirileriyle çarpışır"* diyerek (2006, s. 9), iletişimle kültürlerin birbirleriyle etkileşime gireceğin savunur. Hall'e göre ise de *"kültür iletişim, iletişim de kültürdür"*, kültür ancak iletişim yoluyla yeniden üretilmektedir (Cüceloğlu, 2011, s. 244). Bununla birlikte, kültür, belirli bir grubun üyelerinin değerleri, inançları, tercihleri ve davranışları hakkında sahip oldukları geniş bir şekilde paylaşılan varsayımlardır. Sosyal normlara dayalı olmasından dolayı büyük ölçüde kişilerarasıdır (Chiu vd., 2010, s. 485).

Dolayısıyla kültür kişilerarası iletişimin ve etkileşimin temelini oluşturmaktadır. Kültür din, dil, sosyal sınıf, etnik köken gibi farklılıklar, kişilerarası iletişim kurulabilmesinde temel özelliklerdir. Bireylerin bu farklılıklar karşısında küçük yaşlardan itibaren bilinçlendirilmelidir. Bu sayede globalleşen dünyada bireyler, toplumsal kutuplaşmaların önüne geçecektir (Gay, 1994, s. 2).

Kültürel farklılıklardan biri de dildir. Dil bir toplumun ya da kişinin önemli indikatörlerindendir. Bireylerin ya da toplumların dilsel eylemlerine her şeyden önce kimliğine yön veren bir unsurdur. Nitekim dil insan kavramını hem açımlayan hem de tanımlayan bir öğedir. Bireyin şekillenmesine, gelişmesine varlığını sürdürmesine veya farklılaşmasına ve kültürel ortamına önemli oranda etkide bulunmaktadır. Bununla birlikte dil etkileşime açık olduğu için, kültürel çeşitlilik sağlamaktadır. Bu bağlamda kültürel etkileşimin en önemli referans noktası, kültürel normlar ve değerlerdir. Dilin kullanımı ve söz varlığı bu noktada büyük önem taşımaktadır (Yağbasan, 2016, s. 43).

Din de dil kadar ayırt edici bir kültürel göstergedir. Yaşam biçimlerini düzenleyen kaidelerden oluşan din, bireylerin sosyal ve bireysel davranışlarını düzenlemektedir. Bu kaideler, toplumsal görgü sistemini oluşturmaktadır. Toplumların gelenekleri, değerleri ve normları dinden bağımsız değildir. Dinin doğasından etkilenen, değerler ve normlar bir toplum için idealize edilen kurallar ve davranışlar bütünüdür ve dinler arası farklılıktan ötede toplumlararası farklılık göstermektedir.

Bir toplumun değeri olarak ifade edilen şey soyut ve genel kavramlardır. Normlar belirgin ve rehber niteliğindeki yönlendirici etkiye sahiptir. Normlar oluşturulurken, değerlerden destek almaktadır ve değerler doğrultusunda normlar şekillenmektedir (Özkalp, 2013, s. 93).

Değerler normlardan etkilenirken, toplumsal değerlerden dini inançlardan şekil almaktadır. Toplumsal görgü sistemini oluşturun dil, din, gelenek, görenek gibi kişileri aynı payda altında toplamaktadır ve bu durum kişileri birbirine yakınlaştırmaktadır. Aynı ortak ideoloji ve yaşantıya sahip kişiler iyi anlaşması daha olası bir durumdur. Kültür kişilere nasıl iletişim kurmaları gerektiği yönünde rehberlik etmektedir.

Kültürler birden çok çok göstergeye sahip olmasının yanı sıra, farklı boyutlara da sahiptir. Bu boyutlar farklı araştırmacılar tarafından sınıflandırılmıştır. Bu sınıflandırmalardan ilkini Hall yapmıştır ve Hall'a göre kültür yüksek ve düşük olmak üzere iki boyuttadır. Yüksek içerikli kültürde bilgi iletişim yoluyla elde edilmektedir ve sözlü iletişimden çok yazılı iletişime güvenilmektedir. Bu kültürde anlam, durum, ilişkiler sözsüz mesajların bir bütünüdür. Düşük içerikli kültür de ise sözsüz mesajlar sözlü iletişime göre daha çok anlam taşımaktadır ve burada geçen ifadeler kısa ve nettir. Yüksek içerikli kültür çoğulcu, düşük içerikli kültür ise bireysel niteliklere sahiptir (DeVito,2013, s. 49).

Düşük içerikli kültürde iletişimde *'kesinlikle, tamamıyla, tabii ki'* gibi kategorik kullanılır. Düşük içerikli iletişimde insanlar, hisleriyle tutarlı açık ve doğrudan iletişim kurarlar ve kendi ile ilgili bilgileri doğrudan paylaşırlar. Yüksek içerikli kültürde ise kelimeler, dolaylı, imalı ve eş anlamlıdır. Diyaloglar yoruma açık olduğu için, karşılıklı bir uyumsuzluk olabilir. Bu kültürde başarılı bir iletişim kurmak için, dinleyiciler konuşanların söylediklerinin kendi söyledikleri ile ne kadar uyumlu olduğunu bilmeli ve konuşmacı hakkında niyet okuması yapmalıdır. Yüksek içerikli kültürde, *'belki, acaba, muhtemelen'* gibi olasılığa dayalı kelimeler kullanılmaktadır bunun nedeni ise grup içindeki uyumun sağlanması ve sürdürülmesidir (Gudykunst ve Matsumoto, 1996, s. 30-32).

Hall'un bu sınıflandırmasından sonra Hofstede, kültürün boyutlarını daha kapsamlı bir şekilde ele almıştır. Hofstede'ye göre kültür *"belirsizlikten kaçınma, gücün dağılımı, erillik ya da dişillik, bireycilik veya çoğulculuk"* olmak dört boyuttan oluşmaktadır. Belirsizlikten kaçınma ile anlatılmak istenen, toplum üyelerinin bir risk karşısında istekli veya isteksiz oluşudur. Toplum, belirsizliğe düşük düzeyde tolerans gösteriyorsa, risk almak istemiyordur ve bunun içinde yapılandırılmış davranış kalıplarında bulunurlar. Belirsizlikten kaçınmayan toplumlarda ise özgürlük önemlidir. Bu kültürlerde belirsizliğin artması kişilerarası ilişkileri olumsuz olarak etkileyeceği düşünülür. İkinci boyut ise güç mesafesi ya da gücün dağılımıdır. Bir kültürde, otoriteye saygı duyuyor ve değer veriyorsa güç sınıflandırması çok yüksektir. Bu kültürlerde iletişim resmi olarak gerçekleşmektedir. Düşük düzeyde güç mesafesi olan bir kültürde ise güç sınıflandırması katı değildir. Burada güç belirli kişilerin elindedir. Gücün dağılımı, kişilerin iletişim tarzlarına da etki etmektedir. Erillik ve dişilik boyutu ise kültürün karakterini yansıtmaktadır. Eril toplumlarda, rekabet, kazanç, iddia ve görevler önem taşırken, dişil toplumlarda sevgi, iş birliği, cinsiyet eşitliği gibi özellikler kültüre yansımaktadır. Dişil kültürlerde kişilerarası iletişim, kaliteli bir hayata sahip olmak için önemlidir. Dördüncü boyut olan bireycilik ve çoğulculuk ise iki farklı özelliğe sahiptir. Bireyci toplumlarda kişiler gruptan daha önemlidir ve kişilerle ilgili değerler, grup değerlerinin üzerindedir ve bireyci kültürlerde kişinin çevre, görevler ve amaçlar üzerinde kontrol sahibi olmasını önem verilir. Kolektif kültürlerde grup içindeki uyum, kişisel başarılar ve öncelikler gruba sadık kalarak gerçekleştirilir. Bu kültürlerde geniş aile ilişkilerine, gelenek ve göreneklere önem verilmekte, kişilerarası iletişimde biz ifadesi sıklıkla kullanılmaktadır. Bireyci kültürlerde ise iletişim ben yönelimlidir (Gürüz ve Eğinli, 2017, s. 237-241).

Kültürel boyutlar, kültürel farklılıkları da göstermektedir. Kültür kişiye nasıl iletişim kuracağını söylemektedir. Her bir kültürün kendine has kodları olduğu için, iletişim ritüelleri de farklılık göstermektedir. Nitekim Pershina'ya göre toplumların kendine has kültürel kodlarından dolayı, sözsüz iletişim kodları da içinde bulunduğu kültürün izlerini taşımaktadır. Jest, mimik, kişisel mesafe gibi sözsüz kodlar kültürlerarasında ayırt edici bir özelliğe sahiptir (2010, s. 78). Beden dilini anlamlandırma iletişim kuran kişilerin toplumsal rolleriyle ilgili olduğu kadar, kültürel çevre ile de yakından ilgilidir. Bir diğer ifade ile her toplumun kendi kültürel yapısına özgü jest ve mimikleri vardır. İnsanların genetik ortak jest ve mimikleri dahi, yaşadıkları toplumun kültürü içinde şekillenmektedir. Hem çevremizde hem sosyal yaşantımızda hem de farklı ülkelerdeki insanlarla ilişkilerimizde öncelikle dili kullanılmaktadır. İletişim kurulan kişilerle ortak kültürel özellikler ne kadar fazlaysa, beden dilini çözümlemek o kadar kolaydır. Beden dilinde kültürel farklar arttıkça, insanlar ile iletişim kurmak o derece güçleşmektedir (Baltaş ve Baltaş, 2015, s. 22).

Toplumların yaşam tarzları farklılıklar, inançlarındaki ayrımlar beden dillerine de yansımaktadır. Kültürlerarası temel duyguları yansıtan kızgınlık, mutluluk, hüzün gibi çok sayıda ortak sayıda mesaj vardır. Farklılık onların öfkeyi, mutluluğu, hüznü gösterme şeklinden doğmaktadır. Bu ortak mesajların dışında, beden dilleri farklı kültürlerarası ayrımlara sahiptir. Nitekim işaret parmağının gösterilmesi kıtalar arası farklılık göstermektedir. Avrupa ve Amerika'da bir şeyi göstermek için işaret parmağı kullanılırken, bu hareket Endonezya'da görgüsüzlük Türkiye'de ise küçümseme belirtisi kabul edilmektedir. Eğilerek selam verme, Uzak Doğu ülkelerinde hoş bir davranıştır. Bununla birlikte Endonezya'da çocukların başını okşamak zekâ geriliğine neden olabileceği endişesiyle hoş karşılanmamaktadır Türkiye'de ise bu durum sevgi göstergesi olarak kabul edilmektedir. Ayrıca iklimin beden dili üzerinde etkisi vardır. Soğuk iklimlerde yaşayan kişilerin beden dilini daha az kullandığı görülürken, sıcak iklimlerde yaşayanların ise beden dilini daha etkin kullandığı görülmüştür. Ülkemizde dahi bölgesel farklılıklardan kaynaklı beden dili farklılıkları bulunmaktadır. Kent ve kır bölgelerinde yaşayanlara bakıldığında farklı beden dili farklılıkları bulunmaktadır. Ancak tüm dünyada ortak medya ürünleri insanları birbirine benzetmektedir. Turizm hareketleri ve göçler beden dillerinin benzemesinin bir diğer nedeni olarak gösterilmektedir (Yağbasan, 2016, s. 40-41). Dolayısıyla kültürel kodlar, sözsüz ifadelere taşınmaktadır. Bu ayrım öteki kültür ile karşılaşmada iletişimsel engele neden olmaktadır ve yanlış anlaşılmalar ile sonuçlanmaktadır (Ünalan, 2018, s. 438).

Bir kültürü tanımanın en iyi yolu o kültürün dilini bilmekten geçmektedir. Yabancı dili öğrenmek kültürü öğrenmekle eş tutulmaktadır. Bu sayede kültürlerarası beden dili farklılıkları bilinecektir. Kültürlerarası iletişimde, iletişimin önemli bir öğesini oluşturan beden dilinin öğrenimi iletişimin diğer öğelerinin bilinmesi kadar önemlidir (Seel, 1984, s. 250).

Özetle DeVito'ya göre kültür kişilere birbirleri ile nasıl iletişim kuracaklarını söylemektedir. İnternet teknolojisinin gelişmesi kültürlerarası iletişim alanında gelişimi sağlamıştır. Bilgiye erişim, kişilerle etkileşim ulusal sınırların dışına taşınarak, kültürlerarası diyalog kaçınılmaz hale gelmiştir. Kültürlerarası farklılıklar daha çok görünür kılınmış, küresel bir iletişim ortaya çıkmış, kültürlerarası kodların bilinmesi zorunlu hale gelmeye başlamıştır (2013, s. 40). Daha önce farklı kültürlerin birbirleri ile teması ve tanışıklığı sınırlıydı. Kültürel temaslar sadece sözel aktarımlarla ve seyahatnamelerle gerçekleşmekteydi. Şimdi ise zaman ve mekân olgusunu ortadan kaldıran, ileri iletişim teknolojileri kültürlerarası etkileşimi ileri bir boyuta taşıyarak, anlık hale getirmiştir. Birey doğduğu toprakların dışında, yasal sınırların ötesine taşınarak yaşayabilmektedir ve bu durum günümüz koşullarında doğal ve dinamik bir süreç olarak değerlendirilmektedir. Sınırların neredeyse hissedilmediği bu yeni ortamlar, toplumlara diğer kültürleri daha yakından tanıma fırsatı sunmaktadır (Yağbasan, 2016, s. 25-26).

1.7. Kişilerarası İletişimin Dijital Boyutu

Sosyal yaşamın her alanını kuşatan iletişim teknolojileri ve internet, bireylerin yaşamlarında kendine önemli bir yer edinmiştir. Manuel Castells'in ifadesiyle günümüz toplumu bir ağ toplumuna dönüşmüştür. Ağlar vasıtasıyla küresel dünya küçük bir yer haline gelmiş ve iletişim büyük ölçüde dijitalleşmiştir. Kavramlara yenileri eklenmiş, e-sosyalleşme ortaya çıkmış, ilişkiler sanallaşmış, mesafeler azalmış, küreselleşme bireylerin hayatının her alanında yer almıştır.

İnternetin buluşuna kadar, global dünyada birçok değişim yaşanmıştır, ancak hiçbir değişim, insan hayatını internet kadar etkilememiştir. Bireyler sosyal ve iş yaşantıları gibi günlük rutinlerini internet üzerinden yürütmeye başlamışlardır. Bu sayede internet yeni bir dünya yaratmıştır.

Başlangıçta bir grup Amerikalı iletişimci tarafından soğuk savaş döneminde sadece Sovyet Birliğinin nükleer saldırısından korunmak amacıyla ortaya çıkan internet (Geçikli, 1999, s. 116) günümüzde tüm çağları aşan bir sınıra ulaşmıştır. Nitekim, mesafeler kısalmış global sistemler yerelleşmiştir. Yeni toplumsal mekanlar ortaya çıkmış, bu mekanlarda buluşan bireylerin ilişkileri, e- ilişkilere dönüşmüştür.

İlk aşamada sadece bilgisayarlar arası veri akışını sağlamak amacıyla kurulan bu ağ, son otuz yılda gündelik pratik haline dönüşmüş ve bu aracı her geçen yıl daha fazla kişi kullanır olmuştur. İnternet kişiyi bireysellikten çıkararak, kişiyi sanallaştırmıştır. Paylaşım yapmak, başkalarıyla etkileşimde bulunmak günlük hayatın gerçekliği haline dönüşmüştür. İnternet vasıtasıyla, sanal dünyada kurulan toplumsal oluşum, kullanıcıların katkılarıyla yenilenerek güncelliğini korumaktadır (Kılıç, 2012, s. 144). Gelişen internet teknolojisi ile insan doğasına uyumlu ergonomik tasarımlı cihazlar üretilmiştir. Teknolojinin gelişimi internetten bağımsız olmamıştır. Her ikisi de gelişirken, birbirlerinden etkilenmiştir (James, 2010, s. 1-2).

Nitekim 2000'li yıllarda geniş bant teknolojisi sayesinde internet değişim göstermiştir. 2000'li yılların başındaki bu değişim ile radyo, televizyon, cep telefonu ve bilişim teknolojisinin birleşimi ile bir yakınsama gerçekleşmiştir. Bu sayede e-mail okumak, web sayfalarına erişim, görüntülü ve sesli görüşme yapmak ve televizyon izlemek gibi eylemler mobil teknolojiler ile yapılmaya başlanmıştır. Bir diğer ifade ile diğer kitle iletişim araçlarının araçsal fonksiyonlarının görevini mobil teknolojiler yerine getirmeye başlamıştır (Acun, 2011, s. 71). Mobil teknolojiler kullanıcının avuç içerisindeki veri ve ağ deposudur. Kişinin günlük yaşam pratikleri üzerinde etkili olmaktadır. Mobil iletişim sesli ve görüntülü görüşme imkânı sağlayan, gelişmiş mesaj içeriği ile anı kolaylaştıran bir özel alan teknolojisidir. Bilgisayar aygıtları ve mobil teknolojiler günümüz ağ toplumunun araçlarıdır.

Gelişen bilgisayar ve mobil teknolojiler interneti gündelik pratik haline dönüştürmüş ve bu dönüşüm neticesinde dünya nüfusunun yarısından fazlası internet kullanmaktadır. 2020 raporuna göre dünya nüfusunun yüzde 59'u yani 4,57 milyar kişi, internet kullanıcısıdır. Mobil internet kullanıcı ise daha fazladır. 5,16 milyar kişi ile bu rakam dünya nüfusunun 66'sına karşılık gelmektedir (Dijilopedi, 2020). İnternet yapısal özelliklerinden dolayı dünya nüfusunun yarısından fazlasını kendine mahkûm kılmıştır. Bu durum gündelik hayat pratiklerinden, toplumsal ilişkilere, kamusal düzenden, özel alana, tüketimden, modaya, eğitimden sağlığa kadar sosyal ve bireysel açıdan birçok yerde kişileri etkilemektedir. İnternetle birlikte yeni bir dünya düzeni ortaya çıkmış, ilişkiler sanallaşmış, internetteki buluşma mekanları, yeni toplumsal mekanlar olmuştur. Bu mekanlardaki kişiler ise internet tabanlı sosyal ağlar aracılığıyla birbirleriyle etkileşime geçmeye başlamıştır. Etkileşimde bulunan bu kişiler sosyal ağın birer parçasıdır.

Sosyal ağlar küresel açıdan bireyleri birbirine bağlamaktadır. Bu ağlar bilgisayar temelli erişim olması nedeniyle hem çok boyutlu hem de yapay ya da sanal bir gerçekliktir. Sosyal ağların ya da bir diğer ifade ile sanal mekanların, gerçek mekanlardaki fiziksel tarzı yansıttığı söylenebilir. Öyle ki bu mekanların da sanal kimlikleri ve sanal tasarımları vardır. Sosyal ağ kullanıcıları ise kendilerini eğlendirmek, eğitmek, arkadaşlık kurmak için burayı tercih etmektedirler (Güzel, 2006, s. 5-6).

Bu ağlar dil, din ve kültür bakımından farklı desenlere sahip, milyonlarca insanı aynı platformda bir araya gelmektedir. Kişilerarası iletişim açısından ise önemli bir işlevi olan sosyal ağlar, küresel bir değer haline dönüşmüştür (Uzundumlu, 2015, s. 229). Sosyal ağlar vasıtasıyla ağ toplumu adı verilen yeni bir toplum ortaya çıkmıştır.

Sosyal ağlar ve bu ağlar vasıtasıyla ortaya çıkan ağ toplumunda bireyler kendilerini var etmeye başlamışlardır. Nitekim sosyal ağlar kullanıcıların hesaplarında kendi istek ve düşünceleri doğrultusunda paylaşım yapmasına imkân veren, kullanıcıların birbirleri ile aktif iletişim kurmalarını sağlayan, kişisel bilgilerin yer aldığı, farklı medya araçlarının olduğu, bilgi ve iletişim teknolojilerini içerisinde barındıran web tabanlı platformlardır (Fuchs, 2011, s. 141). Bu web tabanlı platformlar sanal toplulukları bir ağ etrafında ortak ilgi, çıkar ve paylaşımlar çerçevesinde bir araya getirmektedir. Ancak bu ağlar yeni bir toplum ortaya çıkarmamış, sadece değişim yaratmıştır. Bu değişim toplumu sanayi çağından ve kitle kültüründen alarak, ağların ve etkileşimin hâkim olduğu bir çağa taşımıştır ve sosyal yeni bir toplum getirmemiştir, ancak bunu mümkün kılan araçlar sağlamıştır (Schiller vd., 2008, s. 298). Buna bağlı olarak, sosyal ağlar bireylerini günlük hayatlarına nüfuz ederek, bir ağ toplumunu oluşturmuştur.

Ağ toplumu yeni iletişim teknolojileri vasıtasıyla coğrafya farklılığını ortadan kaldıran, toplumsal ilişkilerin oluşmasını sağlayan yeni bir toplumu biçimini ifade etmektedir (Chandler ve Munday, 2008, s. 11). Castells'e göre ağ toplumunda bireyler mikro elektroniğe dayalı, dijital olarak işlenen enformasyon ve iletişim teknolojilerinin harekete geçirdiği ağlar içinde yaşamaktadır (2016, s. 59). Bu ağlar aracılığıyla sosyal hayat ve yeni iletişim teknolojileri etkileşime geçerek iletişim yeni bir ivme kazanmıştır. Etkileşim halindeki bu insanlar sanal cemaatler halinde örgütlenerek bir arada yaşamaya başlamıştır (Murray, 2008, s. 62).

Sanal cemaatler halinde birliklerinin oluştuğu bu çağda iletişim anlamında mesafeler kısalmış, dünya global bir köye dönüşmüştür. Yakınlık ve uzaklık fark etmeksizin dünyanın en uzak iki uç noktasındaki kişiler anında haberleşirken, bireylerin zihnindeki zaman ve mekân kavramlarında değişim gerçekleşmiştir. Dijital iletişim bireylerin düşüncelerini, bakış açılarını, davranışlarını ve hayat tarzlarını etkileyerek değiştirmektedir. Bilim insanları dijital iletişimle birlikte insanlık tarihinin en büyük değişimlerinden birinin yaşandığını ifade etmektedir (Uluç ve Yarcı, 2017, s. 89)

Ağ toplumunun destekleyicisi ise teknolojinin değişen yapısıdır. Bunda da en önemli etken Web sürümlerinin değişim göstermesidir. Web teknolojisi merkezine kullanıcıyı almaktadır. Önce Web 2.0 teknolojisi (Cormode ve Krishnamurthy, 2008, s. 2), daha sonra Web 3.0 teknolojisi ortaya çıkmıştır. Önümüzdeki dönemlerde ise Web 4.0 teknolojisi kullanılacaktır. Web 4.0 büyük verilere sahip, artırılmış gerçeklik hissi veren, makineler arası iletişim, bulut bilişim ve yapay zekâ teknolojileri ile çağın önemli teknolojilerindendir (Ersöz, 2020, s. 58). Web teknolojisi kullanıcıya geri bildirim, arkadaşlık isteği, fotoğraf – video gibi paylaşımları imkanlar sunmaktadır. Bunlar ise kullanıcılarda sosyolojik ve psikolojik doyumlar sağlamaktadır (Cormode ve Krishnamurthy, 2008, s. 2),

Web teknolojisinin gelişimi, cihazların ergonomik tasarımı ve kablosuz taşınabilir özelliği ile ilişkilerde zaman ve mekân kısıtlaması ortadan kalkmıştır. Başlangıçta 3G teknolojisi, ardından 4G günümüzde ise 4.5G'nin yükselmesiyle kişiler, herhangi bir zaman ve mekâna bağlı kalmaksızın birbirleriyle etkileşim kurmaya başlamışlardır. Dijitalleşmenin gündelik yaşamı zaman ve mekân farkı olmaksızın kuşatması, erişimin kolay olması, maliyet bakımından ucuz hale gelmesi, teknolojiyi bir statü göstergesinden ihtiyaç kategorisine taşımıştır. Bu durum ise yeni iletişim teknolojilerinin toplumsal hayattaki rolünü artırarak, sosyal ağları gündelik hayatta önemli bir yere taşımıştır.

Sosyal ağların popülaritesinin artmasıyla birlikte her türlü iletişim etkinliği bu ağlar üzerinden gerçekleştirilmeye başlanmıştır. Yeni bir sosyalleşme sürecinin ortaya çıkması ile de bireylerin ilişkileri, iletişimleri, sosyalleşme süreçleri ve yaşam biçimleri çevreyle olan etkileşimlerini doğrudan etkilemiştir (Karagülle ve Çaycı, 2014, s. 1). Nitekim dijital iletişimin etkinliği daha da artmış, kişilerarası iletişim ve kültürlerarası iletişim ise dijitalleşmenin doğasından etkilenerek, hız kazanmıştır (Koçyiğit ve Koçyiğit, 2018, s. 20).

Bireylerin sosyal ağların yönelmesinin nedenleri ise farklılık göstermektedir. Sosyal ağlar kimlik temsili paylaşımında bulunmak, profil oluşturmak, gözetlenmek ve gözetlemek, sanal bedenler yaratmak, örgütlenmek, sanal eylem ve kampanyalar yapmak ya da bu kampanyaları çevirim dışı gündelik hayata taşımak gibi yapısal özelliklere sahiptir. Sosyal ağların bu çok fonksiyonlu yapısı, bireyleri sosyal ağlar üzerinden etkileşime yöneltmektedir (Toprak, ve diğerleri, 2009, s. 121). Bununla birlikte bireyle bu ağlarda yeni insanlar tanımak, istediği kişi olmak (kimlik değiştirmek), zaman geçirmek, kontrolü ellerinde tutmak, günlük sorunlardan uzaklaşmak gibi nedenlerle internet aracılı ilişkileri tercih etmektedirler (Uzun ve Aydın, 2012, s. 283-284).

Bu ilişkiler hayatın büyük bir bölümünde etkin olan, sosyal gerçek olduğuna inanılan ve inandırılan bir yapı haline gelmiştir. Sosyal ağlar vasıtasıyla sohbet edilmekte, oyunlar oynanmakta, erişim sitelerinde haberler, hizmetler, ürünler, fikirler ve kültürel değerler tartışılmaktadır. Bu sanal mekanlarda, gün geçtikçe daha fazla vakit harcamaya başlayan insanlar, ihtiyaç duydukları gerçek yaşam ihtiyaçlarını da buradan karşılamaya başlamışlardır. Kendi kurdukları sanal dünyada yaşayan insanların davranışları da değişim göstermeye başlamıştır. Üstelik, sanal dünya ile gerçek dünya arasındaki sınırın yok olmaya başladığı da iddia edilmektedir (Karakuş, 2012, s.y.).

Yapılan bir araştırmaya göre, internet kullanıcılarının yüzde kırk üçünün sanal topluluklardaki gerçekleştirdikleri faaliyetleri, gerçek topluluklardaki yaptıkları faaliyetler ile aynı tuttukları görülmüştür. Aynı zamanda bu kişiler sanal platformların, gerçek mekanlarla yarışmaya hazır unsurlar olduğunu da savunmaktadırlar. Buradan hareketle, sanal dünyanın kullanıcılara sunduğu alternatifler, bireylerin gerçek yaşamdaki gibi etkileşime girebilmelerini sağlarken, tutum ve davranışlarını da gerçek yaşamdaki ile aynı sürdürmelerine imkân tanımaktadır (Uzun ve Aydın, 2012, s. 264-265). Ayrıca birey gerçek fiziksel ortamda utangaçlık ve kaygı gibi iletişimi ve bireyi olumsuz etkileyen güdüler taşıyabilmektedir. Sosyal mekanlar ya da ağlarda ise bireyin iletişim kurma dürtüsü olumsuz duyguları törpüleyebilmektedir. Sanal mekanlarda kendini daha özgür hissederek, kendini sekteye uğratan olumsuz duyguları en aza indirebilmektedir. Dolayısıyla sosyal mekanlar bireye daha fazla tatmin sağlamaktadır (Aydın, 2010, s. 39-40).

Bununla birlikte sanal mekanlarda insanlar birbirlerinden çok uzaklarda oldukları düşüncesine kapılmaktadır. Çünkü bireyler sanal da olsa aynı mekânda olduklarının farkına varamamaktadır. Halbuki sanal mekanlarda aynı sokak, mahalle ve köy gibi yerleşim yerleridir (Yılmazçoban, 2010, s. 183).

Sosyal ağların çift yönlü etkileşimli hali, insanları rızalarıyla bir araya getiren yapısı sadece interaktif bir iletişim sağlamamaktadır. Aynı zamanda bireylerin, diğer bireylerle etkileşime girerek, yeni şeyler öğrenmesine de fırsatı sağlamaktadır. Bu sayede birey, kurduğu ilişkiler yoluyla daha kalıcı bilgiler edinmektedir. Çünkü bireyin ilişkiler yoluyla edindiği bilgiler, okuyarak edindiği bilgilerden daha kalıcıdır (Siyez, 2018, s. 69).

Sosyal ağların, sosyal mekân açısından sınırsız olma özelliği de vardır. Sosyal medyanın hipermetinsellik özelliği, bireylerin sonsuz sayıda yeni bağlantılar kurmasını sağlamaktadır. Bu sayede bireyler birbirleriyle etkileşime geçmektedir (Wayne ve Liden, 1995, s. 260). Sonuç olarak sosyal ağlar kişilerarası iletişim açısından etkileşimin niceliksel olarak artış gösterdiği platformlardan birisidir, çünkü sosyal ağ platformlarında bireyler fikirlerini paylaşıp, etkileşim içerisine girmektedir. Sosyal ağlar bu özelliğinden dolayı kişiler ve gruplar için anlamlı mekanlardır (Acun, 2011, s. 67). Sosyal ağlar dijitalleşme, etkileşimsellik, kullanıcı merkezli içerik üretimi gibi özelliklere bağlı olarak çeşitlenmiştir (Madsar, 2021, s. 65).

Dünya üzerinde kişileri ve grupları bir araya getiren çok sayıda sosyal ağ vardır. Bireyler ise ihtiyaçlarına göre farklı ve popüler sosyal ağları tercih etmektedir. Ocak 2020 itibariyle paylaşılan ve periyodik olarak güncellenen sosyal medya listesine göre (Social Media List, 2020) dünya çapında iki yüz elli adet popüler sosyal paylaşım ağı vardır. Bu ağların popülaritesini belirleyen etmen ise kullanım bakımından sıklığıdır. Bu çalışmada Sosyal Medya Listesindeki sosyal ağlar incelenmiş ve kategorileştirilmiştir. Doğrudan etkileşime yönelik ağlar, kişilerarası iletişim kapsamında değerlendirilmiştir. Bu doğrultuda her bir tablo farklı kategorilerle ile isimlendirilmiştir.

Tablo 2. Sohbet, Flört, Haberleşme ve Arkadaş Edinme Aracı Olarak
Sosyal Ağlar

1. Befilo web sitesinde *"herkesin otomatik olarak herkesle arkadaş olduğu bir sosyal ağ"* *tanımlamasıyla* arkadaşlık daveti, onayı ve reddi olmadan sadece ağa katılarak, tüm üyelerin birbirleri ile otomatik olarak arkadaş olabildiğini belirtmektedir. Befilo dünya, ülke ve dil modu olmak üzere üç ayrı modda çalışmaktadır. Dünya modu, tüm ağ üyeleriyle etkileşime imkân verirken, ülke modu belirli bir ülkedeki etkileşimde bulunmak için kullanılmaktadır. Dil modu ise belirli bir dildeki üyelerle iletişime imkân tanımaktadır (Befilo, 2020).
2. Twoo yüz seksen bir milyon kullanıcıya sahiptir ve *"dünyanın dört bir yanındaki yeni insanlarla sohbet et"* açıklamasını kullanarak, kullanıcılardan isim, cinsiyet, doğum tarihi, şehir e- posta verileri istemektedir. Uygulamanın amacı, sohbet etmek yeni arkadaşlar edinmek ve flörttür (Twoo, 2020).
3. Houseparty "Yüz yüze iletişimin sosyal ağı" olarak tanımlanmaktadır. Grup halinde online olarak görüşmelerin gerçekleştiği video tabanlı bir ağdır (Houseparty, 2020).
4. Meet Me, yeni insanlar ile tanışıp arkadaş edinmeyi amaçlayan doğrudan etkileşime yönelik mobil cihazlar üzerinden gerçekleşen bir sosyal ağdır. Burada güncelleme yaparak, "Hakkımda Konuş" butonu tıklanır ve diğer kullanıcılar ile etkileşime geçilir (Meetme, 2020).
5. Tagged da aynı şekilde yeni insanlar ile arkadaş edinmeyi amaçlayan dünya çapında yüz milyonun üzerinde kişiye sahip bir sosyal ağdır (Tagged, 2020).
6. Nap- sack ise kişinin aile, arkadaş gibi yakın çevresi ile iletişime geçtiği interaktif bir sosyal ağdır. Burada kişiler fotoğraf, video ve fikir paylaşımında bulunabilirler (Nap-sack, 2020).
7. İnLinx sanal hayatı gerçek yaşama taşımayı amaçlayan, gelişmiş gizlilik özellikleri ile aile, arkadaş, meslektaşlar arasında etkileşimi sağlayan bir sosyal ağdır. Aynı zamanda yeni arkadaşlar edinmek, karşı cinsler arasında etkileşim ve dijital pazarlama gibi etkileşimlere de yer veren bir uygulamadır (inLinx, 2020).
8. Google Play ve Apple Store'dan indirilen "Doğru kişi ile doğru zamanda iletişime geç" sloganı ile kendini tanımlayan meetvibe kullanıcılarına o anda yakınlarda bulunan kişilerin profillerini görüntüleme imkânı vermektedir (Meevibe, 2020).
9. "Eşleş. Sohbet et. Buluş." sloganı kendini tanımlayan Tinder, Google Play ve Apple Store'dan indirilen mobil tabanlı flört odaklı bir etkileşim ağıdır (Tinder, 2020).
10. WhatsApp ise daha çok mobil cihazlar üzerinden görüntülü, sesli arama, metin mesajı, fotoğraf ve video gönderme gibi özellikleri içeren hem bireysel hem de grup görüşmelerini içeren bir sosyal ağdır.
11. 2006'da kurulan 23andMe DNA analiz yöntemini kullanarak, kullanıcılarını eski akrabaları ile buluşturan ücretli bir sosyal ağdır. DNA analizi ile üyenin herhangi bir sağlık sorununun olup olmadığı tespit edilmektedir (23andme, 2020).
12. Vampire Freaks Gotik kültürlere ilgi duyan bireylerin buluştuğu platformdur. Flört, yeni arkadaşlar edinme gibi konuları da içermektedir (Vampirefreaks, 2020).
13. Messenger, Facebook'un bir uzantısı olan anlık mesajlaşma, görüntülü ve sesli görüşme programıdır. Kullanıcının Facebook'u dondurup silme durumunda isteğe bağlı olarak kullanılabilir.
14. Skype mobilde ve masaüstünde çağrı yapmak ve sohbet etmek için kullanılan, aynı zamanda anlık mesajlar için de kullanılan bir sosyal ağdır (Skype, 2020).
15. Viber akıllı telefonlar ve masaüstü üzerinden anlık mesajlaşma, sesli ve görüntülü konuşma imkânı tanıyan bir uygulamadır (Viber, 2020). WhatsApp'a benzer bir uygulamadır.
16. Line internet üzerinden sesli ve görüntülü görüşmelere izin veren, içerisinde aile uygulamaları olan, arkadaşlar ile görüşme imkânı tanıyan doğrudan etkileşime dayalı bir uygulamadır (Line, 2020).
17. Telegram, güvenli anlık mesajlaşma imkânı sunan, mobil ve masaüstü işletişim sistemlerinde kullanılan popüler bir sosyal ağdır (Telegram, 2020).
18. Kullanıcıların soyağaçlarını oluşturmalarını ve DNA testini kullanarak yeni akrabalar keşfetmelerini sağlayan genetik kodlara dayalı bir platformdur (Myheritage, 2020).
19. Benzer ilgi alanlarına sahip kişileri, birbirleri ile ilişkilendiren ve kişilerarası etkileşim sağlayan Raftr interaktif bir mecradır (Rraftr, 2020).

20. Meetup "Sanal dünya üzerinden gerçek dünya sizi çağırıyor" diyerek moda, sanat, güzellik, kitap, film, fotoğrafçılık, yemek, doğa, macera, kültür gibi pek çok konu etrafında bir grup insanı bir araya getiren ve gerçek hayatta kişilerin etkileşim kurmasını sağlayan sosyal ağdır (Meetup, 2020).
21. Snapchat, görsel ve işitsel içeriklerin sınırlı olarak paylaşıldığı, arkadaşlar arasında anlık kısa mesajlar ile iletişimin gerçekleştiği bir sosyal ağdır (Snapchat, 2020).
22. weChat ise Çinli programcılar tarafından geliştirilen, çoğu Çinli kullanıcılar tarafından kullanılan ve global düzeyde bir milyar kullanıcıya sahip olan bu ağ mobil iletişimi temel alan interaktif bir uygulamadır (weChat, 2020).
23. Chat ve yeni insanlar tanışmak için kurulan bu ağ yüz milyonun üzerinde kullanıcı sayısına sahiptir. Özel chat bölümleri ve grup chat bölümleri bulunmaktadır (Mocospace, 2020).
24. Kik, dünya çapında çevirim içi sohbetlerin ve mesajların gerçekleştiği sosyal bir platformdur (Kik, 2020).
25. Plenty of Fish (POF) "Muhabbet için en iyi arkadaş sitesi" şeklindeki tanıtım yazısıyla yeni arkadaş edinme ve flört odaklı bir uygulamadır (Pof, 2020).
26. Threema ise telefon, e posta gibi herhangi kişisel bir veri talep edilmeden üyelerin iletişime geçtikleri güvenli bir sosyal ağdır (Threema.ch, 2020).

Yukarıda farklı isimlerle belirtilen sosyal ağların ortak paydası; sohbet, flört, arkadaş edinme ve haberleşmedir. Bu sosyal ağlar anlık mesajlaşma, video tabanlı görüşme gibi ortak özelliklere sahiptir. Doğrudan etkileşime içerir. Kişiler yakın çevresi ile veya tanışmak istediği kişiler ile bu uygulamalarda buluşmaktadır. Kişilerarasında flört, arkadaşlık gibi farklı etkileşimlerin yaşandığı bu sosyal ağlarda, kişiler sohbet etmek istedikleri kişiler üzerinden bir filtre uygulayarak seçici davranabilirler. Aynı zamanda bu sosyal ağlarda kişiler kendi bağımsız tercihlerini kullanırlar. Kişiler sadece kadınlarla, sadece erkeklerle ya da sadece belirli bir bölgede yaşayan kişiler ile iletişim kurabilmektedirler. Bu sosyal ağlar kişilerarası iletişimi sanal ortamdan gerçek hayata da taşımaktadır. Sanal platformlarda tanışan bireyler gerçek hayatta da bir araya gelebilmektedir. Dolayısıyla sanal tanışıklıklardan, yüz yüze birliktelikler ortaya çıkabilmektedir. Nitekim son dönemde normal şartlarda belki asla tanışma fırsatı dahi bulamayacak kişileri bir araya getiren sosyal ağlar, insanların hayatlarını birleştirmektedir. Sosyal ağlardan veya evlilik sitelerinden tanışıp evlenen kişiler son dönemde sıklıkla duyulmaktadır. Sosyal paylaşım ağlarının insan yaşantısını kuşatması ile dünyanın farklı noktalarındaki insanlar birbirlerinin kültürleri hakkında bilgi edinmektedir.

Tablo 3. Belirli Ülkelere Özgü Sosyal Ağlar

1. Wer -kennt- wenn kullanıcıların hem eski tanıdıklarına ulaştıkları hem de yeni arkadaşlıklar edindikleri Almanca dilinde olan sosyal bir ağdır (Wer-kennt-wen, 2020).
2. Glocals, İsviçre'de yaşayan gurbetçileri bir araya getiren bir sosyal ağdır. Bu sosyal ağ vasıtasıyla gurbetçiler bir araya gelip, etkinlik düzenleyerek etkileşime geçmektedir (Glocals, 2020).
3. Trombi, Fransa'da yaşayan ve burada ana okul, ilkokul, lise ve kolejden arkadaşlarının birbirlerini bulmalarını sağlayan ve bağlantı kurarak iletişime geçmesini sağlayan bir sosyal ağdır (Trombi, 2020).
4. ABD'nin çeşitli eyaletlerindeki liselerde eğitimini tamamlamış kişilerin eski arkadaşları bulmalarına yardımcı bir sosyal ağ olan Classmates, üyeler arasında interaktif bir iletişim ortamı sağlamaktadır. Üyeler lise arkadaşları ile görüşmeler düzenleyip, lise yıllıklarını sisteme yükleyebilmektedir (Classmates, 2020).
5. Writeaprisoner, Amerika'nın Florida merkezinde yaşayan kullanıcıları çeşitli suçlara bulaşmış çocuklar ile bir araya getiren yardım amaçlı bir platformdur (Writeaprisoner, 2020).

Gurbetçileri veya belirtilen ülkede yaşayan bireyleri ortak amaçlar doğrultusunda bir araya getiren bu ağlar bireyleri birbirine bağlayan kültürel köprülerdir. Kültürel yakınlık veya ortak amaçlar, bu ağı kullanan bireylerin maddi ve manevi olarak aynı dili konuşmalarını sağlamaktadır.

Tablo 4. İş Dünyası ve Akademik Çevreler Tarafından Kullanılan Sosyal Ağlar

1. Myopportunity, "Opportunity'nin topraklarına hoşgeldiniz" sloganıyla kullanıcılarına seslenen Opportunity profesyonelleri iş, pazarlama, sosyal ve duygusal ilişkiler çerçevesinde bir araya getiren sosyal ağdır (Myopportunity, 2020).
2. Linkedin, profesyoneller ve iş dünyası tarafından kullanılan, kişilerin birbirlerini ağlarına eklediği, içerisinde bulunduğu kurum ve sektör üyeleriyle sanal hayatta bir araya gelinen dijital bir platformdur. Aynı zamanda eleman ve iş bulma konusunda da üyelerine kolaylık sağlamaktadır.
3. Xing, işletmeler ve bireyler tarafından kullanılan, kariyer amaçlı kişileri bir araya getirerek, özel ve güvenli bir ağ üzerinden iletişim kuran grupları bir araya getiren bir sosyal ağdır (Xing, 2020).
4. Evernote, profesyonelleri otomatik olarak birbirleri ile eşleştiren ve etkileşim kurmalarını sağlayan işletme odaklı bir sosyal ağdır (Evernote, 2020).
5. Bir milyondan daha fazla üyesi bulunan Ryze üyelerine kariyer yapma imkânı, iş bulma, satış yapma, kendi alanındaki kişilerin tecrübelerinden faydalanma eski ve yeni arkadaşlar ile etkileşime geçme gibi fırsatlar sunmaktadır (Ryze, 2020).
6. Academia, bilim insanlarının makale, bildiri, kitap bölümü gibi kendi çalışmalarını yayınladıkları, alanla ilgili kişileri takip ederek etkileşime geçtikleri bir alandır. Academia'ya benzer bir uygulama olan Researcgate ise bilim insanlarını bir araya getiren bir uygulamadır.
7. "Ne iş yaparsanız yapın, Slack sizin işyeriniz" sloganı ile belirli projelere ve işlere odaklanmış grupların bir araya gelerek interaktif bir şekilde iletişim kurdukları bir platformdur (Slack, 2020).
8. Bilimsel çalışmaların organize edilerek, diğer kullanıcılar ile paylaşılmasını sağlayan bir yerdir (Bibsonomy, 2020).

İşveren, iş arayan ve akademik çevreler tarafından kullanılan bu ağlar iş üzerinden bireylerin birbirleri ile etkileşime geçmelerini sağlamaktadır. İş arayanlar meslek ve uğraşları üzerinden ilgi alanlarını, tecrübelerini, dil ve becerilerini bu platformlarda paylaşarak işverenlere ulaşırken, işverenler de kurumlarının ilgi ve ihtiyaçları doğrultusunda ilanlar yayınlayarak iş araya kişilere ulaşmaktadır. Bununla birlikte kişiler alanıyla ilgili yeti kazanmak veya başka bir amaç için profesyonellerle iletişime geçmektedir. Bilim insanları ise ürettikleri bilimsel çalışmaları kişisel sayfalarında yayınlayarak, ilgili konuda araştırma yapan diğer araştırmacılara katkı sağlayabilmektedir. Burada araştırmacı diğer araştırmacıya ulaşmak istiyorsa interaktif bir etkileşime geçebilmektedir. Bu ağlarda anlık mesajlaşma özelliği bulunmaktadır.

Tablo 5. İçerik Paylaşımına Yönelik Sosyal Ağlar

1. Facebook ise kullanıcılarına görünür profiller oluşturma imkânı tanımaktadır. Asgari düzeyde bir profil, bir kullanıcı ismi, cinsiyet, doğum tarihi ve e – posta adresleri gerekmektedir. Bu bilgiler dışında paylaşılmak istenen bilgiler kullanıcının kendi inisiyatifine bırakılmıştır. Facebook etkileşime olanak tanıyan interaktif bir platformdur. Bu platformda arkadaş listesi, duvar, dürtme, durum, olaylar, fotoğraflar, video, mesajlar, sohbet, gruplar ve beğeniler yer almaktadır (Nadkarni ve Hofmann, 2012, s. 243). Mesajlar ve sohbet ortamı hem grup sohbetleri hem de diyalog halinde etkileşimde olabilmektedir. Dijital kişilerarası iletişim açısından elverişli bir ortam olan Facebook dünyada çok sayı kişi tarafından kullanılmaktadır. Öyle ki Facebook 2018 yılının son çeyreğinde 2, 3 milyar aktif kullanıcıya, 2,7 milyar da toplam kullanıcıya sahiptir (Statista, Facebook and Facts, 2019).
2. Twitter ülke ve dünya gündeminde öne çıkan konuların bu platformda kamuoyu nezdinde önem derecesine göre hastagler üzerinden sıralamaya girmesi bir diğer ifade ile trendtopic olmasıyla ortaya çıkan bir etkileşim ağıdır. Daha çok içerik paylaşımına yönelik olan bu sosyal ağ kamusal bir alan özelliği taşımaktadır.
3. Instagram, Facebook tarafından satın alınan ve daha çok fotoğraf ve video paylaşımına yönelik olan Instagram ise kişilerarası iletişim açısından etkileşime imkân tanıyan bir platformdur. Mesajlaşma özelliği, görüntülü sohbet, canlı yayın, video ve fotoğrafların kullanıcı sayfasından ya da story olarak belirtilen yerden yirmi dört saat bekletilen görsel etkileşimi öne çıkaran paylaşımlar, dijital filtreler ile kullanıcılar ve takipçiler arasında interaktif bir ortam sağlamaktadır. 2010'da kurulduğu tarihten bu yana kullanıcı ve fotoğraf yükleme sayısından çok hızlı bir gelişme kaydetmiştir. Bu bakımdan en popüler uygulamadır. Facebook'tan farklı olarak, Instagram fotoğraf paylaşımını ve imgelerin iyileştirilmesini odağında bulundurmakta ve karşılıklı olmayan bir arkadaşlık sistemine olanak sağlamaktadır (Jackson ve Luchner, 2017, s.1). Facebook'taki arkadaş ifadesinin yerini Instagram' da takipçi ifadesi almaktadır.
5. EyeEm yirmi iki milyon kullanıcıya sahip olan, Instagram'a benzer, görsel içerik sunan bir sosyal ağdır (EyeEm, 2020).
6. Woddal dünyanın çeşitli yerlerinde yeni arkadaşlar bulmayı vaat eden, paylaşıma açık içerikler sunan bir sosyal ağdır (Woddal, 2020).
7. Kullanıcıların grup sohbeti yapmak, video izlemek ve müzik dinlemek için toplandıkları video tabanlı bir sosyal ağdır (Airtime, 2020).
8. Kullanıcıların yeteneklerini video yoluyla diğer insanlara aktardıkları ve diğer yetenekli kişiler ile tanışarak etkileşime geçtikleri bir platformdur (Bigotv, 2020).

Dünya çapında popülerliği olan ve çok sayıda kişi tarafından kullanılan metin, video, fotoğraf, link gibi paylaşımlar yapılan, canlı yayın, online video tabanlı görüşme, anlık mesajlaşma uygulamaları bulunan bu ağlar ise kişilerarası iletişim açısından interaktif platformlardır. Bu platformlarda içerik paylaşımı üzerinden kişiler etkileşime geçebilmektedir ve her bir sosyal ağın kendine uygun terimleri vardır. Facebook'ta bir paylaşım onaylanmışsa veya desteklenmek isteniyorsa beğenilir, Twittar'da bir bildirim paylaşılıyorsa re-tweet olur veya bir konu Instagram 'da veya Twittar'da etiketlenmek isteniliyorsa, # hastag işareti yapılır. Bu sayede interaktif bir iletişim kurulur. Ayrıca bu sosyal ağlarda bireyler müzik dinlemek video paylaşmak gibi içerikler de üretmektedirler.

Tablo 6. Belirli Grupların Kullandığı Sosyal Ağlar

1. Blackplanet afro Amerikalıları ve genel siyahi toplumu bir araya getirerek, kişilerarası bir etkileşim sağlayan bir sosyal ağdır. Bu ağda yeni insanlar ile tanışılabilir, arkadaşlar ile bağlantı kurulabilir, yetenekleri ve ilgi alanları hakkında paylaşımda bulunabilirler (Blackplanet, 2020).
2. Facebook'a alternatif olan My Muslim Friends Book (MyMFB) 1,6 milyar Müslümanı ve diğer dinlere mensup barışçıl insanları tanıştırmak için tasarlanan bir yerdir. Kullanıcılar, arkadaşları ile iletişim kurmak, sınırsız sayıda fotoğraf yüklemek, bağlantı ve video paylaşmak ve kişiler hakkında bilgi edinmek için bu ağı kullanmaktadırlar (Socialmediaalternatives, 2020).
3. Peanut ise anneleri bir araya getirmektedir. Anneler diğer anneler ile bu ağ üzerinden bağlantı kurarak, çocukları hakkındaki edinimlerini ve merak ettiklerini paylaşabilmektedir (Peanut, 2020).
4. Catster kedi severlerin, kendilerine kedi profili oluşturarak tanıttıkları ve etkileşime geçtikleri bir sosyal ağdır (Catster, 2020).
5. Catster ile aynı özellikleri taşıyan Dogster ise köpek severleri bir araya getirin sosyal ağdır (Dogster, 2020).
6. Internations dünya çapında dört yüz yirmi şehir arasındaki göçmenleri bir araya getiren bağlantı kurarak etkileşim kurmalarını sağlayan spesifik bir sosyal ağdır (Internations, 2020).
7. Flixter sinemaya ilgi duyanların uğrak yeridir. Film önerileri, yeni filmler ile tanışmak isteyenlerin birbirleri ile etkileşime girdikleri sosyal platformdur (Flixter, 2020).
8. Bemyeyes "Benim gözlerim ol" diyerek görme engelli kişilerin günlük hayatta karşılaştıkları problemleri çözmek için tasarlanan bu sosyal ağ, görme engelli kişiler ile görme engeli olmayan kişileri bir araya getirmektedir. O an karşılaştıkları soruna video aracılığıyla çözüm sağlanmaktadır (Bemyeyes, 2020).
9. Grindr tercih bakımından eşcinsel, bi trans, querr olarak belirtilen kişilerin bir araya geldiği yerdir (Grindr, 2020).
10. OUTeverywhere LGBT bireylerinin kendi bölgelerindeki kişilerle veya daha uzak bölgedeki kişilerle iletişime geçtikleri bir uygulamadır (Outeverywhere, 2020).
11. Gays, eşcinsel erkeklerin flört edip, sohbet ettiği bir yerdir (Gays, 2020).

Düşünce, ideoloji, tercih ve yaşantı bakımından aynı özellik ve koşullara sahip olan kişilerin kullandığı sosyal ağlardır. Bu ağdaki kişiler aynı dine, aynı etnik kökene ve aynı cinsel tercih sahip olabilmektedir. Bunların dışında aynı ilgi alanına sahip, aynı uğraşları yapan, temasal açıdan aynı özelliklere sahip kişiler de bir araya gelerek etkileşime geçebilmektedir. Anneler veya anne adayları, hayvan severler, sinemaya ilgi duyanlar da bu ağlarda buluşmaktadır.

Tablo 7. Oyun ve Eğlence Amaçlı Bir Araya Gelen Sosyal Ağlar

1. Discordapp çevirim içi oyun severlerin bir araya geldiği, oynarken yazılı ve sesli sohbet ettiği interaktif bir platformdur (Discordapp, 2020).
2. "Chat yap, tanış ve onlar oyun oyna" tanıtım yazısıyla kendini tanımlayan Spinchat kullanıcılar arasında interaktif bir iletişim sağlamaktadır (Spinchat, 2020).
3. "Arkadaş edin, eğlenceye katıl, fark edil" diyerek daha çok gençlere hitap eden Habbo oyun odaklı bir sosyal ağdır (Habbo, 2020).

Bireylerin oyun oynarken eğlendiği, arkadaş edindiği, sohbet ettiği bu ağlar ise kişilerarası iletişim açısından interaktif platformlardır. Birçok oyun sitesi veya uygulaması bulunmaktadır. Yukarıdaki tabloda ismi belirtilen siteler ise doğrudan etkileşime yönelik sosyal ağlardır. Bu platformların mesajlaşma özelliğinin bulunması ile kişi oyun oynadığı rakibi ile doğrudan iletişime de geçebilmektedir.

Sosyal paylaşım ağları, kişilerarası, kültürlerarası ve toplumlararası iletişim ve etkileşimi, geçmişe oranla farklı bir yere taşımıştır. Sosyal paylaşım ağları vasıtasıyla bireyler iletişim sürecine doğrudan katılarak, içerik üretmiştir ve üretmeye devam etmektedir ve sosyal ilişkiler ise çok kısa sürede hızlı bir şekilde yayılmıştır (Uluç ve Yarcı, 2017, s. 88). Bireyler ise ilgi ve ihtiyaçları doğrultusunda sosyal ağlara yönelmektedir. Günümüz toplumunda akıllı telefonlar başta olmak üzere yeni iletişim teknolojileri bireylerin birer uzuvları haline dönüşmüştür. İlişkiler e- sosyalleşmiş, zaman ve mekân fark etmeksizin iletişim kolaylaşmıştır, yüz yüze aynı mekânda gerçekleşen organik bağlar, teknolojik cihazlar ve internet vasıtasıyla sanal bağlara dönüşmüştür.

Bir süre öncesine kadar bireyler birbirlerine organik bağlar ile bağlıyken, iletişim teknolojilerinin devreye girmesiyle bireyin çevresiyle ve dünya ile kurduğu iletişim aracılanmıştır. Nitekim yeni iletişim teknolojileri zaman ve mekân arasındaki ilişkiyi yapı bozumuna uğratmıştır. Bu değişim birçok alanı etkilediği gibi kişilerin sosyalleşme süreçlerini, ilişki kurma biçimlerini, iletişim şekillerini, yaşam biçimlerini ve alışkanlıklarını doğrudan etkilemiştir. Sosyalleşme kavramı ise yeni bir boyut kazanmıştır. Sosyalleşme yerellikten uzaklaşarak, küreselleşmiştir (Karagülle ve Çaycı, 2014, s. 7). Sosyal ağların sağladığı imkan ve uygulamalar bireylerin gündelik hayatlarının temelini oluşturmaktadır (Madsar, 2021, s. 49). Nitekim duygular ikonlar, simgeler ve işaretler ile ifade edilmeye başlanmıştır. Dijitalleşme ile yeni bir sosyoloji ortaya çıkmıştır. Nitekim dil artık sadece harflerden oluşmamaktadır. Dijital görsel ve simgesel öğeler dilin tamamlayıcısı olmuştur (Parsa vd., 2016, s. 241).

Bireylerin internet aracılığıyla sanal topluluklar üzerinden iletişime geçmesi ise McLuhan'ın global köy kavramını güçlendirirken, bireylerin mekân ve zaman sınırlamasına takılmaksızın mobil iletişim teknolojileri vasıtasıyla, bulundukları her yerde etkileşime geçmesi gerçek yaşamdaki kişilerle ilişkilerini etkilemektedir. Nitekim bireyler ilişkilerini kafeler, çay bahçeleri, parklar, kütüphaneler, alışveriş merkezleri gibi çevirim dışı mekanlara taşımıştır. Sosyal ağ sayısı artıkça iletişim kanalları da artmaktadır. Bu durum iletişimde bulunulan kişi sayısını artırdığı gibi kişilerarası ilişkilere ayrılan süreyi de artırmaktadır. Dijitaldeki iletişim daha az çaba gerektiren bir eylemdir.

Etkileşimde olan birey her şeyi sosyal ağlar vasıtasıyla giderebilmektedir. Bu durum ise bireyin gerçek yaşamdaki dengesini bozmaktadır ve birey hem kendisine hem de çevresine yabancılaşırken, yalnızlaşmaktadır (Aktaş ve Çaycı, 2013, s. 2). Bireyin kendisine yabancılaşmasının nedeni sosyal ağlarda kimlik betimlemesi yaparken, yanıltıcı bilgiler vermesinden kaynaklanmaktadır. Sosyal mekanlarda ilişkiler kuran birey, kişisel tarihinden ayrı bir kimlikle kendini yeniden tanımlayabilmektedir.

Nitekim iletişim teknolojileri tarihinde, bireyler ilk kez internet aracılığıyla iletişimde bulunduğu kişinin, biyolojik ve toplumsal varlığını dikkate almadan iletişim kurabilmektedir. Karşıdaki kişinin sesini görüntüsünü ve cinsiyetini, kısaca bireysel tarihini düşünmeden iletişimde bulunan kişiler kendi bireysel tarihlerinde de saptırmada bulunabilmektedir. Karşı tarafa kendi kimliğini gizleyerek veya ismini, cinsiyetini, statüsünü değiştirerek kimlikleriyle oynayabilmektedir (Karaduman, 2010, s. 282-283).

Birey sosyal medyada kendini nasıl tanıtmak istiyorsa, o kimlik bilgilerini kullanmaktadır. Dolayısıyla sahte kimlikle açılan hesaplar da bulunmaktadır. Takipçi sayısını artırmak, tanınır olmak, dikkat çekmek, belirli bir gruba ait olma isteği gibi çeşitli nedenlerden dolayı açılan sahte hesaplar, bireyin gerçek dünyadaki kimliğinden uzaklaşarak, sahte kimliğe bürünmesine ve kendi öz benliğine yabancılaşmasına neden olmaktadır. Kişi kendini nasıl tanıtıyorsa, belli bir zaman sonra o tanıttığı kimliği o kişi olmaya çalışmaktadır. Gerçek ve sanal kimlik arasındaki ayrımı fark edemeyip gerçek dünyaya yabancılaşmaktadır (Mercan, 2010, s. 109). Bununla birlikte sosyal ağlar bireye kendi profillerini oluşturabildikleri alanlar oldukları için bireye özgürmüş hissi verebilir. Profil oluşturma bireyin tekelindeymiş gibi gözükse de birey farkında olmadan süreç tarafından yönetilmektedir (Kılıç, 2012, s. 144-147).

Dijitalleşme ile gelen bir diğer sorun ise yalnızlık sorunudur. Yalnızlaşma sofalising kavramı ile ifade edilmektedir. Sofa sözcüğü kanepe anlamına gelirken, socialising de sosyalleşme anlamını içermektedir. Bu kelimelerin birleşiminde çıkan anlama göre ise bireyin çevresi ile yüz yüze görüşmek yerine, kanepede oturup sosyal ağlar vasıtasıyla vakit geçirmesi anlamına gelmektedir (Yüksel, 2013, s. 17).

Yalnızlaşma ise bireylerin yakın çevresinden kendini soyutlayarak, gerçek dünyadan kopması neticesinde ortaya çıkan bir sorundur. Birey sanal platformlara ne kadar çok zaman ayırırsa, o kadar çok gerçek dünyadaki kişilere ve kendine ayıracağı zamandan kaybedecektir. Bununla birlikte sanal ilişkilerin bireyin yalnızlığını gidereceği düşünülebilir, bu durum sanal yalnızlık için geçerli olabilir. Ancak sanal ilişkiler gerçek dünyadaki yalnızlıkların sebebi ve pekiştiricisi olabilmektedir. Yalnızlaşan birey kendine yabancılaşabildiği gibi kendine yabancılaşan birey de yalnızlaşabilmektedir.

Görüldüğü üzere dijital medya ve internet ağları, günümüzün en önemli iletişim ve haberleşme araçları olduğu gibi bu araçların bilinçsiz kullanımından kaynaklı sorunlarla da karşılaşılmaktadır, teknoloji bilinçli olarak kullanıldığında ise bireylere özgürlük alanı kamusal alanlardır (Demirel, 2023, s. 2382).

Sosyal ağların kullanım sıklığı yaşla doğrudan ilişkilidir. Marc Prensky ise 2001 yılında yayınladığı *"Dijital Yerliler, Göçmenler"* adlı yayınladığı eserinde, teknolojiye uzaklık ve yakınlığın nedenleri arasında en önemli etkenin yaş olduğunu söylemiştir. Bireyleri doğum tarihlerine göre sınıflandırmıştır. 1980 sonrası teknolojinin içine doğanları dijital yerliler, 1980 öncesi doğup teknoloji ile sonradan tanışanları ise dijital göçmenler olarak adlandırmıştır.

Dijital yerliler teknoloji temelli bir dünyaya doğmaktadır. Çok küçük yaşlardan itibaren ise teknoloji ile tanışan kişi, teknoloji tabanlı bir dil kullanmaktadır. Dijital göçmenler ise internet ve web çağı öncesi doğan, teknolojik ürünlerle ergenlik sonrası tanışan kişilerdir. Yirmili yaşlardan sonra teknoloji ile tanışan kişiler teknolojiye odaklanmada güçlük yaşamaktadır. Dijital göçmenlerde teknoloji okuryazarlığı dijital yerlilere göre daha az olmaktadır. Bu durum ise çeşitli uyum sorunlarına yol açmaktadır (Prensky, 2001, s. 3-5).

Bununla birlikte literatürde göçmenler ve yerliler kadar adı geçmese de dijital melezler adlı bir grup da bulunmaktadır. Bu grup adından da anlaşılacağı üzere hem yerlilerin hem de göçmenlerin özelliklerini taşımaktadır (Karabulut, 2015, s. 20).

Ancak günümüzde dijital yerli, dijital göçmen ya da melez kimliğine sahip birçok kişi dünya üzerinde iletişim teknolojileri ile iç içe yaşamaktadır. Şu an dünya üzerinde milyarlarca kişi farklı sosyal ağları kullanmaktadır. Dijitalleşmenin dünyayı bu denli kuşatması geleneksel iletişimin yerini dijitalleşmenin alacağına dair kaygılara neden olmaktadır. Ancak bireyler için yüz yüze iletişim önemli bir yere sahiptir.

Dijital iletişim yüz yüze iletişimin yerini almaktan ziyade, destekleyici bir işleve sahiptir. Yeni teknolojiler, sahip olduğu alt yapı ve donanım sayesinde kullanıcılar imaj oluşturabilir, kendi kimliklerini istedikleri gibi tasarlayabilirler (Uzun ve Aydın, 2012, s. 264). Sosyal ağları gereksiz platformlar olarak düşünenler de olabileceği gibi teknoloji ile ilişkilerinden dolayı sosyal ağlara uzak olanlar da olabilir veya iletişim teknolojisini kullanmayı bilmediği için yetersiz olanlar da olabilir. Teknolojiye uzaklığın ya da yakınlığın nedenleri ise farklılık göstermektedir. Ekonomi, içinde bulunulan coğrafyanın şartları, bireylerin eğitim düzeyi veya yaşı gibi birçok etken kişileri teknolojiden uzaklaştırabilir veya teknolojiye yaklaştırabilir.

Tüm bu açıklamalara bağlı olarak ise şunlar söylenebilir. Dijitalleşme ile global bir değişim yaşanmıştır. Bu değişim dijital olarak adlandırılan yeni bir sosyolojinin ortaya çıkmasını sağlamıştır. Günümüz tanımlamasıyla soğuk savaş döneminde bir grup bilgisayar arasında veri akışını sağlamak için kullanılan internet, şu anda global çapta iletişim teknolojilerini birbirine bağlamaktadır. Bu durumu dijitalleşmeyi yaşamın her alanına taşımıştır. Siyasetten, ekonomiye, uluslararası ilişkilerden, kişilerarası ilişkilere kadar pek çok alanda dijitalleşme vardır. Dijitalleşme bireyin gündelik yaşam pratikleri arasında vazgeçilmez bir unsur haline dönüşmüştür. Bankacılık harcamalarından, sağlık işlemlerine, eğitimle ilgili e – verilerden, ikili ilişkilere kadar bireyin günlük hayatta ihtiyaç duyduğu her şey büyük ölçüde dijitalleşmiştir. Bu durum beraberinde sorun ve avantajları getirmiştir. Sorunlar psikolojik ve sosyolojik olarak incelenmiş, farklı bilim insanları teknoloji konusunu sorun ya da avantaj olarak nitelendirmiştir. McLuhan'ın geleneksel iletişim araçları olarak nitelendirdiği global köy kavramı, dijitalleşme ile daha da güçlenmiştir. Kişilerarası iletişim açısından ise en çok ikili ilişkilerin ara yüzünü değiştirmiştir. Çünkü ilişkiler sanallaşmış, sosyalleşmeden e- sosyalleşmeye bir kayma gerçekleşmiştir.

İnternet uygulamaları, geleneksel medya araçlarına kıyasla görece tarih açısından kısa süre içerisinde bireylerin hayatının merkezine hızla yerleşmiş ve kişilerarası iletişimin, grup iletişiminin ve kitle iletişiminin vazgeçilmez bir platformu haline gelmiştir. Kullanıcı sayılarına bakıldığında milyarları bulan sosyal ağ siteleri, iletişimin yöntemi ve içeriği bakımından farklı kültür ve coğrafyalarda büyük ve kısmen ortak bir değişim yaratmıştır.

İKİNCİ BÖLÜM
GÖÇ VE KÜLTÜRLEŞMENİN KAVRAMSAL ÇERÇEVESİ VE KİŞİLERARASI İLETİŞİM BOYUTU

Çalışmanın bu bölümünde göç, kültürleşme, sosyo kültürel ve psikolojik adaptasyon kavramları açıklanmıştır. Göç kavramı içerisinde göçün nedenleri ve türlerine yer verilirken, göç tarihi de ayrı bir başlıkta ele alınmıştır. Kültürleşme kavramsal olarak açıklandıktan sonra kültürleşme modelleri tek ve çift olmak üzere iki açıdan incelenmiştir. Kültürleşme sonucunda ortaya çıkan psikolojik adaptasyon ile sosyo kültürel adaptasyonu etkileyen faktörler ise tek bir başlık altında toplanmıştır. Kültürleşme sürecinde kişilerarası iletişim konusuna son başlıkta yer verilmiştir.

2.1. Kuramsal ve Tarihsel Yönüyle Göç Olgusu: Türkiye'den Almanya'ya Göç

Bu başlık *'Kavramsal Açıdan Göç ve Boyutları'*, *'Göç Etme Nedenleri Bakımından Göç Türleri'* ve *'Göç Tarihi: Türkiye'den Almanya'ya Göç Süreci'* olmak üzere üç alt başlığa ayrılmaktadır. Göçün kavramsal çerçevesine bu kısımda yer verilmiştir. Konunun amacı doğrultusunda Almanya'ya göç başlığı sadece kronolojik bir yapıya sahip değildir. Alman sosyal ve siyasal sisteminde Türklerin değişen konumları ve Türk algısı da tarihsel kısımda yer almaktadır. Göç kavramına yer verilmesinin temel nedeni ise Almanyalı Türkler için betimleme yapmaktır.

2.1.1. Kavramsal Açıdan Göç ve Boyutları

İnsanlık tarihi kadar eski bir olgu olan göç, bundan yaklaşık iki yüz yıl bin yıl önce homo migrans ve homo sapiens türlerinin ortaya çıkmasından itibaren var olan bir coğrafi hareketliliktir (Cavalli-Sforza, 1996, s. 316). Bu coğrafi hareketlilik, her çağda yaşanmıştır. Nedenleri çağlar arasında farklılık göstermiştir, ilk çağlarda, işgaller, fetihler, akınlar ve mevsimlik hareketlerle yapılan göç (Outhwaite, 2008, s. 314), nedenleri ortadan kalkmadıkça devam eden ve edecek olan konjonktürel bir süreçtir, çünkü her göç kendi çağının koşullarından bağımsız değerlendirilememektedir.

İlk zamanlarda daha verimli topraklarda yaşama arzusu ile suyun olduğu bölgelere yapılan göçler, bugün daha çok ekonomik ve sosyal fırsatlar için yapılmaktadır. Ayrıca kişiler ve gruplar ekolojik ve siyasal nedenlerle de zaruri olarak yaşadıkları topraklardan ayrılmaktadır. Bu bağlamda rızaya dayalı olup olmasına göre göçler, zorunlu ve gönüllü olmak üzere ikiye ayrılmaktadır. Göç, kavramsal açıdan disiplinlinler arası bir farklılık gösterse de genel olarak mekânsal değişikliğin adıdır. Her bir disiplin ise kendi perspektifi doğrultusunda göçün nedenlerini ve sonuçlarını değerlendirmektedir. Göçün nedenleri aynı zamanda göç teorilerinin ve modellerinin de kaynağıdır. Kitlesel olduğu gibi bireysel bir harekette olabilen göç, sosyal bilimler tarafından incelenen bir konu olmuştur.

Göç sözcüğünün evrensel dildeki karşılığının İngilizcesi *'migration'* olarak ifade edilmektedir. İngilizcede göç eden kişiler için farklı kavramlar kullanılmaktadır. *'emigration'* bir ülkeden başka bir ülkeye yapılan dış göç anlamına gelirken, bu göçü gerçekleştiren kişiye de *'emigrant'* denilmektedir. Bir diğer kavram ise *'immigration'* kavramıdır. *'İmmigration'* yerleşilen ülke için kabul edilen göçtür. Bu göçü gerçekleştiren kişiler *'immigrant'* olarak tanımlanmaktadır (Akıncı vd., 2015, s. 66).

Göç, coğrafi bir hareketlilik olmasına rağmen, birçok unsuru içerisinde barındıran ve bu sebeple farklı disiplinlerle ilişki içerisinde olan bir konudur. Her bir disiplin kendi perspektifinde göçü tanımlamaya çalışırken, paradigma açısından farklılıklar ortaya çıkmıştır (Cabana ve Clark, 2011, s. 4). Farklı disiplinler tarafından ele alınması göç konusunun gelişimine katkı sağlamaktadır, çünkü her bir disiplin kuramsal tartışmalarından ortaya çıkan boşluğu doldurmaktadır. XIX. yüzyılda, bilimsel araştırmalara konu olan göç, XX. yüzyılda farklı kavramlar, kalıplar ve varsayımlar ışığında çeşitli modellerle gelişmektedir (İçduygu vd., 2014, s. 35). Göç konusu toplumsal, siyasal, ekonomik ve demografik yönleriyle çok boyutlu bir kavramdır. İlgili araştırmalar göç olgusuna disiplinler arası bir perspektifle yaklaşılması gerektiğini vurgulamıştır. Göç kavramının tanımlanmasında ise sosyolojik, antropolojik, demografik tanımlamaların yanı sıra, hukuk, siyaset ve uluslararası ilişkiler disiplininden de yararlanılmaktadır (İçduygu vd., 2014, s. 22).

Sosyologlar göçün sosyolojik ve kültürel etkilerine odaklanarak farklı modeller ve teoriler ortaya koyarken hukukçular göçün yasal durumunu prosedürlere göre incelemişlerdir. Coğrafi açıdan göç alan ve göç veren ülkelerin jeopolitik konumu önem taşırken, ekonomik açıdan göçün girdileri ve çıktıları tartışma konusu olmuştur. Siyaset ve uluslararası ilişkiler ise göç, mültecilerin, sığınmacıların ve göçmenlerin göç hareketliliğini ele almaktadır.

Kavramsal farklılıklar bulunmasına rağmen, göç konusunda herkes tarafından kabul edilen parametreler vardır. Herhangi bir amaçla kişilerin ve grupların yerleşim yerlerinden memnun olmamaları ve içinde bulundukları yaşam koşullarını iyileştirmek için başka yerleşim yerlerine geçici veya kalıcı olarak gitmeleri şeklindeki ifade tüm tanımlarda vardır. Bununla birlikte sürekli veya geçici olarak yapılan mekânsal değişiklik bir diğer parametredir.

Everett S. Lee'nin 1966 yılında yayınladığı *"Teori of Migration"* adlı makalesinde, göç kalıcı ve yarı kalıcı ikametgâh değişikliği olarak iki zamanlı olarak tanımlanmıştır (1966, s. 49). Gordon Marshall ise göçü Sosyoloji Sözlüğü'nde niceliksel olarak az ve çok sayıdaki bireylerin ve grupların sembolik veya sınırların ötesine doğru yaptıkları kalıcı hareketler şeklinde belirtmiştir (1999, s. 685). Marshall'ın bu tanımından yola çıkarak, göçün insanlık tarihi boyunca siyasal ve sosyal yapılardan etkilenen ve bu yapıları etkileyen bir süreç olduğu çıkarımında bulunulabilir. Bununla birlikte Orhan Hançerlioğlu'na göre göç "bir yerden başka bir yere gitme" (1986, s. 158), Bozkurt Güvenç için ise mekânsal değişikliğin adıdır (Güvenç, 1996, s. 21).

TDK'ya göre ise göç *"ekonomik, toplumsal, siyasal sebeplerle bireylerin veya toplulukların bir ülkeden başka bir ülkeye, bir yerleşim yerinden, başka bir yerleşim yerine gitme işi, taşınma, hicret, muhacerettir"*. Uluslararası Göç Örgütünün hazırlamış olduğu Göç Terimleri Sözlüğünde ise göç bir kişinin bir grup insanın uluslararası sınırı geçerek veya bir devlet içerisinde sınır değiştirmesidir (IOM, 2013, s. 35-36).

Yukarıdaki tanımlardan öte göç, sadece bireylerin ve toplumların yaptıkları mekânsal değişiklik değildir. Nitekim göç fiziksel mekandaki değişimden ötede, sosyal yapılardaki devinimin adıdır (Jackson, 1986, s. 2). Bu sosyal devinim göçün belirli bir toplumsal yapı içinden kopan bir grubun başka bir toplumsal yapıya geçişini ifade etmektedir. Göç süreci ekonomik, sosyal, kültürel ve siyasi yönleriyle bir toplumun yapısını doğrudan etkilemektedir (Kaya, 2017, s. 15). Nitekim Britannica Ansiklopedisindeki göç tanımına bakıldığında da göç toplumlara, büyük sosyal, ekonomik ve kültürel faydalar sağlamaktadır. Bir ülkenin göç deneyimi uzun ve çeşitli ise o toplumlar çok kültürlü toplumlardır. Bir toplumun modernliğinin ölçütlerinden biri de yaşadığı göç deneyimlerinden elde ettiği kültürel çeşitlilik ve etnik kökenlerdir. Nitekim göçün toplumlar ve bireyler üzerinde ekonomik, toplumsal ve kültürel etkileri bulunmaktadır. Bu etkiler ise göçün sonuçları açısından ele alınan bir konudur. Tüm bu tanımlardan yola çıkarak, genel bir ifade ile göç ekonomik, ekolojik, siyasi ve kişisel nedenlerle bir yerden başka bir yere geçici veya kalıcı olarak yapılan, coğrafi, toplumsal ve kültürel bir yer değiştirme hareketidir (Yalçın, 2004, s. 13). Uluslararası platformda ise göç eden kişiler, göç ettikleri bölge ve ülkelerde farklı kimlikler ile tanımlanmaktadır. Bu kimliğin sınırlarını ise göçün niteliği, süresi, amacı ve araçları belirlemektedir.

Ülkeler ise genel bir tanımlama ile yabancı turistleri, daimî oturma iznine sahip olanları, geçici göçmen işçileri, aile birleşmesi yoluyla gidenleri, kendi ülkesinin vatandaşlığından çıkıp, diğer ülke vatandaşı olan göçmenleri, sığınmacı ve mültecileri birbirinden ayırmaktadır. Turistler ise uluslararası göç istatistiklerinde dahil edilmeyerek, başka kategorilerde ele alınan yabancılar bağlamında ele alınmaktadır (İçduygu ve Toktaş, 2005, s. 14).

IOM World'ün (International Organization for Migration) tanımlamasına göre göçmen bir ülkede veya uluslararası sınırda çeşitli nedenlerden dolayı geçici veya kalıcı olarak bulunan kişidir (IOM, 2021). Bu terim göç ettiği ülkede yasal olarak tanınan kişileri kapsamaktadır. 2017 Göç İstatistik Raporuna göre göçmen ekonomik ve sosyal durumlarını iyileştirmek amacıyla orijin ülkeleri dışında bir ülke veya bölgeye göç eden kişidir.

Göçmen kendisinin ve ailesinin yaşam koşullarını daha iyi bir konuma getirmek için bulunduğu coğrafyadan, aile, akraba ve arkadaş çevresinden, doğup büyüdüğü yerlerden ayrılan ve daha iyi bir yaşam için mücadele etmeye karar veren insan demektir. Bu göç akımı ülke sınırları içerisinde olabileceği gibi uluslararası sınırları da aşmaktadır (Erdoğan, 2011, s. 71).

Mülteci ise 1967 protokolüne göre, *"ırkı, dini, tabiiyeti, belirli bir sosyal gruba mensubiyeti ve siyasi görüşleri yüzünden haklı bir zulüm korkusu nedeniyle vatandaşı olduğu ülkenin dışında bulunan ve söz konusu korku yüzünden, ilgili ülkenin korumasından yararlanmak istemeyen kişi"* olarak tanımlanmaktadır. 1967 Protokolünden farklı olarak, 1951 Mülteci sözleşmesine tanımına ek olarak 1969 yılında Afrika Birliği Örgütü (OAU) sözleşmesi *mülteciyi "kendi menşe ülkesi ya da vatandaşı olduğu ülkenin bir bölümünde ya da tümünde dış saldırı, işgal, yabancı egemenliği ya da kamu düzenini ciddi biçimde bozan olaylar nedeniyle ülkesini terk etmeye zorlanan kişiler"* olarak tanımlar. 1984 Cartagena Bildirisi de aynı anlamı taşımaktadır. Buna göre mültecilerin *"yaygın şiddet, dış saldırı, iç çatışmalar, yaygın insan hakkı ihlalleri ya da kamu düzenini ciddi olarak bozan diğer durumlardan dolayı hayatları, güvenlikleri veya özgürlükleri tehdit altında olduğu için"* ülkesinden kaçan kişileri de kapsadığını belirtir (IOM, 2013, s. 65).

Mülteciler, ırk, din, milliyet, siyasi görüş veya bir sosyal gruba üyeliğinden dolayı, ötekileştirme ve zulme uğrama korkusu yaşamaktadır. Genellikle mülteciler, kendi ülkelerine geri dönmezler ve geri dönme korkusu hissederler. Mültecilerin ülkelerinden kaçma nedenleri ise savaşların yanı sıra, uğradıkları etnik ve dini şiddettir (Unrefugees, 2021).

Sığınmacı ise zorunlu nedenlerden dolayı ülkesinden kaçıp, başka bir ülkede güvenlik arayışında olan, mültecilik başvurusunda bulunan ve sürecin sonuçlanmasını bekleyen kişi olarak tanımlanmaktadır. Mültecilik başvurusu reddedildiğinde ise ülkeyi terk etmekte zorunda olan, aynı zamanda kendisine insani gerekçeler temelinde ülkede kalma izni verilmemişse, sınır dışı edilecek kişidir (IOM, 2013, s. 74). Görüldüğü üzere mülteci, hukuken kabul edilen yabancıyı ifade ederken, sığınmacı mülteci statüsü kesinleşmemiş, gidip gitmeyeceği belli olmayan misafir kişi için kullanılan bir ifadedir.

Bununla birlikte sel, deprem, tsunami gibi ekolojik nedenlerden dolayı göç eden kişilere de mülteci denilmektedir. Sığınmacı mültecilerin sahip olduğu haklara sahip değildir. Mültecilik hukuken tanınmış bir yabancı statüsünü ifade ederken, sığınmacı mültecilik statüsü incelenen ve kendisine geçici koruma hakkı sağlanan kişiyi ifade etmektedir (Ergil, 2012, s. 220). Göç eden kişiler göçmen, mülteci ve sığınmacı olarak aralarındaki nüanslardan dolayı farklı kimlikler ile tanımlanmaktadır.

Göç ettikleri ülkede genel bir tanımla yabancı olarak ifade edilen bu kişiler farklı sebeplerle göç etmektedir.

2.1.2. Göç Etme Nedenleri Bakımından Göç Türleri

Göç toplumsal ve ekonomik dönüşümlerin bir sonucu olarak ortaya çıkarsa, bir sonuçtur. Toplumsal ve ekonomik dönüşümlere katkı sağlarsa bir nedendir (İçduygu ve Sirkeci, 1999, s. 250). Gordon Marshall Sosyoloji Sözlüğünde göçün nedenlerini çekici ve itici faktörler olmak üzere iki kategoriye ayırmaktadır. Çekici faktörler, rızaya dayalı gönüllü göçler için kullanılan bir kavram iken, itici faktörler zorunlu olarak yapılan göçleri anlatmaktadır. Bu doğrultuda göç çekici bir sebep olduğunda göç eden kişi göçmen, itici bir neden olduğunda ise göç eden kişi mülteci ya da sığınmacı şeklinde belirtilebilir (1999, s. 685).

Şekil 3. Göç Etme Nedenleri

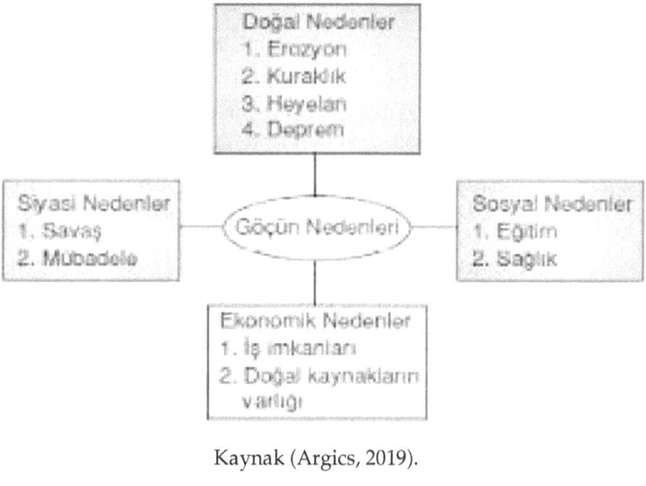

Kaynak (Argics, 2019).

Sanayi devrimine kadar doğa olayları göçün en önemli nedenlerini oluştururken, sanayi devrimi sonrasında ekonomik, sosyal ve siyasi sebepler önemli görülmeye başlanmıştır (Keleş, 1983, s. 6). Yukarıdaki şekilde görüldüğü üzere, bireyler temelde dört nedenden dolayı göç etmektedir. Kişi veya kişiler içinde bulunduğu koşulları iyileştirmek ve refah seviyesini yükselt-mek amacıyla kendi ülkesinin standartlarından daha yüksek ekonomik standartlara sahip ülkelere göç etmektedir. Bu amaç-la yapılan göçler, daha iyi iş bulma arzusu ve göç ettikleri ülke-nin doğal kaynaklarından yararlanma amacı ile yapılmakta-dır. Bunlar sosyal ve ekonomik nedenler doğrultusunda yapı-lan göçler kategorisine girmektedir.

Genellikle göç akışını ülkelerin refah seviyesi belirlemekte-dir. Nitekim göçlere bakıldığında genellikle az gelişmiş toplum-lardan, gelişmişlik oranı yüksek yerlere göç gerçekleştirilmek-tedir. Türkiye'den Almanya'ya ve daha sonrasında diğer Avru-pa ülkelerine yapılan göçler ekonomik nedenlerle yapılan göç-lerdir. Sosyal nedenler ise genellikle eğitim amaçlı yapılan göç-leri içermektedir. Genellikle daha iyi bir eğitim almak için yapı-lan bu göçler dil öğrenmek için de yapılmaktadır. Bununla bir-likte sağlık hizmetinde bazı ülkeler, diğer ülkelere göre daha gelişmiştir. Bu sebeple, daha iyi sağlık hizmeti alabilmek için, kişilere gelişmiş ülkelere göç etmektedir.

Siyasal nedenlere ise tarihsel süreç içerisinde ideoloji ve çı-kar çatışmalarının olduğu her dönemde bir göç sebebi olmuş-tur. Son dönemde Arap Baharı ile başlayan ve halen artçılarının sürdüğü Ortadoğu krizi olarak tarihe geçen ve çok sayıda kişiyi kendi coğrafyalarından gitmesine neden olan, Ortadoğu göçü önemli bir göçtür. Bununla birlikte deprem, sel, kuraklık, fela-ket gibi nedenler de göçler gerçekleşmektedir. İnsanlık tarihin-den bu yana bireyler, teknolojinin gelişmesine rağmen bazı do-ğa olayları ile mücadele etmede yetersiz kalmaktadır. Deprem gibi bazı doğa olaylarının hissedilme derecesi ile ülkenin geliş-mişlik düzeyi arasında doğru bir orantı olduğu söylenebilir. Gelişmiş ülkelerde şehir planlaması, binaların depreme daya-nıklılığı gibi konulara gelişmemiş ülkelere göre daha fazla önem verildiği bilinmektedir.

Göçün nedenine bağlı olarak farklı göç türleri vardır. Literatür araştırmasında da göç türlerinin göç nedenlerinden kaynaklı bir sınıflandırma ile kategorize edildiği görülmüştür. Bu doğrultuda göç türleri zorunlu ve isteğe bağlı göçler, geçici ve sürekli göçler, iç ve dış göçler, legal ve illegal göçler olmak üzere sekiz kategoriye ayrılmaktadır.

İradeye Bağlı Göçler: Zorunlu ve İsteğe Bağlı Göçler

Göç zorunlu ve isteğe bağlı olarak gerçekleşebilir. Bireyler yaşadıkları bölgede zulüm ve baskı nedeniyle göç etmek zorunda kalabilirler. Yaşadıkları bölgenin yaşam şartlarından memnun olmayan, daha kaliteli bir yaşam arzusu sürmek isteyen insanlar bulundukları yerleri terk etmektedir.

Birleşmiş Milletler Raporuna göre zorunlu göç, kişinin kendi rızasının dışında, tehdit unsurlarının etkisiyle yaşadığı yerden başka bir yere gitmek zorunda olmasıdır (BM, 2005, s. 1). Bu göç isteğe bağlı göçten nedenleri bakımından ayrılmaktadır. Çünkü zorunlu göçte kişi bulunduğu yerden sosyal ve ekolojik nedenden kaynaklı bir tehdit hissettiğinde göç etmektedir. İsteğe bağlı göç ise göçmen statüsündeki kişilerin refah seviyelerini yükseltmek için işçi, öğrenci, yatırımcı, hasta gibi kimlik tanımlamalarıyla yaptığı göç şeklinde tanımlanabilmektedir. İsteğe bağlı göçleri iletişim ve ulaşım teknolojilerindeki gelişim doğrudan etkilemiştir. Çünkü bu teknolojik gelişim yol bazında mesafeleri kısaltmış, iletişim anlamında ise görünmez bir mesafe duvarı oluşturmuştur. Gelişen internet teknolojisi sayesinde saliseler içinde insanlar kilometre fark etmeksizin iletişim halinde olmaktadır.

Zorunlu göçte, göç kararı alınabileceği gibi kişi iradesinin dışında da göç ettirilebilmektedir. Ülke içinde veya ülke sınırları dışında göç ettirilebilir. Bazen itici faktörlerin ağırlığı karşısında bireylerin zorunlu olarak verdiği göç kararları dışında devlet otoritesiyle eliyle zorlamaya dayalı olarak da gerçekleşebilmektedir (Batır, 2020, s. 83). Yoğun nüfus hareketleri ve değişimleri ülkelerin dengesini değiştirmektedir. Bu durum ise hem göç alan hem de göç veren ülkelerin istikrar ve güvenliğini etkilemektedir (Mooney, 2003, s. 159-160).

Zaman ve Yerleşim Açısından Göçler: Geçici ve Sürekli Göçler

Bireylerin bir ülkede süre sınırlaması olmaksızın yaşadıkları yerlerden ayrılarak, başka bölgelere temelli yerleşmek üzere gitmelerine sürekli göç adı verilmektedir (Koçak ve Terzi, 2012, s. 170). Geçici göç kalıcı göçün aksine kişilerin ikamet ettikleri yerlerden belirli bir süre ayrılmasıdır (Mutluer, 2003, s. 10). Bu iki göç türü de hem iradi olabilir hem de zorunlu olarak gerçekleşebilir. Kişi bulunduğu yerden, çeşitli sebepler doğrultusunda göçmen, mülteci, sığınmacı gibi kimlikler ile yasal ve yasa dışı yöntemler kullanarak başka bir bölgeye geçici ve sürekli olmak üzere göç etmektedir.

Nüfus Hareketliliği Bağlamında Göçün Mekânsal Sınıflaması: İç Göçler ve Dış Göçler

İç göç zaman dilimi olarak bir yıl veya bir yıldan fazla zaman dilimini kapsayan, zaman açısından daha çok kalıcı mekân değişikliği olarak ifade edilen ülke içindeki yer değiştirme hareketleri için verilen tanımdır (Öztürk ve Altuntepe, 2008, s. 1589). Ülke içerisinde mevsimlik işçi göçleri iç göç olarak tanımlanmamaktadır. İç göçün belirleyicisi ekonomik nedenler olabileceği gibi siyasal nedenler de olmaktadır. Türkiye'de doğudan batıya terör tehdit ve korkusu ile yapılan göçler, iç göç sayılabileceği gibi eğitim ve sağlık hizmeti amaçlı göçler de iç göç kategorisinde sayılmaktadır.

Ülke içindeki ekonomik ve sosyal nedenlere bağlı olarak gelişen iç göçler, aslında insanın rasyonel davranışı ile kendisi için daha iyi bir yaşam ortamını seçmesine yani göç etmesine neden olmuştur. Benzer şekilde, ülkeler arasında da bu tür bir nüfus hareketliliği tarihin çeşitli dönemlerinde yaşanmış ve bu hareketliliğe de genel olarak dış göç olarak adlandırılmıştır. İç ve dış göçler kavram itibariyle benzer görülse de sebepleri, sonuçları ve sorunsal olanları yönünden birbirinden oldukça farklıdır (Güreşçi, 2016, s. 1058).

Hedefe Varmada Kullanılan Yöntemlere Göre Göçün Sınıflandırılması: Legal Göçler ve İllegal Göçler

Legal göçler mülteci, sığınmacı ve göçmen statüsündeki kişilerin yasal rızaya dayalı hareketlerine verilen addır. Bu kişiler, göç ettikleri ülkede yasal olarak tanımlanan kişilerdir ve ülkenin yasalarından faydalanmaktadırlar. Devlet tarafından belirlenmiş şartların dışında bir yaptırıma maruz kalmamaktadırlar.

Yasadışı göçmen ise farklı genellikle ekonomik sebeplere bağlı olarak, ülkelerinden başka bir ülkeye göç etmek için göçmen kaçakçılarından yardım alan kişilere verilen isimdir. Bu göçe ise illegal göçler adı verilmektedir. Yasadışı göçmenler bu göç işlemini gönüllü olarak yapmaktadır ve kullanılan yöntemler de yasadışıdır. Yasadışı giriş – çıkış, sahte pasaport kullanmak gibi yasadışı eylemler buna örnek verilebilir. Ülkeler ise kendi sınırlarına izinsiz giriş yapanlara sınır dışı etmek gibi yaptırımlarda bulunabilirler ve bu doğal bir sonuçtur (Demir ve Erdal, 2012, s. 37-38).

2.1.3. Göç Tarihi: Türkiye'den Almanya'ya Göç Süreci

Göç tarihi insanlık tarihi kadar eski bir olgudur. Göçe giriş kısmında da bahsedildiği üzere Homosapiens türlerinin ortaya çıkışından beri var olan göç, her çağda itici ve çekici nedenlerden dolayı ortaya çıkmıştır. Savaşlar, salgın hastalıklar, verimli topraklarda yaşama arzusu sanayi öncesi ilkel toplumlarda göçün nedenini oluştururken, sanayi devrimi ile göçü daha sistematik bir yapıya dönüştürmüştür. Göç tarihsel olarak, çeşitli olayları içermesi nedeniyle çok uzun bir süreci kapsamaktadır. Ancak burada araştırma konusunun içeriği doğrultusunda bir tarihsel sınıflandırmaya gidilmiştir.

Bu doğrultuda Massey ve arkadaşlarının sınıflandırması dikkate alınmıştır. Buna göre uluslararası göç dört döneme ayrılmaktadır. Bunlardan ilki 1500- 1800 yılları arasındaki Avrupa'da sömürgeleştirilen kıta ve ülkelere doğru gelişen göç rotasıdır ve sömürgeye dayalı ekonomik büyüme ile karakterize olan bir göç hareketidir. İkincisi 1800 ile 1925 yılları arasında sanayileşme döneminde yapılan göçtür. Bu dönemde yaklaşık kırk sekiz milyon insan, Avrupa'dan ABD, Arjantin, Avustralya, Kanada, Yeni Zelenda gibi ülkelere göç etmiştir. Üçüncü dönem ise 1925 -1960 yılları arasındaki dünya savaşlarının yaşandığı zaman dilimini kapsamaktadır. Birinci Dünya Savaşı Avrupa'dan dışarı doğru yaşanan göçü sınırlamıştır. İkinci Dünya Savaşı sonrası kitlesel ölçekte yaşanan sürgünler ve iltica döneme damgasını vurmuştur. Dördüncü dönem ise 1960 ve sonrasındaki büyük ölçüde Avrupa'ya doğru yaşanan göç dalgasıdır (1998, s. 32-33). Bu sınıflandırmaya ek olarak Ortadoğu'da yaşanan kriz ve Ortadoğu'dan mülteci ve sığınmacı kimliği ile yapılan göç ise son dönemdeki göç hareketidir.

1500 – 1800 yılları arasında Afrika'dan gemilerle insanlar taşınarak, Amerika'ya göç etmiştir. Bu göç tarihte köle ticareti olarak geçmektedir. Bir bölgede yaşayan insanların, başka bir bölgeye çeşitli ürün ve hizmet karşılığında transferine köle ticareti adı verilmektedir. Tarihin hiçbir döneminde kendi iradesi dışında, zorla göç ettirilen insan sayısının çokluğuna bu dönemde ulaşıldığı kadar rastlanılmamıştır. Yirmi milyonu geçmemekle birlikte, on milyondan da az olmayan bir nüfus zorla göç ettirilmiştir. En fazla köle ticaretinin yaşandığı yıllar yüzde yetmiş beş oranında 1701 ile 1810 yılları arasında olmuştur (Kachur, 2006, s. 8-9). Bu köle işçiler ilk kez 1550'li yıllarda Hindistan'a şeker ve tütün çiftliklerinde çalıştırılmak üzere gönderilmiştir ve bu grup tarihe ilk işçi göçü olarak geçmiştir (Stalker, 1994, s. 9). Daha sonra milyonlarca köle sömürgeci güçler tarafından bir kıtadan diğerine göç ettirilmiştir. XVI ve XVII yüzyılda köle edilen Afrikalıların yüzde kırk biri İngiltere'ye, yüzde yirmi dokuzu Portekiz'e, yüzde on dokuzu Fransa'ya, yüzde altısı ise Hollanda'ya gönderilmiştir (Yılmaz, 2005, s. 2).

İkinci dönem sanayileşme döneminde yaşanan göç akımıdır. Modern Sanayi Devrimi ile sanayi tesislerinin kurulduğu yerleşim yerleri çok hızlı bir şekilde gelişmeye başlamış ve bu dönemde kırsaldan kente doğru çok hızlı bir şekilde büyük ölçekli göç akımları gerçekleşmeye başlamıştır. Göç akımının temelinde sanayileşme ile ortaya çıkan yeni üretim faktörleri, bunların etkinleşmesi ve buna bağlı olarak işgücüne duyulan talebin artması gibi etkenler vardır (Candan vd., 2018, s. 869).

Sanayi dönemi sonrası, XX. yüzyıldan günümüze kadarki dönemde göçler büyük oranda ülkeler arası düzeyi aşıp, kıtalararası gerçekleşmektedir. Yüzyılın ilk yarısında yaşanan göçlerin çok büyük bir kısmı savaşlardan ve savaşın dolaylı sonuçlarından etkilenerek gerçekleşmiştir. Savaşların yol açtığı göçler aslında politik nedenlerdir (Batır, 2020, s. 63-64).

İki savaş arası döneme ise 1929 Dünya Ekonomik Buhranı damga vurmuştur. 1929 yılında ABD'nin finansal sisteminin çökmesiyle, Amerika'da başlayan ve daha sonra tüm dünyaya yayılan ekonomik kriz (Galbraith, 1975, s. 44) sonucunda işsizlik ortaya çıkmıştır, bunun sonucunda ise göçler gerçekleşmiştir. Bu dönemdeki göçler daha iyi yaşam koşullarına sahip olmaktan ziyade, çaresizliklikten kentten kırsala yapılan göçlerdir. 1929 Ekonomik Buhranının etkileri dolaylı da olsa, İkinci Dünya Savaşına kadar sürdüğü hatta, savaş döneminde de ekonomik sorunlara kaynaklık ettiği görülmüştür. Nitekim savaşın ekonomik nedenlerini 1929 Ekonomik Buhranından bağımsız düşünmek yanlış olacaktır (Batır, 2020, s. 65).

İkinci Dünya Savaşı sonrası ise göçün yönü değişmiştir. İkinci Dünya Savaşına kadar göç veren Avrupa, savaş sonrası dönemde göç almaya başlamış (Ultan, 2017, s. 1445). Bununla birlikte Avrupa, ABD'ye göç vermeye yine devam etmiştir, nitekim ABD nitelikli iş gücü istihdamını büyük ölçüde göçler sayesinde sağlayan bir ülkedir. İngiltere, Almanya, Avusturya gibi ülkelerden ABD'ye vasıflı iş gücü aktarılmıştır (Kurtuluş,

1995, s. 135-136). ABD savaş sonrası olduğu gibi 1990'lı yıllardan günümüze kadar yine en çok göç alan ülke olmuştur. *1990 – 2019 Yılları Arasında En Çok Göç Alan Ülkeler Grafiğinde* dünyanın göç seyrini görmek mümkündür.

Şekil 4. 1990-2019 Yılları Arasında En Çok Göç Alan Ülkeler Grafiği

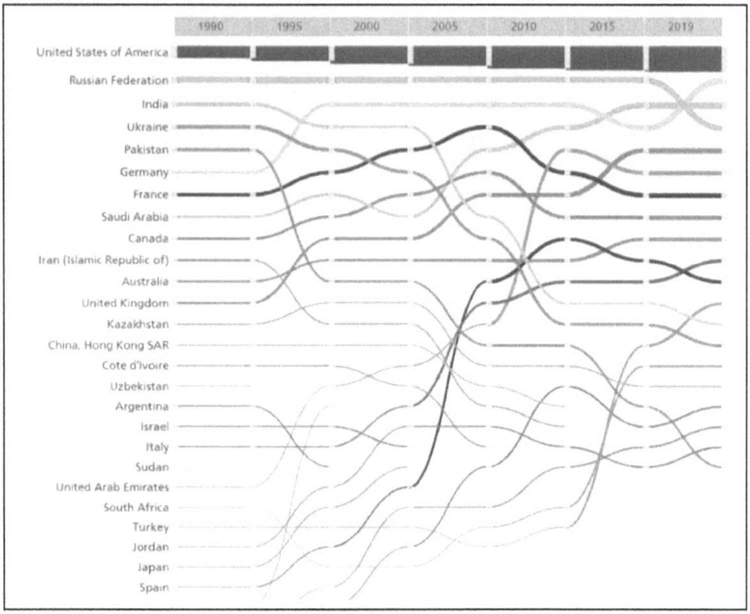

Kaynak (United Nations, 2021).

Yukarıdaki United Nations Department of Economic anda Social Affairs'in grafik raporunda en fazla göç alan yirmi ülkenin 1990- 2019 yılları arasındaki göç akışı verilmiştir. ABD'yi Almanya başta olmak üzere Rusya, İspanya, İtalya, Fransa gibi Avrupa ülkeleri takip etmiştir. Türkiye ise 2000'li yılların ortasına kadar stabil bir göç ülkesiyken, 2011 yılından Suriye'deki iç savaş nedeniyle göç sayısında radikal bir artış gösteren ülke olmuştur. Hindistan, Pakistan, Ukrayna gibi ülkelerin göç grafiği ise 2019 yılına doğru azalma göstermiştir.

İkinci Dünya Savaşı sonrası Avrupa göç almaya başlamıştır. Avrupa ülkesi olan Almanya ise içerisinde Türkiye'nin de bulunduğu farklı Akdeniz ülkelerinden iş gücü talebinde bulunmuştur. Birçok işgücüne ev sahipliği Almanya, Türkiye'nin dış göç tarihinde çok önem bir yere sahiptir. Bu doğrultuda göç tarihinin ikinci kısmında araştırmanın konusu açısından Türkiye'den Almanya'ya göç tarihi incelenmiştir.

Bugün on bir milyonun üzerinde yabancıya ev sahipliği yapan Almanya, birçok Avrupa ülkesi gibi Martin'in belirttiğine göre daha önce göç veren bir ülkeydi. Nitekim 1820 ile 2000 yılları arasında yedi milyondan fazla kişi Almanya'dan Amerika'ya göç etmiş, 1980 yılındaki nüfus sayımında da Amerika nüfusunun dörtte biri Almanlar oluşturmuştur (1981, s. 34).

İkinci Dünya Savaşı ise bu göç dengesini değiştirmiş, Almanya göç veren bir ülke iken, göç alan bir ülkeye dönüşmüştür. Yabancılardan arınmış, aryan bir Alman ırkı yaratmak güdüsüyle başlatılan ve daha sonrasında insanlık tarihinin en kötü dönemlerinden biri olan İkinci Dünya Savaşı Almanya'yı bir harabeye dönüştürmüştür. Dönemin Almanya'sını betimlemek için Thomass Man *"Almanya artık özgür, tahrip edilmiş ve kısıtlanmış bir ülke, özgür olarak nitelendirilse bile şayet"* (2012, s. 665) ifadelerini kullanmıştır. Almanya harap olan yerleri tahrip etmek isterken, iş gücünün yetersizliğinin farkındadır. Berlin Duvarı'nın örülmesi ise yetersiz olan işgücü ile mücadele eden Almanya'yı daha kötü etkilemiş, bu set Doğu Almanya'dan Batı Almanya'ya günübirlik giden işçi göçü akımını durdurmuş ve Batı Almanya'nın iş gücü açığını daha da belirginleştirmiştir (Fulbrok, 2011, s. 22).

Almanya bir çözüm arayışına girmiş ve çevre ülkelerden işçi talebinde bulunmuştur. 1955 ile 1968 yılları arasında İtalya, İspanya, Yunanistan, Türkiye, Fas, Portekiz, Tunus ve Yugoslavya ile işçi anlaşmaları yapmış, Alman Federal İşçi Bürosu (Busdesantalt für Arbeit BFA) adı altında bu ülkelerde ofis kurmuştur. BFA bu ofislerde işçilerin vasıflarına bakmış, adli ve siyasi sabıkalarının olup olmadığını kontrol etmiştir. Sağlık kontrollerinden geçen işçiler yeterli görülmüştür (Kaya, 2016, s. 45). Sağlık taramasında ise işçilere gayri insani davranışlarda bulunulmuştur. Bir odada yarı çıplak ve toplu halde kontrol edilen işçiler için durum hiç kolay olmamıştır (Berger ve Mohr, 2011, s. 39). Berger ve Mohr bu durumu şu şekilde tasvir etmiştir; yarı çıplak vaziyette, yüzlerce işçi sıraya geçip, seçilmeyi bekliyordu. Seçilme şansını ise yanındakine bakarak kestirmeye çalışıyordu. Çıplak oldukları için yüzlerinde bir utanç vardı. Görevliler bilmedikleri bir dilde komut veriyor, testler yapıyorlar, vücutlarına keçe kalemler ile sayılar yazıyorlardı, eşi görülmedik bir andı (2011, s. 56).

30 Ekim 1961 tarihinde Türkiye – Federal Almanya İş Gücü Anlaşmasıyla başlayan (Adıgüzel, 2020, s. 68) bu sürece Almanya başlangıçta çok değer vermiştir. Nitekim anlaşma sonrası, Haydarpaşa Tren İstasyonu'ndan dört yüz elli kişi Almanya'nın Düsseldorf kentine hareket etmiş ve Alman Çalışma Bakanı tarafından Türk işçiler kutlama ile karşılanmıştır (Şahin, 2012, s. 2). Nermin Abadan Unat'a göre ise bunun öncesinde de Almanya'ya bir Türk göçü vardı. Nitekim 1950'li yıllarda bireysel girişimler ve özel aracılar tarafından, mesleki deneyim kazandırmak amacıyla gönderilen Türkler bulunmaktaydı (2017, s. 83).

Göçün ilk yıllarında Almanlar misafir işçilere, merakla ve sevgiyle yaklaşmışlardır, ancak bu yaklaşımın içerisinde sempati kadar, ön yargı da vardır (Pazarkaya, 2011, s. 114). Türkler ise burada misafir olduklarını düşünmüşlerdir. İçinde bulundukları durumu geçici saymışlar, gelecekleri için para biriktirmek, mesleki deneyim kazanmak, yaşam standartlarını yükseltmek ve bu birikimleriyle Türkiye'ye döndükleri zaman kendi işlerini kurabilmek üzere, Almanya'ya geldiklerini düşünmüşlerdir ve yaşamlarını uzun yıllar boyunca bu düşünce ekseninde devam ettirmişlerdir (Pamuk, 2019, s. 53).

Bu işçi göçünü sadece Almanya istememiş, Türkiye de böyle bir göç akımını desteklemiştir. Nitekim Türkiye Birinci Beş Yıllık Kalkınma Planında hem işsizliği azaltmak hem de sanayi alanında ihtiyaç duyulan yetişmiş insanı ihtiyacını gidermek ilkesi vardır. İşçiler Türkiye'ye döndükten sonra onların tecrübelerinden faydalanılacak ve bu sayede ilerleme kaydedilecektir (Sirkeci ve Erdoğan, 2012, s. 299). Bu gruplar için tamamıyla vasıfsız demek yanlış olacaktır. Yurt dışına giden göçmenlerin genel niteliklerinin ülke ortalamasının üstünde olduğu söylenebilir. Gerek fiziki koşullar gerekse mesleki ve eğitsel durumlar itibariyle seçilmişler arasında yer aldıkları için bu grupların bazı üstünlükleri olduğu önemli bir gerçektir.

Federal Almanya'da Türk işçileri üzerine ilk saha araştırmasını yapan Nermin Abadan Unat'a göre de ilk giden işçi grubu, oldukça niteliklidir. Nitekim bu kesimin büyük bir kısmı yani yüzde kırk biri kentsel kökenli, yüzde kırk ikisi ise nitelikli işçilerdir. Bu dönemde okur yazar olmayan işçilerin oranı ise sadece yüzde üçtür (Abadan, 1964, s. 180). Kentsel kökenli olmasının nedeni ise işçi alım ofislerinin (BAF) yerleşkesinin kentlerde olmasıdır. Bu sebeple kentlere göç sayısı artmış, kökenli görünen göçmenlerin, büyük bir kesiminin kentlere yeni göç eden kırsal kesim oluşturmuştur (Erder, 2006, s. 88). Türklerin bazılarının Almanya'nın liman kentleri Hamburg, Bremen ve Kiel'e yerleşerek yarı nitelikli ve Almanların çalışmak istemedikleri işlerde çalıştıkları ve aileleriyle birlikte, Almanya'da sorunsuz olarak yerleşebildikleri, statülerinin sonradan gelen işçilerden yüksek olduğu belirtilmektedir (Yalçın, 2004, s. 129).

Almanya'ya giden işçi sayısı ise her yıl katlanarak artmıştır. İlk göç dalgası, bireylerin ya da küçük grupların girişimine bağlı olduğu için küçük çaplı girişimlerdir ve bilinirlikleri azdır. 1961 sonrası ise göç bir akıma dönüşmüş, altmışlarda Almanya'daki Türk azınlık sayısı altı binin üzerinde iken, yetmişlerde bu sayı iki yüz elli bin kişiye yükselmiştir. Doksanlı yılların başında ise Almanya'da yaşayan Türk sayısı neredeyse bir buçuk milyona yaklaşmıştır (Statistisches Jahburc für de Bundesrepublik Deutschland, 2004).

Yetmişli yıllar ise Türklerin yabancılaştırıldığı, yabancıların ise Almanya'da sorunlu görülmeye başlandığı yıllardır. 1973 yılında başlayan küresel ekonomik olaylar, yabancı iş gücüne karşı uygulanan kamu politikalarını değiştirmiştir. Ham petrol fiyatının dört katına çıkaran petrol ambargosu, ekonomik bunalım, işsizlik gibi nedenler yabancı işçi alımını durdurmuştur. 1973'ten itibaren yeni işçi alımı son verilmiş, ülkedeki işçilerin çalışması ise engellenmemiştir, ancak ülkelerine dönmeleri için teşvik edici söylemlerde bulunulmuştur (Abadan- Unat, 2017, s. 89).

Bununla birlikte yetmişlerde Almanya'da yaşayanlar için iyileştirmelerde bulunulmuştur. İllegal olarak çalışan işçilere, af getirilmiş, bu sayede hukuksal teminattan yoksun bırakılmayarak, resmi çalışma izni verilmiştir. Aile birleşimi gerçekleşmiş, çocuk yardımlarında bulunulmuştur (Abadan- Unat, 2017, s. 91-92). Aile Birleşimi Yasası ile göçmen işçilerin eş ve çocukları Almanya'ya göç etmiş, ikinci kuşak Türkler de bu şekilde ortaya çıkmıştır (Pamuk, 2019, s. 58).

1973 yılından sonra ortaya çıkan Türk işçiler için gereksiz iş gücü yakıştırması ile ortaya çıkan yabancı sorunu seksenlerin başıyla beraber Batı Almanya politikasının temel bir sorununa dönüşmüştür. Hristiyan Demokrat Birliği (CDU) iktidarı döneminde ve Sosyal Demokrat Parti (SPD) döneminde göçmen politikaları konusunda sınırlamalara gidilmiş ve göçmen meselesi bir sorun olarak görülmüştür. Geri dönüş ve yabancıların kontrolü ilgili politikalar radikalleştirilmiştir. 1981 yılında CDU, Federal Parlamentoda çok kültürlü bir yapının kabul edilemez olduğunu dile getirmiştir (Castles ve Godula, 1985, s. 528)

Daha sonra Hristiyan Sosyalist Parti (CSU) ve Hür Demokrat Parti'nin (FDP) koalisyon ortağı Şansölye Helmut Kohl hükümeti, daha fazla göçmenin gelmesini önlemek ve geri dönüşü sağlamak için yabancılar politikasını radikalleştirmişlerdir. Bu politikaya göre Alman değer ve normlarına uyum sağlamayan göçmen işçiler ülkelerine gidecek, kalanlar ise Alman toplumu ile bütünleştirilecektir. Bütünleşmeden kasıt, asimile olmalarıdır. Sınır dışı edilenler birlikte, kalan göçmenlerin eşlerine ve çocuklarının gelişine de sınırlamalar getirilmiştir. 1983 ile 1984 yılları arasında ülkeyi acilen terk etmeleri durumunda, kendilerine 10.500 Alman Markı ile buna ek olarak yetişkin olmayan her çocuğa 1.500 Alman Markı ödeme yapmayı vaat ederek, geri dönüşü teşvik etmiştir. Böylece üç yüz bin kişi Almanya'yı terk etmiştir. Ancak bu politikanın maliyetli olması nedeniyle böyle bir işlemi tekrarlanmamıştır (Kaya, 2016, s. 48).

1980'li yıllar Almanya'daki Türkler için zor yıllardır. Uyum sorunu baş göstermiş, göçmenler kendi içlerine kapanmış, aileleriyle ve akrabalarıyla birlikte getto tipi bir yaşamın içine sürüklenmişlerdir (Abadan -Unat, 2017, s. 93). Gettolar genellikle düşük ve toplumsal konumlu göçmen gruplarının yoğunlaştığı, *'özel farklılaşmış mekanlar'* olarak tanımlanmaktadır. Bu açıdan gettolar özellikle dış göç süreciyle, sanayi toplumlarının kentsel alanlarına sonradan katılan grupların, yeni katıldıkları toplumlarda, yeni yaşama biçimi kurdukları ve dolayısıyla değişim sürecini geçirdikleri özel mekanlardır (Erder, 2005, s. 18). Aynı zamanda düşük gelire sahip grupları nitelendirmek için kullanılan bir ifadedir.

Bu dönemde Almanya'nın karmaşık eğitim sistemi göçmen işçilerin çocuklarını toplum dışına itmiş, Türkler Alman eğitim sisteminden istediği gibi yararlanamamıştır. Hatta, Alman dilinde derslerini izlemeyen Türk çocukları, zekâ engelli çocuklar için kurulmuş olan Sonderschule okullarına bile gönderilmiştir. Bu yıllarda yoğun ideolojik dernekleşme hareketleri de görülmüştür. Bu derneklerin bir kısmı 1980 darbesinden sonra Avrupa çapında açlık grevleri düzenleyip, iş başına gelen hükümetleri sert bir biçimde eleştirip, Türk siyasal eylemlerin sözcüleri haline gelmiştir. Bununla birlikte Alman Anayasası'nın herkesin iltica hakkını teminat altına alan ilkesi, 1980 darbesinde Türkiye'den kaçmak isteyenler için bir fırsat olmuştur. Almanya'nın siyasal mültecilere, sınırlarını açtığını keşfeden potansiyel Türk göçmenler başvuruda bulunmuştur. 1976 yılında siyasal baskı şikayetiyle başvuranların sayısı sadece 809 iken, 1980 yılında bu sayı 57 bin 913'e çıkmıştır (Abadan- Unat, 2017, s. 93 – 96). 1990 yılına kadar önemli bir değişim söz konusu olmamıştır. 1990 yıllarda sığınmacıların sayısı, 1995 yılına kadar önemli bir oranda artmıştır. Nitekim 1985'te 7 bin 528 kişi iltica başvurusu yaparken, 1995 yılında iltica başvuru sayısı 25 bin 514 kişiye yükselmiştir (Perşembe, 2005, s. 70).

Görüldüğü üzere 1990 yıllarda sığınma amaçlı göç hareketleri gerçekleşmiştir. 1980 darbesi sonrasında başlayan sığınma göçü 2000'li yıllara kadar sürmüştür. Son yirmi yıl içerisinde de Türkiye'den göç edenlerin beşinden ikisi sığınmacıdır. Yurtdışında yaşayan Türklerin varlığı, bu ülkelere sığınma taleplerini de artırmıştır. Türkiye'den Almanya'ya sığınma göçü yapanlar ise yüzde elli beştir (İçduygu vd., 2014, s. 198).

Bu yıllarda Türkler hala hukuksal statülerini kazanamamışlardır. Bu dönemde yabancı düşmanlığı gibi sorunlar daha da belirginleşirken, kimlik tartışmaları da dönemin tartışılan konuları arasında yer almıştır. Alman vatandaşlık hakkı tanıyan yabancılar yasası da doksanlı yıllarda yürürlüğe konulmuştur. 1992 Yabancılar Yasası olarak adı geçen yasada, 16 ile 23 yaş aralığındaki sekiz yıldan beri Almanya'da yaşayan, altı yıl okula devam etmiş olan gençlerin Türk vatandaşlığından vazgeçmeleri koşulu ile Alman vatandaşlığına geçmeleri mümkün kılınmıştır. 23 yaş üstüne ise bu olanaktan yararlanmaları için on beş yıl Almanya'da oturma şartı getirilmiştir. Bununla birlikte bu yasa oturma izni, emeklilik, aile birleşmesinin zorlaştırılması gibi Almanya'da yaşamayı zorlaştıran hükümler içermektedir (Abadan – Unat, 2017, s. 99-105).

Bu dönemde baş gösteren sorunlardan birisi yabancı düşmanlığı olmuştur. Misafir işçi olarak giden Türklerin Almanya'da kalıcılaşması ve sayılarının artmasıyla, Almanlar arasında gittikçe güçlenen bir Türk korkusu, kendilerinin Türkleşecekleri endişesi ve Türk işgücünün işsizliği artırması nedeniyle Almanya'da bir Türk karşıtlığı oluşmuş ve ırkçı saldırılarda bulunulmuştur (Kaya, 2007, s. 221-222).

1990'lı yıllarda radikal sağcı partilerin güçlenmesiyle göçmenler bir tehdit olarak gösterilmiş, radikal gruplar da bu partilerden destek alarak ırkçı faaliyetlerde bulunmuştur. Gittikçe artan ırkçı saldırılar karşısında, Türk gençleri de kendi çetelerini kurmuşlardır. Two Nation Force, Cobras, Bulldogs, Türkiye Boys gibi isimlerle gençlik çeteleri ortaya çıkmıştır. Bu gruplar Almanya'da doğup büyüyen, hakları sınırlı, fiilen yurttaş, Alman kültürel değerleri çatışan marjinal gruplardır (Seidel – Pielen, 1993, s. 169).

Bununla birlikte bu dönemde kimlik tartışması da yaşanmıştır. 1970'li yılların sonunda işçiler için *'Gastarbeiter'* (konuk işçi) terimi kullanımdan çıkarılmış, onun yerine *'Auslaendischer Arbeitsnehmer'* (yabancı iş alan) ya da *'Einwanderer'* göçmen terimi kullanmaya başlanmıştır. Daha sonra FDP ülkede sürekli oturanlar için *'Auslaendische Mitbürger'* (yabancı yurttaşlar) terimi kullanılmıştır (Abadan – Unat, 2017, s. 105).

2000'li yıllar ise islamofobik söylemlerin hem kamu içerisinde hem politik arenada yer aldığı yıllar olmuştur. Bu dönem Sirkeci ve arkadaşlarına göre düzensiz göçmenler ile karakterize edilmiştir (2012, s. 375). 11 Eylül Saldırıları Batı'nın yabancı karşıtı ve islamofobik tavrını daha da artırmıştır. Etnik ve dinsel temelli ırkçılığın yükselmesine neden olmuştur. Halkın aşırı sağcı partilere desteğini artırmıştır. Bu açıdan 11 Eylül tüm dünyada bir kırılma noktasıdır. Sonrasında ise Işid terörünün yarattığı dehşet, Avrupa'da İslamiyet'e karşı duyulan korku ve nefretin daha da büyümesine yol açmıştır. Pegida adı altında batının İslamlaşmasına karşı yurtsever Avrupalılar gibi Müslüman varlığını tehdit oluşumlar ortaya çıkmıştır (Pamuk, 2019, s. 71).

Türkler 2000'li yıllarda çok sayıda saldırıya maruz kalmıştır. 2008'de Ludwigshafen'da Türklerin evleri ateşe verilmiş, 2000 ile 2007 yılları arasında NSU adlı Neo- Nazi örgütü tarafından Almanya'nın çeşitli yerlerinde yaşayan esnaf ve dönerci Türkler öldürülmüştür (Abadan – Unat, 2007, s. 10). Berlin eski eyalet Bakanı Thilo Sarrazin'nin *'Almanya Kendini Yok Ediyor: Ülkemizi nasıl tehlikeye attık' 'Deutschland schafft sich ab: Wie wir unser Land aufs Spiel setzen'* adlı yayını, Almanya'da büyük yankı uyandırmış, Almanların Türklere karşı ayrımcılığını körüklemiştir. Bu durum Türklerin Alman kültürü ile bütünleşmesinin de önüne geçmiştir (Pamuk, 2019, s. 70).

Alman Federal İstatistik Ofisi'nin raporuna göre Türkiye Cumhuriyeti vatandaşlarının sayısı, 2005 yılında 1 milyon 764 bin iken, 2009 yılı sonunda bu rakam 1 milyon 658 bine düşmüştür. Bununla birlikte Alman vatandaşlığına geçenler ile doğumla birlikte Alman vatandaşlığını kazananların sayısı 2010 yılı itibariyle 1 milyonu geçmiştir. 2020 raporuna göre ise 1 milyon 461 bin 910, Alman vatandaşı Türk Almanya'da yaşamaktadır.

Aşağıdaki şekilde de görüleceği üzere 2005 yılından itibaren, Türkiye'nin ekonomik durumunun göreceli olarak düzelmesiyle birlikte geri dönüşlerde bir artış görülmüştür (Adıgüzel, 2020, s. 77).

Şekil 5. 1961 ile 2009 Yılları Arasında Türkiye'den Almanya'ya Göç

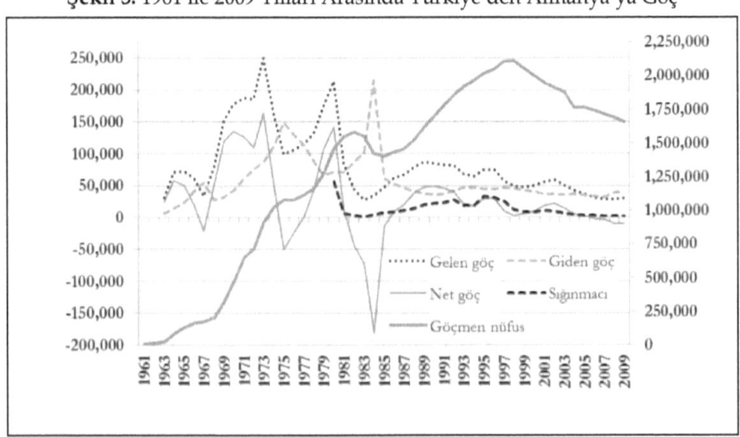

Kaynak (UNHCR, 2020)

2006 yılında Almanya'dan Türkiye'ye göç eden kişi sayısı, Türkiye'den Almanya'ya göç eden kişi sayısını geçmiştir. Son beş yıl içerisinde de bu durum, negatif düzeyde bir seyir göstermiştir. Toplamda Türklerin, Türkiye'den Almanya'ya, Almanya'dan Türkiye'ye göçü on yılı aşkın süredir birbirine yakın görünmektedir (Sirkeci vd., 2012, s. 376).

Alman Federal İstatistik Ofisinden elde edilen verilere göre 1998 ile 2005 yılları arasında Türkiye'den Almanya'ya giden kişi sayısı 323 bindir. Dönen kişi sayısı 259 bin 454'tür. 2006 ile 2009 yılları arasında ise 114 bin 272 Türk vatandaşı Almanya'ya giderken, 136 bin 602 Türk vatandaşı da Türkiye' ye dönmüştür.

Dönüş sebeplerine bakıldığında ise tarihsel seyir içerisinde çıkan olayların Türklerin geri dönüşünü hızlandırdığı görülmüştür. Tüm Avrupa'da olduğu gibi Almanya'da artan ırkçılık, Türklere karşı uygulanan olumsuz ayrımcılık, Türklerin yabancılaştırılması gibi nedenlerle dönenlerle birlikte, Alman ekonomisinin durgunluk içerisine girmesi Türklerin Almanya'dan Türkiye'ye geri dönüşlerinde en büyük etken olmuştur. Bununla birlikte bu tarihler arasında Türkiye ilerlemiş ve yaşanılmak istenen bir ülkeye dönüşmüştür. 2002 ile 2007 yılları arasında dinamik bir büyüme hızı yakalamıştır (Tekin ve Hasskamp, 2011, s. 171).

Altmışıncı yılında Almanya'daki Türk nüfus çizelgesine bakıldığında 2001 yılındaki, 1 milyon 947 bin 938 kişi sayısı, 2020 yılında 1 milyon 461 bin 910'a düşmüştür. 2000'den günümüze kadar ise bu sayı sürekli bir düşüş görülmüştür (Destatis, 2021).

Türklerin Almanya' ya göç tarihine bakıldığında özetle, Türkiye'den Almanya'ya göç hareketliliği 1960'larda işgücünün yurtdışına ihracı, 1970 ile 1980 arası aile birleşimleri, 1980 ve 1990'lerde siyasi sığınmalar (Sirkeci vd., 2012, s. 374). 2000 sonrası ise düzensiz göçlerle ve Almanya'dan Türkiye'ye geri dönüşlerle şekillenmiştir.

Almanya'ya göç bugün altmışıncı yılındadır. Resmi olmayan rakamlara göre 3 milyon Türk Almanya'da yaşamaktadır. Türkiye kökenlilerin neredeyse yarısı Almanya doğumlu ve bir o kadarı da Alman vatandaşıdır (Sirkeci ve Erdoğan, 2012, s. 298). Tarihsel süreç içerisinde Almanya'daki yaşam gerçekleri, Türkleri geçici birer misafir işçi olmaktan çıkarmış, yaşamlarını ve geleceklerini bu ülkede planlayan insanlar haline dönüştürmüştür. Göçün ilk yıllarında erkek ağırlıklı ve göreceli olarak orta yaş grubu içinde bulunanlardan oluşan Türk nüfusu, aile birleşimi sonucunda ve ilerleyen yıllar içerisinde doğal bir heterojen yapıya ulaşmıştır. Öncelikle nüfusun içinde kadın oranı artmış, aynı zamanda küçükte olsa bir üst yaş grubu ortaya çıkmıştır. Türk göçü yaşanan bu süreç içinde, geriye dönüşlerden kaçak işçi veya mülteci olarak Almanya'ya göç eden ve orada doğanlarıyla nüfus yapısında inişli çıkışlı bir süreç izlemiştir (Perşembe, 2005, s. 68).

Önemli ölçüde dönüşümlere ve yukarı doğru toplumsal hareketlere rağmen Almanya Türkleri hem Almanya'da hem Türkiye'de sürekli olarak yanlış temsil edilmişlerdir. Bu insanlara "arada kalmış", "yabancı", "Almancı", "bozulmuş", "muhafazakâr", "radikal", "milliyetçi", "kayıp kuşak" gibi terimlerle etiketlemeler yapılmıştır. Almanya Türklerini daha çok problem olarak algılayan bu tür temsil biçimleri, her iki ülkede önemli ölçüde popülerlik kazanmıştır. Bu etiketlerin popülerliğinin nedeni ise her iki ülkenin de geleneksel bir kültür anlayışına sahip olmasından kaynaklanmaktadır (Kaya ve Kentel, 2005, s. 18).

Türkler Alman toplumu ile Türk toplumu arasında bir köprü olmuştur. İki toplum arasında zihniyet, tavır, fikir ve kültür transferini sağlamıştır. Yeme içme kültüründen, "Alman usulü ödemeye" politikadan, kadınların iş hayatındaki rollerine, ortak kültür eserlerinden, dildeki edinimlere kadar iki toplum arasında pek çok transfer gerçekleşmiştir. Artık akademik anlamda pek çoğu göçmen olarak nitelendirilmemektedir. Almanya'daki

Türkler, Türkiye'nin dışa açılan önemli bir kapısı olmuştur (Sirkeci ve Erdoğan, 2012, s. 299).

2.2. Kuramsal ve Biçimsel Boyutlarıyla Kültürleşmeyi Anlamak

Bu başlıkta ise *'Kültürleşme Kavramının Kuramsal Çerçevesi'* ve *'Kültürleşme Modelleri'* ele alınmıştır. Kültürleşmenin kuramsal içeriğinde kültürleşme kavramı açıklanmış, kültürleşme ile aynı anlama geldiği düşünülen kavramların birbirlerinden farklarına, tanımlar üzerinden yer verilmiştir. Bununla birlikte kültürleşmenin asimilasyondan farkı belirtilmiştir. Kültürleşme çalışmalarının tarihi sonda açıklanmıştır. Kültürleşme modelleri ise tek boyutlu ve çift boyutlu olmak üzere iki açıdan ele alınmıştır.

2.2.1. Kültürleşme Kavramının Kuramsal Çerçevesi

Batı kökenli bir sözcük olan kültürleşme İngilizcede *'acculturation'* olarak ifade edilmektedir. Kavram kültürel etkileşim, kültürel zenginleşme, çevresindeki kültürü kabul etme ve kültürel uyum gibi anlamları ifade etmektedir (Tureng İngilizce – Türkçe Sözlük, 2020). İlk kez 1880 yılında J.W. Powell *"yerli Amerikan dilindeki değişiklikleri"* ifade etmek için bu sözcüğü kullanmıştır (Rudmin, 2003, s. 10-11).

Kavramsal açıdan kültürleşme XIX yüzyılda tanımlanmıştır, ancak bu kavram insanlık tarihi kadar eskidir. Nitekim Sam ve Berry'e göre farklı kültürlerden insanlar arasındaki temas yeni bir fenomen değildir. İnsanlık tarihi boyunca, göç etmiş, göç neticesinde ise halklar bir araya gelmiştir. Bu buluşma neticesinde, orijinal kültürlerde değişiklikler ortaya çıkmıştır. Çünkü halkların yaşamları birbirlerine karışmıştır. Bu kültürel buluşma ve bunun sonucunda ortaya çıkan değişimde ise kültürleşme adlı bir süreç ortaya çıkmıştır (2006, s. 1).

Bu süreci anlamak için ise grupları, onların etkileşimlerini, ev sahibi kültürü, orijin kültürün kişi ve gruplar üzerindeki etkisini, grupların ve bireylerin psikolojik yönelimlerini ve çok daha fazlasını bilmek gerekiyordu. Bunun için de çoğunluğu yabancı kaynaklardan oluşan literatür üzerinde bir inceleme yapılmıştır. Literatür çalışmasında kültürleşmenin en yaygın tanımına ulaşılmıştır.

Bu tanım Redfield ve arkadaşları tarafından yapılmıştır. Buna göre kültürleşme farklı kültürlere sahip bir grup insanın doğrudan etkileşim kurarak, kendi kültürlerinde meydana gelen değişikliktir. Bu tanım kültürleşmeyi, kültürleşmenin önemli bir yönü olmasına rağmen, sadece bir yönü olan kültürel değişmeden ve kültürel asimilasyondan ayırmaktadır (1936, s. 149-150). Bu tanım ilk önce grup düzeyinde bir fenomen olarak antropologlar tarafından önerilmiştir. Ancak erken dönem tartışmalarında bile kavramın birey düzeyinde bir fenomen olduğu fark edilmiştir (Berry vd., 2015, s. 309). Her ne kadar bu tanım asimilasyonu kültürleşmenin bir aşaması olarak ele alsa da asimilasyon ve kültürleşme bazen eş anlamlı olarak kullanılmaktadır. Amerikan sosyolojisinde Gordon, kültürleşmeyi asimilasyonun bir aşaması olarak kabul etmiştir, ancak kültürleşme Redfield ve arkadaşlarının tanımlamasına göre her iki kültürde de meydana gelen değişimdir.

Son yıllarda artan küresel göçün ardından çift iki kültürlülük, çok kültürlülük, entegrasyon, yeniden sosyalleşme, küreselleşme gibi yeni kavramlarda da yaygınlaşma söz konusudur. Bu kavramlar kültürleşme kavramlarına alternatif olarak ya da onun yerine kullanılmaktadır ve bunda bir sakınca yoktur (Berry, 2006, s. 12). Ancak asimilasyon kavramının kültürleşmenin yerine kullanılması doğru bir seçim değildir. Kültürleşme karşılıklı, rızaya dayalı, etkileşim halindeki grupların tümünde kültürel anlamda değişiklikler getirebilecek, bir süreçtir (Berry, 2008, s. 30). Asimilasyon ise TDK'ya göre farklı kökene mensup azınlık ve etnik grupların kültür birikimlerin kimliklerini baskın doku ve yapı içerisinde eriterek yok etme sürecidir.

Asimilasyon kavramı yerine, kültürleşme kavramının kullanılıyor olma sebeplerinden bir tanesi, etkileşim halindeki kültürel grupların birbirleri üzerinde, karşılıklı etkilerinin olduğunu kabul etmesidir. İkinci sebep ise kültürleşmenin çeşitli süreçlere ve sonuçlara yol açmasıdır. Gruplar ve grup içindeki bireyler, kültürleşme deneyimi ile baş edebilmek için, farklı yollar denerler ve bunlar farklı sonuçlar doğurur. Bir diğer sebep ise kültürleşme asimilasyonun aksine değişiklikleri iki boyutlu ve iki yönlü olarak ele almaktadır (Berry vd., 2015, s. 308-309).

Bu üçüncü sebep, yabancı bireylerin topluma adaptasyonları, sadece onların sorumluluğunda veya uyum yetenekleri ile ilgili bir durum olmadığının göstergesidir. Ev sahibi kültürün, bu noktada dışa açıklık, kabullenme, hoşgörü gibi kültürel sorumlulukları vardır (Gülnar, 2011, s. 54). Aşağıdaki tabloda Teske ve Nelson tarafından yapılan ikili ayrıma göre kültürleşme ve asimilasyon hem ortak yönlerine hem de farklılıklarına yer verilmiştir.

Tablo 8. Kültürleşme ve Asimilasyon Arasındaki Farklar

Kültürleşme	Asimilasyon
Dinamik bir süreç	Dinamik bir süreç
Bireysel veya grup süreci olarak değerlendirilebilir	Bireysel veya grup süreci olarak değerlendirilebilir
Doğrudan teması içerir	Doğrudan teması içerir
İki yönlüdür	Tek yönlüdür
Değerlerde değişiklik gerektirmez, ancak değerler kültürleşebilir	Değerlerde değişiklik gerektirir.
Referans grubu değişikliği gerekir	Referans grubu değişikliği gerekmez
Dahili değişiklikler gerekli değildir	Dahili değişiklikler gereklidir.
Grup dışı kabul gerekli değildir	Grup dışı kabul gereklidir.

(Teske ve Nelson, 1974, s. 364).

Literatürde yapılan diğer tanımlarda da kültürleşme tanımlanırken, asimilasyon üzerinde durulmamaktadır. Bu tanımların temas ettiği kilit noktalar değişim ve uyumdur. Değişim vurgusu yapılan tanımlara bakıldığında; *kültürleşme bir deği-*

şim sürecidir, çünkü Berry'e göre, *"bir kişinin repertuarındaki her davranış, diğer kültürlerle etkileşime girdiğinde değime adaydır"* (2001, s. 621). TDK'ye göre de bir kültür ya da bir kültüre ait bir öğe başka bir kültürle etkileşime girdiğinde değişime uğramaktadır, ancak bu değişim gerçekleşebilmesi için devamlılık esastır. Bir kültür başka bir kültür ile devamlı temas halinde bulunursa kültürleşme gerçekleşir (Türkdoğan, 1977, s. 75), ve bu değişim sosyo kültürel açıdan ve psikolojik açıdan bireyleri etkilemektedir.

Kişi kendi zihninde olgunlaştırdığı değişimi, davranışlarına yansıtmaktadır ve davranışlarında kişi etkileşime girdiği kültürdeki argümanları kullanmaktadır. Yeme, içme, giyinme, konuşma stilleri gibi birçok kültürel araçlar değişmektedir. Tüm bu değişimler ise yeni sentezler olarak adlandırılmaktadır, çünkü etkileşimden kaynaklı değişimin sonucunda heterojen bir yapı oluşmuştur. Bozkurt Güvenç' e göre bu heterojen yapının içindekiler ise yeni sentezler ve dinamik bileşkelerdir (2002, s. 87).

Bir diğer ifade ile grup ve birey düzeyinde, gerçekleşen kültürel ve psikolojik değişimlerdir. Bu değişimler grup düzeyinde, sosyal yapı, kurumlar ve kültürel faaliyetlerde gerçekleşmektedir. Bireysel anlamda kişinin düşünce ve eylemlerine yansıyan, gözlemlenebilir farklılıklarda görülmektedir. Grup ve birey düzeyinde gerçekleşen kültürel ve psikolojik değişim süreci ise uzun bir dönemde gerçekleşmektedir. Bir diğer ifade ile kültürleşme, kuşaklarca sürebilen ve hatta asırlarca devam edebilecek bir değişimdir (Berry, 2005, s. 698-699).

Bu değişimde en çok etkilenen taraf, o ülkeye gelen kültürel gruplardır. Değişim, her iki kültür üzerinde gerçekleşen bir devrim olsa da ülkedeki azınlık kültür, egemen kültürden daha fazla etkilenmektedir. Sulhi Dönmezer'e göre hâkim kültür, orijinal kültürü kendi bünyesinde eritmektedir (1984, s. 139).

Çoğunluğun olduğu yerde, azınlık ya asimile olur ya bütünleşir ya da marjinalleşir veya ayrışır. Dolayısıyla, kişi göç ettiği toplumda ister istemez, kültürel çoğunluktan kültürel tercihlerine bağlı olarak etkilenir. Egemen çoğunluk sadece nüfus sayısından ibaret değildir. Hâkim kültüre ait kültürel kodlar ve davranışlar azınlığı tesiri altına almaktadır. Kültürel grupların tuhaf gördüğü veya reddettiği herhangi bir kültürel kod veya davranış daha sonra azınlık birey veya grup için normal olabilmektedir. Kültürel kalıpların, normal kabul edildiği bu anda kültürleşme adı verilen değişim ortaya çıkmaktadır. Buradan hareketle *"kültürleşme bir uyum süredir"*, şeklinde bir ifade kullanılabilir.

Nitekim, 2004 yılında Uluslararası Göç Örgütü kültürleşmeyi *"düşünceler, kelimeler, değerler, normlar, davranışlar, kurumlar"* gibi yabancı bir kültüre ait olan unsurların kişi veya gruplar tarafından benimsenmesi olarak tanımlamaktadır. Bu tanım kültürleşmenin serbestliğine vurgu yapmaktadır, kişi bu unsurları reddetme seçeneğine de sahiptir (Berry, 2006, s. 11). O'guinn, Lee ve Faber''ın 1986 yılında yayınladıkları bir makaleye göre kültürleşme göçmenin egemen toplumun, tutum, değer ve davranışlarına uyum göstermesi, şeklinde tanım söz konusudur (The Association Consumer Research, 2021). Başka bir tanımda ise uyum ifadesine dikkat çekilmiştir. Bu tanımda kültürleşme ülkeye yabancı bir kişinin, o ülkede bulunduğu süre zarfında kültürü algılayış biçimini, yaşadığı problemleri, bu problemlerle başa çıkma yollarını ve yeni kültüre uyumu içerir (Hortaçsu, 2007, s. 249).

Uyum ve değişim sürecini sağlayan en önemli unsur ise etkileşimdir. Kültürleşmenin oluşabilmesi için ise etkileşimin çokluğu önemlidir. Etkileşim ne kadar çoksa, kültürleşme o kadar vardır. Bir diğer ifade ile kültürleşmenin sağlamasını etkileşim yapar. Çünkü kültürleşme kültürel kodlar, gelenek ve görenekler, dil gibi çeşitli konularda yeni toplumun kültürü ile etnik kültürün etkileşimidir (Şahin, 2010, s. 107). Bu bağlamlardan hareketle, özgün bir tanım yapılırsa kültürleşme; egemen kültür ve azınlık kültürün sosyal etkileşimi ile ortaya çıkan, uzun ve kısa vadede gerçekleşen, karşılıklı rızaya dayalı, ağırlıklı olarak azınlık kültürde değişimin gerçekleştiği birey ve grup düzeyindeki kültürel ve psikolojik etkileşimin sonucunda ortaya çıkan değişim ve uyum sürecidir.

Değişim ve uyum süreci olan kültürleşme kavramının başta kültürlenme olmak üzere çeşitli kavramlar ile aynı anlama geldiği düşünülmektedir. Güvenç'e göre, kültürleme, kültürel yayılma, kültürleşme, kültürlenme, kültür şoku, zorla kültürleme, kültürel özümseme ve kültürel değişme birer kültürel süreçtir (1999, s. 122). Bu süreçler ise bazen aynı anlamda kullanılmaktadır. Bu karışıklığı önlem amacı ile Bozkurt'un sıralamasından yola çıkarak, bir tablo oluşturulmuştur. Bu tabloda yukarıda belirtilen kavramların kelime kökenleri ve tanımları yer almaktadır.

Tablo 9. Kültürel Süreçler ve Tanımları

Kültürleme çevresindeki kültürü kabul etme anlamına gelmektedir. İngilizce karşılığı ise "enculturation" dur (Tureng Türkçe – İngilizce Sözlük). Kültüre girme anlamına da gelen, kültürleme gelişme çağındaki çocukların, okul, aile ve sosyal kurumlar yardımıyla, içinde yaşadıkları toplumun kültürel değer, norm ve geleneklerini öğrenmeleri olarak ifade edilmektedir. Yetişkin kişilerin de kendilerini bu kültürel sürece uydurmalarıdır (Demir ve Acar, 2002, s. 261).
Kültürel Yayılma bir diğer ifade ile kültürel difüzyon belli bir toplumda, dıştan içe doğru ya da içten dışa doğru, maddi ve manevi öğelerin sürekli olarak yayılmasıdır (Güvenç, 1999, s. 122).
Kültürlenme XVII. yüzyılın başlarında Lodowick Bryskett tarafından kullanılan bu kavram cultur kavramından türeyerek, culturation olarak kullanılmaktadır (Lexico Oxford Sözlüğü, 2020). Farklı gruplara mensup alt kültür gruplarının, çevrelerinden kalkıp belli yer ve zamanlarda bir araya gelerek, birbirlerini etkileme sürecidir (Güvenç, 2002, s. 86-88).
Kültür Şoku bireyin kendi kültüründen farklı bir kültürle temasa geçmesiyle ortaya çıkan farklılık ve uyumsuzluktan kaynaklı bireyde ortaya çıkan psikolojik rahatsızlıktır. Birçok kişi kendi kültüründen farklı bir kültürle etkileşime girdiğinde bu şoku yaşamaktadır (Barutçugil, 2011, s. 35).
Zorla Kültürleme bir kültüre mensup birey ve grupların, başka bir kültür tarafından zorla değiştirilmesi olarak ifade etmek mümkündür (Güvenç, 1999, s. 122).
Kültürel Özümseme, kültürel asimilasyon olarak da ifade edilen bu kavram azınlık kültürün hâkim kültürün egemenliği altına girerek, kendi öz değerlerini yitirmesi şeklinde ifade edilebilir.
Kültürel Değişme toplumun temel düzenini etkileyen bireylerin, düşüncelerinde, normlarında ve davranışlarında gerçekleşen bir değişimdir (Berelson ve Steiner, 1964, s. 588)

Kültürleşmenin tarihsel sürecine bakıldığında ise kültürleşme tarihte çeşitli şekillerde tasvir edilmiştir. Öyle ki kültürleşmenin Sümerlilere kadar uzandığını gösteren çalışmalarda, kültürleşme bir tehdit unsuru olarak düşünülmüştür. Dönemin hükümdarları yabancılarla etkileşimi bir diğer ifade ile kültürleşmeyi önlemek için bir dizi önlemler ile hukuki yaptırımlar getirmişlerdir. Sebebi ise kendi kültürel kayıplarını önlemektir (Gadd, 1971, s. 41-43, akt. Rudmin, 2008, s. 9).

Bununla birlikte Babil hükümdarı, Hammurabi yerleşik uzaylı olarak belirttiği yabancıların geleneklerini asimile edeceği endişesiyle tek tip bir hukuk sistemine geçiş yapmıştır (Johns, 1991, s. 7). Platon ise kültürleşmeyi en aza indiren teklifler önermiştir, yaşlıların gençlere göre daha az kültürleştiğini savunarak, kırk yaşından sonra yurt dışına seyahat edilmesi gerektiğini savunmuştur. Yabancıların konaklamalarının sadece liman bölgesi ile sınırlandırılmasını önererek, yerli halk ile iletişimini en aza indirgenmesini talep etmiştir (Rudmin, 2003, s. 10).

Batı medeniyeti kültürleşme ile tarihlerini renklendirmişlerdir. Nitekim Batı medeniyetinin tarihi bir kültürleşme tarihidir. Celtic ve Latince Germen lehçeleriyle birleşmiştir. Anglo – Saksonların Britanyayı işgali ile bugün tüm dünyada kullanılan İngilizce kültürleşme sayesinde ortaya çıkmıştır (Hadley, 1943, akt. Rudmin, 2003, s. 10). Bununla birlikte ipek ticareti, baharat ticareti ve köle ticareti gibi ülkeler arasında yapılan ticari faaliyetleri kültürleşmenin fenomenleridir. Micheal Mullin, *'Africa in America: Slave Acculturation and Resistance in the American South and the British Caribbean'* (1995) adlı eserinde 1736 -1831 adlı eserinde kölelerin yaşadıkları olayları betimleyici bir dil ile anlatmıştır. Eserde siyahi ve beyaz ayrımında yaşanan sıkıntılar, okuyucuyu o dönemin şartlarına götürmektedir.

Tarihin önemli dönemlerinden biri olan Rönesans ise kültürleşmenin önemli zamanlarından biridir. XIV. yüzyıldan itibaren, İtalya'da başlayan daha sonra tüm Avrupa'ya yayılan, Orta Çağ'ın kapılarını kapatıp, Yeni Çağ'ın açılmasını sağlayan tüm tarihsel ve düşünsel gelişmeler sağlamıştır (Demir ve Acar, 2002, s. 351). Rönesans döneminde Avrupalılar kendi klasik geçmişlerini, yeni kültürler ile harmanlamışlardır. Bu dönemde etkileşim göze çarpan en önemli unsurlardan biridir.

Rönesans sonrası Avrupa'daki ulus devletlerin oluşumuna bağlı olarak ortaya çıkan halkların etkileşimi ortaya çıkmıştır. Avrupa ve Afrika'dan Amerika'ya göç gerçekleşmiştir. XX. yüzyılda Avrupa ülkeleri göçmenler ile dolmuştur. Ortadoğu'da yaşanan kriz ise başta Türkiye olmak üzere, çeşitli ülkeler mültecilere kapılarını açmıştır. Tarih boyunca hep göç var olmuştur.

Kültürleşme açısından çalışmalarının başlama tarihi ise Avrupalıların sömürgeleşme faaliyetlerinin yerliler üzerindeki etkilerinin incelenmesine denk gelmektedir (Hortaçsu, 2007, s. 249-250). Bu tarihlerde kültürleşme konusu ile ilgili antropoloji, sosyoloji ve psikoloji alanında çeşitli araştırmalar gerçekleştirilmiştir. Her bir bilim dalı kendi içerisinde kültürleşmeyi anlamlandırmıştır. Psikoloji ise diğer bilim dallarına göre daha fazla ilgi göstermiştir (Berry, 1980, s. 215, Sam ve Berry, 2006, s. 1). Nitekim psikoloji alanında kültürlerarası psikoloji diye bir alan doğmuştur. Bu alanda farklı teoriler ortaya atılmış ve göç edenler üzerinde çeşitli araştırmalar gerçekleştirilmiştir.

Kültürleşme alanında ortaya atılan ilk teori ise 1918 yılında, Thomas ve Znaniecki tarafından öne sürülen psikolojik kültürleşme teorisidir. Bu teoriye göre farklı kişilik özelliklerine sahip olan kişiler farklı kültürleşme yaklaşımları sergilemektedir. Korku, merak ve benzer kişilik özelliklerinde kaynaklı üç tür kültürleşme yaklaşımı vardır. Bohem kişiliğe sahip kişiler, korku düzeyleri düşük, merak seviyeleri ise yüksektir. Herhangi sosyal bir ortama kolayca uyum sağlayabilmektedirler. Ayrıca bohem kişiliğe sahip bireyler kolayca asimile de olabilmektedir. İkinci tip kişilik olan korkak kişiler ise yüksek korkudan kaynaklı düşük merak düzeyi ile sosyal geleneklere sarılıp modernliği reddetmektedirler. Bir diğer ifade ile bu kişiler kültürleşmeden kaçınmaktadırlar. Son olarak korku ve merak seviyesini dengede yaratıcı kişilikler ise kontrollü ve tutarlı bir değişim gösterirler ve kültürleşme düzeyleri ideal seviyededir (Rudmin, 2003, s. 11).

Kültürleşme bin yıldır devam etmesine rağmen kültürleşme üzerine çağdaş ilgi Avrupa'daki egemenliğin yerliler üzerindeki etkilerine yönelik endişeden doğmuştur. Daha sonra göçmenlerin girişlerinden sonra nasıl bir değişim geçirdiğine odaklanmıştır. Yakın zamana kadar ise etnik kültürel grupların birbirleriyle ilişkileri incelenmiştir (Berry, 2005, s. 700).

1930'lu yıllarda kavramsallaştırılan kültürleşme, 1970'li yıllarda çalışılmaya başlanmıştır. Batıya yapılan göç nüfusunun artmasıyla birlikte, kültürleşme konusundaki çalışmalar da artmıştır. Modeller ortaya konmuş, modeller ise kültürleşmeyi göçmenlerin göçtükleri ülkenin kültürüne uyum sağlamaları biçiminde ele almıştır. Daha sonra ise göçmenlerin ve ev sahiplerinin karşılıklı görüşleri ve görüşler arasındaki uyum genel toplumsal bağlam çerçevesinde düşünülmüştür. Bu alandaki ilk çalışmalar kültürlerarası psikoloji alanında çalışanlarca yürütülmüş ve toplumsal kimlik kuramı kavramlarından yararlanılmıştır (Hortaçsu, 2007, s. 249-250).

Günümüzdeki çalışmalar ise ticari anlaşmalar, siyasi ilişkiler, kolonileşme süreçleri ortaya çıkmış, göçmenlerle ile mülteci akımı da ortaya çıkmıştır. Mülteci akımları ile etno – kültürel gruplar kurulmuştur. Kültürleşme konusu, tek boyuttan çıkarak çift taraflı açıdan ele alınmaya başlanmıştır (Berry , 2005, s. 700). Konunun ve araştırmanın amacı açısından önem taşıyan kültürleşme modelleri ise kültürleşme modelleri başlığı adı altında açıklanmıştır.

2.2.2. Kültürleşme Modelleri

Kültürleşme konusu üzerinde yapılan çalışmalara bakıldığında modeller Gordon'un tek boyutlu kültürleşme modeli ve

Berry'nin iki boyutlu veya çok kültürlü kültürleşme modeli olarak ikiye ayrılmaktadır. Araştırmacılar Gordon'un tek boyutlu asimilasyon modelinin kültürleşmeyi açıklamada yetersiz olduğunu savunmaktadır. Bunun üzerine Berry'nin iki boyutlu modelini geliştirdiğini ifade etmektedirler. Tek boyutlu model göç eden bireylerin ev sahibi toplumda (ana akım toplum) kendi orijin kültürlerine kaybettiklerini iddia etmektedir. Bu gerçekleşen ve gerçekleşmesi muhtemel olan bir durumdur. Ancak tek bir seçenek değildir. Göç eden birey ana akım toplumda sadece asimile olmamaktadır. Topluma entegre olurken, kendi kültürel değer ve normlarını korumaktadır ya da ana akım topluma muhalif olarak, kendi kültürel değerlerini savunmaktadır ve ev sahibinin kültürel kodlarını reddetmektedir. Bununla birlikte hem kendi orijin kültürünü hem de ana akım kültürün değerlerini kabul etmeyip marjinalleşebilmektedir.

Görüldüğü üzere göç eden birey için tek bir seçenek yoktur. Nitekim birey, göçmen kültürleşme sürecinde, orijin kültürünü muhafaza ederek, ana akım kültürü de eş zamanlı olarak kabul etmektedir (Castro, 2003, s. 10). Bu çalışmada da kültürleşme modelleri kapsamında tek ve çift boyutlu modeller olarak ikili bir ayrım yapılmıştır. Literatürde en çok atıf alan, John Berry'nin kültürleşme modeli stratejiler eşliğinde şekillerle açıklanmaya çalışılmıştır. Çalışmanın uygulama aşamasında da bu kültürleşme modeli ölçeği kullanılmıştır. Hem literatür hem de araştırma açısından önemli olan John Berry'nin kültürleşme modeli diğer modellere göre daha ayrıntılı aktarılmıştır.

2.2.2.1. Tek Boyutlu Modeller

Tek boyutlu modeller *'Gordon'un Tek Boyutlu Asimilasyon Modeli'*, *'Doğrusal Model'* olmak üzere ikiye ayrılmıştır. Gordon modelinde, modelin özellikleri hem kuramsal olarak da hem de tablo şeklinde açıklanmıştır. Doğrusal model ise şekil üzerinden detaylandırılmıştır.

Çift boyutlu modeller *'John Berry Tarafından Geliştirilen Kültürleşme Modeli ve Stratejileri'* ile *'İnteraktif Kültürleşme Modeli ve Kültürleşme Stratejileri'* başlıkları ile anlatılmıştır. John Berry'nin modeli araştırmanın önemi açısından kapsamlı bir şekilde açıklanmaya çalışılmıştır. Model içerisinde yer alan asimilasyon, ayrılma, bütünleşme ve marjinalleşme stratejileri ya da kavramsal olarak açıklanmıştır.

Gordon'un Tek Boyutlu Asimilasyon Modeli

Gordon'un asimilasyon modeli veya Gordon'un tek boyutlu asimilasyon modeli olarak literatürde adı geçen bu model Milton M. Gordon tarafından 1964 yılında ortaya çıkarılmıştır. Model daha önce belirtilen asimilasyon kavramı ile aynı anlama gelmektedir. Bu modele göre göç eden bireylerin kendi orijin kültürlerini korumaları ile göç ettikleri ana akım toplumun kültürlerine uyum sağlamaları arasında negatif bir ilişki vardır. Nitekim göç eden bireyler egemen topluma uyum sağlarken, kendi kültürlerinden feragat ederler. Bunun sonucunda göç eden bireylerde ev sahibi toplumun kültürel değer ve normlarını davranışlarına yansıtmaları beklenir (Khodaparast, 2008, s. 11-13).

Bir diğer ifade ile kişi ana akım toplumun kültürünü benimsemektedir. Bu durum ise asimilasyon olarak ifade edilmiştir, ancak kültürleşme bir asimilasyon değildir. Kültürleşme konusunda çalışma yapan araştırmacılar, kültürleşme ile asimilasyonu aynı kulvarda görmektedir ya da birbirinin yerine kullanmaktadır. Oysaki asimilasyon kültürleşmenin en eski modelidir (Wamwara - Mbugua, 2003, s. 15).

Şekil 6. Tek Boyutlu Kültürleşme Modeli (Bipolar Model)

Kaynak (Nguyen ve Eye, 2002, s. 203).

Şekilde görüldüğü üzere göç eden birey için sadece iki seçenek konusudur; ya etnik kültüre katılmayarak orijin kültürünü muhafaza edecektir (düşük kültürleşme) ya da ev sahibi kültüre katılı asimile olacaktır (yüksek kültürleşme). Bu modele göre ana akım toplum karşısında, azınlık toplumun kültürel değerleri yok edilecektir (Nguyen ve Eye, 2002, s. 203). Bir diğer ifade ile Almanya'ya göç eden Türk ya Alman olup asimile olacaktır ya da kendi etnik kültürünü muhafaza ederek Türk kimliği ile yaşayacaktır. Bunun sebebi ise bireylerin sadece tek bir kimliğe sahip olabileceği yanılgısıdır.

Göç eden birey asimile olmayı tercih de edebilir, asimile olmaya da zorlanabilir. Egemen toplumun kültürel değerlerini benimsemeyen birey, bu toplum içinde dışlanabilir, ötekileştirilebilir ve bunun sonucunda içinde yaşadığı topluma yabancılaşabilir. Bu sebeple kişi kendi kültürel özelliklerini atmaya zorlanır (Cabassa, 2003, s. 131-136).

Bunun sonucunda ise farklı kültürleşme problemleri yaşayabilmektedir. Öyle ki yabancılaşma, izolasyon gibi sorunlar ile karşı karşıya kalan bireyler, tamamen yeni kültür içerisinde asimile olana kadar ya da yeni kültür içerisinde edildiğini idrak edene kadar bu sorunları yaşayacaklardır (LaFromboise vd., 1993, s. 396). Bununla birlikte tek boyutlu modelde ev sahibi kültür daha baskın olduğu için daha güçlü davranmaktadır. Ev sahibi göçmen ilişkisini kendi lehine çevirmektedir. Ayrıca göç eden bireyler göç ettiği ülkeye yabancı olduğu için eğitim, medya, politika, iş hayatı gibi alanlarda daha düşük statüye sahip oldukları düşünülmektedir (Zafer, 2015, s. 26).

Tablo 10. Asimilasyon Türleri

Asimilasyon Türü veya Asimilasyon Aşamaları	Asimilasyon Alt Süreci veya Koşulları	Özel Terim
Kültürel Asimilasyon ya da Kültürleşme	Ana akım topluma uyum sağlanarak, davranışlarda değişim gerçekleşir.	Kültürleşme
Yapısal Asimilasyon	Ana akım toplumun kurumlarına geniş çaplı bir katılım göstererek, uyum gösterme durumudur.	-
Evlilik Neticesinde Oluşan Asimilasyon	Ana akım toplumdaki bireylerle yapılan evliliklerin sayısının artması sürecidir.	Birleşme
Özdeşimsel Asimilasyon	Özellikle ana akım toplumda yaşayan bireylerin ve grupların ulus olma hissinin oluşturulmasıdır.	-
Tutumsal Asimilasyon	Önyargının yok edilmesi sürecidir.	-
Davranışsal Asimilasyon	Ayrımcılığın olmaması sürecidir.	-
Medeni Asimilasyon	Hem azınlık toplumda hem de ana akım toplumda ortak bir yurttaş kimliğinin oluşturulması sürecidir.	-

(Gordon, 1964, s. 71).

Bu adımların veya alt işlemlerin her biri birbiri ile ilişki içerisindedir. Bu nedenle bu aşamalar birer asimilasyon türü olarak kabul edilip, kategorize edilebilir. Aralarında zincirleme bir ilişkinin olduğu bu asimilasyon türleri arasındaki ilişki tamamlandıkça asimilasyon ortaya çıkmaktadır. Bu aşamalar içerisinde ise en önemli süreç, yapısal asimilasyondur. Yapısal asimilasyon diğer asimilasyon türlerinin öncülü konumundadır bir kez ortaya çıktığında, diğer asimilasyon türleri de gerçekleşmektedir. Bir diğer ifade ile yapısal asimilasyonun ortaya çıkması durumunda diğer asimilasyon türleri de onu takip edecektir (Gordon, 1964, s. 70).

Sıralamaya göre ilk alt süreç olan kültürel asimilasyon, göçmenlerin davranış kalıplarındaki değişimleri yani, dil, kıyafetler ve tüketilen yiyecek türlerinde meydana gelen farklılıkları ifade eder. Kültürel asimilasyon, tüketim kalıp ve davranışları alanında çalışan araştırmacıların en çok ilgilendikleri asimilasyon türüdür (Kızıltaş, 2014, s. 38). Evlilik neticesinde oluşan asimilasyon ise anlaşılacağı üzere evlilik bağı yoluyla kişilerarasında etkileşimden kaynaklı asimilasyon anlamına gelmektedir.

Özdeşimsel asimilasyon ise hem göçmenlerde hem de ana akım toplumda ortaya çıkan tutumsal ve davranışsal değişimleri ifade etmektedir. Bu aşamada göçmenler hem kendilerini hem de ev sahibi kültür ile ilişkilerini yeniden tanımlarlar. Göç eden bireyler ev sahibi toplumu gerçekten benimsemezler, bunun yerine ev sahibi kültür taklit edilir. Edinilen tutum ve davranışlar ise çok büyük sembolik davranışlara yol açar (D'Rozario ve Douglas, 1999, s. 189).

Tutumsal asimilasyon yabancı kültüre karşı davranış geliştirmeden önce olumsuz ön yargı kalıplarının yıkılmasını ifade ederken, davranışsal asimilasyon Gordon'a göre göçmen grubun davranışlarında temel bir değişikliği ifade etmektedir (1964, s. 71). Medeni asimilasyon ise ana akım toplum ile göç eden bireyler arasındaki herhangi bir sorunun olmadığını, kültürleşme sürecinde bir değer ve güç çatışmasının yaşanmadığını ifade etmektedir.

Özetle bu modelde kültürleşme sadece asimilasyon olarak görülmektedir ve erken kültürleşme teorisyenlerinin kullandığı bir modeldir. Tek boyutlu modelde kişinin orijin kültürü ile yeni geldiği kültür arasında denge kurulamamaktadır. Kişinin yeni toplumda ya asimile olup, kültürel değerlerinden feragat edecek, ya da kendi orijin kültürünü koruyup göç ettiği toplumda ötekileştirilecektir. Oysaki kültürleşme bu iki boyuttan ibaret değildir.

Doğrusal Model

Doğrusal model Szapocznik, Scopetta, Kurnites ve Aranalde tarafından 1978 yılında geliştirilen bir modeldir. Çalışmadan elde edilen sonuca göre kültürleşme asimilasyonun bir uzantısıdır. Ancak Gordon'dan farklı olarak, bu modelde kişi kendi orijin kültürünü de koruyabilir. Dolayısıyla göç eden birey ya asimile olacaktır ya da kendi kültürünü koruyacaktır.

Şekil 7. Doğrusal Model

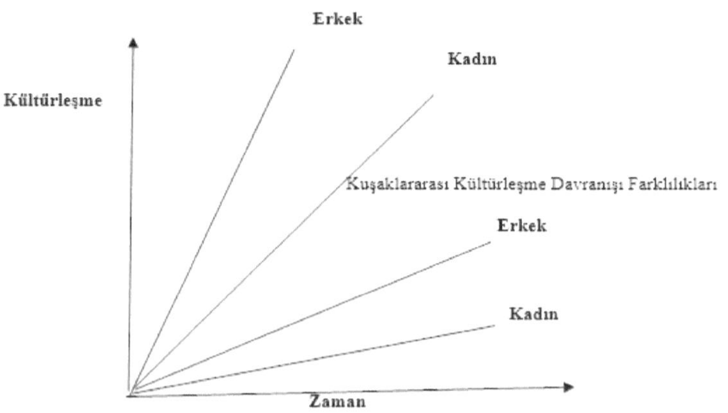

Zaman, Yaş ve Cinsiyetin Bir Fonksiyonu Olarak Nesiller Arası Kültürel Farklılıkların Gelişimi (Szapocznik vd., 1978, s. 115).

Model kültürleşme süreciyle ilgili üç hipotez önermektedir. Bu bireysel kültürleşmenin ilk hipotezi, kişinin konakçı kültüre maruz kaldığı sürenin uzunluğunun bir fonksiyonu olarak ilerleyen doğrusal bir süreçtir. Bu nedenle, bir birey ev sahibi kültüre ne kadar çok maruz kalırsa, kişinin kültürleşmesi o kadar eksiksiz olacaktır. İkinci hipotez, kültürleşme oranının bireyin yaşının bir fonksiyonu olduğudur. Spesifik olarak, bir kişi ev sahibi kültüre ilk kez maruz kaldığında ne kadar gençse, kültürleşme o kadar hızlı ilerleyecektir. Üçüncü hipotez, kültürleşme oranının erkek ve kadınlarda farklılık gösterdiği ve erkeklerin kadınlardan daha hızlı kültürlendiği yönündedir (Szapocznik vd., 1978, s. 114-115).

2.2.2.2. Çift Boyutlu Modeller

Tek boyutlu modellere göre, kişi ya asimile olur kendi orijin kültürünü kaybeder, ya da asimile olmaktan kaçınır ve yalnızlaşır. Başka bir alternatifi yoktur. Bu yüzden tek boyutlu modeller kültürleşmeyi açıklamada yetersiz görülmüş, eleştirilmiş ve bunun üzerine alternatif seçenekler geliştirilmiştir.

Tek boyutlu modellere yapılan eleştiriler sonucunda, geliştirilen modellere bakıldığında en fazla atıf alan ve kabul gören ismin John Berry olduğu görülmüştür. Berry ve arkadaşlarına göre kültürleşme süreci iki grup arasında gerçekleşmektedir. Gruplardan birini ev sahibi toplum (baskın) oluştururken, diğerini de göç eden bireyler (azınlık toplum) oluşturmaktadır. Bu süreçte azınlık toplum iki temel durum ile karşı karşıya kalmaktadır. Bunlardan ilki ya kendi kültürel kimliklerini koruyacaklardır ya da baskın ana akım kültürü benimseyeceklerdir.

Ancak burada, sadece kendi kültürünü unutup asimile olmak veya baskın kültüre karşı karşıt olup yalnızlaşmak anlaşılmamalıdır. Berry tek boyutlu modelden farklı olarak, bireyin kendi orijin kültürünü korurken de ana akım kültüre uyum sağlayabileceğini söylemektedir. Ayrıca birey hem kendi kültürünü hem de ana akım kültürü reddedebilir. Dolayısıyla, asimile olmaktan başka alternatifler de vardır. Bunlar ise farklı kültürleşme stratejileri ile açıklanmaktadır. Kültürleşme stratejisi, bireylerin yeni kültürden etkilenme düzeylerinin birbirilerinden farklı olmasını ifade etmektedir. Kültürleşme stratejileri bireyin kültürleşmeyi seçiş şeklini ve günlük kültürlerarası ilişkilerinde sergilediği davranış biçimlerini göstermektedir (Berry, 2005, s. 704).

Bu davranış biçimleri John Berry'e göre asimilasyon, bütünleşme, ayrılma ve marjinalleşme boyutlarından oluşmaktadır. John Berry ilk kez 1980 yılında bu stratejileri içeren bir model önermiştir. Bu model eksikliklerinden dolayı eleştirilmiş, bunun üzerine Berry kültürleşme teorisini geliştirmiştir (Khodaparast, 2008, s. 13). John Berry'den farklı olarak Bourghis, Moise ve Perreault de etkileşimli kültürleşme modeli ile Berry'nin modelini geliştirmişlerdir Literatürde bu iki yaklaşım çift boyutlu modeller olarak açıklanmaktadır. Bu doğrultuda bu çalışma içerisinde ilk olarak John Berry'nin kültürleşme modeli ve stratejileri açıklanacaktır.

John Berry Tarafından Geliştirilen Kültürleşme Modeli ve Stratejileri

Şekil 8'deki modelde gruplarla etkileşimi kabul etmenin veya reddetmenin sonucunda ortaya çıkan, kültürleşme stratejileri ortaya çıkmaktadır.

Şekil 8. John Berry'nin Kültürleşme Modeli

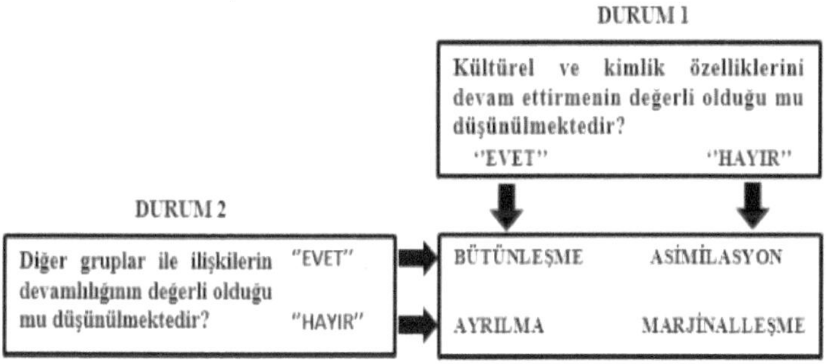

Kaynak (Berry vd., 1989, s. 187).

Berry'nin modelinden anlaşılacağı üzere, kültürleşmeyi iki durum yansıtmaktadır. Durum 1'deki *"Kültürel ve kimlik özelliklerini devam ettirmenin değerli olduğu mu düşünülmektedir"* sorusuna hayır dendiği zaman asimilasyon ve marjinalleşme ortaya çıkmaktadır. Bu soruya birey *"evet"* yanıtını verirse bütünleşme ve ayrılma yönelimi göstermektedir.

Şekil 8'de Durum 2'ye bakıldığında ise *"Diğer gruplarla ilişkilerin devamlı olduğu mu düşünülmektedir?"* sorusuna birey evet yanıtı veriyorsa ya bütünleşme yönelimi gösterir ya da asimile olur. Bireyin bu soruya yanıtı *"hayır"* ise ayrılma veya birey marjinalleşme yönelimlerinden birini tercih etmektedir.

Bu yönelimlerden birincisini gruplar arasındaki ilişkinin derecesi ya da grupların birbirleri ile kaynaşması oluşturmaktadır.

Bir diğer ifade ile iki grup bir araya gelerek farklı kültürleşme yönelimleri göstereceklerdir. Yönelimlerin ikincisini ise her iki toplumun birbirinden bağımsız olarak kendi orijin kültürüne devam etme isteği oluşturmaktadır (Saygın ve Hasta, 2018, s. 314).

Asimilasyon bireyin kendi kültürel mirasını devam ettirmek istemediğinde, diğer diğer kültürlerle yakın etkileşim içinde olmayı istediğinde ve yeni toplumun kültürel değerlerini, normlarını, geleneklerini benimsediğinde ortaya çıkan bir kültürleşme stratejisidir. Bütünleşme ise bir yandan bireyin bir yandan özgün kültürün devamına ilgi göstermesi diğer yandan da diğer gruplarlar günlük etkileşime girmesi anlamına gelmektedir. Ayrılma da bireylerin kendi özgün kültürlerini korumaya büyük önem verdiklerinde ve yeni toplum üyeleri ile etkileşimden kaçındıklarında ortaya çıkan durumdur. Kültürleşme stratejilerinin dördüncüsü olan marjinalleşme ise kültürel devamlılığın söz konusu olmadığı durumlarda veya buna yönelik bir çabanın gerçekleşmediği zamanlarda sıklıkla dışlanma ve ayrımcılık nedeniyle bireyin kendisini hem orijin kültürden hem de göç ettiği toplumdan uzakta görmek istemesidir (Berry vd., 2015, s. 321).

Şekil 9. Asimilasyon Yönelimleri

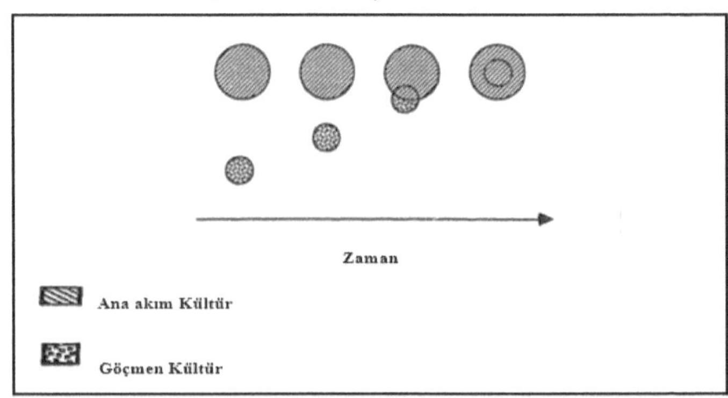

Kaynak (Champagnie, 1993, s. 10).

Şekil 9'da görüldüğü üzere, başta orijin göçmen kültür ana akım kültüre eşit uzaklıktadır. Zaman geçtikçe kendi orijin kültüründen uzaklaşarak, baskın kültürün içine dahil olmaktadır. Sonunda göçmen kültür, egemen kültürün şeklini almaktadır. Bilgin'e göre asimilasyon bir bütünün içerisinde erime sürecidir. Asimile olmak önce bireyin zihninde başlar, sonra davranışlarına yansır. Göç ettiği toplumun kültürel kodlarını özümsemek olarak adlandırılan asimilasyon (Bilgin, 1994, s. 41), iki şekilde gerçekleşmektedir. Birey ya kendi isteği ile egemen çoğunluğa tabi olarak asimile olur ya da egemen çoğunluğun baskısı karşısında kendi kültüründen feragat edip, egemen toplumun kültürel atmosferine dahil olur ve neticede asimile olur (Berry vd., 2006, s. 306).

Asimilasyon, orijin göçmen kültürün üyeleri üzerinde yapısal, kültürel, psikolojik ve biyolojik olmak üzere farklı şekillerde değişime neden olmaktadır. Yapısal değişim, göçmen kültür üyelerinin baskın kültürün kurumlarıyla ve dernekleriyle bütünleşmesini ifade ederken, kültürel değişimler göçmen kültür grubunun kültürel değerlerinin ev sahibi toplumla ne derece uyuştuğunu ifade etmektedir. Psikolojik değişimler bireyin kimliği ile ilgili iken, biyolojik değişim ev sahibi grup ile göçmen grup arasındaki fiziksel değişimi azaltan ve göçmen kültürde meydana gelen genetik mutasyonu içermektedir (Yinger, 1985, s. 154).

Şekil 10. Bütünleşme Yönelimleri

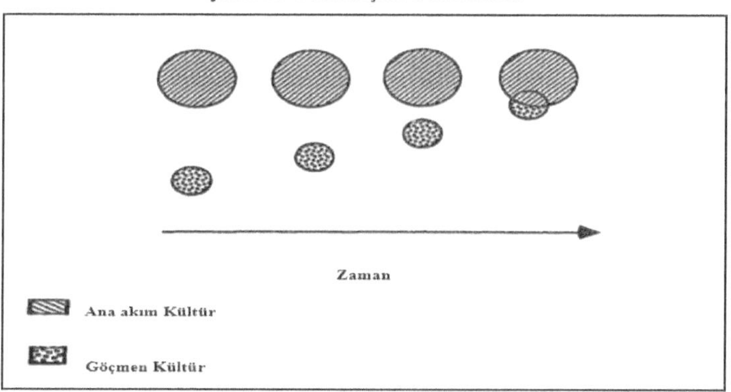

Kaynak (Champagne, 1993, s. 12).

Şekil 10'da bütünleşme yönelimlerinde orijin göçmen kültür başta ana akım kültüre eşit uzaklıktadır. Göçmen kültür zamanla ana akım kültürle bütünleşmektedir, ancak, birey asimilasyon da olduğu gibi ana akım kültürün içinde kaybolmamaktadır. Ana akım kültürle temas etmektedir. Bir diğer ifade ile bütünleşme yönelimini tercih eden bireyler hem kendi kültürel kimliklerini hem de egemen toplumun kültürel kimliklerini kabul ederek, her iki kimlikle de bütünleşmektedir (Berry vd., 2006, s. 327-328).

Bunun için de karşılıklı uyum ve uzlaşma önemlidir. Berry'e göre karşılıklı uyumun gerçekleşebilmesi için hem azınlık toplumun hem de ev sahibi toplumun tüm farklılıklara rağmen bir arada yaşama inancına sahip olması ve birbirlerinin kültürlerine saygı duyması önem taşımaktadır. Bütünleşmenin gerçekleşebilmesi her iki toplumun da birbirlerine anlayışlı olmaları gerekmektedir (Berry, 2001, s. 619)

Bir diğer ifade ile ana akım kültür, kültürel farklılıklara açıksa orijin göçmen kültür bütünleşme stratejisini benimseyebilir. Bütünleşme stratejisinin benimsenmesi için, grupların çok kültürlülük ideolojisini sahip olmaları şarttır. Homojen bir toplum anlayışı yerine farklı etnik gruplardan insanların bir arada yaşayabileceğine inanılması, ırkçılık ve ayrımcılık faktörlerinin minimum düzeyde olması gerekmektedir. Orijin göçmen kültür üyeleri ile ana akım kültür üyelerinin birbirlerine karşı kin ve nefretle yaklaşmamaları da bütünleşme stratejisinin gerçekleşmesi için önemlidir (Berry, 1997, s. 17).

Şekil 11. Ayrılma Yönelimleri

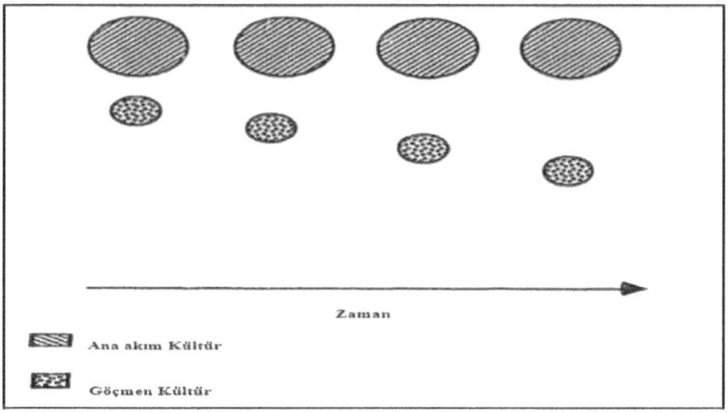

Kaynak (Champagnie, 1993, s. 13).

Şekil 11'de ayrılma yönelimleri tutumunda ise başta ana akım kültüre yakın olan orijin göçmen kültür, zamanla ana akım kültürden uzaklaşmaktadır. Bunun sonucunda ise yaşadığı toplumdan uzaklaşmaktadır, ayrılma asimilasyonun tam zıttıdır. Ayrılma tutumunda göç eden birey, kendi kültürel değerlerine, normlarına sahip çıkarken davranışlarında kendi kültürel kodlarını yansıtır ve ana akım toplumla etkileşime girmekten kaçınır.

Berry ve arkadaşlarına göre, azınlık toplum ana akım toplumdan ayrımcılık algıladığında ana akım toplumla ilişki kurmaktan kaçınmakta ve kendi kültürüne daha çok yönelmektedir. Ayrımcılık algılamadığında ise ana akım toplumla iletişime daha açık olmaktadır (Berry vd., 2006, s. 326).

Şekil 12. Marjinalleşme Yönelimleri

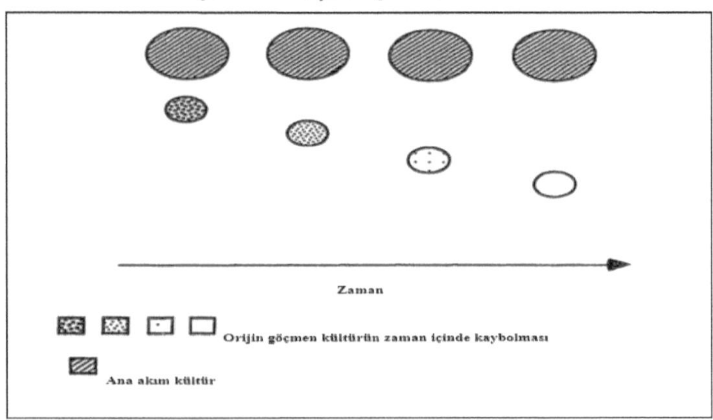

Kaynak (Champagnie , 1993, s. 15).

Şekil 12'de göçmen kültür ayrılma modelinde olduğu gibi başta ana akım kültüre yakın mesafededir. Zamanla hem ana akım kültürden hem de kendi orijin kültüründen uzaklaşmaktadır. Bunun sonucunda da kişi hem kendi kültürüne hem de içinde yaşadığı toplumun kültürüne dahil olmamaktadır. Berry'e göre bireyleri marjinalleşmeye iten iki önemli faktör bulunmaktadır. Bunlardan birincisi bireyin kendi kültürüne karşı hissiz ve ilgisiz olmasıdır. İkincisi ise bireyin dışlanması ve ayrımcılığa maruz kalmasıdır (Berry, 2001, s. 621).

Birey marjinalleşirken, sadece kendi kültürüne ilgisiz değildir. Ev sahibi toplumun kültürüne de ilgisiz olabilir veya algıladığı ayrımcılık, sadece baskın kültürden kaynaklanmayabilir. Birey kendi orijin kültürü içerisinde de ötekileştirilebilir. Dolayısıyla birey marjinalleşmişse, bunda hem bireyin kendisi hem de göçmen ve ana akım toplum sorumludur.

Marjinalleşme sosyal bir sorun olarak görülmektedir. Nitekim marjinalleşen kişi ekonomik, toplumsal ve kültürel açıdan kendini sosyal çevrenin dışına itilmiş hissetmektedir. Ötekileştirildiğini düşünen birey, ikincil bir konuma sahip olduğunu düşünmektedir (Gökçe, 1996, s. 55). Kültürleşme sürecinde marjinalleşme yönelimi sorunlu bir sonuçtur. Bireyin yaşadığı kültürleşme stresi, bireyin yaşadığı topluma ve kendi orijin kültürüne yabancılaşmasına neden olmaktadır. Bunun sonucunda da birey kimlik kaybına uğramaktadır. Yaşadığı kaygı ise bireyi aidiyet duygusundan uzaklaştırmaktadır (Trimble, 2003, s. 7).

Bireyde aidiyet duygusunun olmaması, kişiyi kendi değerlerinden uzaklaştırarak, yabancısı olduğu, bilmediği yaşama itmektedir veya birey böyle bir yaşamı tercih etmektedir. Kendisine ait olmayan değerlerle yaşamaya başlayan birey kültürleşme stratejileri içerisinde en zor olanı yaşamaktadır.

Asimilasyon, bütünleşme, ayrılma ve marjinalleşme stratejileri göçmen orijin grubun kültürleşmesi için geçerlidir. Kaynaklarda orijin göçmen kültür üyelerinin ne şekilde kültürleşecekleri ve strateji seçimlerinde özgür davranabilecekleri vurgusu yapılmaktadır, ancak bu durum, her zaman geçerli değildir. Çünkü ana akım kültür orijin göçmen kültür üyelerini kültürleşme stratejilerini seçmeleri hususunda zorlayabilmektedir ya da onlara kısıtlamalar getirebilmektedir. Böyle bir durum karşısında sözü edilen kültürleşme stratejilerinin yerine farklı stratejilerde eklenmelidir (Zafer, 2015, s. 31).

John Berry'nin Şekil 8' deki modeli bu birçok kültürleşme çalışmasına yol göstermesine rağmen eleştirilmiştir. Bu modelde göç eden bireyin kişilik özelliklerine, göç veren ülkenin özelliklerine ve bilhassa ev sahibi toplumun görüşlerine ve göçmenlerine karşı yer verilmemiştir. Bunun üzerine John Berry ikinci kültürleşme modeli geliştirmiştir.

Şekil 13. John Berry'nin Etnokültürel Gruplarda ve Daha Büyük
Toplumlarda Kültürleşme Yönelimleri Model II

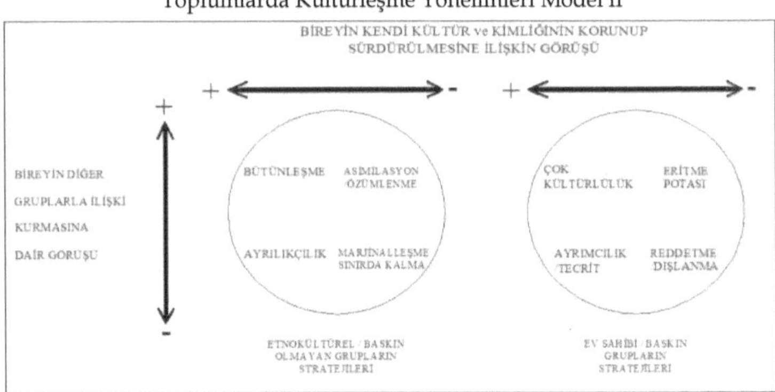

Kaynak (Berry, 2005, s. 704).

Berry ikinci kez geliştirdiği bu modelde daha önceki modelde olduğu gibi göçmenlerin kültürlerini koruma ve ev sahipleriyle ilişki kurma eğilimleri kültürleşme tutumlarını belirlemektedir. Ev sahiplerinin kalıp yargıları, ön yargıları ve etnik tutumları onların çok kültürlülüğe bakışlarını etkilemektedir. Berry ev sahiplerinin çok kültürlülüğe ilişkin, benimseyecekleri farklı ideolojileri göçmenlerin tutumlarına benzer şekilde tanımlamaktadır. Bunlar çok kültürlülük, eritme potası, tecrit ve reddetme (dışlanma, sınırda kalma) şeklinde ifade edilmektedir. Azınlık ve ev sahibi toplumun kültürleşmeye ilişkin tutumları birbirini etkilemektedir (Hortaçsu, 2007, s. 255-256).

Şeklin sağ tarafında yer alan baskın grubun stratejilerine yer verilmiştir. Buna göre çok kültürlülük pek çok modern toplumda olduğu gibi ortak bir çatı altında birlikte yaşama anlamına gelen dengeyi bildirmektedir (Berry ve ark., 2015, s. 340). Bir diğer ifade ile bütünleşme ile aynı anlama gelmektedir. Ev sahibi toplum açısından çok kültürlülük (bütünleşme) etnik grupların temel özelliklerinden birini kabul edip benimsemesini ifade etmektedir. Baskın toplumun, baskın olmayan toplumu reddetmesi ve dışlaması sonucunda da baskın olmayan toplum marjinalleşmektedir. Ayrımcılık ya da tecrit ise baskın kültürün azınlık kültürü ayrılıkçı stratejiye zorlamasıdır. Eritme potası ise asimilasyon ile aynı anlama gelmektedir (Berry, 2006, s. 706).

Genel olarak, birey kültürleşirken ev sahibi topluma yaklaşıyorsa asimilasyon ve bütünleşme, ev sahibi toplumdan uzaklaşıyorsa ayrılma ve marjinalleşme stratejisini benimsemektedir. Yapılan araştırmalara göre en fazla tercih edilen kültürleşme yönelimi bütünleşmedir. Bütünleşme yönelimini asimilasyon, ayrılma ve marjinalleşme izlemektedir (Berry 1997, s. 25, Lahti vd., 2011, s. 1424).

Bu bağlamda göç eden birey genel olarak ev sahibi toplumla yakın olmayı tercih ediyor, şeklinde bir ifade kullanılabilir. Çünkü yaşadığı toplum içerisinde kültürleşme stresi yaşayan birey yaşadığı topluma yabancılaşırken, belli bir süre sonra kendine de yabancılaşmaktadır. Toplumsal çözülmelerin nedeni bireysel çözülmelerden kaynaklanmaktadır. Dolayısıyla göçmen kültür, ana akım kültüre dahil olabilmesi için ev sahibi topluma önemli görevler düşmektedir.

Nitekim uyumun ya da bütünleşmenin gerçekleşebilmesi için, ev sahibi toplumun eğitim, sağlık gibi önemli ortak alanlarda göçmen azınlık grubun ihtiyaçlarını önemsemesi gerekmektedir. Bu tür ulusal yapılar, göçmenlerin istek ve ihtiyaçlarına göre uyarlanmalıdır (Kılıçoğlu, 2014, s. 43). Bireyin ev sahibi toplumla bütünleşmek yerine ev sahibi toplumdan ayrılması ise ana akım toplumun bir sorunsalıdır. Ana akım toplum dışarıda tutma eğilimini yöneldiğinde, azınlık toplum da ayrılma yönelimi gösterecektir (Berry, 1997, s. 34). Berry ve arkadaşlarına göre azınlık toplum ana akım toplumdan ayrımcılık algıladığında ana akım toplumla ilişki kurmaktan kaçınmakta ve kendi kültürüne daha çok yönelmektedir. Ayrımcılık algılamadığında ise ana akım toplumla iletişime daha açık olmaktadır (Berry vd., 2006, s. 327).

Bununla birlikte kültürleşme stratejisi gerçekleşirken, tercihler içeriğe ve zamana göre farklılık göstermektedir. Öyle ki kişi tek bir kültürleşme yönelimini benimseyebileceği gibi bulunduğu koşulların etkisiyle birden çok kültürleşme yönelimi de gösterebilmektedir. İş yerinde evden farklı bir kültürleşme yönelimi gösterebilmektedir. Bununla birlikte, bireyler göç ettikleri toplumdaki deneyimlerine bağlı kalarak, yeni stratejiler keşfedebilmektedirler. Kişi kendi deneyimleri sonucunda, bazı kültürleşme yönelimlerini daha tatmin edici bulabilmektedir (Şeker, 2005, s. 47). Etnik toplumdan gördüğü baskı ve dışlama sonucunda birey ayrışabilmektedir.

Buraya kadar çift boyutlu modellere, kültürleşme stratejilerine ve bu stratejilerin birbirlerinden ayrılan yönlerine, ev sahibi toplum ile göçmen toplum için kullanılan stratejiler şekiller ile açıklanmıştır. John Berry kültürleşme literatüründe önemli bir isimdir. Birçok araştırmacı Berry'nin modelini kendi çalışmasında uygulamıştır, ancak Berry'nin geliştirdiği modeli eleştirenlerden olmuştur. Nitekim Stuart ve Ward 2011 yılında yayınladıkları *"A Question of Balance: Exploring the Acculturation, İntegration and Adaptation of Muslim İmmigrant Youth"* adlı eserinde Berry'nin geliştirdiği kültürleşme ölçeğinde kültürel uyum ve bireylerin gündelik yaşamları arasında bir ilişkinin olmadığını savunmaktadırlar. Bununla birlikte bireylerin yakaladığı kültürel uyum, Berry'nin iddia ettiği gibi kültürleşmenin bir sonucu değildir, aksine kültürleşme sürecinin bir parçasıdır. Bir diğer ifade kültürleşme bir sonuç değil, devam eden bir süreçtir.

Ward ise 2008 yılında yayınladığı *"Thinking Outside the Berry Boxes; New Perspectives on İdentity, Acculturation and İntercultural Relations"* adlı eserde Berry'nin ölçeğine olumlu ve olumsuz eleştirilerde bulunmuştur. Berry geliştirdiği ölçeğin Kültürleşme çalışmaları açısından büyük önem taşıdığını söyleyen Ward, PsycINFO araştırmasında Berry ve kültürleşmeyi birbirine bağlayan 800'den fazla alıntıya ulaştığını ifade etmektedir. Berry'nin savların doğrulayan çok sayıda ulaştığını söyleyen Ward, kültürleşme ile eksik bulduğu yerlere dikkat çekmektedir. Ward'a göre kültürleşme yönelimleri Berry'nin aktardığından daha fazlasıdır. Kültürleşme stratejileri sosyo kültürel bağlam içerisinde açık bir şekilde ortaya çıkmaktadır, ancak Berry kültürleşme tutumlarını statik bir sonuç veya geniş bir adaptasyonun göstergesi olarak incelemiştir. Kültürleşme yönelimlerinin unsurlarını incelerken, bütünleşmenin ne anlama geldiğini ve nasıl başarıldığını açıkça belirtmemiştir. Bütünleşme göçmenlerin kimlikleri ile uyumlu mu? Bütünleşme durumsal mı? gibi... Eğer bütünleşme durumsalsa bireyler durumuna göre geleneksel ve modern mi davranıyor? İnsanlar neden asimile olur ya da ayrılma yönelimini benimser? Bütünleşmeyi seçtikleri için mi yoksa, bütünleşebilecek beceri ve yeteneklere sahip olmadıkları için mi? Marjinalleşme nasıl gerçekleşir? Kısıtlamalar ve eksiklikler mi marjinalleşmeye neden oluyor? Yoksa göçmen gerçekten marjinalleşmek mi istiyor? Kültürel uyum yönelimleri zamanla değişir mi? Bu tartışmanın en merkezi sorusu geleneksel kültüre ve daha geniş topluma yönelimleri kavramsallaştırmanın farklı yolları mı var mı? Şeklindedir (2008, s. 106-107). Ward yönelttiği bu sorular ile eksiklikleri ortaya çıkararak Berry'nin modelini eleştirmiştir.

Berry'i eleştiren diğer bir yayın ise Rudmin ve Ahmadzadeh tarafından 2001 yayınlanan *"Psychometric Critiuque of Acculturation Psychology; The Case of Iranian Migrants in Norway"* adlı çalışmadır. Bu çalışmada eleştirilen husus, katılımcının verdiği yanıtların birden fazla stratejide yüksek puana sahip olmasıdır. Bununla birlikte Rudmin, aynı katılımcılara farklı kültürleşme ölçekleri uygulanmaktadır. Sonuçlar ise birbirinden bağımsız ve farklı çıkmaktadır. Rudmin ise kültürleşmenin karmaşıklığını ihmal ettiği için ve kültürleşmenin sadece dört seçeneğe indirgenerek, göçmen grupları radikal bir seçime zorladığı için eleştirmiştir. Bununla birlikte kültürleşme stresi ve uyum sorunları üzerindeki vurguyu da eleştirmiştir (Rudmin, 2009, s. 107).

Berry'nin kültürleşme modeli ve stratejileri eleştirilmesine rağmen birçok çalışmada kullanılmıştır. Lee ve Green'in *"Acculturation process of Hmong in Eastern Wisconsin"*, Robinson'un *"Cultural İdentity and Acculturation Preferences Among South Asian Adolescents in Britain"*, Bade ve arkadaşlarının *"Negotiating Dual İdentities: the of Group Rejection on İdentification and Acculturation"* gibi çalışmalarda bu ölçek kullanılmıştır (Saygın ve Hasta, 2018, s. 319). Bu model yöntemsel olarak, kategorik analiz tekniğine sahiptir (Yalçın, 2017., s. 75).

İnteraktif Kültürleşme Modeli ve Kültürleşme Stratejileri

Bourhis, Moise, Perrault ve Senecal 1997 yılında göçmen ve ev sahiplerinin kültürleşme stratejilerinin birbirleriyle uyum veya uyumsuzluk içinde olabileceğini söylemişlerdir. Uyum ve uyumsuzluğun sonuçlarına değinerek, Berry'nin modelini geliştirmişlerdir. Berry'nin modelini geliştiren araştırmacılar dörder strateji yerine beşer stratejiden bahsetmişlerdir. Araştırmacılar bu stratejileri oluştururken, küçük bir farklılıkla Berry'nin iki boyutunu kullanmışlardır. Aşağıdaki şekillerde bu boyutlara yer verilmiştir (Hortaçsu, 2007, s. 257-258).

Tablo 11. Bourghis, Moise, Perrault ve Senecal Tarafından Berry'nin Göçmenler İçin Revize Edilen Model

Göçmenler Kendi Kültürünü Korumalı mı? (Birinci Boyut)			
		Evet	**Hayır**
Göçmenler Yeni Ülke Kültürünü	**Evet**	Bütünleşme	Asimilasyon
Benimsemeli mi? (İkinci Boyut)	**Hayır**	Ayrılma	Kuralsızlık Bireycilik

Kaynak (Bourghis vd., 1997, s. 377).

Bourghis ve arkadaşları Berry'nin yönelttiği sorulardan yola çıkarak, yukardaki modeli geliştirmişlerdir. Berry'den farklı olarak marjinalleşme stratejisini kuralsızlık ve bireycilik olmak üzere iki başlıkta incelemişlerdir.

Ne eski ne de yeni kültürün özelliklerini benimseyen ve her iki kültüre de yabancılaşan, toplumdan kopuk kişiler için kuralsızlık, her iki kültürün kurallarına işine geldiği ölçüde uyan örneğin *"ben ne Almanın ne de Türk, ben kendime özgü bir kişiyim"* diyenler için ise bireycilik kullanılmaktadır. Aşağıdaki şekilde ev sahibi kültürün, göçmen kültüre karşı geliştirdiği stratejilere yer verilmiştir. Marjinalleşme stratejisi burada dışlama ve bireycilik olarak ikiye ayrılmıştır. Ev sahipleri açısından dışlama, göçmenleri ülkeye kabul etmeme ve sınır dışı etme veya gettolara kapatma anlamı taşırken, bireycilik ise etnik kökeni dikkate almadan kişi olarak kabul etme anlamına gelmektedir (Hortaçsu, 2007, s. 258).

Tablo 12. Bourghis, Moise, Perrault ve Senecal Tarafından Berry'nin Ev Sahibi Toplum için Revize Edilen Model

Göçmenlerin Kültürel Kimliklerini Korumalarını Kabul Ediyor musun? (Birinci Boyut)			
		Evet	**Hayır**
Göçmenlerin Ev Sahibi Toplumun	**Evet**	Bütünleşme	Asimilasyon
Kültürel Kimliğini Benimsemesini	**Hayır**	Ayırma	Dışlama
Kabul Ediyor musun? (İkinci			Bireycilik
Boyut)			

Kaynak (Bourghis vd., 1997, s. 380)

Bununla birlikte Berry'den farklı olarak Bourhis ve arkadaşları 'İnteraktif Kültürleşme Modelini' geliştirmişlerdir. Bu modele göre ev sahibi toplum ile göçmenler arasında kültürleşme yönelimleri bakımından uyumlu, sorunlu, çatışmalı olmak üzere interaktif bir etkileşim söz konusudur.

Tablo 13. İnteraktif Kültürleşme Modeli

Ev Sahibi Toplumun Stratejileri	Göçmen Stratejileri				
	Bütünleşme	Asimilasyon	Ayrılma	Kuralsızlık	Bireycilik
Bütünleşme	Uyumlu	Sorunlu	Çatışmalı	Sorunlu	Sorunlu
Asimilasyon	Sorunlu	Uyumlu	Çatışmalı	Sorunlu	Sorunlu
Ayırma	Çatışmalı	Çatışmalı	Çatışmalı	Çatışmalı	Çatışmalı
Dışlama	Çatışmalı	Çatışmalı	Çatışmalı	Çatışmalı	Çatışmalı
Bireycilik	Sorunlu	Sorunlu	Sorunlu	Sorunlu	Uyumlu

Kaynak (Bourghis vd., 1997, s. 382).

Şekil 1'de ev sahibi topluluk ve göçmen kültürleşme yönelimlerinin tek bir kavramsal çerçeve içinde nasıl birleştirilebileceğini göstermektedir. Beş göçmen yönelimi yatay eksende sunulurken, beş ev sahibi topluluk yönelimi dikey eksende sunulmuştur. Göçmen stratejileri ile ev sahibi toplumun stratejileri arasında ilişkiye bakıldığında iki grup arasında bütünleşme, asimilasyon ve bireycilik durumlarının uyumlu olduğu görülmektedir. Diğer durumlar ise sorunlu ve çatışmalıdır.

Bu modelde devlet yasallaştırma politikalarının hem göçmen hem de ev sahibi topluluk kültürleşme yönelimleri üzerinde güçlü bir aktarım etkisi vardır (Bourghis vd., 1997, s. 384). Bir diğer ifade ile Hortaçsu'ya göre Bourghis ve arkadaşları resmi görüşlerle uygulamalar arasında farklılıklar olabileceğini savunmaktadır. Ev sahiplerinin göçmenlere ilişkin stratejilerinde, ekonomik koşullar, yeni göçmen dalgaları gibi toplumsal koşullar nedeniyle değişebileceğinden söz etmektedir (2007, s. 259). Bu modelde genel olarak, çoğulculuğu ve sivil ideolojileri yansıtan entegrasyon politikalarının görülmesi muhtemel bir durumdur. Pozitif ve uyumlu ilişkisel sonuçlar elde etmek için asimilasyon ideolojisini yansıtan politikalar önemlidir. Etnist ideolojiyi yansıtan ayrımcı ve dışlayıcı politikalar ise ev sahibi ile göçmen toplum arasında çatışmalı ilişkilere neden olmaktadır.

Bununla birlikte, devlet politikaları çoğulcu veya sivil bir ideolojiyi yansıtsa bile, ev sahibi toplumun bir kısmının, göçmen gruplara yönelik ayrımcılık dışlayıcı yönelimleri sürdürmesi muhtemeldir. Benzer şekilde, bu model devlet politikaları bütünleşme stratejilerini yansıtsa bile, göçmen nüfusun belirli bir oranı ayrılma stratejisini benimseyeceğini öngörmektedir. Bununla birlikte modelde öne çıkan bir diğer unsur ise göçmen kültürleşme yönelimlerinin ev sahibinin kültürleşme yönelimlerini doğrudan etkileyebileceği öngörüsüdür (Bourghis vd., 1997, s. 384).

Buraya kadar çift boyutlu modellerden, kültürleşme yönelimlerinden, yönelimlerin özelliklerden, ev sahibi toplum ile göçmen kültürün benimsediği stratejilerinden bahsedilmiştir.

Adaptasyon başlığında ise psikolojik ve sosyo kültürel adaptasyon tek bir başlık halinde incelenmiştir. Kültürleşme bağlamında uyuma yer verilmesinin nedeni, uyumun kültürleşmenin sürecinin bir sonucu olmasıdır.

2.3. Kültürleşmenin Sonuçları: Psikolojik ve Sosyo Kültürel Adaptasyon

Göçmenler yeni çevrede başarılı bir şekilde işlev görebilmek için yeni kültürün kurallarını anlamak eylemlerini bulmak, seçmek ve kurmak durumundadır. Bir diğer ifadeyle göçmenler yeni kültürel gerçekliğin doğasına katılma ihtiyacı hissetmektedir. Bu yüzden göç ettiği toplumu anlamak durumundadır (Yalçın, 2017, s. 74). Bunun içinde göç ettiği topluma entegre olup, adapte olmaya çalışmalıdır.

Adaptasyon, organizmanın sosyal çevreye entegre olabilmesi için dengede kalarak, değişime uğramasıdır. Organizmanın içinde bulunduğu koşullarda, yeni bir durum ortaya çıktığında uyum süreçleri işlenmeye başlamaktadır (Bilgin, 2016, s. 426). Nitekim birey, dış çevreden gelen tepkilere karşı tutum ve davranışlar geliştirmektedir. Bu tutum ve davranışlar ise kültürleşmenin sonucudur.

Kültürleşmeye bağlı olarak ortaya çıkan adaptasyon (Berry, 1997, s. 13), kültürleşme kavramı ile karıştırılmaktadır, ancak adaptasyon kültürleşme ile eş anlamlı değildir. Adaptasyon yeni bir dil öğrenme, yeni kültürü tanıma ve o kültür hakkında bilgi edinme, yeni sosyal ilişkiler kurma gibi günlük yaşamı etkili bir şekilde organize etme başarısıdır. Kültürleşme ise bireyin sağlık durumunu, iletişim yeterliliğini, benlik farkındalığını, stresi azaltma yollarını, kabul edilme hissi ve kültürlerarası becerileridir (Berry vd., 2015, s. 324 ve Yalçın, 2017, s. 74).

Nitekim Chirkoy da kültürleşme ile ilgili yapılan çalışmaları adaptasyon ile ilgili olan çalışmalardan ayırmaktadır. Adaptasyon süreci ile ilgili yapılan araştırmalar, göçmenlerin yeni girdikleri çevreye nasıl uyum sağladığı ve nasıl işlev gördüğü ile ilgilidir. Bu araştırmalar sosyal statü, ekonomik refah, eğitim, sağlık ve öznel iyilik hali açısından göç edenleri betimleyen çok disiplinli sonuçlardır (Yalçın, 2017, s. 75). Adaptasyon ile ilgili yapılan çalışmalara bakıldığında, başlangıçta grup temelli olarak yapıldığı görülmüştür. Sonrasında bu araştırmaların, sadece grup düzeyinde değil, bireysel düzlemde de çalışılabileceği düşünülmüştür (Sam, 2006, s. 14).

Bu ilk ayrımı ise Searle ve Ward 1990 yılında yapmışlar ve adaptasyon sürecini sosyokültürel ve psikolojik olmak üzere iki açıdan ele almışlardır. Daha sonraki araştırmalarda da bu ayrım kullanılmıştır. Psikolojik adaptasyon bireyin fiziksel ve psikolojik olarak iyi olma halidir. Sosyo kültürel adaptasyon ise yeni kültürdeki kültürleşme yönelimleri ve bireyin günlük yaşamını sürdürme şeklini içermektedir. Psikolojik adaptasyon; ruh sağlığı, kültürel kimlik, bireyin kültürel yapı içerisinde yaşam doyumunun yüksek olması, tatmin olması gibi psikolojik sonuçları ifade etmektedir. Psikolojik adaptasyon zaman isteyen bir süreçtir. Sosyo kültürel adaptasyon ise grup temelli bir uyumu ifade etmektedir. Aile ve iş hayatı, okul ortamı gibi yerlere uyumu ve karşılaşılan problemleri aşma çabasını içermektedir. Bir kültürün dilini, yaşam tarzını, çalışma koşullarını öğrenmesi ve uygulamasıdır. Psikolojik adaptasyon ruh sağlığı, stres gibi yaklaşımlar ile açıklanırken, sosyo kültürel adaptasyon daha çok sosyal hayata uyum becerisini içermektedir (Berry, 2005, s. 709).

İki adaptasyon türü birbiri ile ilişkili olsalar da kavramsal olarak birbirlerinden farklılık göstermektedir. İki adaptasyon farklı değişkenlerin etkisinde kalmaktadır. Depresyon ve ruhsal sağlık konusunda uygulama alanı bulan psikolojik adaptasyon; kişilik ve yaşam değişiklikleri ve sosyal destek kavramları tarafından etkilenmektedir. Sosyo kültürel adaptasyon ise daha çok yeni kültürde ikamet süresi, dil yeterliliği, kültürel uzaklık ya da farklılık ve ev sahibi toplumla temas gibi değişkenlere bağlıdır (Ward ve Deuba, 1999, s. 424). Aşağıdaki tabloda bu farklılıkları görmek mümkündür.

Tablo 14. Psikolojik Adaptasyon ile Sosyo Kültürel Adaptasyon
Arasındaki Farklılıklar

Ayrıştırıcı Faktörler	Psikolojik Adaptasyon	Sosyokültürel Adaptasyon
Uygulama Alanı	• Depresyon •Küresel Ruhsal Bozukluklar	•Sosyal hayat aktivitelerinde karşılaşılan zorluklar
Ana Unsurlar	• Kişisel ve kültürel algılamalar • Ruh sağlığı • Kişisel doyum • Stres, depresyon ve psiko – patolojik yaklaşımlar • Uyumluluk yeteneği	• Aile, iş ve okul hayatındaki ilişkiler • Sosyal öğrenme yaklaşımı • Sosyal beceriler modeli • Kültürleşme stratejileri
Belirleyici (Etkileyen) Değişkenler	• Kişilik • Yaşam koşullarındaki değişiklikler • Sosyal destek	• Yeni kültürde ikamet süresi • Dil yeterliliği • Kültürel farklılık • Kültürel kimlik • Ev sahibi ulusla temas düzeyi
Süreç İçerisindeki Yönelim	• Psikolojik Sorunların giderek artması	• Sosyo kültürel problemlerde düşüş

(Gülnar ve Balcı, 2011, s. 104).

Tüm bu farklılıklara rağmen bu iki adaptasyon da bireyin kendisini hem iyi hissetmesi hem de içinde bulunduğu toplum içerisinde iyi olmasıyla ilgilidir (Berry vd., 2015, s. 324). Dolayısıyla her iki adaptasyon süreci de birbirinden bağımsız değildir ve doğrudan birbirlerini etkilemektedir. Nitekim kültürleşme düzeyleri bakımından her iki adaptasyonun birbiriyle bağlantılı olduğu görülmektedir.

Adaptasyon kültürleşmenin bir sonucudur, dolayısıyla kültürleşme yönelimleri ile adaptasyon arasında bir paralellik vardır. Sosyokültürel ve psikolojik adaptasyonu etkileyen faktörler, kültürleşme düzeylerini de etkilemektedir. Nitekim Berry'e göre olumlu bir diğer ifade ile başarılı adaptasyon ve kültürleşme yönelimleri arasındaki ilişki şu şekildedir. Bütünleşme yönelimini benimseyenler diğerlerine göre daha başarılı bir adaptasyon yaşarken, marjinalleşme yönelimini benimseyenler ise adaptasyon konusunda sorun yaşamaktadırlar. Asimilasyon ve ayrılma yönelimini benimseyenler ise adaptasyon seviyesi bakımından ortadadırlar. Bu genelleme tutarlı ve kültürleşme yönelimleri ile paraleldir (Berry, 2005, s. 709).

Bu çıkarım farklı araştırmalar tarafından desteklenmektedir, ayrılma stratejisini benimseyen orijin göçmen kültür üyelerinin daha çok adaptasyon sorunu yaşadıkları görülmüştür. Bireyler ana akım kültürden izole yaşamanın sonucunda, içinde bulundukları ev sahibi topluma ve onun üyelerine yabancı kaldıklarını ifade etmişlerdir (Stevens vd., 2007, s. 193). Ting Kin ve arkadaşlarının yaptıkları araştırmada Çin'de yaşayan öğrencilerin sosyo kültürel uyum ve psikolojik uyum düzeyleri incelenmiştir. Bu araştırmaya göre aile ve ev sahibi toplumdan gelen desteğin ilişkileri ılımlı hale getirdiği görülmüştür. Bu kültürel destek bireyin yaşadığı topluma entegre olmasını sağlarken, bireyin marjinalleşmesini de engellemektedir (Kin vd., 2017, s. 22). Ayrıca, ABD'deki Hint kökenli göçmen gençler ve onların ebeveynleri üzerinde yapılan araştırmada da ebeveynlerin bütünleşmeyi benimsemelerinin, çocuklarda daha az davranış sorunlarının görülmesiyle ilişkili olduğunu ortaya koymuştur. Buna karşın ebeveynlerin asimile olmayı, çocukların ise ayrılıkçılığı benimsemeleri sonucunda, çocukların çok sayıda davranış sorunları gösterdiği görülmüştür (Aycan ve Kanungo, 1998, s. 454-455). Ancak başka bir araştırma sonucunda da bütünleşme yönelimini benimseyenler uyum açısından yeni kültüre en iyi adapte olmuş kişiler olsa da asimilasyon yönelimini benimseyen orijin göçmen kültür üyelerinin, kültürel adaptasyonları düzeyleri daha yüksek çıkmıştır (Ward ve Deuba, 1999, s. 422).

Adaptasyon düzeyi ile kültürleşme yönelimleri arasında doğrudan bir ilişki vardır. Kültürleşme yönelimlerinden asimilasyon ve bütünleşme yönelimini seçen göçmen bireylerin sosyo kültürel adaptasyon düzeyleri daha yüksektir, şeklinde bir ifade kullanılabilir. Bununla birlikte hem asimilasyonun hem de bütünleşme yönelimlerinin özelliklerine bakıldığında azınlık kültür, ana akım kültüre entegre olmaktadır. Ayrılma ve marjinalleşme yönelimleri ise göçmen kültürün, kendini izole edip, kendi kültürünü muhafaza etmesini ve yeni kültüre yabancı kalmasını ifade etmektedir. Bu doğrultuda, ayrılma ve marjinalleşme eğilimlerini benimseyen bireylerin, sosyo kültürel adaptasyon düzeyleri de düşük seviyededir çıkarımı yapılabilir.

Bununla birlikte kültürel benzerlik de adaptasyon sürecine katkı sağlamaktadır. Nitekim yapılan Türkiye'deki Suriyeliler üzerinde yapılan bir araştırma sonucuna göre Türk kültürü ile Suriye ile kültürü arasındaki benzerliğin adaptasyon süreçleri üzerinde olumlu etkilerinin olduğu görülmüştür (Ünalan, 2016, s. 35).

Sosyokültürel ve psikolojik adaptasyonun haricinde, bir de ekonomik adaptasyon vardır. Ekonomik adaptasyon kişinin yeni kültürde yaptığı işten elde ettiği, doyum ve etkinliği ifade etmektedir (Aycan ve Berry, 1996, s. 242). Bu araştırmada göç eden bireylerin yeni toplumda iş edinip edinmedikleri, işlerinin kişileri tatmin edip etmediği, yaptıkları işin faydalı olup olmadığı ile ilgili sorulara yanıt aranmaktadır. Ekonomik açıdan refah içerisinde yaşayan bireylerin yeni kültüre adapte olma düzeyleri ve kültürleşme seviyeleri daha yüksektir. Kanada'da yaşayan Türkler üzerinde yapılan araştırmaya göre de elde ettiği gelirden memnun olmayan kişilerin, psikolojik uyumları olumsuzdur. Ayrıca çalışmada, bir işte çalışan kültürel azınlık ev sahibi toplumla daha çok temas etmektedir. Bu temasın sonucunda da orijin kültür ile yerli halkın daha çok sosyalleştiği ve kültürleşme sürecine daha çabuk entegre oldukları sonucuna ulaşılmıştır (Aycan ve Berry, 1996, s. 245).

Kültürleşme düzeyi ile adaptasyon arasında ise ilişkiyi etkileyen çeşitli faktörler vardır. Bu faktörler aşağıdaki şekilde grup ve birey düzeyinde ifade edilmiştir. Aşağıdaki sınıflandırmada, bunlar *Kültürleşme ve Adaptasyon Sürecini Etkileyen Faktörler* başlığı adı altında verilmiştir.

2.4. Kültürleşme ve Adaptasyon Sürecini Etkileyen Faktörler

Kültürleşme ve adaptasyon sürecini etkileyen pek çok değişken söz konusudur. Literatüre bakıldığında farklı araştırmacılar grup temelinde ve bireysel düzlemde kültürleşmeye ve adaptasyona etki eden bir dizi faktör ortaya koymuşlardır. Araştırmacıların Berry ve Sam tarafından yapılan sınıflandırmayı dikkate aldıkları görülmüştür. Berry ve Sam kültürleşmeye etki eden faktörleri grup düzeyinde göçmen grup, ev sahibi grup ve grup kültürleşmesi bağlamında üç boyutta incelemişlerdir. Göçmen grup düzeyinde etnografik özellikler, siyasal durum, ekonomik koşullar ve demografik özellikler olmak üzere dört kategoride incelemişlerdir. Ev sahibi grup açısından ise ülkede kalış süresi, göçmen politikaları, göçmenlere ve belirli gruplara yönelik tutumlar ve sosyal destek spesifik özelliklerdir. Grup kültürleşmesinde ise kültürleşen grupta ortaya çıkan fiziksel, biyolojik, kültürel, sosyal ve ekonomik değişikliklerdir. Bireysel düzlemdeki değişkenler ise kültürleşme öncesi ve kültürleşme sonrası olmak üzere iki açıdan ele alınmıştır. Kültürleşme öncesi daha çok göçmen grupların özelliklerini yansıtırken, kültürleşme esnasında çıkan faktörler de ve sahibi toplumdan kaynaklı özellikleri içermektedir.

Tablo 15. Kültürleşmeye Etki Eden Faktörler

	Değişken	Spesifik Özellikler
Grup Düzeyinde	Göçmen Grup	• Etnografik özellikler • Siyasal durum • Ekonomik koşullar • Demografik faktörler
	Ev Sahibi Grup	• Ülkede kalış süresi • Göçmen politikaları • Göçmenlere yönelik tutumları • Belirli gruplara yönelik tutumlar • Sosyal destek
	Grup Kültürleşmesi	• Kültürleşen gruptaki değişiklikler
Bireysel Düzeyde	Kültürleşme öncesi ortaya çıkan faktörler	•Demografik faktörler • Kültürel faktörler • Ekonomik faktörler • Kişisel faktörler • Göç motivasyonları • Göç edilen ülkeden beklentiler
	Kültürleşme esnasında ortaya çıkan faktörler	• Kültürleşme stratejileri • Ev sahibi toplumla temas • Kültürel koruma • Sosyal destek • Başa çıkma stratejileri ve kaynakları • Ön yargı ve ayrımcılık

(Sam ve Berry, 1997, s. 301)

Berry ve Sam'ın bu sınıflandırmasına benzer ve ek olmak üzere literatürde, kültürleşme ve adaptasyona etki eden ek faktörler ise birçok değişkeni içermektedir. Farklı yazarlara göre kültürleşme tutumları, medya, sosyal ilişkiler, gündelik pratikler, siyasal katılım, yaşam değişiklikleri, sosyal zorluklar, kişilik özellikleri, sosyal ve kültürel mesafe, istihdam, göç edilen yaş, ülkede bulunma süresi, ırksal faktörler, göçmen grubun büyüklüğü, ev sahibi kültürün özellikleri, etnik kimlik, sosyo ekonomik statü, jenerasyon farkı, ev sahibi toplum hakkında önceden edinilen bilgi gibi bir çok faktörü içermektedir (Berry vd., 1986, s. 299-300, Hortaçsu, 2007, s. 251 ve Saygın ve Hasta, 2018, s. 325).

Görüldüğü üzere, kültürleşme ve adaptasyon üzerinde pek çok faktörün etkili olduğu görülmüştür. Ancak çalışmanın amacı ve hedef kitlesi baz alınarak, çalışma açısından öneme sahip olan faktörler göçmen kültüre ait demografik özellikler, yerleşilen ülkede kalış süresi, orijin göçmen kültürün özellikleri, ev sahibi ülkenin ve toplumun özellikleri, iki ülke kültürü arasındaki benzerlikler ve farklılıklar, göç etme nedenlerinin kültürleşmeye etkisi, ilişki içerisinde bulunulan kişilerin etnik kökeni gibi değişkenleri kullanılarak sınıflandırılmıştır.

Bu sınıflandırmalardan ilki sosyo demografik faktörlerdir. Buna göre eğitim, dil, cinsiyet, din, yaş ve göç edilen ülkede kalış süresi, medeni durum gibi etkenler kültürleşme ve adaptasyon düzeyini doğrudan etkilemektedir. Bunlardan ilki eğitim düzeyidir. Eğitim kültürel azınlıkların ya da göçmenlerin ev sahibi topluma entegre olmalarını sağlayan, önemli bir etkendir. Eğitim düzeyi arttıkça kültürleşme ve adaptasyon düzeyi de artmaktadır. Çünkü eğitimle birlikte kişi dil öğrenirken, öğrendiği dili konuşabilmektedir (Yağmur ve van de, 2012, s. 1111).

Dil, kültürel azınlık ve ev sahibi toplumla etkileşimi sağlayan, kişiyi sosyo kültürel ve psikolojik açıdan kendini iyi hissettiren, yabancı kültür hakkında bilgi edinimini sağlayan önemli faktörlerden biridir. Kültürel azınlıkların veya göçmenlerin aynı dili konuşuyor olması, iki kültür arasındaki paylaşımı artırmaktadır. Bu sayede sosyal etkileşim gerçekleşmekte ve bunun sonucunda kültürleşme ve adaptasyon sağlanmaktadır. Ev sahibi toplumun değerlerini, normlarını bilmek, orijin kültürle olan benzerliklerini ve farklılıklarını görebilmek ve o toplumla iletişim kurabilmek için o toplumun dilini konuşuyor olmak önem taşımaktadır. Ayrıca göç edilen ülkenin dilini konuşan birey, ev sahibi toplumun medya ve iletişim kanallarını takip edebilmekte, kültüre ait verilere ulaşabilmektedir ve bu sayede adaptasyon ve kültürleşme gerçekleşebilmektedir (Masgoret ve Ward, 2006, s. 60-61).

Bireyin sosyal kimliği, eğitim düzeyi, göç ettiği yaş ve yerleşilen ülkede bulunma süresi gibi etkenler dil öğrenmeyi etkilemektedir. Nitekim Trebbe'nin yaptığı bir araştırmaya göre, Almanya'ya göç eden birinci kuşak Türklerin bütünleşme düzeyleri düşüktür. Çünkü birinci kuşak Türkler yaşlı, eğitim seviyeleri düşük ve buna bağlı olarak da dil kapasiteleri yetersizdir (Trebbe, 2007, s. 184).

Bununla birlikte yerleşilen ülkede bulunma süresi ve göç edilen yaş ile dil öğrenme arasında orantısal bir ilişki vardır. Yerleşilen ülkedeki yaşam süresi arttıkça, yeni kültürün dili daha çok kullanılmaktadır (Gil ve ark. 1994, akt. Saygın ve Hasta, 2018, s. 326). Yaş açısından bakıldığında ise erken yaşta göç eden bireyler, erken yaşta göç ettikleri kültürün dili ile tanışmaktadırlar. Erken yaşta dil öğrenen birey, ilerleyen zamanlarda içinde yaşadığı toplumla bütünleşmektedir. Yaş ilerledikçe dil öğrenme kapasitesi azalmakta ve içinde bulunulan topluma entegrasyon azalmaktadır.

Trebbe Almanya'da yaşayan birinci kuşak Türklerin, Almanca bilmemelerinden kaynaklı Alman kültürü ile bütünleşemediklerini ifade etmektedir. Çünkü birinci kuşak Türkler Almanya'ya göç ettiğinde yeterince genç değildir (2007, s. 181).

Göçmen kuşaklar ve kültürleşme tutumları açısından farklılıklar vardır. Birinci kuşak göçmenlerin kendi orijin kültürlerini koruma eğilimlerinin daha yüksek olduğu görülürken, ikinci ve üçüncü kuşak göçmenlerin ise kendi kültürlerinden daha çok feragat etmişlerdir (Hortaçsu, 2007, s. 262-263).

Bununla birlikte bireyin sosyal kimliği de dil kullanımını etkilemektedir. Yağmur ve van de Vijver'in yaptığı araştırma sonucuna göre kültürel azınlıkların kendi kimliklerine bağlılıkları arttıkça, kendi dillerini daha çok kullandıkları görülmektedir (2012, s. 1120). Ev sahibi toplum, kültürel azınlıklıkları, kendi dillerini konuşmaları konusunda cesaretlendirse, kültürel azınlığın dil öğrenimi kolaylaşır, kültürleşme ve adaptasyon süreci daha hızlı gerçekleşir (Ebuta Ebi, 1988, s. 81).

Görüldüğü üzere dil ve eğitim birbiri ile ilişki içerisindedir. Eğitim düzeyi artıkça, dil bilgisi de artabilmektedir. Nitekim Yağmur ve van de Vijver'e göre, eğitim düzeyi yüksek kültürel azınlıklar ve göçmenler göç ettikleri ülkenin dilini kendi dillerinden daha çok kullanmaktadırlar (2012, s. 1120-1121). Eğitim düzeyinin artmasıyla birey ev sahibi toplumun günlük rutinlere daha kolay adapte olmaktadır ve günlük hayatın gereksinimleri ile başa çıkmakta daha az zorlanmaktadırlar. Bununla birlikte eğitim kişiye problem çözme yetisi de kazandırmaktadır.

Kültürleşme ve adaptasyonu etkileyen bir diğer faktör ise kişinin göç ettiği yaştır. Yaş bireyin kültürleşme düzeyini doğrudan etkilemektedir. Erken yaşta göç eden bireylerin kültürleşme süreçleri daha kolay ve hızlı gerçekleşmektedir. Erken yaşta göç eden birey, kendi kültürünü tam içselleştiremediği için ev sahibi topluma daha kolay uyum sağlamaktadır. İlerleyen yaşlarda, özellikle ergenlik çağında kültürleşme sürecini yaşayan kişiler farklı problemlerle karşılaşabilmektedir. Ergenlik çağındaki kişi, hem çocukluktan yetişkinliğe geçişin getirdiği problemler ile karşılaşmakta hem de kültürel problemler yaşamaktadır. Bu çağda kendi kimliğini oluşturmaya çalışan kişi farklı kimlik problemleri ile karşılaşmaktadır. Göç edilen yaşın ya da göç edilen ülkedeki kalış süresinin kültürleşme ve adaptasyon üzerindeki etkisini inceleyen farklı araştırmalara göre göç eden bireylerin göç ettikleri yaş ile kültürleşme düzeyleri arasındaki ilişki ters orantılıdır. Kültürleşme ile yerleşilen ülkedeki yaşanılan süre ise orantısaldır. Kişinin göç ettiği yaşın büyüklüğü, o kişinin kültürel direncini artırmaktadır. Bunun sonucunda da ev sahibi kültüre adaptasyon seviyesi düşmektedir (Berry, 1997, s. 21-22).

Kültürleşme ve adaptasyon sürecinde cinsiyetinin rolüne bakıldığında ise genel olarak göç eden erkeklerin kadınlara oranla ev sahibi topluma daha çabuk entegre oldukları görülmüştür. Bunun nedeni ise kadının daha çok evde vakit geçirmesi ve buna bağlı olarak dış çevre ile etkileşiminin az olmasıdır. Kadın çalışıyor olsa bile çocuk, ev içi roller gibi etkenlerden dolayı erkeğe göre evde daha çok zaman harcamaktadır. Erkek ise evin idamesi sağlamakla yükümlü olduğu kanaat getirilen kişidir. Erkek para kazanmak için dışarda çalışmaktadır. Bu durum erkeğin sosyal çevre ile etkileşimini artırmaktadır (Zlobina vd., 2006, s. 196 ve Saygın ve Hasta, 2018, s. 326).

Erkek bu sayede ana akım kültürün dilini, kültürel özelliklerini öğrenebilmekte, ana akım toplumla daha fazla temas kurarak kültürleşme ve adaptasyon süreçlerini tamamlamaktadır. Kadınlar ise ev sahibi toplumla etkileşimin az olmasından dolayı bu sürecin tersini yaşamaktadır. Dezavantajlı ülkelerden, avantajlı ülkelere göç eden kadınlar ise daha geleneksel oldukları için ev içi rolleri daha belirgindir ve bu gruplar yaşamlarını büyük ölçüde ev içinde yaşamaktadır ve erkeklere kıyasla ana akım kültür ile daha az temas etmektedirler (Saygın ve Hasta, 2018, s. 326).

Medeni durum açısından bakıldığında ise evli bireylerin kültürleşme süreçlerini bekar bireylere oranla daha geç tamamladıkları görülmüştür. Bunun nedenleri ise farklılık göstermektedir; bekar bireyler daha özgür oldukları için kültürel ortamlara daha çok katılmaktadırlar ve bu sebeple kültürel etkileşimleri daha fazladır. Bununla birlikte evli bireyler aileleriyle temaslarından kaynaklı kendi öz kültürlerini korumaktadırlar (Ataca, 1998, s. 118-119).

Dini benzerlik ise kültürleşme ve adaptasyon düzeyini doğrudan etkilemektedir. Nitekim, Berry (2006, s.31) ve Masgoret ve Ward'a (2006, s.72) göre kültürel azınlıklar ile ana akım toplumun inançlarının birbirinden farklılık göstermesi kültürleşme ve adaptasyon sürecini zorlaştırmaktadır. Berry (2006, s. 31-33) göre de dini inançların farklı olan iki toplumun birbirine alışması, birbirlerini tanıması ve sosyal etkileşime geçmeleri zaman almaktadır. Bu grupların birbirlerini dini değerlerinden dolayı ötekileştirmesi de çatışmaları beraberinde getirmektedir ve farklı düşmanlıklar ortaya çıkmaktadır.

Dini değerler ve sosyal kimlik arasında doğrudan bir ilişki bulunmaktadır. Belçika'da yaşayan ergenlik çağındaki Türkler üzerine yapılan bir araştırmaya göre kendi kültürel kimliklerine bağlılıkları ile dinlerine bağlılığı arasında orantısal bir ilişki olduğu görülmüştür (Güngör vd., 2012, s. 1). Bununla birlikte, Bankston III ve Zhou'nun yaptıkları bir araştırmada da aynı sonuca ulaşılmıştır. Aynı dine sahip olan Amerikalılar ve Vietnamlılar üzerinde yapılan araştırma sonucunda, bu iki grubun sosyal olarak kaynaştıkları ve sosyo kültürel uyumlarının yüksek olduğu görülmüştür (1996, s. 18)

Genel olarak dinlerin yapısı hoşgörüye dayalıdır. Bu hoşgörülü yapı, ön yargının önüne geçmektedir. Ev sahibi toplumun kültürel azınlığın dini inançlarına saygılı olması, önyargılı davranmaması, misafirperverlik göstermesi, yabancı kültüre uyumu kolaylaştırmaktadır. Özetle farklı demografik değişkenler, kültürleşme ve adaptasyon sürecini doğrudan etkilemektedir.

Kültürel azınlıklar ile ev sahibi toplum arasındaki fiziksel benzerlikler veya fiziksel farklıkların az olması iki toplumu birbirine yakınlaştırmaktadır. Kültürel azınlığın fiziksel özelliklerinin yanı sıra, onların giyinme biçimleri de ev sahibi toplumun tutumlarını etkilemektedir. Ön yargı ve ayrımcılığa neden olabilmektedir (Zafer, 2015, s. 51). Nitekim islamofobinin yaygın olduğu ülkelerde, Müslüman ve başörtülü kadınların giyim tarzlarından kaynaklı ayrımcılığa tabi tutulduğu, ötekileştirildiği ve daha da ötesi saldırıya uğradığı görülmektedir. Böyle bir toplumda yaşayan bireyin kendini toplumdan soyutlaması olası bir durumdur.

Benzerlikler ve farklılıklar bakımından orijin ve ev sahibi toplumun özellikleri ise sosyo kültürel ve psikolojik adaptasyonu etkilemektedir. Buna göre orijin kültürün toplumsal yapısı, jeopolitik konumu, ekonomi düzeyi ve toplumsal refah seviyesi, politika anlayışı, demografik özellikleri yeni kültüre uyumu olumlu ya da olumsuz yönde etkilemektedir (Zafer, 2015, s. 43).

Yerleşilen toplumun özellikleri, terk edilen toplumun özelliklerinden daha avantajlıysa bireyin kültürleşme ve adaptasyon süreci kolay olacaktır. Ancak birey kendi ülkesinin refah seviyesinin altında bir ülkeye göç ettiyse kültürleşme süreci istenilen düzeyde gerçekleşmeyecektir. Dolayısıyla iki toplum arasındaki benzerlik önemlidir. Göç edilen ülke ile yerleşilen ülkenin dil, din, değer, gelenek, görenek gibi kültürel özellikleri, yeme içme gibi günlük rutinleri, yaşam tarzları, insani ilişkileri benzerlik gösterebileceği gibi farklılıklara da sahip olabilmektedir (Zafer, 2015, s. 46). Bu farklılıkların büyüklüğü kültürel çatışmaya, uyuşmazlığa ve ayrılığa neden olurken, benzerliklerin çokluğu da iki toplumu birbirine yakınlaştırmaktadır. Benzerlikler ve farklılıklar iki toplumu ya birbirine yakınlaştırmaktadır ya da iki toplumu birbirinden uzaklaştırmaktadır.

Ana akım toplum ile kültürel azınlıklar arasındaki benzerlik ve farklılıklar bireyler arasındaki birbirlerine karşı tutumları aralarındaki sosyal mesafeyi de belirlemektedir. Sosyal mesafeyi belirleyen şey ise Jones'a göre bireyin kendi grubu ile diğer grup arasındaki benzerliklerden ve farklılıklardan yola çıkarak karşı taraf ile arasındaki uzaklık ya da yakınlıktır (2004, s. 417). Yapılan bir araştırmaya göre de İsrailli üniversite öğrencilerinin, Rusya ve Etiyopya kökenine sahip kişilere olumlu hisler besledikleri bu sayede onlara karşı da sosyal yakınlık gösterdikleri görülmüştür. Arap kökenli kişilere karşı ise olumsuz duygu ve düşüncelere sahip oldukları için daha mesafeli davranmaktadırlar (Bourhis ve Dayan, 2004, s. 118).

Berry'e (2006) göre bu durum kalıcı göç edenleri, etkilediği gibi kısa süreli göç edenleri de etkilemektedir. Bununla birlikte yerliler de farklılıklardan ve benzerliklerden etkilenmektedir. Eğer iki toplum arasında büyük kültürel farklılıklar var ise kültürleşme süreci zaman alacaktır. İki toplum arasındaki kültür aktarımı, kültürel farklılıkların boyutuna göre değişim göstermektedir. Kültür farklılığının büyüklüğü, kültür çatışmasına ve zayıf adaptasyona neden olmaktadır. Bununla birlikte ana akım toplum, birçok açıdan kültürel azınlıkları kendine tehdit olarak görmektedir. Araştırma sonuçlarına göre ev sahibi toplumun üyeleri, göçmenleri iş gücünü ellerinden almaları, finansal kaynakları kullanmaları nedeniyle rakip olarak görmektedirler. Göçmenlerin kültürel değerleri de ev sahibi toplum tarafından tehdit unsuru olarak görülmektedir. Bu inançlar ana akım toplumda önyargı, yabancı düşmanlığı ve ayrımcılık gibi sorunlara neden olmaktadır.

Ayrımcılık, bireylerin ya da grupların, maruz kaldıkları ötekileştirmedir. Ayrımcılığa maruz kalma birey ve toplum açısından farklılık göstermektedir. Grup açısından kişi ayrımcılığa maruz kaldığını düşünüyorsa, grubun sosyal kimliğinin kendisi ile özdeşleştirmesidir. Grup dışında bireysel olarak ayrımcılığa maruz kalıyorsa, bu kişinin bireysel özelliklerinden kaynaklanmaktadır. Kişi bu durum karşısında haksızlığa uğradığını düşünmektedir (Major ve Sawyer, 2009, akt. Saygın ve Hasta, 2018, s. 329).

Bazı toplumlarda göç olağan bir süreç olarak kabul edilirken, bazı toplumlarda da istenmeyen bir olgudur. Toplumun göçe bakış açısı, kültürleşme yönelimlerini şekillendirmektedir. Göçü normal bir süreç olarak kabul edip, çoğulculuğu destekleyen toplumlar, bir diğer ifade ile olumlu çok kültürlü ideolojisini benimseyen toplumlar kültürel azınlıkları asimile etmekten çok yeni toplumla kendi rızaları ile bütünleşmektedirler (Berry, 2005, s. 703 -704).

Bütünleşme yönelimini sağlayan bir diğer faktör ise ev sahibi toplumun kültürel azınlıkları sağladığı toplumsal destektir. Ev sahibi toplumun yapısı göçmenleri kucaklayan ve destekleyen bir yapıya sahipse, onlara sosyal açıdan destek olabilmektedir. Nitekim sosyal destek yeni çevreye uyum sağlarken onların yerel kimliğine uygun proje destekleri sağlayabilmektedir. Bu destek, sosyal ağı, sosyal bütünleşmeyi sağladığı için, sosyal ilişkilerin de kalitesini artırabilmektedir. Konsolosluk veya elçilikler, göçmen büroları gibi yerler kültürel azınlıklara sağlık, güvenlik, istihdam gibi konularda destek sağlamaktadır.

Bununla birlikte göç ettikleri toplumda kendi sosyal desteklerini kendileri oluşturan kültürel azınlıklarda vardır. Bunlar hemşehrilik görüşünden yola çıkarak birbirilerini destekleyen örgütler oluşturmaktadır. Bu durum ise bireylerin kendi öz kültürlerini yönelmelerini neden olduğu için, birey yeni toplumdan ayrılmaktadır. Ev sahibi toplum göçmenlerin statüsüne önem veriyorsa, iş hayatında, eğitim sektöründe, hükümet politikalarında, karar mekanizmalarında ve medyada yeterince temsil ediliyorsa, göçmenler o toplumda saygınlığa sahiptir şeklinde düşünülebilir. Bu durum kişiye kendini iyi hissettirmektedir. Önemsendiğinin farkında olan bireyin yeni toplumu benimsemesi daha kolay olmaktadır. Ev sahibi toplumda, bireyin etkileşimde bulunduğu kişilerin etnik kökeni de kültürleşme düzeylerini etkileyebilmektedir. Nitekim, kişi hangi etnik köken ile daha fazla temas ediyorsa, o etnik kökene karşı ilgisi de o yönde olacaktır. Kendi kültüründen kişiler ile temas halindeyse, yeni toplumdan asimile yaşayacaktır. Yeni toplumun üyeleriyle etkileşim halindeyse, o toplumla bütünleşmesi ise daha olası hale gelecektir.

Orijin toplumun öz kimliklerine bağlılığı kültürleşme düzeylerini doğrudan etkilemektedir. Yapılan araştırmalara göre de öz kültüre bağlılık arttıkça kültürleşme azalmaktadır (Yağmur ve van de Vijver, 2012, Grant, 2007, Trebbe, 2007). Sosyal kimlik konusu sadece kültürel azınlıklar açısından önem taşıyan bir konudur. Çünkü kültürel kodlar gizlenecek ve paylaşılmayacak unsurlar değildir. Ev sahibi toplumu paylaşmak istemese bile kültürel azınlıklar gözlemleri ve tecrübeleri ile ev sahibi toplumun kültürünü edinebilirler.

Birey göç ederken ya göçün çekiciliğinden yola çıkar ya da zorunlu sebepler onu göçe iter. Bunlar göçün çekici ve itici faktörleri olarak adlandırılır. *"Kavramsal Açıdan Göç ve Boyutları"* adlı başlıkta göç etme nedenlerinin göç türlerine göre ayrımına yer verilmiştir. Göç türü kişinin kimliğini de belirmektedir. Göçmen, mülteci ve sığınmacı, bu kimliklerin farklı amaçları vardır. Göçmen, daha müreffeh bir yaşam arzusuyla çalışmak ve eğitim almak için yola çıkarken, mülteci ya da sığınmacı savaş, politik kaos gibi nedenlerden dolayı ülkesini terk etmek zorunda kalmaktadır. Bu sebeple göç etme nedenleri kişinin yeni toplumdan beklentilerini ve o toplumdaki konumlarını doğrudan etkileyebilmektedir. Eğitim ve iş amaçlı göç eden bireyin beklentisi ve statüsü savaştan kaçan bir sığınmacının beklentisinden ve göç motivasyonundan farklıdır.

2.5. Kültürleşme Sürecinde Kişilerarası İletişim

Kültürleşme iki farklı kültürel grubun, birinci düzeyde temasa geçtiği esnada ortaya çıkan karşılıklı değişimdir. Bireyin kültürel kimliğinde ortaya çıkan değişimin temelinde ise bilgi yatmaktadır. Bilgi ise ancak iletişim yoluyla edinilebilir. Yeni toplumla iletişime geçmenin yolu ise kişilerarası iletişim ve kitle iletişimle mümkündür (Gülnar ve Balcı, 2011, s. 38).

Bu bölümde, konunun amacı açısından kültürleşme sürecinde sadece kişilerarası iletişimin rolü tartışılacaktır. Kim adlı teorisyen, kültürleşme sürecinde kişilerarası iletişim rolünü kişilerarası ilişkiler ve karşılıklı kişilerarası algılama şeklinde özetlemiştir (1979, s. 449).

Göç edilen toplum, göç eden birey açısından diliyle, davranış kalıplarıyla, giyim tarzıyla, yeme içme kültürüyle, sosyal mekanlarıyla yabancıdır. Göçün ilk aşamasında birey bu yabancılıktan kurtulmak için çevresiyle etkileşime girer, kurduğu kişilerarası ilişkiler vasıtasıyla da yaşadığı topluma kanalize olmaya başlar. Bunun için de kişi göç ettiği yeni toplumda kendine kültürel olarak yakın hissettiği kişilerle, hatta aynı etnik kökene sahip aynı ülke vatandaşlarıyla iletişime geçer (Gülnar, 2011, s. 52). İletişim kurulmadığında ise birey hem yeni toplum hakkında yeterli düzeyde bilgi sahibi olmayacak hem de iletişim eksikliğinden dolayı stres, kültür şoku, yalnızlık gibi psikolojik problemler yaşayarak, toplumdan izole yaşayacaktır.

Böyle bir durumla karşılaşmamak için, etkileşime geçerek hem ev sahibi toplumla hem de etnik kökenindeki kişilerle etkileşime geçer. Çünkü Kim'e göre yaşanılan stres, bireyi ev sahibi topluma adapte etmek için motive edici bir güçtür. Bu motive edici güç sayesinde birey yabancısı olduğu toplumun normlarını, gelenek ve göreneklerini, dil gibi maddi kültür öğelerini öğrenir. Öğrenme süreci ise göçmen ile ev sahibi toplum arasındaki sürekli etkileşimle gerçekleşir. Bu aşamada ise çok kültürlü adaptasyon işlevlik kazanır (1990, s. 192).

Kültürleşme motivasyonunu sürece dahil olma arzusu, diğer bir ifade ile ev sahibi toplumla bütünleşmek güdüsü şeklinde tanımlamak mümkündür (Dentakos, Wintre, Chavoshi ve Wright, 2016, s. 29). Kim'e göre zorunlu göç edenlerin kültürleşme motivasyonları ile gönüllü, rızaya dayalı göç edenlerin kültürleşme motivasyonları farlılık göstermektedir (Kim, 1979, s. 444).

Young Yun Kim sosyo kültürel adaptasyon teorisinde, kişilerarası iletişim ve kitle iletişim kanalları yoluyla yaşadığı topluma entegre olabileceğini savunmaktadır. Bu iletişim türlerini ise ev sahibi ve etnik olarak iki açıdan ele almaktadır. Buna göre birey ev sahibi toplumun bireyleri ve kendi etnik kökeninden bireyler iletişime geçerek yaşadığı topluma adapte olabileceği gibi kendi orijin kültürüne ve ev sahibi topluma ait kitle iletişim araçlarını takip ederek de adaptasyon gösterecektir (Kim, 1990, s. 194). Etnik kökene ait kişilerle iletişime geçilmesi ya da etnik kitle iletişim araçlarının takip edilmesi kişinin yaşadığı stres, kültür şoku gibi olumsuz etkenlerin önüne geçilmesinde önemli olabilmektedir.

Teorisyen Kim, kültürleşme sürecinde ise en etkin rolün kişilerarası iletişim olduğu savunur. Kim'e göre ev sahibi toplumun kültürel özelliklerinin aktarılmasında en etkin kanal kişilerarası iletişimdir (Kim, 1976, s. 14). Kim, aynı zamanda, kişilerarası iletişimin, kitle iletişimden daha güçlü bir kültür öğrenme şekli olduğunu savunmaktadır (Kim, 1978, s. 217). Çünkü Kim'e göre kültürleşme ancak kültürel çevreyle kurulan kişilerarası iletişim yöntemleriyle gerçekleşebilmektedir (1979, s. 5). Kişilerarası iletişimin, kitle iletişime göre avantajlarından biri olan çift yönlü iletişime dayalı olması kültürel öğrenmeyi daha kolay sağlamaktadır. Geribildirime dayalı iletişimde karmaşık iletişim sembollerini çözümlemek daha kolay olacaktır.

Başarılı bir kültürleşmenin gerçekleşmesi için ev sahibi toplumla başarılı bir iletişimin kurulması gerekmektedir. İletişim ve kültürleşme birbirinden ayrı düşünülemez, bir kişinin iletişim ağları onun kültürleşme düzeyinin belirleyicisidir (Kim, 1977, s. 12). Kişilerarası iletişimin kültürleşme sürecinde etkin bir role sahip olduğunu gösteren araştırmalar da vardır. Abe, Talbot ve Geelhoed *'Effects of a Peer Program on International Student Adjustment'* adlı çalışmalarında akademik açıdan uyumlu öğrencilerin, kişilerarası iletişim becerilerinin yüksek olduğunu (Abe, Talbot ve Geelhoed, 1988, s. 545) ifade ederlerken, diğer bir araştırmacı Shah'ın da benzer bir sonuca ulaşmıştır. Shah'ın Kim'in çok kültürlü adaptasyon teorisini kullanarak, ABD'deki Asyalı Hintliler üzerinde bir araştırma yapmıştır. Araştırmada kültürleşme sürecinde kişilerarası iletişimin, kitle iletişime göre daha belirleyici bir role sahip olduğu sonucuna ulaşmıştır. Nitekim kişilerarası iletişim vasıtasıyla yaşadığı toplumu anlamaya çalışan bireylerin kültürleşme süreçlerinin de hızlı geliştiği görülmüştür (1991, s. 311).

Pearce ve Kang'a göre de kişilerarası iletişim, kültürleşme ve adaptasyon sürecine hız katmaktadır. Bununla birlikte göçmenin ev sahibi toplumla anlamlı ilişkiler kurmasının temel yoludur (1987, s. 237). Bununla birlikte kişilerarası sosyal ağlar bireyin dil beceresine doğrudan katkıda bulunmaktadır (Bluestone, 2015, s. 137). Kişilerarası iletişim yabancıdan başlayıp, en yakın aile bireyleriyle olan ilişkilere kadar değişen derecelerdeki kişilerarası ilişkilere dayanmaktadır. Her kültür üyelerini kişilerarasındaki ilişkilerin derecesine göre belirli iletişim davranış kalıbını uygulamaya zorlamaktadır (Kartari, 2014, s. 147). Bu davranış kalıpları ise çeşitli toplumsal kültürel kodlar vasıtasıyla şekillenmektedir. Bunlar kişilerarası iletişimin amacını işleyiş şeklini ve sonucunun göstergesi de olabilmektedir (Kim, 1979, s. 444).

Göçmenlerin ana akımla kişilerarası ilişki düzeyleri, kültürleşme yönelimleri hakkında bilgi verebilmektedir. Kişi ev sahibi toplumun bireyleri ile samimi ve yakın ilişkiler geliştirmişse ve durum gözlemlenebiliyorsa kişinin o toplumla bütünleştiğine ya da o kişinin toplumda asimile olduğu sonucuna ulaşılabilir. Etkileşimden kaçınıp, kültürel çoğunluğa uzak, mesafeli davranıyorsa kültürleşme yönelimi olarak ayrımcı veya marjinalleşmiş bir tutum sergilediği düşünülebilir.

Kişilerarası iletişimin kültürleşme sürecinde etkin bir role sahip olmasının ardındaki temel neden kurulan ilişkilerin düzeyidir. Şüphesiz arkadaş ağ yapısı geniş olanların, yaşadığı toplumla samimi ilişkiler geliştirenlerin kültürleşme süreçleri daha kolay ve hızlı gelişecektir. Birinci bölümde kişilerarası ilişki düzeylerinden bahsedilmiştir. Belirtildiği üzere ilişki düzeyine göre kişilerarası mesafe şekil almaktadır. Bireyin göç ettiği toplumda da bu ilişki düzeyleri var olabilmektedir. Nitekim ailesiyle birlikte göç edenler olduğu gibi göç ettiği toplumda yakın arkadaşlıklar geliştirenler, ev sahibi toplumdan evlilik yapanlar da olabilmektedir. Dolayısıyla bireyle etnik kökenleriyle, ev sahibi toplumla, her iki toplumla ya da diğer etnik kökenler ile iletişime geçmektedir.

Göçmenler üç ayrı sosyal ağdan birine dahil olmaktadırlar. Bunlardan ilki tek kültürlü ağ adı verilen yurttaşlık bağlarından oluşan etnik ve kültürel değerleri yaşama ve ifade etme işlevini yerine getirmektedir. Çift kültürlü ağ ev sahibi toplumla bağları içerirken, çok kültürlü ağ ise etnik kültürden veya ev sahibi toplumdan ayrı diğer kökenlerle kurulan bağları ifade etmektedir (Bochner vd., 1984, s. 690).

Aile, akraba veya kendi etnik kökeninden biriyle kurulan iletişim tek kültürlü ağ bağlamında yer alırken, çift kültürlü ve çok kültürlü ağlara daha çok arkadaşlık ilişkilerini içermektedir. Bu arkadaşlık yapısı ise tanıdıklar, uzaktan arkadaşlar ve yakın arkadaşlar olmak üzere farklı düzeylerde iletişimsel içeriklere sahiptir. Nitekim ev sahibi toplumla iletişim halinde olan ve ev sahibi toplumla yakın ilişkiler kuran göçmenlerin, yakın ilişki geliştirmeyenlere göre kültürleşme düzeylerinin daha yüksek olduğu görülmüştür (Ebuta Ebi, 1988, s. 94). Kültürleşme ve adaptasyon sürecinde kişisel ağlar ve kişilerarası iletişime ait değişkenler büyük önem taşımaktadır. Ağ yapısının düzeyi kültürleşme ve adaptasyon sürecini doğrudan etkilemektedir (Kunjara, 1982, s. 62).

Kişilerarası ilişkilerin düzeyini ülkede yaşanan süre belirlemektedir. Kim'in Chicago bölgesinde yaşayan göçmenler üzerinde yaptığı araştırmaya göre etnik grupların göç geçmişinin uzunluğu ile etnik bireylerin etnik gruplar arası iletişimlerinin miktarı arasında pozitif bir ilişki olduğu görülmüştür (Kim, 1978, s. 1). Bununla birlikte sosyal ilişkilerinde aktif olanların daha iyi uyum sağladıkları, göç ettikleri toplumla bütünleştikleri bir diğer ifade ile kültürleştikleri sonucuna ulaşılmaktadır (Dejun, 1996, s. 44). 2013 yılında Bangladeş'te üniversite öğrencileri üzerinde yapılan bir araştırma sonucunda aynı sonuca ulaşılmıştır. Buna göre yabancıların ev sahibi kültüre uyum derecesi kişisel ve sosyal iletişimlerine bağlıdır (Arifeen, 2013, s. 52).

Yang Soo Kim ile Young Yun Kim'in 2006 yılında yaptıkları çalışma, bu zaman kadar yapılan kültürleşme sürecinde kişilerarası iletişimin rolünü özetler niteliktedir. Diğer çalışmalarda olduğu gibi bu çalışmada da kişinin iletişim kurma ve ev sahibi sosyal süreçlere katılma yeteneğinin başarılı bir adaptasyon için gerekli olduğu öne sürülmektedir. Göçmen ne kadar çok ev sahibi dilin yeterliliğine sahipse ve ev sahibi ülkenin kültürel normları ve sistemleri hakkında ne kadar bilgi sahibi olursa ve ev sahibi ülke vatandaşlarıyla kişilerarası ilişkilerde ne kadar çok yer alırsa, psikolojik sağlıkları da o kadar iyi olacaktır (2016, s. 76). Literatürdeki temel düşünce, kişilerarası ilişki kalıpları ve kişinin kültürel yetkinliği ev sahibi toplum hakkında bilgi edinimi ve kültürleşme sürecini doğrudan etkilemektedir (Arifeen, 2013, s. 48).

Kişilerarası iletişimin kültürleşme sürecinde etkin bir role sahip olduğu, yapılan çalışmalarla da vurgulanmıştır. Kişilerarası iletişim interaktif bir iletişim yapısına sahiptir. Kaynak ve alıcı arasında kültürel sembollerin çözümlenmesinde, algılama hatalarının önüne geçilmesinde ve ortaya çıkan olumsuz davranış tutumlarının giderilmesinde önemli bir role sahiptir. Kişiler diyalog yoluyla birbirleri ve toplumları hakkında bilgi edinirler. İnteraktif bir yapıya sahip olmasından dolayı, kişilerarası iletişim kültürleşme sürecinde önemlidir.

Dijital ağların ortaya çıkması ise kültürleşme sürecinde kişilerarası iletişim sürecine katkıda bulunmaktadır. Nitekim kültürleri tanımanın yolu sadece yüz yüze iletişimle sınırlı kalmamıştır. Kültürleri tanımanın yolu başka mecralara taşınmıştır. Sadece yüz yüze iletişim yoluyla kültürleşen grupların yerini son dönemde sosyal ağların hız ve kazanmasıyla sosyal ağlar vasıtasıyla kültürleşen gruplar almıştır. Türk ve Hollanda kökenli kişiler üzerinde yapılan bir araştırmaya göre sosyal medyanın kültür değişimi için hayati bir araç ve kültürleşme stratejilerinin itici güç olduğu sonucuna ulaşılmıştır (Kizgin vd., 2018, s. 513).

Kültürleşme sürecinde sosyal ağlar, aile, arkadaş, okul, kilise ve medya gibi önemli bir role sahiptir (Peñaloza, 1994, s. 40).

Peñaloza bunu 1994 yılında henüz internetin yaygınlaşmadığı, sosyal medyanın aktif olmadığı bir zamanda söylemiştir. Günümüzde ise sosyal ağların etkinliği çok daha fazladır.

Sosyal ağlar, göçmenlerin kültürleşme düzeyleri birçok açıdan etkilemektedir. Bu sosyal ağlar sayesinde ev sahibi toplumla gerçekleştirilen etkileşim sıklığı artmaktadır. Etnik medyası hakkında bilgi sahibi olunmakta, dil veya kültürel normlara aşinalık kazanılmakta, egemen siyasi sisteme katılım gerçekleşmektedir. Sosyal ağlar, kültürleşme motivasyonu açısından bir araç olmaktadır ve bu kültürleşme sürecinde sosyal ağların önemi güncelliğini her daim koruyan bir konu olacaktır (Croucher, 2011, s. 262-263).

Bununla birlikte sosyal ağlar vasıtasıyla kendi orijin kökenini ile daha fazla temasa geçenler, göç ettiği toplumda daha fazla yabancılık ve yalnızlık yaşamaktadır. Diğer taraftan sosyal ağlar vasıtasıyla ev sahibi toplumla kurulan iletişim ile ev sahibi toplum ile teması sağlamaktadır. Bu sayede çevirim içi sosyal destek kazanılmakta ve göçmenin refah düzeyini artırmaktadır (Hofhuis vd., 2019, s. 128).

Amerika Birleşik Devletleri'nde Güney Asyalı göçmenler üzerinde yapılan araştırma sonucuna göre de kültürleşme sürecinde sosyal ağlar interaktif bir role sahiptir. Araştırmada, sosyal medyanın kültürleşmeyi kolaylaştırırken, kültürel inanç ve uygulamaları aktarmada uygunsuz olabileceği düşüncesi araştırma öncesi araştırmada temel sorun olarak öngörülüyordu.

Araştırmacının bu çalışmada incelediği spesifik sorun, sosyal medyanın Güney Asyalıların kültürleşmesini kolaylaştırabilecek bir araç olarak kullanılmasının kültürel inançlar ve uygulamalar nedeniyle uygunsuz olabileceğiydi. Ancak araştırmada, Güney Asyalı göçmenlerin sosyal medyayı kültürel uyum için hayati bir araç olarak deneyimlediklerini ve sosyal medyanın iki kültürü bir araya getirmede avantajlı bir role sahip olduğu sonucuna ulaşılmıştır. Sosyal medyanın kültürel işaretlerin uyarlanması ve öğrenilmesinde önemli olduğu görülürken, arkadaşlar, aile ve ev sahibi kültürle bağlantı kurmak; yeni kültürde arkadaşlarla temasa geçmek ve anında yardım almak gibi işlevlerine de dikkat çekilmiştir. Bununla birlikte araştırmada sosyal medyanın kültürleşme stresini hafifletmesinden dolayı, sosyal medyaya aşina olmayanları, toplum sosyal yardım programları aracılığıyla kullanmaya teşvik edilmesi gerektiği önerisinde bulunulmuştur (Dayani, 2017, s. iii).

Görüldüğü üzere, sosyal ağlar kültürleşme sürecinde aktif bir role sahiptir. Sosyal ağlar aracılığıyla kurulan ilişkiler yoluyla birey, dil öğrenebilmekte, kültürel oryantasyon sağlayabilmektedir Sosyal çevresini genişleterek hem orijin kültürle hem de ana akım kültürle etkileşim kurabilmektedir.

Dijitalleşme öncesi kültürleşme sadece kafe, restoran, park, bahçe, ev gibi gerçekleşmekteydi. Günümüzde ise bu mekanlar halen varlığını korumaktadır ve bu mekanlarda geleneksel yüz yüz iletişimin gerçekleşmektedir. Yüz yüze iletişimin gerçekliği, online iletişimin verdiği gerçeklik hissinden ötedir. Doğru kültürel diyaloglar kültürel öğrenme sürecini hızlandırmaktadır. Dijitalin eksiklikleri ya da dezavantajları kültürleşme sürecine sekteye uğratabilmektedir. Mesaj üzerinden kültürel kodların çözümlenmeye çalışılması yanlış yorumlamalara neden olabilmektedir ya da ağ bağlantısının yetersizliği gibi teknik nedenlerden dolayı ortaya çıkan gecikme neticesinde mesaj değerini kaybetmektedir. Ancak yapılan araştırma sonuçlarına göre kültürel öğelerin transferinde dijital iletişimin etkin bir yapıya sahip olduğu görülmüştür.

Yüz yüze iletişim, dijital iletişime göre etkin bir role sahip olsa da yüz yüze iletişimin zaman ve mekân açısından bazı sınırlılıkları vardır. Kültürel azınlıklar ile ev sahibi toplum arasındaki etkileşim sıklığı sınırlıdır. Dijital iletişim de ise tam tersi bir durum söz konusudur, dijital zaman ve mekân sınırlamasının olmamasından dolayı etkileşim sıklığı fazladır. Bu sayede kültürel öğrenme daha yoğun ve daha hızlı gelişmektedir.

ÜÇÜNCÜ BÖLÜM
KİŞİLERARASI İLETİŞİM BAĞLAMINDA ALMANYA'DAKİ TÜRKLERİN KÜLTÜRLEŞME DÜZEYLERİNİN İSTATİSTİKSEL BULGULARI

Kültürleşmede kişilerarası iletişimin rolünü test etmek için Almanya'da yaşayan Türkler üzerinde bir saha araştırması gerçekleştirilmiştir. Bu bölümde de bu saha araştırmasının sonuçlarına ve araştırmayı tanımlayan açıklamalara yer verilmiştir. Açıklamalar kısmı *'Metodoloji'* başlığının altındadır. Saha araştırmasının sonuçları ise *'Bulgular ve Yorumlar'* başlığı ile aktarılmıştır.

3.1. Metodoloji

Metodoloji kısmında araştırmayı tanımlayan betimlemelere yer verilmiştir. Bu bölümde araştırmanın konusuna, neden böyle bir araştırmaya gerek duyulduğuna, araştırmanın kapsam ve sınırlarına, hipotezlere, soru formu gibi araçlara yer verilmiştir. Bununla birlikte bulgular ve yorumlar kısmına geçilmeden verilerin güvenirliliğini test eden analizler de metodoloji kısmında açıklanmıştır.

3.1.1. Araştırmanın Konusu

İnsan toplumsal bir varlıktır ve doğduğu andan itibaren çevresini algılama çabasına girer. Kendini anlamaya başladığı andan itibaren etkileşim kurmaya başlar. Bu sayede kendi kimliğini toplumsal ilişkiler çerçevesinde oluşturur. Toplumsal ilişkiler vasıtasıyla da belirli insan topluluklarına tabi olarak kişi kendine sosyal hayatta yer bulur ve yaşadığı topluma entegre olur.

Topluma entegre olan bireylerin ise yaşam doyum düzeyleri yüksek olmaktadır. Topluma entegre olmanın yolu da toplumun bireyleri ile iletişim kurmaktan geçmektedir. Bu sayede sosyalleşen birey toplumla bütünleşir. Nitekim bireyin her anlamda var olabilmesi, hayatını idame ettirebilmesi için insanlarla ilişki halinde olması gerekmektedir. İster yabancısı olduğu yeni bir topluma bir topluma göç etsin, ister kendi yalnız yaşamayı tercih etsin kişilerarası iletişim birey için kaçınılmaz bir sonuçtur.

Kişinin kendi kültürel atmosferinde kişilerarası iletişimde bulunması, yabancısı olduğu kültürde iletişim kurmasına göre daha kolaydır. Yabancı bir kültürde etnik azınlık olarak yaşamanın anlamı etnik, kültürel, ekonomik, uyumsuzluk gibi sorunlarla karşılaşılması demektir. Eğer kültürel azınlık kendini yaşadığı toplumdan soyutlarsa, etkileşime girmekten kaçınırsa sorunlar büyüyecektir. Kültürel azınlığın topluma uyum sağlayabilmesi için iki kültürün bir araya gelmesi gerekmektedir, bunun adı ise kültürleşmedir.

Kültürleşme konusu göç tarihi kadar eski bir kavram olsa da XIX. yüzyılın ikinci yarısından itibaren Avrupa kaynaklı ekonomik ve sosyal gelişmeler insanların birbiriyle etkileşimini kolaylaştırmıştır (Gülnar ve Balcı, 2011, s. 21). Ulaşım ve iletişim ağının gelişmesi ile göç giderek hızlanan bir süreç olmuştur. Dünya ölçeğinde ise göç örüntüleri ülkeler arasındaki hızla değişen ekonomik siyasi ve kültürel bağların bir yansımasıdır (Giddens, 2013, s. 569).

2020 Dünya Göç Raporundaki güncel tahminlere göre dünya çapındaki uluslararası göçmen sayısı 272 milyon olarak kayıtlara geçmiştir. Bu istatistik dünya nüfusunun yaklaşık yüzde üç buçuğuna karşılık gelmektedir. Dünya nüfusunun büyük çoğunluğu doğdukları ülkede yaşasa da başka ülkelere göç edenlerin sayısı da çok fazladır. Güncel verilere bakıldığında da insanları göçe teşvik eden etkenin ekonomi olduğu görülmektedir.

Nitekim çoğu yüksek gelirli ülkelerde yaşayan göçmen işçilerin dünya uluslararası göçmen nüfusunun büyük çoğunluğunu oluşturduğu görülmüştür. Ülkesinde yerinden edilen kişi sayısı ise kırk bir milyonun üzerindedir. Mültecilerin sayısı ise yaklaşık olarak yirmi altı milyondur (Word Migration Report, 2020).

Genellikle göç alan ülkeler ekonomik gelirin yüksek olduğu, istihdama ihtiyaç duyulan, bireysel ve toplumsal refah açısından cazip görülen ülkeler olurken, göç veren ülkeler göç edilen ülkeye göre gelişmemiş veya problemlere sahip ülkeler olabilmektedir. Bunun dışında bazı ülkeler ise hem göç alabilmekte hem de göç verebilmektedir.

Türkiye'de bu ülkelerden biridir. Son dönemde Orta Doğu'da yaşanan kriz nedeniyle çok sayıda mülteciye sınır kapılarını açan Türkiye, Orta Doğu dışından da Avrupa ve Asya ülkelerinden yabancıları kabul etmektedir. Bununla birlikte Türkiye eğitim, istihdam, işsizlik gibi nedenlerden dolayı göç veren bir ülkedir. Türkiye Cumhuriyeti Dışişleri Bakanlığı verilerine göre 5 milyon 500 binden fazla Türk yurtdışında yaşamaktadır. Yaklaşık 4 milyon 600 bin kişi Batı Avrupa ülkelerinde, geri kalanı ise Kuzey Amerika, Orta Doğu ve Avustralya'da yaşamaktadır. Türkiye'nin en fazla göç verdiği ülke ise Almanya'dır (Republic of Turkey Ministry of Foreign Affairs, 2021). Statistisches Bundesamt (Federal İstatistik Ofisi) raporuna göre şu an itibariyle Almanya'da 1 milyon 461 bin 910 Türk yaşamaktadır.

Almanya'ya göç aşama aşama gerçekleşmiştir. Resmi kanallar ile gidenler olduğu gibi kaçak yollarla da Almanya'ya göç devam etmiştir. Bazıları eşi ve çocukları için oturma vizesi almış, bazıları da Almanya'da evlilik yapmıştır. Göç eden ya da o kültürün içine doğan Türkler, Almanları ve Alman toplumunu anlamaya çalışmıştır. Bir diğer ifade topluma entegre olurken, kültürleşmeye başlamışlardır.

Türkler altmış yıldır Alman kültürü ile temas halindedir. Bu yarım asır içerisinde Türklerin Almanya'da konumu değişmiş, '*misafir işçi*' statüsünden '*göçmen*' konumuna, bu kavramsal çerçeveden de '*etnik azınlık*' statüsüne doğru ilerleyen bir değişim süreci yaşamıştır (Aksoy, 2010, s. 7). Bu süreçte ise farklı kültürleşme eğilimleri göstermiştir.

Daha öncede bahsedildiği üzere kültürleşme iki farklı kültürel grubun birinci düzeyde temasa geçtiği anda ortaya çıkan karşılıklı değişimdir. Bu değişimin gerçekleşmesi içinse bilgiye ihtiyaç duyulmaktadır. Bilgi ise ancak iletişim yoluyla edinilen bir kazanımdır. Kişi göç ettiği toplum hakkında bilgi sahibi olurken kitle iletişim araçlarını ve kişilerarası iletişim kanallarını kullanmaktadır (Gülnar ve Balcı, 2011, s. 38-39). Kültürleşmede hem kitle iletişim araçlarının rolü hem de kişilerarası iletişimin rolü önemlidir. Young Yun Kim adlı teorisyen ise çalışmalarında kültürleşme sürecinin bir dizi aşamadan geçtiğini, bu süreçte de en aktif rolün kişilerarası iletişime ait olduğunu vurgulamaktadır.

Kim'e göre kültürleşme farklı özellikleri vardır. Buna göre kültürleşme doğal bir süreçtir ve iletişim vasıtasıyla gerçekleşmektedir. Nitekim bir göçmen yeni çevresinde bulunduğu ilişkilerde ancak iletişim aracılığıyla toplumu ve çevresini tanıyabilmektedir. İletişim perspektifinden kültürleşme ev sahibi toplumun iletişim biçimini kazanma süreci olarak tanımlanabilir. Bununla birlikte kültürleşme süreci bir göçmenin yeni kültürel çevresindeki iletişim aracılığıyla gerçekleşen etkileşimsel ve devamlılığı olan bir süreçtir. Bir göçmenin kurduğu iletişim öncelikli olarak kişisel gözlemle ve onun çevresindeki kurduğu kişilerarası iletişimle ortaya çıkmaktadır. Göçmen ev sahibi toplumdaki bir dizi alt sistemlere dâhildir. Bir göçmenin günlük hayatında doğrudan ve önemli işlevleri olan bu alt sistemler, onun iletişim ve kültürleşme sürecinde en etkili unsurlardır. Göçmen, en yakın sosyo- kültürel çevresini insanlarla iletişim kurarak gözlemler. Göçmen ev sahibi toplumu anlayabilmek için bireylerin nasıl davrandıklarına, hangi şartlarda ne tepkiler verdiklerini, duygularını ve düşüncelerini sözlü veya sözsüz olarak nasıl aktardıklarını görür ve duyar. Bu sayede ev sahibi kültürün davranış kalıplarını kişisel iletişim boyutuyla öğrenir (Kim, 1979, s. 2-6, Gülnar ve Balcı, 2011, s. 40-41). Çok kültürlü adaptasyon teorisi, bireyin yabancısı olduğu topluma adapte olmasının iletişimle mümkün olduğunu savunmaktadır. Görüldüğü üzere bu teoride ön plana çıkan iletişim türü kişilerarası arası iletişimdir. Bu noktadan hareketle kültürleşme sürecinde kişilerarası iletişim en önemli etkendir (Gülnar ve Balcı, 2011, s. 41). Young Yun Kim kültürleşme varsa iletişim vardır tezi ile ön plana çıkarken genelde iletişimi özelde ise kişilerarası iletişim vurgulamaktadır.

Literatürde kültürleşme düzeyleri ile ilgili yapılan araştırmaları bakıldığında ise en fazla göndermede bulunulan kişi John Berry'dir. John Berry iki boyutlu kültürleşme modeli ile birçok araştırmacının başvuru modellerinden biri olmuştur. Bu model üzerinde geliştirilen ölçek ise birçok araştırmada kullanılmıştır. Declan T. Barry *'Development of a New Scale for Measuring Acculturation: The East Asian Acculturation Measure (EAAM)'* adlı eserinde kültürleşme tutumları modelini referans alarak, kültürleşme tutumları ölçeğini geliştirmiştir. Bu ölçek farklı göçmen gruplar üzerinde test edilmiştir. Bu doğrultuda göç varsa kültürleşme vardır, savıyla Almanya'da yaşayan Türkler örneklem olarak seçilmiştir.

Bu çalışmada Almanya'da yaşayan Türk kökenli etnik azınlıkların kültürleşme sürecine dahil oldukları varsayımıyla kültürleşme sürecinde kişilerarası iletişimin rolü bu çalışmanın konusunu oluşturmaktadır. Bu bağlamda kişilerarası iletişimin rolünü test eden sorular literatürden destek alarak şekillendirilmiştir. Araştırma öncesinde farklı örneklemler üzerinde bu konuyu araştıran çalışmalar incelenerek alan yazın taraması yapılmıştır.

3.1.2. Araştırmanın Amacı, Önemi ve Yöntemi

Bu araştırmada, kültürel azınlıkların kültürleşme ve adaptasyon düzeylerini belirleyen temel etkenin ev sahibi toplumla kurulan etkileşim olduğu varsayımından hareketle, kişilerarası iletişim faktörleri bünyesinde kültürleşme süreçlerini araştırmak amaçlanmıştır. Kültürleşme ölçeği adı altında Almanya'da yaşayan Türklerin kültürel yönelimleri, kimlikleri ve aidiyet duyguları öğrenilmek istenmiştir. Bu sorulara ölçek dışında yer verilmiştir. Böylece ölçek soruları ile kategorik sorular arasındaki ilişkiye bakılmıştır.

Bununla birlikte araştırmanın tasarımı ile Almanya'da yaşayan Türk etnik azınlıkların Alman toplumuna adapte olmadaki kişisel deneyimlerini çözümleyebilmek araştırmanın bir diğer amacıdır. Daha spesifik bir anlatımla Almanya'da ikamet eden Türklerin uyum deneyimlerini anlamak için bu araştırma yapılmıştır. Ev sahibi toplum (Almanlar) ile etnik azınlık (Türkler) arasındaki ilişkinin boyutu çözümlenmeye çalışılırken, Almanya'nın Türklere karşı tutumu ile Türklerin Almanlara karşı bakış açılarının incelendiği bu çalışmada sadece kişilerarası iletişimin rolü tartışılmamıştır. Aynı zamanda Almanların Türklere bakış açısı, Türklerin objektifi ile değerlendirilmiştir. Türklerin Almanlar hakkındaki düşünceleri ve izlenimleri, Almanlara karşı davranış biçimleri, tutumları, Almanlar hakkında olumlu ya da olumsuz yargıları araştırmada irdelenen bir diğer alt amaç olmuştur. Bununla birlikte Türklerin Almanya'da yaşadığı problemler ele alınmış, Türklerin Almanya'ya geliş amaçları sorulmuştur. Katılımcıların, Türkiye ile ilgili gelecek planları da sorular arasında yer almıştır. Böylece Türklerin hem Almanya hem de Türkiye hakkındaki düşünceleri ulaşılan amaçlar olmuştur.

Kişilerarası iletişim konusu, sözlü ve sözsüz iletişim becerileri ile alınmış ve kişilerarası iletişim yöntemlerine yer verilmiştir. Kişilerin kendilerini tanımlamaları istenmiş, bunun için de kişilerarası iletişim ölçeği kullanılmıştır.

Almanya'ya göç önce bir grup insanın hareketi ile başlamıştır. Devamında on binler, yüz binler ve bu göç akımına katılmış, ikinci ve kuşağın katılımıyla da Almanya milyonlarca Türk'ün yaşadığı bir coğrafyaya dönüşmüştür. Berlin'deki Kreuzberg semti Türkiye'nin semtleri gibi olmuş, hatta bu semt için *'küçük İstanbul'* ifadesi kullanılmıştır. Kaya'ya göre de Kreuzberg'deki gerek açık pazar alanı gerek erkeklere ait mekân olma özelliğini taşıyan kahvehaneler ve müzik dükkanları Türkiye'den kopyalanmış alanlar gibidir (Kaya, 2016, s. 63).

Almanya'nın farklı eyaletleri Türkler ile anılmaya başlanmıştır. Almanya'ya göç konusu halen araştırmacılar tarafından incelenmeye devam etmektedir. Göç dinamik bir süreçtir, iki ülke arasındaki yer değiştirme hareketi azalsa da sürmektedir. Dolayısıyla Almanya'ya göç konusu halen araştırılmaya muhtaçtır.

Almanyalı Türkler üzerinde ilk araştırmayı, 1964 yılında Nermin Abadan Unat yayınlamıştır. *'Batı Almanya'daki Türk İşçiler ve Sorunları'* adlı çalışmasında Türk işçilerinin demografik özelliklerinin ve sosyo ekonomik statülerinin betimlemesini yapan Abadan Unat, farklı değişkenler üzerinde de durmuştur.

Türklerin Almanya'daki yaşam şekillerine, boş zamanlarını değerlendirme yönelimlerine, kullandıkları kitle iletişim araçlarına, Almanya ve Türkiye hakkındaki düşüncelerine değinen bu araştırma, ilk olması açısından önemli bir referanstır. Abadan Unat'ın araştırmalarını farklı araştırmalar takip etmiştir. Farklı disiplinler, Almanya'daki Türkler üzerinde araştırmalara devam etmişlerdir. Ancak bu çalışmada, araştırmanın amaç ve sınırlılıkları kapsamında, iletişim ve sosyoloji alanında yapılan araştırmalar ve incelemeler alan yazın taramasına dahil edilmiştir. Sosyoloji alanında yapılan çalışmalarda genellikle dil, din, kültürel değerler, entegrasyon, kimlik ve aidiyet duyguları gibi sorunlar işlenmiştir. İletişim çalışmaları, siyasal iletişim, pazarlama ve reklamcılık, yeni medya ve sinema gibi konulara ayrılmaktadır.

Bu çalışmanın önemli bir referanslarından birini de İstanbul Bilgi Üniversitesi'nin göç yayın dizisi oluşturmuştur. İstanbul Bilgi Üniversitesi'nin yayın dizisinde Almanya'ya göç konusu sosyolojik bağlamda işlenmiştir. Nermin Abadan Unat'ın *'Bitmeyen Göç Konuk İşçilikten Ulus – Ötesi Yurttaşlığa'*, Ayhan Kaya ve Ferhan Kentel'in *"Euro Türkler Türkiye İle Avrupa Birliği Arasında Köprü mü, Engel mi?'*, Ayhan Kaya'nın tek başına *'İslam, Göç ve Entegrasyon Güvenlikleştirme Çağı'*, Gündüz Vasaf'ın **'Daha Sesimizi Duyurmadık: Almanya'da Türk İşçi Çocukları'**, **Onur Bilge Kula'nın 'Almanya'da Türk Kültürü: Çok-Kültürlülük ve Kültürlerarası Eğitim'** adlı eserleri İstanbul Bilgi Üniversitesi Yayınlarının Göç çalışmaları dizisinden çıkmıştır. Türkiye'de sosyolojik açıdan tezlerde ele alınan konuların içeriği ise gündelik hayat pratikleri, algı ve tutum, değer yapıları, sosyo kültürel sorunlar, aile evlilik ve kadın konularından oluşmaktadır. Araştırma kapsamında sosyolojik bağlamda incelenen tezler amaç ve sonuçlarıyla giriş bölümünde aktarılmıştır. Buna göre tezlerin içerikleri şu şekildedir.

Almanyalı Türklerin gündelik yaşam pratikleri üzerinde, gerçekleştirilen **'Almanya'da Yaşayan Türkiyelilerin Gündelik Hayat Pratikleri ve Taktikleri; Almanya Aachen Örneği' (2015)** **adlı doktora tezi,** sıradan bireyin gündelik pratiklerinde iktidara direnme biçimlerini analiz etmeyi amaçlamıştır. Araştırma sonucuna göre birinci kuşak gelenek ve göreneklerine bağlıdır. Türk gettoları kendi mahallelerinde vakit geçirmektedir. Almanlarla hiç iletişim kurmamaktadır. Türk kanallarını izleyip, Türk sorunlarını kendi meseleleri gibi görmektedir. İkinci ve üçüncü kuşak birinci kuşağı aynı kalmakla suçlamaktadır. Bu kuşakların direniş pratikleri, Türk usulü yeme alışkanlığını sürdürmek, Almancayı Türkçeyle karıştırarak kullanmaktır. Türk usulü yiyecekleri tüketmekte direnmektedirler. Türk usulü mutfak araç gereçlerini kullanmaktadır. Bununla birlikte Alman mutfak pişirme gereçlerini kendi mutfak pratiklerine göre değerlendirmektedirler.

Algı ve tutumlar ile ilgili iki ülke üzerinde karşılaştırmalı olarak yapılan *'Toplumsal Dayanışma, İş bölümü ve Dilencilik Olgusu Arasındaki İlişkiler: Almanya ve Türkiye Karşılaştırması'* (2018) adlı doktora tezinde ise bir toplumda dilenciliğe atfedilen anlamın toplumsal dayanışma ve iş bölümü bağlamında bir farklılaşmaya sahip olup olmadığı sorusuna yanıt aranmıştır. Bu sebeple Türkiye ve Almanya üzerinden karşılaştırmalı olarak ele alınmıştır. Araştırmada ise şu sonuçlara ulaşılmıştır. Almanya'da dilencilere yönelik organik dayanışma daha yoğundur. Türkiye'de ise mekanik dayanışma göreceli olarak daha yüksektir. Ancak her iki ülkede de özellikle küresel değişimler, kentleşme ve sosyal devlet yapısındaki dönüşümler nedeniyle farklılaşmalar görülmüştür.

Sosyal yapı ve değerler kapsamında *'Almanya'da Yaşayan Türkiyeli Gençlerin Değer Yapıları: Köln Örneği,'* adlı yüksek lisans çalışmasında Almanya'daki Türkiyeli gençlerin bireysel değerlere ne derece önem verdikleri araştırılmıştır. Bireysel değerler üzerinde cinsiyet, doğduğu yer, yaş, milliyet, çalışma durumu ve eğitim durumu gibi değişkenlerin etkileri incelenmiştir. Araştırma sonucuna göre en çok önem verilen değerin insan onuru olduğu görülmüştür. Bu değerleri ise maneviyat, toplumsallık, entelektüellik, özgürlük, fütüvvet, kariyer ve romantik değerler takip etmiştir. En az önem verilen değer ise materyalistlik unsurlardır.

'Almanya'da Yaşayan Türk Göçmenlerin Sosyo – Kültürel Sorunları: Bir Entegrasyon Çalışması' adlı yüksek lisans tezinde ise Almanya'da yaşayan Türklerin temel sorunları ele alınmıştır. Göçün aileler üzerindeki etkisi entegrasyon bağlamında incelenmiştir. Araştırma sonucunda ise katılımcılar için geleneksel değerlerin önem taşıdığı görülmüştür. Katılımcılar Alman kültürel değerlerini reddetmemektedirler. Bu araştırma sonucuna

göre katılımcılar genel olarak Almanya'dan memnundurlar. Katılımcıların en büyük problemleri dillerini kaybetme korkusudur.

'Almanya'da Yaşayan Alevi Göçmenler' adlı yüksek lisans çalışmasında şu sonuçlara ulaşılmıştır. Alevi kimliğine sahip kişiler Aleviliği tanımlarken, laiklik özgürlük, hümanizm, modernizm gibi kavramlara vurgu yaparak kimliklerine üstün özellikler yüklemişlerdir. Tüm bunlara vurgu yaparken Alman toplumu ile de benzerliklere sahip olduklarını dile getirmişlerdir. Ayrıca Sünniler ile yaşadıkları sorunları Almanlar ile yaşamadıklarını belirtmişlerdir. Farklı yörelerden gelen Alevilerin, Aleviliği yaşayış tarzlarında farklılıklar bulunmaktadır. Türkiye'deyken çok fazla bir arada olma şansı elde edemeyen farklı kökenden gelen Aleviler, Almanya'da bir arada yaşayıp bir birlik oluşturmaktadır. Bu farklılıklar olumlu olarak algılansa da zaman zaman kendi aralarında çatışmalara yol açmaktadır.

'Türk Göçmen Ailelerinde Boşanma: Almanya Örneği' adlı çalışmada ulaşılan sonuçlar şu şekildedir. Almanya'da Türkiye'dekinden farklı bir aile yapısı gözlenmektedir. Temel olarak ilk kuşaktan itibaren Almanya'da yaşayan Türklerin çalışma koşulları ve sosyo-ekonomik durumları bazı dezavantajlara sahiptir. İthal evlilikler yaygındır. Bu araştırma sonucuna göre yüzde 54 oranında ithal evlilikler görülmüştür. Dil sorunu ise boşanmayı artıran nedenler arasındadır.

'Kesişimsellik Teorisi Bağlamında Kadın Deneyimleri: Almanya'daki Türkiyeli Göçmen Kadınlar' adlı yüksek lisans tezine göre Türkiyeli göçmen kadınlar arasında Alman toplumu tarafından en çok ayrıma uğrayan grup başörtülü kadınlardır. Kadınlar başörtüsü taktıkları için eğitim seviyeleri ne kadar yüksek olursa olsun iş bulamamaktadır. Bu durum kadınları daha çok cemaat yaşamına yaklaştırarak milliyetçi ve muhafazakâr öğelerle, yani temelinde eril bir dille kimliklerini korumaya ve onun dışına çıkamamaya zorlamaktadır.

Almanyalı Türkler üzerinde iletişim alanında yapılan çalışmalar ise siyasal iletişim, pazarlama ve reklam, yeni medya çalışmaları, geleneksel medya ve sinema üzerinedir. *'Bir Siyasal İletişim Aracı Olarak Almanya'daki Türk Medyasının, Almanya'da Yaşayan Türklerin Siyasal Tercihleri Üzerine Etkisi'* adlı doktora tezi araştırmasına göre Almanya Türklerinin Türk medyasını takip etme oranı %99'dur. Almanya Türklerinin Türk medyasını çok büyük bir oranda takip etmelerine rağmen, medyaya olan güvensizliklerine paralel olarak siyasi tercihlerinin oluşmasında medyadan etkilenmedikleri görülmüştür.

'Turizm Reklamlarında Stratejik Duygu Kullanımı ve Marka Algısı: Almanya ve Avustralya Üzerinde Deneysel Bir Çalışma' adlı doktora tezinde ise pozitif duygusal çekiciliği en yüksek reklamın Avustralya'ya, en düşük reklamın ise Almanya'ya ait olduğu tespit edilmiştir. Söz konusu ülkeye yönelik olarak seyahat yeri imajını güçlendirmek ve Türkiye'de Almanya hakkındaki farkındalığı arttırmak için halkla ilişkiler faaliyetlerine odaklanıldığı görülmüştür. Almanya'nın bu bağlamda Türk basınında çıkması için online mektuplara, tur paketleri ve sergilerle ile ilgili haberleri verdiği görülmüştür.

'İnternet Medyasında Yabancı Algısı (Almanya'da Yaşayan Türkler Örneği)' adlı yüksek lisans çalışmasında *'Alman medyasında son yıllarda Türkiye ve Türklerle ilgili yapılan haberler genellikle olumsuzdur'*, hipotezi sınanmış ve sonuç doğrulanmıştır. Haberlerde ve haber fotoğraflarında açıkça Türkiye'yi negatif sembollerle ve toplumsal kutuplaştırmalarla temsil ettikleri görülmüştür. Alman medyasında Türkiye'nin tehlikeli bir yer olarak gösterildiği ve Türklerin suça meyilli ve kavgacı oldukları imajı internet gazeteleri haberlerinde de yer almıştır. Türklerin haberlerden dolayı fiziksel şiddete doğrudan maruz kalmasalar da dışlama, ötekileştirme, psikolojik baskı, ekonomik dışlama gibi sorunlarla karşı karşıya kaldıkları görülmüştür. Bu durum Almanya'daki Türkler üzerinde toplumsal baskıyı artırmış, eğitimde ve iş yaşamında ayrımcılığa yol açmıştır.

'Gençlerin Facebook Kullanımları: Almanya ve Türkiye Örneği' adlı yüksek lisans çalışmasında Alman ve Türk gençlerinin Facebook kullanımlarının büyük oranda benzer olduğu sonucuna ulaşılmıştır. Ancak Türk gençlerin sosyal medyayı, Alman gençlere göre daha dikkatli ve temkinli kullanmaktadır. Bu anlamda Alman gençlerin Facebook'ta daha özgür bir tavır sergiledikleri, Türk gençlerinin ise çeşitli çekincelerle hareket ettiği gözlenmiştir.

'Almanya'da Yaşayan Türklerin Televizyon İzleme Alışkanlıkları' adlı yüksek lisans tezi çalışmasında genel olarak televizyonun ve özellikle de anadilde yapılan yayınların Almanya'da yaşayan Türklerin hayatında önemli bir yere sahip olduğu sonucuna ulaşılmıştır. Televizyonun eğlendirme, eğitme ve bilgilendirme işlevlerinin yanı sıra göçmen Türkler için sosyalleşme, kültürel değerlerini koruma ve geliştirme aracı olarak da kullanıldığı görülmüştür. Ayrıca televizyon izleme alışkanlıklarının sosyo-demografik ve kültürel öğelere göre değişkenlik gösterdiği tespit edilmiştir.

'Göç Sinemasının Kuramsal Temelleri: Türk Sinemasında İç Göç ve Almanya'ya Emek Göçü' adlı yüksek lisans tezi çalışmasında ise film incelemesi yapılmıştır. İncelenen filmler ticari kaygılardan uzak değildir. Göç sinemasının tipik birer örneğini sunuyor olsalar da yetersizdir. Çalışmada incelenen film analizlerinden elde edilen bulgular, sinema ve göç ilişkisini ele alan önceki çalışmalarla bir arada düşünüldüğünde göç sinemasının genel niteliklerini belirginleştirmektedir.

Görüldüğü üzere araştırmacılar Almanya'daki Türkler üzerinde farklı temalar etrafında iletişim ve sosyoloji çalışmaları yürütmüşlerdir. Kültürleşme ekseninde çalışmalar farklı örneklemler üzerinde gerçekleştirilmiştir. Ulaşılan çalışmalarda, örneklemin seçimine göre kültürleşme yönelimlerinin farklılaştığı görülmüştür. *'Kente Göç Etmiş, Bir Örneklemde Bireycilik – Toplulukçuluk Eğilimleri ve Değerleri Açısından Kültüre Uyum (Kültürlenme Süreçleri)'* adlı doktora tezi çalışmasında Bulgaristan'dan ve Güney ve Doğu Anadolu'dan İzmir'e göç eden gruplar üzerinde bir araştırma gerçekleştirmiştir. Araştırma sonucuna göre her iki grubun da kültürleşme stratejisi bakımından asimilasyon ve bütünleşme stratejisini benimsediği görülmüştür.

'1878 -1914 Yıllarında Balkanlar ve Kafkasya'dan Gelen İkinci Kuşak Göçmen Kadınların Kültürleşme Süreci (Bursa Vilayeti İnegöl Kazası Örneği)' adlı doktora çalışmasına göre katılımcıların tercih ettiği yönelimin bütünleşme olduğu ortaya çıkmıştır. İnegöl kazasında farklı göçmen kişilerin Türk kimliği ile birleştikleri ve bu kimlik altında yeni bir toplum ortaya çıkardıkları görülmüştür.

'Balkan Göçmenlerinin Türkiye'de Kültürleşmeleri Sürecinde Türk Tüketim Kültürüyle Olan Etkileşimi' adlı yüksek lisans çalışmasında Boşnak göçmenlerinin mevcut topluma davranış boyutuyla entegre oldukları, tutum olarak ise ayrılma yönelimini benimsedikleri sonucuna ulaşılmıştır.

'İngiltere'deki Öğretmenlerin Çok Kültürlü Öğretim Yeterlilikler ile Türk Öğrencilerin Kültürleşme Tercihlerinin Okula Aidiyet Duygusu ve Akademik Başarıyla İlişkisi' adlı doktora tezinde öğretmenler çok kültürlü öğretim yeterliliği bakımında yüksek becerilere sahiptir. Öğrenciler en çok bütünleşme yönelimini benimserken, bu yönelimi ayrılma, marjinalleşme ve asimilasyon yönelimleri takip etmiştir.

'The Relationship between Acculturation and Self-Esteem among Turkish Immigrants in Germany: The Moderating Role of Socioeconomic Status' adlı çalışmada psikolojinin kültürleşme yönelimleri üzerindeki etkisi araştırılmıştır. Buna göre göçmenlerin psikolojik durumlarının kültürleşme yönelimlerini doğrudan şekillendirdiği görülmüştür. Bütünleşme yönelimini benimseyen grup ise en az stres yaşayan kişilerden oluşmaktadır.

'Tüketici Kültürleşmesinin Almanya'daki Türk Göçmenlerin Gıda Tüketim ve Gıda Alışveriş Davranışları Üzerindeki Etkisi' adlı doktora tezine bakıldığında Almanya'daki Türklerin orta seviyede

kültürleştiği görülmüştür. Kültürleşme yönelimlerinin etkisi ise etnik kimliklerine bağlılıklarından gıda tüketimlerine ve alışveriş tercihlerine kadar yansımıştır.

'Suriyeli Kadın Mültecilerde Kültürel Uyum, Ruh Sağlığı ve Din' adlı doktora çalışmasında Suriyeli kadın mültecilerin Türk toplumu ile bütünleştikleri görülmüştür. Bütünleşme yönelimini ayrılma yönelimi takip etmiştir. Asimilasyon ve marjinalleşme yönelimleri tercih edilmemiştir.

Kültürleşme yönelimleri ile ilgili yapılan çalışmalara bakıldığında, katılımcıların göç ettikleri toplumlarda en çok bütünleşme yönelimini tercih ettikleri görülmüştür. Bir toplumla bütünleşen göçmen grubun, asimile olması beklenirken, bu yönelimi bazen ayrılma yönelimi bazen de marjinalleşme tutumu takip etmiştir.

Kültürleşme ve iletişim bağlamında yapılan çalışmalara bakıldığında Birol Gülnar ve Şükrü Balcı'nın *'Yeni Medya ve Kültürleşen Toplum'* adlı eserleri öne çıkmaktadır. Yabancı uyruklu öğrenciler üzerinde yapılan bu araştırmaya göre yabancı uyruklu öğrencilerin kişilerarası iletişim davranışlarını etnik kişilere göre daha sık sergilemektedirler. Bununla birlikte kişilerarası iletişim davranışlarının sosyo kültürel adaptasyon üzerinde en güçlü belirleyici olduğu görülmüştür. Bu sonuç Young Yun Kim adlı teorisyenin çok kültürlü adaptasyon adlı teorisini doğrulamıştır. Kim, kültürleşmede kişilerarası iletişimin rolünün, kitle iletişimden daha önemli olduğunu savunmaktadır. *'Kişilerarası İletişim Bağlamında Kültürleşme ve Sosyokültürel Adaptasyon: Uluslararası Öğrencilere İlişkin Nicel Bir Araştırma'* adlı doktora tezi araştırma sonucuna göre yabancı uyruklu öğrencilerin, Türk kültürüne yönelik unsurları benimsedikleri görülmüştür. Öğrenci gruplarının kişilerarası iletişim motivasyon düzeylerinin kültürleşme yönelim düzeyleri ile ilişkili olduğu sonucuna ulaşılmıştır. Bununla birlikte kişilerarası iletişim sosyo kültürel adaptasyon düzeylerinde en önemli etken olarak görülmüştür.

Bu araştırma ise kültürleşme, kişilerarası iletişim ve adaptasyon süreçlerini bir çatıda toplamaktadır. Görüldüğü üzere kültürleşme alanında yerli ve yabancı literatürde yabancı uyruklu öğrenciler, mülteciler ve sığınmacılar, göçmenler gibi farklı kitleler üzerinde araştırmalar gerçekleştirilmiştir. Fakat kültürleşme ve kişilerarası iletişim ekseninde yerli literatürde bir boşluk vardır. Literatürdeki bu boşluğa katkı sağlamak ve kültürleşmede kişilerarası iletişimin rolünü tespit etmek amacıyla çalışma önem taşımaktadır. Bununla birlikte bu çapta büyük bir kültürel grup üzerinde araştırma yapmak literatürdeki güncelliğin, güncel verilerle koruması açısından önemlidir.

Araştırmada kullanılan yöntem nicel araştırma yöntemleri içerisinde yer alan anket tekniğidir. Anket birinci kaynaklardan, bilgi toplamak için hazırlanan sistematik bir soru formudur. Amacı araştırmanın problemini çözecek ve ele alınan hipotezleri test edecek bilgileri sistematik bir biçimde toplamak ve saklamaktır. Anket formu hazırlanış ve uygulanış biçimlerine göre farklı isimler ile adlandırılmaktadır. Hazırlanış şekillerine göre anket formu, soru formu, görüşme cetveli ve görüşme kılavuzu olmak üzere üç kategoriye ayrılmaktadır. Anket formu katılımcıya ek bir soru sormayacak şekilde, tüm gerekli bilgileri verecek biçimde düzenlendiyse ve anketör ile katılımcı yüz yüze görüşecekse buna görüşme cetveli denmektedir. Eğer öğrenilmek istenen bilgiler, ana hatları ile anket formunda bulunursa ve katılımcı gerek gördüğü yerde anketin dışına çıkıp, ek yanıtlar verirse buna görüşme kılavuzu adı verilmektedir. Soru formu ise katılımcının görüşme cetvelini anketör olmaksızın uygulaması anlamına gelmektedir (İslamoğlu ve Alnıaçık, 2016, s. 136-137). Bu araştırmada soru formu hazırlanmıştır. Ancak gerekli görülen yerlerde, katılımcılardan gelen sorulara yanıtlar verilmiştir.

3.1.3. Araştırmanın Örneklem Seçimi ve Uygulanması

Günümüz Almanya'sında üç kuşak Türkleri bir arada görmek mümkündür. Bunlardan Almanya'ya ilk gelen birinci kuşak, 1960'lı yıllarda Türkiye'deki işsizlik sorununa bağlı olarak iş bulmak ve daha iyi kazanç aramak amacıyla farklı bir kültürel yapıya göç eden Türklerden oluşmaktadır. Bu kuşak, yurt dışına kısa süreli, belli bir kazanç elde ettikten sonra ülkesine dönmeyi düşünen kişilerden oluşmaktadır. Dolayısıyla, ilk giden Türk işçiler için kullanılan *'misafir işçi'* kavramı da bu bakış açısı sonucunda üretilmiş bir kavramsallaştırmadır. İkinci kuşak, çalışmak amacıyla Avrupa ülkelerine giden Türklerin çocuklarından oluşmaktadır. Üçüncü kuşağı ise birinci kuşak Türklerin torunları oluşturmakta, ayrıca yurt dışında doğmuş büyümüş, sosyalleşmesini, eğitim-öğretim hayatını, yaşamlarını o ülkede devam ettirecekleri düşünülen gençleri teşkil etmektedir (Aksoy, 2010, s. 33). Literatürde dördüncü kuşağa da yer verildiği görülmüştür. Üçüncü kuşak yerine dördüncü kuşak ifadesi de kullanılmaktadır. Nitekim dördüncü kuşak da üçüncü kuşak ile aynı özellikleri göstermektedir. Almanya'da doğup büyüyen azınlık etnik kişileri tanımlamak için kullanılan bir kategori ismidir.

Araştırmanın evreni üç kuşaktır. Örneklem seçimi Almanya'da yaşama süresi baz alınarak oluşturulmuştur. Nitekim daha önce de belirtildiği üzere kültürleşme ve yerleşilen ülkede yaşam süresi arasında doğrudan bir ilişki bulunmaktadır. Literatürden destek alınarak, bir yıl ve bir yıldan fazla Almanya'da yaşayan kişiler araştırmaya dahil edilmiştir. Bu kişilere ulaşılırken de örneklem seçiminde tesadüfi olmayan örneklem yöntemlerinden kartopu örneklem yöntemi kullanılmıştır.

Kartopu örneklem araştırmacının ilk adımda, araştırmanın örneklemine uygun olarak evrenden seçtiği çekirdek örnekle başlamaktadır. İkinci adımda kişi çekirdek örnekteki kişilerin önerileri ile yeni örneklere ulaşır ve süreç bu şekilde işler. Bu sayede, örneklem tıpkı bir kartopu gibi zincirleme etkisiyle büyür (İslamoğlu ve Alnıaçık, 2016, s. 202).

Bu doğrultuda, Almanya'da yaşayan Türklerin ve buradaki Türkler ile teması olan kişilerin listesi oluşturulmuştur. Oluşturulan listeye bağlı kalınarak, birinci çekirdek örnek ile temasa geçilmiştir. Çekirdek örneklerin yönlendirmesiyle farklı kişilere ve Almanya'daki Türklerin buluştuğu online ortak sosyal platformlara ulaşılmıştır. Bu ağlar üzerinden anket paylaşılarak, daha çok kişiye erişim sağlanmıştır.

Saha araştırmasına başlanmadan önce bir dizi aşamadan geçilmiştir. İlk önce soru formu oluşturulmuş, bu soru formu önce alanında uzman kişilere incelettirilmiş, daha sonra Tez İzleme Komitesi (TİK) üyelerinin onayına sunulmuştur. TİK üyelerinden gelen eleştiriler ve değerlendirmeler dikkate alınarak anket formu şekillendirilmiştir. Gerekli düzeltmeler yapıldıktan sonra 100 kişi üzerinde pilot anket uygulaması gerçekleştirilmiştir. Pilot uygulama esnasında katılımcılardan gelen eleştirilere dikkat edilerek, eksiklikler giderilmiş ve anlaşılmayan soru tipleri üzerinde tekrar bir düzenlemeye gidilmiştir.

Pilot uygulama öncesi Selçuk Üniversitesi Sosyal Bilimler Enstitüsü'ne etik kurul onayı için başvurulmuştur. 21.10.2020 tarihinde gerekli etik kurul onayı alındıktan sonra, saha araştırmasına başlanmış, 2020 Ekim ayının (22.10.2020) son haftası ile 2020 Kasım ayının ikinci haftasının (15.11.2020) sonuna kadar tüm anketler tamamlanmıştır. 932 kişi ankete katılmış, ancak tüm katılımcıların yanıtları analize dahil edilmemiştir. Bazı anketlerin yarısından azının cevaplanmaması, likert ölçekli soruların tamamına aynı yanıtların verilmesi veya tutarsız cevaplarda bulunulması anketin okunmadan cevaplanabileceğini akla getirmiştir. Bu sebeple 106 kişinin anketi araştırmadan çıkartılmış, 826 kişi ile analize başlanmıştır. 0,03 hata payına göre de kişi ulaşılan kişi sayısı evreni temsil etmektedir. Daha önce belirtildiği üzere Almanya'da yaşayan Türk sayısı Almanya'da 1 milyon 461 bin 910 kişidir. Nitekim aşağıdaki tabloda 100 milyonda p değeri 0,8 q değeri 0,2 için 683 kişinin evreni temsil ettiği görülmektedir.

Tablo 16. $\alpha= 0.03$ Örneklem Büyüklükleri

Evren Büyüklüğü	± 0.03 örnekleme hatası (d)			±0.05 örnekleme hatası (d)			±0.10 örnekleme hatası (d)		
	p=0.5 q=0.5	p=0.8 q=0.2	p=0.3 q=0.7	p=0.5 q=0.5	p=0.8 q=0.2	p=0.3 q=0.7	p=0.5 q=0.5	p=0.8 q=0.2	p=0.3 q=0.7
100	92	87	90	80	71	77	49	38	45
500	341	289	321	217	165	196	81	55	70
750	441	358	409	254	185	226	85	57	73
1000	516	406	473	278	198	244	88	58	75
2500	748	537	660	333	224	286	93	60	78
5000	880	601	760	357	234	303	94	61	79
10000	964	639	823	370	240	313	95	61	80
25000	1023	665	865	378	244	319	96	61	80
50000	1045	674	881	381	245	321	96	61	81
100000	1056	678	888	383	245	322	96	61	81
1000000	1066	682	896	384	246	323	96	61	81
100 milyon	1067	683	896	384	245	323	96	61	81

Kaynak (Yazıcıoğlu ve Erdoğan, 2004, s. 50)

Görüldüğü üzere ulaşılan örneklem sayısı, evreni belirlenen sayıdan daha çok temsil etmektedir. Araştırma tamamlandıktan sonra katılımcılardan elde edilen yanıtlar, SPSS 22 bilgisayar programına aktarılarak, istatistiki analiz yapılmıştır.

Çalışmanın tasarım türü nedensellik ilişki tasarımıdır. Bu tasarımda birden fazla faktör arasındaki ilişkinin varlığının ötesine gidilerek söz konusu ilişkinin doğası açıklanmaktadır. Çalışmada demografik faktörler, kimlik ve aidiyet soruları, kültürel tutumlar, kişilerarası iletişim yöntemleri bağımlı değişkenleri ile kültürleşme yönelimleri, kişilerarası iletişim becerileri, psikolojik ve sosyo kültürel uyum bağımsız değişkenleri incelenmiştir.

3.1.4. Soru Formu ve Ölçüm Araçları

Bu başlık altında kullanılan ölçek isimlerine ve sorulara yer verilmiştir. Sorular farklı kategorilere bölünerek sunulmuştur. Sorular sayıları, kategorik dağılımları ve referanslar belirtilmiştir.

Tablo 17. Çalışmada Kullanılan Ölçekler ve Sorular

Ölçek veya Soru Formu Adı	Ölçek Faktörleri ya da Soruların Kategorik Dağılımı	Toplam Soru Sayısı	Ölçeğin Kaynağı ya da Soru Formunun Kaynağı
Kültürleşme Tutumları Ölçeği	Asimilasyon	8	Barry (2001)
	Bütünleşme	5	
	Ayrılma	7	
	Marjinalleşme	9	
Kişilerarası İletişimle İlgili Sorular	Kişilerarası iletişim ölçeği	7	Campbell ve Akdemir, (2016)
	Sözsüz iletişim ile ilgili sorular	7	Araştırmacı tarafından oluşturulmuştur.
	Algı, tutum, davranış ve önyargı ile ilgili sorular	12	
	İletişim kurma yöntemleri ile ilgili sorular	1	
	Online iletişim ile ilgili sorular	7	
Aidiyet ve Kimlikle İlgili Sorular	-	6	Araştırmacı tarafından oluşturulmuştur.
Adaptasyon ve Problemle İlgili Sorular	Adaptasyonla ilgili sorular	19	Araştırmacı tarafından oluşturulmuştur.
	Genel problem soruları	1	
	İletişimle ilgili problemler	1	
Göç etme veya yerleşme amacı ve bulunma süresi ile ilgili sorular	Göç etme veya yerleşme amacı ilgili sorular	2	Araştırmacı tarafından oluşturulmuştur.
	Almanya'da bulunma süresi ile ilgili sorular	1	
Sosyo-Demografik Sorular	Cinsiyet, yaş, medeni durum, doğum yeri, yaşanılan şehir, eğitim durumu, meslek, aylık gelir soruları	9	Araştırmacı tarafından oluşturulmuştur.

Yukarıdaki tabloya bakıldığında katılımcılara farklı kategorilerde sorular 102 soru katılımcılara yöneltilmiştir. Sorular kategorik ve likert olmak üzere iki şekilde sorulmuştur. Barry tarafından 2001 yılında geliştirilen ve ilk kez Amerika'da yaşayan Asya kökenli kişiler üzerinde uygulanan kültürleşme tutumları ölçeğinde 29 yargı, 4 adet faktör bulunmaktadır. Bu Asimilasyon faktörü içerisinde 8, bütünleşme faktöründe 5, ayrılma 7, marjinalleşme faktörü ise 9 yargı bulunmaktadır. Bu çalışmada ölçeğin Cronbach Alpha güvenirlilik katsayı ise asimilasyon faktörü için 0,77, ayrılma 0,76, bütünleşme 0,74, marjinalleşme ise 0,85 olarak bulunmuştur (Barry, 2001, s. 195).

Barry'nin kültürleşme yönelimi ölçeğinde sadece ülke ve toplum isminde değişikliğe gidilmiş ve ölçek üzerinde herhangi bir değişiklik yapılmamıştır. Katılımcılara 29 maddede toplanan yargılara ne derece katılıp katılmadıkları *"Hiç katılmıyorum, katılmıyorum, kararsızım, katılıyorum ve kesinlikle katılıyorum"* şeklinde 5'li likert ölçeği kullanılarak yöneltilmiştir.

Kişilerarası iletişimle ilgili de farklı sorular katılımcılara yöneltilmiştir. Bunlardan ilki Campbell ve Akdemir tarafından geliştirilen Kişilerarası İletişim Ölçeğidir (KİÖ). Ölçek bireylerin etkileşim kurma becerisini ve kişinin başkalarıyla mesafeyi kaldırma isteğini ifade etmektedir. Ölçek iki ayrı çalışmada test edilmiştir. Yapılan analizler sonucunda ölçeğin güvenilir ve geçerli olduğu belirlenmiştir (Campbell ve Akdemir, 2016, s. 862). Bu ölçeğin Cronbach Alpha güvenirlilik katsayı tüm ölçek için 0,748 olarak bulunmuştur (Campbell ve Akdemir, 2016, s. 864). Bu ölçekteki likert kodlama ifadeleri kültürleşme tutumları ölçeği ile aynıdır. Katılımcıların bu ifadelere ne derece katılıp, katılmadıkları istenmiştir.

Diğer sorular ise araştırmacı tarafından oluşturulmuştur. Kişilerarası iletişim kategorisinde yer alan sözlü ve sözsüz iletişim becerileri ile ilgili sorulara verilen cevaplar *"Hiçbir zaman, Nadiren, Ara sıra, Çoğunlukla ve Hiçbir zaman"* şeklindedir. Bu kategoride katılımcıların dinleme becerileri, jest ve mimikleri, kişilerarası iletişim mesafeleri, ses tonunu kullanma biçimleri ve yüz ifadeleri yer almaktadır.

Algı, tutum, davranış ve önyargı ile ilgili sorular ise çalışma açısından önem taşımaktadır. Türklerin Almanlar hakkındaki düşünceleri, tutumları ve tutumlarına bağlı olarak geliştirdikleri davranışlar kategorik, açık uçlu ve likert ölçeği kullanılarak sorulmuştur. Kişilerarası iletişimin kuramsal kısımda geleneksel ve dijital olarak iki açıdan ele alınmıştır. Geleneksel yönü yüz yüze iletişimi oluştururken, dijital kısmı online iletişim kanalları ile gerçekleştirilen iletişimi kapsamaktadır. Bu doğrultuda katılımcılara sık kullandıkları iletişim yöntemleri ile sosyal ağları kullanma sıklıkları sorulmuştur.

Türklerin Alman kültürüne adaptasyonları ise iki başlık altında katılımcılara yöneltilmiştir. Bunlardan ilki, Alman kültürüne ait unsurları tercih etme yönelimleri ile ilgiliyken, diğeri Almanya'ya uyum sürecini içeren ifadelerdir. Bununla birlikte katılımcılardan Almanya'da yaşadıkları problemler hakkında bilgi vermeleri istenmiştir. Katılımcıların Almanya yerleşme amacı, Almanya'da bulunma süreleri ve demografik özellikleri de ayrıca çalışmada yer almıştır. Görüldüğü üzere araştırma soruları birçok alt kategoriden oluşmaktadır.

3.1.5. Verilen Analizi ve Kullanılan Analizler

Aşağıdaki tabloda, değişkenler için uygulanan analizlere yer verilmiştir. Bu araştırmada frekans ve yüzde analizleri yapılmış, parametrik testlerden bağımsız örneklem t testi ile ANOVA testi yapılmıştır. Kültürleşme tutumları ölçeği ile kişilerarası iletişim ölçeği için güvenirlilik, faktör ve korelasyon analizi kullanılmıştır. Bu analizler farklı anlamları ifade etmektedir.

Tablo 18. Analizler, Değişkenler ve Soru Sıralaması

Analizler		Değişkenler	Soru Sırası
Frekans ve Yüzde Analizleri		Almanya'da bulunma süresi ilgili soru	3
		Almanya'da yaşanan problem ilgili soru	4,19
		Kişilerarası iletişimle ilgili sorular	6, 7, 18, 20,21,22
		Aidiyet ve kimlikle ilgili sorular	8,9,10,11,12,13
		Türklerin Almanlara karşı tutum ve davranışları ile ilgili sorular	15,16, 17
		Alman kültürüne adaptasyonla ilgili sorular	14, 23, 24
		Sosyo demografik sorular	25,26,27,28,29, 30, 31, 32,33
Parametrik Testler	**Bağımsız Örneklem T- Testi Anova Testi**	Almanya'da bulunma amacı ilgili sorular	1,2
		Problemle ilgili sorular	4,19
		Aidiyet ve kimlikle ilgili sorular	8,9,10,11, 12,13
		Türklerin Almanlara karşı tutum ve davranışları ile ilgili sorular	15,16,17
		Sosyo demografik sorular	25,26,27,28,29, 30, 31, 32,33
Güvenilirlik Analizi (Cronbach Alpha)		Kültürleşme Tutumları Ölçeği ile Kişilerarası İletişim Ölçeği	5, 6
Faktör Analizi		Kültürleşme Tutumları Ölçeği ile Kişilerarası İletişim Ölçeği	5,6
Korelasyon Analizi		Kültürleşme Tutumları Ölçeği ile Kişilerarası İletişim Ölçeği	5,6
Regresyon Analizi		Kültürleşme Tutumları Ölçeği ile Kişilerarası İletişim Ölçeği	5,6

Frekans Analizi

Frekans analizi bir ya da birçok değişkene ait değerlerin ya da puanların dağılımına ait özelliklerini betimlemek amacıyla verilerin sayı ve yüzde şeklinde ifade edilmesidir. Frekans dağılımı tablo halinde verilebileceği gibi uygun olduğu durumlarda çeşitli grafikler kullanılarak da gösterilmektedir. Değişken süresiz ise bar ya da daire kullanılmaktadır. Sürekli ise histogram tercih edilmektedir. Bununla birlikte değişkenin sürekli olduğu durumlarda verileri betimlemek için ek olarak merkezi eğilim, değişkenlik ölçüleri ile dağılıma ait diğer istatiksel en düşük ve en yüksek değerler gibi istatistiki ifadelere yer verilmektedir (Büyüköztürk, 2017, s. 21).

Güvenilirlik analizi (Cronbach Alpha)

İslamoğlu ve Alnıaçık'ın (2016, s. 291-292) belirttiği üzere, bilimsel araştırmalarda en çok kullanılan analiz türü, güvenilirlik analizidir ve büyük önem taşımaktadır. En temel tanımıyla güvenirlilik analizi, bir ölçüm aracının farklı zamanlar ve kitleler üzerinde yapılan araştırmanın aynı sonuçları verebilme düzeyini ifade etmektedir. Sosyal bilimlerde genellikle güvenilirlik analizi yöntemlerinden Cronbach Alpha tekniği kullanılmaktadır. Cronbach (1951) tarafından geliştirilen ve ölçeğin iç tutarlılığını değerlendiren Cronbach Alpha katsayısı yöntemidir. Bu katsayı, çok sorunlu bir ölçekteki sorular arasındaki uyumun derecesini göstermektedir. Güvenilirlik analizinde 0 ile 1 arasındaki değerlere bakılmaktadır. Cronbach Alpha katsayısı 1'e yaklaştıkça ölçekteki, sorular arasındaki uyumun yüksek olduğu söylenebilir. Genel olarak, sosyal bilimlerdeki araştırmalarda Cronbach Alpha katsayısı ile ilgili, şu değerlendirmelerde bulunulmaktadır.

0,00 < α <0, 40 ise ölçek güvenilir değildir.

0,41 < α <0,60 ise ölçek güvenilirliği düşüktür.

0,61 < α <0,80 ise ölçek güvenilir kabul edilebilir.

0,81 < α <1,00 ise ölçek güvenilirliği yüksektir.

Cronbach Alpha analizi yapıldığında eğer ölçeğin güvenilirliği düşük çıkarsa; öncelikle olumlu soru ağırlıklı bir ölçekte olumsuz sorulara, olumsuz soru ağırlıklı bir ölçekte ise olumlu sorulara bakmak gerekmektedir. Olumlu ve olumsuz soruları ayrı ayrı güvenilirlik analizine tabii tutmak bir yöntemken olumsuz soruların olumluya dönüştürülmesi de yaygın bir şekilde kullanılan bir yöntemdir (Sürgevil vd., 2013, s. 5386-5387).

Faktör Analizi

Faktör analizi, birbiriyle ilişkili p tane değişkeni bir araya getirerek az sayıda ilişkisiz ve kavramsal olarak anlamlı yeni değişkenleri (faktörler ya da boyutlar) bulmayı ve keşfetmeyi amaçlayan çok değişkenli bir istatistiktir. Aynı yapı ya da niteliği ölçen, değişkenleri bir araya toplayarak ölçmeyi, az sayıda faktör ile açıklamayı amaçlayan istatistiksel bir tekniktir. Tanım olarak ise bir faktörleşme ya da ortak faktör adı verilen yeni kavramları ortaya çıkarma ya da maddelerin faktör yük değerlerini kullanarak, kavramların işlevsel tanımlarını elde etme süreci olarak tanımlanmaktadır, açımlayıcı ve doğrulayıcı olmak üzere, iki tür faktör analizi yaklaşımı bulunmaktadır. Açımlayıcı faktör analizi değişkenler arasındaki ilişkiden hareketle faktör bulmaya yönelik bir işlemdir. Doğrulayıcı faktör analizi ise değişkenler arasındaki ilişkiye dair daha önce saptanan bir hipotezin ya da kuramın test edilmesi anlamına gelmektedir (Büyüköztürk, 2016, s. 103).

Faktör analizinin uygulandığı alanlar üç noktada toplanabilir. Bunlardan ilki verileri homojen gruplara bölerek özetlemek, *'faktör'* adı altında yeni kavramlar ortaya çıkarmak, böylece araştırma konusunun içeriğini daha yakından tanımak, yorumları kolaylaştırmaktır. İkincisi yüksek korelasyon içindeki değişkenleri tespit edip bunlar arasında en önemlisini seçerek regresyon modellerine dahil etmek, diğerlerini dikkate almamak ve böylece çoklu bağlantı (multicorrelation) probleminin önüne geçmek ve sonuncusu veri sayısını azaltmaktır. Faktör analizi sonucunda ortaya çıkarılan birinci faktör, sistemde yer verilen bütün değişkenler arasındaki toplam varyansın en büyük kısmını açıklar, bunu sırasıyla ikinci, üçüncü ve diğer faktörler takip eder. Faktör sayısı arttıkça, her ilave faktörün açıkladığı toplam varyans azalır. Sonuç olarak bütün sistem bir ya da iki faktörle açıklanabilir. Faktör sayısının belirlenmesinde bir diğer kriter, açıklanması öngörülen varyansdır. Eğer yukarıdaki örnekte, açıklanan varyansın %64 olması yeterli bulunuyorsa, iki faktör tespit edilecektir. Yapılan çalışmanın daha kapsamlı sonuçlar vermesi isteniyorsa faktör sayısı artırılacaktır. Tek alt faktörlü yapılarda %40'ın üzerinde olması kabul edilebilir. Faktörün altında toplanan ifadelerin ortalama puanları alınarak ifadeler birleştirilir. Likert tipindeki ölçeklerde hem faktör analizi hem de anlamca bir olan ifadeler birleştirip boyut olarak adlandırılır. Sosyal bilimlerde özellikle anket yöntemin çok yaygın olarak kullanılmaktadır (Erkorkmaz vd., 2013, s. 210-216).

Bağımsız Örneklem T – Testi

Hipotez testi içeren araştırmaların en sıklıkla kullandığı testlerden birisi de t-testidir. Sürekli değişkenler olarak ifade edilen gruplar arasında istatistiki olarak anlamlı bir fark olup olmadığını test etmek için ya da gözlenen, varsayılan ortalama değerin öngörülen değerden farklı olup olmadığını tespit etmek için kullanılmaktadır. Bağımsız örneklem t – testinin birden fazla versiyonu vardır ve doğru veri yapısına uygun t – testi seçmek hipotez testinin daha güvenilir sonuçlar vermesi için önem taşımaktadır (Büyüköztürk, 2017, s. 213).

Varyans analizi (ANOVA) testi

Araştırmada kullanılan bir diğer parametrik test ise ANOVA testidir. İstatistikte kullanılan varyans analizi kavramı birçok istatistiksel yöntemi içinde barındıran bir yöntemler topluluğunun genel adıdır. Varyans analizinin en basit formu tek yönlü varyans analizi bir başka ifade ile ANOVA testi bir sayısal değişken en az üç grupta karşılaştırılmak istendiğinde kullanılır. Bu test öncelikli olarak gruplardan en az birinin diğerlerinden farklı olup olmadığını test eder. ANOVA testi sonucunda istatistiksel olarak anlamlı bir p değeri ortaya çıkarsa bir diğer ifade ile p değeri p<0,05 ise post -hoc testleri olarak ifade edilen çoklu karşılaştırma testleri kullanılmaktadır (Özçelik, 1992, s. 125).

Korelasyon Analizi

İncelenen iki metrik değişken arasındaki ilişkinin belirlenmesinde kullanılan analizdir. Ancak bu analizle iki değişken arasında nedensenlik saptaması yapılmamaktadır. Bir diğer ifade ile hangi değişkenin neden, hangisinin sonuç olduğunu söylemek mümkün değildir. Korelasyon analizi iki veya daha çok değişkenli bir analizdir. İki değişkenli korelasyon analizinde birbiriyle eşleştirilen iki farklı değişken arasında bir ilişki olup olmadığı, var ise ilişkinin yönü ve gücü değerlendirilir. Eğer ikiden fazla değişken arasındaki ilişkiye bakılacaksa, bu durumda tüm değişkenler için ikişerli kombinasyonlar oluşturularak her bir çift için korelasyon değerleri hesaplanmaktadır (İslamoğlu ve Alnıaçık, 2016, s. 353). Korelasyon analizinde Pearson katsayısı, r harfi ile gösterilmektedir. Pearson korelasyon katsayısı aralık ölçekte ölçülmüş olan, değişkenlerin arasındaki doğrusal ilişkinin derecesine ve yönüne bakılmak istenildiğinde en sık kullanılan kat sayıdır (Durmuş, Serra, Çinko, 2016, s. 143). Korelasyon katsayısı ve değerleri -1 ile +1 arasında değerleri arasında değişiklik göstermektedir. + 1 korelasyonu iki değişken arasında pozitif yani doğru orantılı bir ilişkiyi ifade ederken, -1 korelasyon katsayısı ise negatif bir ilişkiyi açıklamaktadır (Gogtay ve Thatte, 2017, s. 65). Genel olarak 0,1 ile 0,3 arasındaki korelasyon zayıf, 0,3 ile 05 arasında korelasyon orta, 0,5 ile 0,8 arasındaki korelasyon güçlü, 0,8'den büyük değer ise çok güçlü korelasyon olarak kabul edilmektedir (İslamoğlu ve Alnıaçık, 2016, s. 353).

Regresyon Analizi

Regresyon analizi, bir bağımlı değişkenin (ya da çıktı değişkeninin) değerini, bir bağımsız değişken (tahminci değişken) ya da birden fazla bağımsız (tahminci değişkenler) kullanarak tahmin etmeye olanak veren bir yöntemdir. Eğer tek bir tahminci değişken kullanılarak analiz yapılırsa buna tek değişkenli basit doğrusal regresyon, birden çok tahminci değişken kullanılıyorsa çok değişkenli ya da çoklu regresyon analizi olarak isimlendirilir. Regresyon analizinde bağımlı değişkenin değeri, bağımsız değişkenler kullanılarak oluşturulan bir model yardımıyla tahmin edilmeye çalışılır (İslamoğlu ve Alnıaçık, s. 2016, s. 361). Görüldüğü üzere herbir analizin farklı işlevi vardır. Çalışmanın amacı doğrultusunda bu analizler kullanılmış, elde edilen bilimsel veriler ise bulgular kısmında detaylı olarak açıklanmıştır.

3.1.6. Ölçeklerin Yapı Geçerlilik Analizi

Kültürleşme tutumları ölçeği ile kişilerarası iletişim ölçeğinin yapı geçerlilik analizleri için faktör analizi ve güvenirlilik analizi yapılmıştır. Güvenirlilik katsayılarına ve ölçeklerin alt boyutlarına yer verilmiştir.

Kültürleşme Tutumları Ölçeğinin İncelenmesi

Kültürleşme tutumları ölçeği Çalışmada 29 maddeden oluşan Alman kültürüne uyum gösterme ölçeğine uygulanan güvenilirlik testi sonucunda ölçeğin genel güvenilirlik düzeyinin 0,79 düzeyinde olduğu görülmüştür. Madde çıkartılmasının güvenilirlik düzeyini artırmadığı için madde sayısında herhangi bir eksiltme yapılmamıştır.

Güvenilirlik analizi sonucunda ise faktör analizine geçilmiştir. Çalışmada birden fazla yapı tespit edilmiş olup genel yapıya uygunluk, açıklanan varyans, iç tutarlılık, KMO düzeyi ve faktör yüklerine göre en uygun yapı tespit edilmeye çalışmıştır. Bu sonuçlara göre tespit edilen yapı dört boyuta ayrılmaktadır. Bu boyutlar asimilasyon, bütünleşme, marjinalleşme ve ayrılmadır.

Tablo 19. Kültürleşme Tutumlarına Yönelik Faktör Analizi Sonuçları

ALT BOYUTLAR	FAKTÖR YÜKÜ	İÇ TUTARLILIK	AÇIKLANAN VARYANS	GÜVENİLİRLİK	KMO
ASİMİLASYON BOYUTU		0,71	19%	0,79	0,84
1. Almancayı Türkçeden daha iyi yazarım.	0,57				
2. Dairemde /evimde genellikle Almanca konuşuyorum	0,55				
3. Eğer şiir yazmam istenirse, Almanca yazmayı tercih ederim.	0,59				
4. Almanlarla Türklerden daha iyi anlaşıyorum.	0,61				
5. Almanların beni Türklerden daha iyi anladığını hissediyorum.	0,55				
6. Duygularımı Almanlara iletmeyi Türklere göre daha kolay buluyorum.	0,58				
7. Almanlar ile sosyalleşmeyi Türklerden daha rahat buluyorum.	0,56				
8. İşteki / okuldaki arkadaşlarımın çoğu Alman	0,51				
AYRILMA BOYUTU		0,70	18%		
1. Dinlediğim müziğin çoğu Türkçe.	0,54				
2. En yakın arkadaşlarım Türk.	0,54				
3. İnsanların çoğunun Türk olduğu sosyal ortamlara gitmeyi tercih ederim.	0,54				
4. Türklerin bana Almanlardan daha eşit davrandığını hissediyorum	0,53				
5. Bir Türk ile randevulaşmayı bir Alman ile randevulaşmaya tercih ederim.	0,53				
6. Bir Türk ile birlikte iken Alman ile birlikte olduğumdan çok daha rahat hissederim.	0,53				
7. Türkler, Türk olmayanlar ile buluşmamalı	0,52				
BÜTÜNLEŞME BOYUTU					
1. Hem Almanca hem de anadilimde şakalar yapıyorum.	0,52	0,68	16%		

2. Anadilde düşündüğüm gibi Almanca da düşünüyorum	0,51		
3. Hem Alman hem de Türk arkadaşlarım var.	0,51		
4. Hem Türklerin hem de Almanların bana değer verdiğini hissediyorum.	0,50		
5. Hem Türklerin hem de Almanların yanında çok rahat hissediyorum.	0,60		
MARJİNALLEŞME BOYUTU			
1. Genellikle Türk veya Alman herhangi biriyle sosyalleşmeyi zor buluyorum.	0,59		
2. Bazen hem Almanların hem de Türklerin benden hoşlanmadığını hissediyorum.	0,59		
3. Kimsenin beni anlamadığını düşündüğüm zamanlar oluyor.	0,58		
4. Bazen insanlarla iletişim kurmakta zorlanıyorum.	0,58		
5. Bazen Türklerin ya da Almanların beni kabul etmediğini hissediyorum.	0,58	0,69	14%
6. Bazen hem Türklere hem de Almanlara güvenmekte zorlanıyorum.	0,57		
7. Hem Türklerin hem de Almanların beni anlamakta zorlandığını görüyorum	0,57		
8. Diğer insanlarla birlikle olduğumda rahat hissetmiyorum.	0,57		
9. Türkiye'den ya da farklı ülkelerden biriyle kaynaşmanın zor olduğunu düşünüyorum	0,56		

Kültürleşme tutumları ölçeği için yapılan faktör analizi sonucuna göre, asimilasyon boyutunda açıklanan varyans yüzde 19 ve iç tutarlılık düzeyi 0,71 olarak bulunmuştur. Ayrılma boyutunda açıklanan varyans ise yüzde 18 ve iç tutarlılık düzeyi 0,70'dir. Bütünleşme boyutunda açıklanan varyans yüzde 16, iç tutarlılık 0,68'dir. Marjinalleşme boyutuna bakıldığında ise açıklanan varyans yüzde 14, iç tutarlılık düzeyi de 0,69'dur. Toplam açıklanan varyans yüzde 67'dir. KMO düzeyinin 0,84 olarak görülmüştür.

Kaiser – Meyer – Olkin (KMO) örneklem yeterliliğini ve değişkenler arası korelasyonların faktör analizine uygunluğunu test eden bir ölçümdür. KMO değeri 0 ile 1 arasında değişim göstermektedir. KMO'nun 1 değerini alması değişkenlerin birbirlerini mükemmel bir şekilde hatasız tahmin edebileceğini göstermektedir. KMO örneklem yeterliliğinin kabul edilebilir en alt sınırı 0,50'dir. Genel kabul görmüş KMO değerleri ise 0,50'den aşağısı kabul edilemez, 0,50 ile 0,60 arası kötü, 0,60 ile 0,70 arası orta, 0,70 ve 0,80 arası iyi, 0,80 ve yukarısı ise mükemmel olarak kabul edilmektedir. Barletts küresellik testi ise değişkenler arasında yeterli oranda ilişki olup olmadığını göstermektedir. Barlett testinin p değeri 0,5'ten düşükse değişkenler arasında faktör analizi yapmaya yeterli düzeyde ilişki vardır sonucu çıkmaktadır. Eğer testin sonucu anlamlı değilse, değişkenler faktör analizini yapmaya uygun değildir çıkarımı yapılmaktadır (Durmuş vd., 2016, s. 79-80). Buna göre KMO düzeyinin 0,84 olmasından dolayı örneklem mükemmel düzeyde olduğu için yapılan anket sayısı yeterlidir. Bununla birlikte veri setinin faktör analizine uygunluğu sonucuna göre Barlett's küresellik testi sonucunun da anlamlı olduğu görülmüştür (p=0,01, p<0,05). Ayrıca Barlett's testi sonucuna göre faktör yapısının istatistiksel düzeyde anlamlı olduğu ve bu kriterinde sağlandığında anlamlı bir sonuç olduğu görülmektedir. Faktör yüklerinin 0,40 üzerinde olması (İslamoğlu ve Alnıaçık, 2016, s. 427) varsayımlarının sağlanmasından dolayı yapının anlamlı olduğu tespit edilmiştir.

Tablo 20. Kişilerarası İletişim Ölçeğinin Faktör Analizi Sonuçları

İFADELER	FAKTÖR YÜKÜ	AÇIKLANAN VARYANS	GÜVENİLİRLİK	KMO
1. Nasıl hissettiklerini bana anlatmaları konusunda diğer insanları teşvik ederim.	0,59			
2. İnsanlar bana kolay konuşulabilir bir insan olduğumu söylerler.	0,53			
3. Yabancılar sıklıkla bana yaklaşır ve benimle konuşur.	0,56			
4. İnsanlar iyi bir dinleyici olduğumu söylerler.	0,51	51%	0,67	0,73
5. Düşüncelerim ve hissettiklerim konusunda insanlara karşı dürüstüm	0,6			
6. İletişimin üretken olduğuna inanırım.	0,57			
7. Hakkında konuştuğum şeyi örneklerle anlatırım.	0,59			

Çalışmada kişilerarası iletişim ölçeğinin güvenilirlik analizi yapılmış ve güvenilirlik düzeyinin 0,67 olduğu görülmüştür. Ölçeğin genel olarak güvenilir olmasından dolayı ve çıkartılacak ifadeden sonra güvenilirlik düzeyinin kayda değer artış sağlamaması nedeni ile ölçekte herhangi bir değişiklik yapılmamıştır. Ölçeğin açıklanan varyans düzeyinin %51, güvenilirlik düzeylerinin 0,67 ve KMO düzeyinin ise 0,73 seviyesinde olduğu görülmüştür. Buna göre Cronbach Alpha değeri 0,60 üzerinde olduğu için güvenilir, KMO düzeyi 0,70'in üzerinde olduğu için ulaşılan örneklem sayısı yeterli (iyi) düzeydedir. Barlett's küresel testi sonucuna göre de faktör yüklerinin 0,40'ın üzerinde olmasından dolayı anlamlı bir sonuca ulaşılmıştır.

Tablo 21. Kültürleşme Tutumları Ölçeği ve Kişilerarası İletişim Ölçeğinin Güvenilirlik Kat Sayıları

Kültürleşme Tutumları Ölçeği Alt Boyutlar	Madde Sayısı	Güvenilirlik
Asimilasyon	7	0,71
Ayrılma	5	0,70
Bütünleşme	4	0,68
Marjinalleşme	9	0,67
Kişilerarası İletişim Ölçeği	Madde Sayısı	Güvenilirlik
Kişiler arası iletişim	7	0,67

Ölçeklerinin güvenirlilik kat sayılarının hesaplandığı bu tabloya göre, Cronbach's Alpha değeri 0,60'ın üzerindedir. Buna göre ölçeğin güvenirliliği kabul edilebilir seviyededir. Kültürleşme tutumları ölçeğinin alt boyutlarına bakıldığında asimilasyon boyutunun α katsayısı 0,71, ayrılma boyutunun α katsayısı 0,70, bütünleşme boyutunun α katsayısı 0,68, marjinalleşme boyutunun α katsayısı ise 0,67'dir. Genel güvenirlilik düzeyi ise faktör analizinde belirtildiği üzere 0,79'dur. Kişilerarası iletişim ölçeğine bakıldığında ise genel α katsayısı 0,67 olarak bulunmuştur.

3.1.7. Araştırma Soruları ve Hipotezler

Kültürleşme ve kişilerarası iletişim ilişkisi üzerine yapılan bu saha araştırmasında farklı araştırma soruları ve hipotezler oluşturulmuştur. Hipotezler oluşturulurken, literatürden destek alınmıştır. Bu doğrultuda hipotezlerin çoğunluğu doğrulanmıştır. Araştırma soruları ise çalışmaya başlanmadan önce kayıt altında tutulan ve araştırmanın amacı belirleyen sorulardır.

Kişilerarası iletişim ilgili literatürde belirtildiği üzere iki toplum arasındaki etkileşimi (kültürleşme) sağlayan en etkin mekanizma olarak görülmektedir. Bu sav doğrultusunda, araştırmada kişilerarası iletişimin kültürleşme üzerindeki rolünü tespit etmek için *'Araştırma Sorusu 1: Kültürleşme yönelimlerinin benimsenmesinde kişilerarası iletişimin rolü nedir?'* şeklinde bir soru yöneltilmiş ve bu soru alt araştırma sorularına ayrılmıştır.

'Araştırma Sorusu 1.1. Kültürel azınlık kendini kişilerarası ilişkilerinde nasıl tanımlamaktadır?'. Bu araştırma sorusuna yanıt bulabilmek için kişilerarası iletişim ölçeği (KİÖ) ve sözsüz iletişim becerileri soruları kullanılmıştır. İletişim becerilerinin kültürleşme üzerindeki belirleyiciliğini test etmek için katılımcılardan kişilerarası ilişkilerinde kendilerini ifade etmeleri istenmiştir. Kişilerarası iletişimi etkileyen faktörler, kültürleşme bağlamında ele alınarak katılımcılara *'Araştırma Sorusu 1.2. Kişilerarası*

iletişimi etkileyen faktörlerin önem düzeyi nedir?' şeklinde sorular yöneltilmiştir. Algı ve tutum kültürleşme sürecindeki rolünü tespit edebilmek amacıyla katılımcılara *'Araştırma Sorusu 1.3. Türklerin Almanlar hakkındaki düşünceleri ve tutumları hangi yöndedir?'* soruları açık uçlu ve kategorik olmak iki şekilde sorulmuştur. Bununla birlikte kişilerarası iletişim yöntemlerinin önemi tespit edebilmek için *'Araştırma Sorusu 1.4. Kültürleşmede geleneksel iletişimin ve dijital kişilerarası iletişim yöntemlerinin tercih edilme düzeyi nedir?* şeklinde bir soru yöneltilerek hem geleneksel iletişimin hem de dijital iletişimin kişilerarası iletişimdeki rolü tespit edilmeye çalışılmıştır. Bu doğrultuda kültürel azınlığın sosyal ağları kullanma sıklıkları araştırılmıştır. Kültürleşme yönelimleri ölçeği ile sosyal ağlar arasında parametrik testler yapılmıştır.

Araştırmanın temel sorulardan diğeri de kültürleşme stratejileridir. Katılımcıların kültürleşme yönelimlerini tespit etmek amacıyla *'Araştırma Sorusu 2: 'Almanya'da yaşayan Türklerin kültürleşme yönelimlerinin dağılımları hangi yöndedir?'.* Bu soruya çalışmanın teorik çerçevesini oluşturan John Berry'nin kültürleşme tutumları modeli (1997) ve stratejileri (asimilasyon, ayrılma, bütünleşme ve marjinalleşme) üzerinden yanıt aranmaya çalışılmıştır. Declan T. Barry'nin (2001) bu model üzerinden geliştirdiği kültürleşme tutumları ölçeği de bu araştırmanın aracıdır. Bu araştırmanın alt soruları *'Araştırma Sorusu 2.1. Kültürleşme yönelimleri ile kuşaklar arasındaki ilişkiler hangi düzeydedir?'.* Katılımcılara yaş, Almanya'da yaşanılan süre gibi kuşakları ortaya çıkaran sorular yöneltilmiş, katılımcılardan elde edilen cevaplar kültürleşme yönelimleri parametrik olarak ilişkilendirilmiştir. Ayrıca sosyo demografik faktörler ile kültürleşme yönelimleri arasındaki ilişkiyi tespit edebilmek *için 'Araştırma Sorusu 2.2. Kültürleşme yönelimleri ile sosyo demografik faktörler üzerindeki ilişki hangi yöndedir?'* sorusu parametrik testler ile analiz edilmiştir. Kültürleşme ve adaptasyon arasındaki ilişkiyi tespit edebilmek amacıyla ise *'Araştırma Sorusu 3: 'Kültürel azınlığın Alman kültüründen edinimlerinin nelerdir? Katılımcılar toplumda nelere uyum sağlamışlardır?'* sorusu yöneltilmiştir. Bir diğer araştırma sorusu problemler üzerinedir. Bu doğrultuda ankette *'Araştırma Sorusu 4: Kültürel azınlığın Almanya'da yaşadığı temel problemler nelerdir?'* Türklerin Almanya'da yaşadıkları problemler sosyal problemler ve iletişim problemleri olmak üzere iki açıdan incelenmiştir. Bununla birlikte kültürleşme yönelimlerine paralel olan kimlik ve aidiyet yönelimlerini tespit edebilmek amacıyla *'Araştırma Sorusu 5: Türklerin aidiyet ve kimlik duyguları hangi yöndedir?'* şeklinde sorular yöneltilmiştir. Burada katılımcılara aidiyet duygularını ifade eden Türkiye'yi ziyaret etmek sıklıkları, Türkiye'ye geri dönüş planları, öldüğünde defnedilmek istedikleri ülke, ev satın almak istedikleri ülke gibi sorular yöneltilerek bu araştırma sorusuna yanıt aranmıştır.

Bu araştırma soruları doğrultusunda, katılımcıların çeşitli hipotezler oluşturulmuştur. Kültürleşme yönelimini belirleyebilmek için, alan yazın taraması sonucunda ortaya çıkan bulgulardan hareket ederek, *'Hipotez 1: 'Almanya'da yaşayan Türklerin en yüksek düzeyde katılım gösterdikleri kültürleşme stratejisi bütünleşmedir.'* hipotezi oluşturulmuştur. Kültürleşme üzerine yapılan çalışmalara bakıldığında; Dilara Şeker (2005) Doktora Tezi, Ayşenur Bilge Zafer (2015) Doktora Tezi, Gökhan Kılıçoğlu (2014) Doktora Tezi, Bilge Ataca (2002) Doktora Tezi, Ömer Faruk Koçak (2020) Doktora Tezi gibi isimlerin tezlerinde en çok benimsenen yönelimin bütünleşme olduğu görülmüştür.

Kültürleşme yönelimleri ile sosyo demografik faktörler arasında doğrudan bir ilişki olabileceği hipotezinde bulunulmuş ve *'Hipotez 2: Kültürleşme yönelimleri ile sosyo demografik faktörler arasında anlamlı bir ilişki vardır.'*, hipotezi kurulmuştur. Bu hipotez alt hipotezler halinde sınanmıştır. Buna göre sosyo demografik özelliklerden ilki olan medeni durum ile bütünleşme eğilimleri arasındaki ilişkiye bakıldığında *'Hipotez 2a: Medeni du-*

rum ile kültürleşme yönelimleri arasında anlamlı bir ilişki vardır.' şeklinde bir hipoteze yer verilmiştir.

Bununla birlikte orijin kültürün doğum yeri ile kültürleşme arasındaki ilişki açısından *'Hipotez 2b: Doğum yeri ile bütünleşme yönelimleri arasında anlamlı bir ilişki bulunmaktadır.'* şeklinde bir hipotez kurulmuştur.

Alman kültürünün içine doğdukları için üçüncü kuşak Türklerin bütünleşme düzeylerinin daha yüksek olacağı düşünülmüş, bu doğrultuda *'Hipotez 3: Bütünleşme yönelimini en çok benimseyen kuşak ise üçüncü kuşak Türklerdir.'* şeklinde bir hipotez kurulmuştur. Kimlik ve aidiyet duyguları ile kültürleşme stratejileri arasında bir bağıntının olacağı düşüncesiyle *'Hipotez 4: Kimlik ve aidiyet duyguları ile kültürleşme yönelimleri arasında anlamlı bir ilişki vardır.'*, hipotezi kurulmuş ve bu hipotez sınanmıştır.

Almanya'da yaşam süresinin kültürleşme yönelimlerine katkı sağlayabileceğinden hareket ederek *'Hipotez 5: Almanya'da yaşam süresi ile kültürleşme düzeyi arasında anlamlı bir ilişki vardır'*, hipotezi bağlamında *'Hipotez 5a: Yaşam süresi ile dil konuşma becerisi arasında anlamlı bir ilişki vardır.'* ve *'Hipotez 5b: Almanya'da daha uzun süre yaşayanlar ile sosyal ortamlara uyum arasında anlamlı bir ilişki vardır.'* şeklinde hipotezler kurulmuştur.

Algı ve tutumun tercih edilen kültürleşme yönelimi üzerinde etkin bir role sahip olabileceği hipotezinden hareketle, *'Hipotez 6: Algı ve kültürel yönelimler arasında pozitif anlamlı bir ilişki vardır'* hipotezi sınanmıştır.

Kişilerarası iletişim becerileri ile sosyo demografik özellikler arasında ilişki açısından *'Hipotez 7: Kişilerarası İletişim becerileri ile sosyo demografik özellikler arasında anlamlı bir ilişki bulunmaktadır.'* hipotezi kurulmuş, bu hipotez de aşağıdaki alt hipotezlerle sınanmıştır. *'Hipotez 7a: Cinsiyet ile iletişim düzeyleri arasında anlamlı bir ilişki bulunmaktadır'. 'Hipotez 7b: Eğitim düzeyi ile kişilerarası iletişim becerileri arasında anlamlı bir ilişki vardır. Eğitim düzeyi arttıkça kişilerarası iletişim becerileri de artmaktadır.'.*

Kişilerarası iletişimin kültürleşme yönelimleri üzerinde etkin bir role sahip olduğu düşüncesiyle *'Hipotez 8: Kültürleşme yönelimleri ile kişilerarası iletişim arasında anlamlı bir ilişki vardır'* şeklinde kurulan hipotez, alt hipotezler ile sınanmıştır. Buna göre *'Hipotez 8a: 'Bütünleşme ile yüz yüze iletişim arasında anlamlı bir ilişki vardır.', 'Hipotez 8b: Sosyal ağ kullanım sıklığı ile bütünleşme düzeyi arasında anlamlı bir ilişki vardır.'. 'Hipotez 8c: Kişilerarası iletişim düzeyleri yüksek olan kişiler ile bütünleşme tercihleri arasında pozitif anlamlı bir ilişki vardır.'.* Bununla birlikte geleneksel kişilerarası iletişimin online iletişime göre daha etkin bir role sahip olabileceği düşüncesiyle *'Hipotez 9: Yüz yüze iletişimde bulunanların kişilerarası iletişim düzeyleri online iletişim kuranlara göre daha yüksektir.'* şeklinde bir hipotez kurulmuştur. Araştırma soruları doğrultusunda kurulan hipotezlerin çoğu doğrulanırken, doğrulanmayanlar da olmuştur.

3.2. Bulgular ve Yorum

Bulgular ve yorum kısmında yapılan analizler, başlıklar halinde sunulmuştur. Bu başlıkta betimleyici analizlere, parametrik testlere, korelasyon ve regresyon analizine yer verilmiştir.

3.2.1. Betimleyici Analizler

Bu bölümde farklı değişkenlerin yüzdelik dağılımları yer almaktadır. Tablolar sorunun içeriğine göre sayı, yüzde ve toplam şeklinde belirtilmiştir. Betimleyici analizler kısmında sosyo demografik değişkenlere, Almanya'da bulunma amaçlarına, katılımcıların yaşadıkları problemlere yer verilirken, kişilerarası iletişim başlığında da kişilerarası iletişim becerileri ve kişilerarası iletişim yöntemleri tablolar halinde açıklanmıştır. Bununla birlikte kimlik ve aidiyetle ilgili değişkenleri ile algı, tutum ve davranış soruları analiz edilmiştir. Ayrıca Alman kültüründen edinimlere ve Alman kültürüne uyum gibi değişkenler analiz edilenler arasında yer almaktadır.

3.2.1.1. Katılımcıların Sosyo-Demografik Niteliklerinin Frekans Analizi Sonuçları

Bu başlıkta katılımcıları niteleyen cinsiyet, yaş, medeni durum, doğum yeri, yaşadığı şehir, Türkiye'den ve Almanya'dan mezun olduğu okul, meslek ve aylık gelir gibi değişkenlere yer verilmiştir. Tabloda toplam yüzde ile katılımcıların sayıları aşağıda belirtilmiştir.

Tablo 22. Cinsiyetlere Göre Yüzdelik Dağılım

Cinsiyet	n	%
Kadın	364	44,10
Erkek	462	55,90
Toplam	826	100,0

Yukarıdaki tabloda araştırmadaki katılımcıların sosyo–demografik özellikleri yer almaktadır. Araştırma sonucuna göre katılımcıların yüzde 44,1'nin kadın, yüzde 55, 9'nun ise erkektir. Cinsiyet dağılımı bakımından, araştırmaya erkeklerin kadınlardan daha fazla katıldığı görülmüştür. Cinsiyet eşit dağılım göstermese de her iki cinsiyetin yüzdesi birbirine yakındır.

Tablo 23. Yaşlara Göre Yüzdelik Dağılım

Yaş Grubu	n	%
15-24 yaş	60	7,26
25-34 yaş	232	28,09
35-44 yaş	311	37,65
45-54 yaş	170	20,58
55-64 yaş	48	5,81
65 yaş ve üzeri	5	0,61
Toplam	826	100,0

Katılımcıların yaş dağılımına bakıldığında ise araştırmanın yüzde 7, 26'sını 15 ile 24 yaş aralığındaki kişiler, yüzde 28,09'unu da 25 ile 34 yaş grubu, yüzde 37,65'i ise 35 ile 44 yaş arasındaki kişilerdir. Yüzde 20,58'i ise 45 ile 54 yaş arasındaki kişileri temsil ederken, yüzde 5,81'i de 55 ile 64 yaş aralığındaki kişilerden oluşmaktadır. Yüzde 0,61'ini de 65 yaş üzeri kişiler oluşturmaktadır.

Bu yaş dağılımı, kuşaklar açısından ele alınabilir. Literatürdeki kuşak tanımlarına göre birinci kuşak Türkler; Almanya ve Türkiye arasındaki imzalanan anlaşma sonrasında Almanya'ya ilk on yıllık dönemde bulunan Türkleri kapsamaktadır (Demirağ ve Kakışım, 2018, s. 140-141). İkinci kuşak ise Almanya'ya ilk giden kişilerin çocuklarıdır. Bu kuşak yoğunlukla 1970'li yılların sonları ile 1980'li yılların ilk yarısında Almanya'ya göç etmiştir. Üçüncü kuşak ise birinci kuşağın torunlarıdır ve çoğunlukla Almanya'da doğmuşlardır (Başkurt, 2009, s. 85). Üçüncü kuşak Türklerin birçoğu Alman vatandaşı olan torunlardır. Bu kuşağın ortaya çıkış yılları doksanlı yıllardır (Demir, 2010, s. 29). Başka bir ayrıma göre ise 1961 ile 1971 arası birinci kuşak, 1973'ten 1990'a kadar süreçte yer alanlar ikinci kuşak, 1990 sonrası ise üçüncü kuşak olarak kabul edilmektedir (Aksoy, 2010, s. 9).

Bu açıklamalardan yola çıkarak, araştırmaya çoğunlukla, ikinci ve üçüncü kuşak Türklerin katılım sağladığı söylenebilir. Araştırmaya göre üçüncü kuşak Türkler 15 ile 34 yaş arasındaki kişilerden oluşmaktadır. Üçüncü kuşak Türklerin toplam yüzde içerisindeki yeri 35,35'tir. Bu araştırmada ikinci kuşak Türk yüzdesi ise 64,04'tür ve bu grubu temsil eden yaş grubu 35 ile 64 yaş arasındaki kişilerdir. Birinci kuşak Türkler ise yaşlı nüfusu temsil etmektedir ve 65 yaş ve üzeri kişilerden oluşmaktadır. Almanya'daki yaşlı Türk nüfusu istatiksel olarak belirtilmemiştir. Ancak birinci kuşak Türklerin yaşları ileri yaş grubundadır. Dolayısıyla, Almanya'da yaşayan birinci kuşak Türk sayı bakımından, normal Türk nüfusu dağılımı açısından azdır.

Tablo 24. Medeni Duruma Göre Dağılım

Medeni Durum	n	%
Evli	593	71,80
Bekar	233	28,20
Toplam	**826**	**100,0**

Araştırmadaki katılımcıların medeni durumlarına bakıldığında ise çoğunun evli olduğu görülmektedir. Katılımcıların yüzde 71, 8'i evli, yüzde 28,2'si ise bekardır.

Tablo 25. Doğum Yerlerine Göre Yüzdelik Dağılım

Doğum Yeri	n	%
Türkiye	518	62,70
Almanya	298	36,10
Başka bir ülke	10	1,20
Toplam	**826**	**100,0**

Doğum yerinin yüzdelik dağılımlarına bakıldığında ise katılımcıların yüzde 62,70'i Türkiye'de, yüzde 36,10'u Almanya'da, yüzde 1,2'si başka bir ülkede doğduklarını ifade etmişlerdir.

Tablo 26. Yaşadıkları Şehirlere Göre Yüzdelik Dağılım

Şehir	n	%
Stuttgart	59	7,10
Berlin	47	5,70
Hamburg	35	4,20
Frankfurt	34	4,10
Köln	35	4,20
Münih	37	4,50
Diğer	579	70,10
Toplam	**826**	**100,0**

Türklerin Almanya'daki yaşadığı şehirlere göre dağılımları ise farklılık göstermektedir. Elde edilen sonuç ise Türklerin Almanya'da yoğunlukla yaşadığı şehirleri temsil etmektedir. Nitekim Türkler ağırlıklı olarak Almanya'nın Stuttgart, Frankfurt, Münih, Köln, Hamburg ve Berlin'de şehirlerinde yaşamaktadır (Almanya Bülteni, 2021). Katılımcıların yüzde 7,10'u Stuttgart, yüzde 5,70'si Berlin, yüzde 4,20'si Hamburg ve Köln, yüzde 4,10'u Frankfurt, yüzde 4,50'si Münih, yüzde 70,10'u da diğer bölgelerde yaşamaktadırlar.

Tablo 27. Türkiye'deki Eğitim Durumlarına Göre Yüzdelik Dağılım

Türkiye'de Mezun Olunan Okul	n	%
Okuryazar değil	2	0,20
İlkokul	87	10,50
Ortaokul	57	6,90
Lise	152	18,40
Üniversite	232	28,10
Lisansüstü ve üzeri	22	2,70
Türkiye'de eğitim almadım.	274	33,20
Toplam	826	100,0

Katılımcıların yüzde 0,20 okur yazar değilken, yüzde 10,50'si ilkokul, yüzde 6,90'ı ortaokul, yüzde 18,40'ı lise, yüzde 28,10'u üniversite, yüzde 2,70'i lisansüstü ve üzeri iken, katılımcıların yüzde 33,20'si ise Türkiye'de eğitim almadığını ifade etmişlerdir.

Tablo 28. Almanya'daki Eğitimlerine Göre Yüzdelik Dağılım

Almanya'da Mezun Olunan Okul	n	%
Grundschule	11	1,3
Sonderschule	2	0,2
Hauptschule	31	3,8
Berufschule	111	13,4
Realschule	69	8,4
Integrierte Gesamtschule	190	23
Gymnasium	77	9,3
International School	8	1
Universitat	326	39,5
Toplam	**826**	**100,0**

Almanya'daki Türklerin Eğitim düzeyleri ise farklılık göstermektedir. *'Türkiye ve Almanya'da en son mezun olduğunuz okul hangisidir?'* sorusuna katılımcılardan gelen yanıtlar yukarıdaki tabloda aktarılmıştır. Almanya'daki eğitim sistemi Türkiye'deki eğitim sistemi farklılık göstermektedir. Almanya'daki okulların Türkiye'deki denklikleri ise şu şekildedir; Grundschule ilk okul, sonderschule özel eğitime ihtiyaç duyanların gittiği okul, hauptschule orta okul, berufschule meslek okulu, realschule orta ile lise arası bir okul, ıntegrierte gesamtschule ortaokul, realschule ve lisenin birleşimi olan bir okul, gymnasium lise, international school öğrenim dili İngilizce olan ilkokul veya lise, universitat üniversite şeklindedir (Alav, 2018, s. 41).

Almanya'daki mezuniyete bakıldığında ise katılımcıların grundschule ile sonderschule okullarına gidenlerin yüzdesi 1,5'dur. Sonderschule okulları zihinsel engellilerin gittiği bir okuldur. Almanya'da ilkokula başlayan ve Almancası yetersiz olan Türk çocukları bu okullara gönderilmektedir. Toplam yüzde içerisinde, bu okulların gidenler ise sayıca azdır. Hauptschule, Berufschule, Realschule okullarına gidenlerin toplam yüzdesi ise 25,6'dır. 33,3 katılımcı da Almanya'nın integrierte gesamtschule, gymnasium ve international school okullarından mezundur. Üniversitat mezunu ise yüzde 39,5'dir. Her iki tabloya da bakıldığında katılımcıların büyük çoğunluğun üniversite, lisansüstü ya da universitat mezunu olduğu görülmektedir.

Tablo 29. Mesleklere Göre Yüzdelik Dağılım

Meslek	N	%
İşçi	243	29,4
Memur	49	5,9
Serbest Meslek (Esnaf, çiftçi vb.)	94	11,4
Öğrenci	125	15,1
Eğitim personeli (Akademisyen, Öğretmen	77	9,3
Adli Personel (Avukat, savcı, hakim v.b)	7	0,8
Sağlık personeli (Doktor, hemşire, Eczacı vb)	47	5,7
Ev hanımı	71	8,6
Emekli	23	2,8
Mühendis	72	8,7
İşsiz	18	2,2
Toplam	826	100,0

Katılımcıların yüzde 29, 4'ü işçi, yüzde 15,1'i öğrenci, yüzde 11,4'ü esnaf, çiftçi gibi meslek dallarını kapsayan serbest meslek sahibi, yüzde 9,3'ü de akademisyen – öğretmen gibi meslek yürütücülüğünü yapan eğitim personelidir. Ev hanımı ve mühendis 8,7, memur yüzde 5,9, sağlık personeli yüzde 5,7, adli personel yüzde 0,8, işsizler ise yüzde 2,2'dir. Almanya'da yaşayan Türklerin büyük çoğunluğunu, ilk göç zamanında olduğu için işçiler oluşturmaktadır. İşçileri ise öğrenciler takip etmektedir. Tablo 29'a bakıldığında Türkler Almanya'da farklı iş sahalarında istihdam edilmektedir.

Tablo 30. Gelir Düzeylerine Göre Yüzdelik Dağılım

Aylık Gelir	Sayı	Yüzde
1000 Euro'dan az	120	14,5
1001 ile 2000 Euro arası	179	21,7
2001 ile 3000 Euro arası	299	36,2
3001 ile 4000 Euro arası	122	14,8
4001 ile 5000 Euro arası	53	6,4
5001 Euro ve üzeri	53	6,4
Toplam	**826**	**100,0**

Aylık gelir dağılımına bakıldığında en yüksek yüzde ile katılımcıların yüzde 36,2'si 2001 ile 3000 Euro arasında bir gelire sahiptir. 1001 ile 2000 Euro gelir elde edenler yüzde 21,7'dir. 1000 Euro'dan az gelire sahip olanlar ile 3001 ile 4000 Euro alanlar birbirlerine yakın yüzdeliklerdir. 4001 Euro üzerinde aylık gelire sahip olanlar ise yüzde 6,4'tür. 4000 Euro ve üzeri ise en az yüzdeyi (12,8) oluşturmaktadır.

Özetle sosyo demografik faktörlere bakıldığında araştırmada kadın ve erkek katılım sayısı birbirine yakındır, yaş dağılımına bakıldığında araştırmaya en fazla ikinci ve üçüncü kuşak göçmenlerin katıldığı görülmektedir. Medeni durumlarında büyük çoğunluğunun evli olduğu tespit edilmiştir. Katılımcıların yaşadıkları şehirlere bakıldığında ise Türklerin Almanya'da yoğun olarak yaşadığı şehirler olduğu görülmüştür. Katılımcılardan 274 kişi Türkiye'de eğitim almazken, katılımcıların yüzde 30'u veya 40'ı üniversite mezunudur. Meslek bakımından katılımcıların çoğu işçidir. Bu veriden anlaşılacağı üzere Almanya'da Türkler 1961'deki işçi anlaşmasından bu yana, işçilik mesleğini devam ettirmektedir. Gelir bakımından en az gelire sahip olanların yüzdesi 14,5 iken, en fazla gelire sahip olanların yüzde ise 6,4'tür.

3.2.1.2. Katılımcıların Almanya'da Bulunma Amacına Yönelik

Katılımcıların Almanya'da bulunma nedenlerine ve Almanya'ya kendilerinden önce gelen birinin olup olmadığına dair soruların cevapları yüzdelik dağılımları sunulmuştur.

Tablo 31. Almanya'ya Geliş Nedenlerinin Yüzdelik Dağılımı

Almanya'ya Geliş Nedeni	N	%
Çalışmak için.	71	8,6
Eğitim için.	79	9,6
Almanya'da doğdum.	321	38,9
Evlilik nedeniyle geldim.	196	23,7
Ailemin yanına geldim.	135	16,3
Diğer	24	2,9
Sizden önce ailenizden Almanya'ya gelen olmuş muydu?	N	%
Evet	622	75,3
Hayır	204	24,7
Toplam	**826**	**100,0**

Katılımcıların yüzde 8,6'sı çalışmak için, yüzde 9,6'sı eğitim amacıyla, yüzde 23,7'si evlilik nedeniyle, yüzde 16,3'ü ailesinin yanına geldiğini söylerken, yüzde 2,9'unu Almanya'ya getiren sebepler bunların dışındadır. Yüzde 38,9'u ise Almanya'da doğmuştur.

'Sizden önce ailenizden Almanya'ya gelen olmuş muydu?' sorusuna katılımcıların yüzde 75, 3 *"evet"* yüzde 24, 7'si *"hayır"* şeklinde cevap vermiştir. Böyle bir yüzde farklılığının ortaya çıkmasının nedeni ise birinci kuşak Türklerin sayıca yetersizliğidir. İlk göç edenler, birinci kuşaktır. Daha öncede belirtildiği üzere bu kuşak yaşlı kesimi oluşturmaktadır.

3.2.1.3. Katılımcıların Yaşadığı Problemlerin Frekans Analizi Sonuçları

Katılımcıların yaşadığı Almanya'da yaşadığı problemler sosyal ve iletişim problemleri olmak üzere iki açıdan incelenmiştir. Sosyal problemler algılanan ayrımcılık sorunlarını içerirken, iletişim problemleri de iletişim becerilerinin eksikliğinden kaynaklı sorunları içermektedir.

Tablo 32. Sosyal Problemlerin Yüzdelik Dağılımı

Sosyal Problemler	n	%
Yabancı muamelesi görmek	499	60,4%
Ahlaki değerlerin farklı olması	434	52,5%
Etnik kökenimize saygı gösterilmemesi	347	42,0%
Dini değerlere saygı gösterilmemesi	304	36,8%
Dilimizi ve kültürümüzü koruyamamak	267	32,3%
Yalnızlık, iletişimsizlik	177	21,4%
Emeklerimizin karşılığını alamamak	173	20,9%
Almanca konuşamamak	154	18,6%
Madde ve alkol kullanım yaygınlığı	151	18,3%
İş bulamamak	117	14,2%
Diğer problemler	116	14,0%
Yoksulluk	27	3,3%

Kültürleşme ve adaptasyon düzeyini olumsuz yönde etkileyen faktörlerden yola çıkarak, bu kategorik soru oluşturulmuştur. Katılımcılara *"Almanya'da yaşadığınız en önemli problemler nelerdir? Birden fazla seçenek işaretleyebilirsiniz."* şeklinde bir ifade kullanılmıştır. Katılımcıların en çok şikâyet ettiği konu ayrımcılık ve ötekileştirme olmuştur. Ayrımcılık kişinin etnik kökeninden dolayı yabancı muamelesi görmesidir ve bu durum kişinin adaptasyon düzeyini olumsuz yönde etkilemektedir. Nitekim Maydell - Stevens ve arkadaşlarına göre (2007) kültürel azınlık üyelerine ayrımcılık yapıldıkça, onların sosyo kültürel uyum düzeyleri de düşmektedir. Yabancı muamelesi görmek sorunu yüzde 60,4 ile en çok yaşanan sosyal problem olmuştur. Türk işçiler resmi Alman söylemlerinde genellikle "Gastarbeiter" (misafir işçi), "Auslander" (yabancı) veya "Mitbürger" (hemşehri) gibi öteki, ayrı veya uzaklıkları vurgulayan terimlerle tanımlanmaktadırlar (Kaya, 2016, s. 50).

Almanya'daki Türkler yasaların gözünde hep yabancı kalmıştır. Bunu ise 1989 yılında Berlin Yabancılar Komisyonu Başkanı Barbara John şu şekilde dile getirmiştir. *"Almanya'da yılda yaklaşık 54.000 yabancı çocuk dünyaya gelmektedir. Bunlardan sadece 14.000'ine Alman vatandaşlığı verilmektedir. Bu sayı endüstrileşmiş ülkeler için en düşük orandır. Bu üçüncü kuşak büyük bir olasılıkla tüm yaşamını Almanya'da geçirecek, Almancayı anadilinden ana dilinden daha iyi konuşacak, anayurdunu sadece tatillerde ziyaret edecek, fakat yasanın gözünde hep yabancı kalacaktır"* (Unat, 2017, s. 98) şeklinde ifade etmiştir. Kültürel azınlık, yasalar gözünde yabancıyken, orijin kültürün içinde yabancı nitelemesine mahkumdur. Kişinin yabancılaştırılmasının temel nedenlerinden din ve etnik köken farklılığıdır. Etnik kökenine saygı gösterilmemesi yüzde 42 iken, dini değerlere saygı eksikliği de yüzde 36,8'dir.

Kişinin bir toplumda yabancı olduğunu belirten göstergeler vardır. Ten rengi, giyim kuşam şekilleri, yeme içme kültürleri, müzik zevkleri ve belirli bir topluma özgü karakteristik yüz hatları gibi birçok faktör kültürel azınlığı tanımlamaktadır. Bu faktörlerin benzerliği iki kültürü birbirine yaklaştırırken, farklılığı sosyal mesafeye neden olmaktadır. Bununla birlikte algılanan bir diğer problem ise ahlaki değerlerin farklılığıdır. Ahlaki değerlerin farklı olduğunu söyleyenlerin yüzdesi ise 52,5'tir.

Katılımcıların yaşadığı bir diğer problem ise sosyal kimlik problemidir. Sosyal kimlik bireyin yaşadığı toplumda kendini tanımlama şeklidir. Öz kültüre bağlılığı veya uzaklığı ifade etmektedir. Sosyal kimliğin en önemli göstergelerinden biri de dildir. Almanya'daki katılımcılar kendi orijin kültürlerini koruyamadıklarını söyleyerek, bu problemin önemine dikkat çekmişlerdir. Bununla birlikte dil problemi de yaşayanlar vardır. Katılımcılar için dil problemi yüzde 18,6 oranında bir sorun teşkil etmektedir. Dil ve sosyo kültürel adaptasyon arasında doğrudan bir ilişki vardır. Nitekim, ana akım toplumun dilini konuşabilme yetisine sahip bireylerin yeni topluma uyum sağlamaları daha kolaydır. Ana akım topluma uyum sağlamayan bireylerde dil yetersizliğinin görülmesi ise daha olası bir durumdur (Ataca ve Berry, 2002, s. 13). Göç ettiği ülkenin dilini bilmeyen bireyin bütünleşme yönelimini tercih etse bile gerçek bir bütünleşme yönelimine geçmesi çok mümkün değildir.

Katılımcıların ekonomik uyumlarına bakıldığında ise katılımcılar için emeklerini karşılığını alamamak, diğer bir ifade ile yaptığı işten doyum elde edememek yüzde 20,9 oranında bir soruna karşılık gelmektedir. Bununla birlikte katılımcılar yüzde 14,2 oranında işsizlik sorunu yaşamaktadır. Yoksulluk sorunu ise yüzde 3,3'tür. Buradan hareketle yüzde 17,5 oranında Almanya'daki Türk katılımcılar ekonomik problemleri ile yüzleşmektedir.

Bununla birlikte Almanya'da yaşanan bir diğer sorun ise yalnızlık ve iletişimsizliktir. Bu sorunun yüzdesi 21,4'tür. Yalnızlık ve iletişimsizlik sorunu, kültürleşme yönelimlerinden ayrılma ve marjinalleşme yönelimini ifade etmektedir. Madde ve alkol kullanım yaygınlığı da Türk katılımcılar için problem teşkil etmektedir. Bu problemin büyüklüğü ise yüzde 18,3'tür. Genel olarak, bu tablodaki yüzdelere bakarak, Almanya'daki Türk katılımcıların Almanya'da çok sayıda sorunla karşılaştıkları görülmektedir. En çok yaşanan problem ise algılanan ayrımcılık problemidir. İki kültür arasındaki farklılıklar da görünen problemler arasında yer almaktadır. Bununla birlikte katılımcılar kendi kültürlerini koruyamadıklarını ifade etmektedirler. Katılımcıların ekonomik anlamda Alman iş sahasına uyum sağladıkları söylenebilir.

Tablo 33. İletişim Problemlerinin Yüzdelik Dağılımı

İletişim Problemleri	n	%
Duyarlı olmamaları	234	28,3%
Dil yetersizliğini önemsememeleri	192	23,2%
Kişisel alana saygı duymamaları	167	20,2%
Nezaket kurallarına uymamaları	158	19,1%
Kişisel olarak önemsememeleri	149	18,0%
Dinleme becerilerinin olmaması	113	13,7%
İletişim kurarken, ses tonunu ayarlayamamaları	112	13,6%
Diğer nedenler	93	11,3%

İletişim problemleri sosyal problemlerden ayrılmaktadır. Bu sebeple katılımcılara *'Almanya'da insanlarla yaşadığınız iletişim problemleri nelerdir? Birden fazla seçenek işaretleyebilirsiniz'* sorusu yöneltilerek, katılımcılardan yaşadıkları temel problemleri belirtmeleri istenmiştir. Almanların Türklere karşı duyarlı olmamaları yüzde 23,3 oranında bir sorun teşkil etmektedir. Almanların Türklerin dil yetersizliğini önemsemeleri ise yüzde 23,2'lik bir soruna karşılık gelmektedir. Almanya'da kişisel olarak önemsenmediklerini hissedenler ile (yüzde 18), Almanya'dakilerin kendi kişisel alanlarına saygı duymadıklarını düşünenler de vardır. Buna göre katılımcıların yüzde 20,2'si kişisel alanın ihlali sonucunda kendini güvende hissetmemektedir.

Bununla birlikte katılımcılar iletişim kurarken, dinlenilmediklerini düşünmektedir. Dinlenilmediklerini düşünenlerin yüzdesi ise 13,7'dir. Konuşmaya yön veren, kişilerarası ilişkileri iyileştiren ya da tersine ilişkileri bitiren, bunun sonucunda uyumu zorlaştıran, kültürleşmeye engel olan bir etken olan ses tonu problemi ise 13,6'lık bir yüzdeye sahiptir. Yukarıda sayılan problemlerin dışındaki diğer problemler ise yüzde 11,3 olarak görülmüştür.

3.2.1.4. Kişilerarası İletişim Sorularının Frekans Analizi Sonuçları

Kişilerarası iletişim değişkenleri altında ise kişilerarası iletişimi etkileyen faktörlerin merkezi eğilim istatistiklerine, katılımcıların iletişim yöntemlerinin yüzdelik dağılımlarına, sosyal ağların merkezi eğilim istatistiklerine ve sözsüz iletişim becerilerinin merkezi eğilimlerine yer verilmiştir.

Tablo 34. Kişilerarası İletişim Ölçeğinin Merkezi Eğilim İstatistikleri

İfadeler	n	Min.	Max.	X	S.D.
Kişilerarası İletişim Ölçeği					
1. Nasıl hissettiklerini bana anlatmaları konusunda diğer insanları teşvik ederim.	826	1	5	3,52	0,99
2. İnsanlar bana kolay konuşulabilir bir insan olduğumu söylerler.	826	1	5	3,91	0,86
3. Yabancılar sıklıkla bana yaklaşır ve benimle konuşur.	826	1	5	3,59	0,92
4. İnsanlar iyi bir dinleyici olduğumu söylerler.	826	1	5	3,98	0,85
5. Düşüncelerim ve hissettiklerim konusunda insanlara karşı dürüstüm	826	1	5	4,20	0,76
6. İletişimin üretken olduğuna inanırım.	826	1	5	4,07	1,20
7. Hakkında konuştuğum şeyi örneklerle anlatırım.	826	1	5	4,11	0,75

Kişilerarası iletişim ölçeğinde yer alan ifadelerin aritmetik değerlerine bakıldığında, *"Düşüncelerim ve hissettiklerim konusunda insanlara karşı dürüstüm"* ifadesi ile 4,20'lik aritmetik ortalama ile en yüksek aritmetik değere sahip maddedir. Bu aritmetik değere en yakın değer ise *"Hakkında konuştuğum şeyleri örneklerle anlatırım"* maddesidir (x=4,11). Buna göre katılımcıların kişilerarası iletişim ölçeğinde yer alan ifadelerinin tamamına katıldığı görülmüştür.

Tablo 35. Kişilerarası İletişimi Etkileyen Faktörlerin Merkezi
Eğilim İstatistikleri

Faktörler	X	S.D.
Karakteristik özellikleri, hal ve hareketleri	2,74	0,54
İletişim kurma becerileri	2,51	0,64
Eğitim düzeyi	2,25	0,73
Toplum içindeki rolü, saygınlığı	2,20	0,73
Meslek	1,97	0,69
İnançları ve dini	1,90	0,76
Fiziksel özellikleri, dış görüntüsü	1,89	0,71
Yaşı	1,81	0,64
Cinsiyeti	1,79	0,65

Bireylerin algılarını şekillendiren, tutum ve davranışlarına yön veren ve bunun neticesinde kişilerarası ilişkilerin yönünü belirleyen çeşitli faktörler vardır. Bunlar ilk izlenim faktörleri olabileceği gibi sonrasında ortaya çıkan etmenler de olabilmektedir. Kültürleşmede kişilerarası iletişimin rolünü tespit edebilmek amacıyla, katılımcılara kişilerarası iletişim etkenlerinin ilişkilerini ne derece etkiledikleri sorulmuştur. Bu doğrultuda *"Almanya'da yaşayan birinin, aşağıdaki özelliklerine ne derecede önem verirsiniz?"* sorusu yöneltilmiş ve bu faktörlere katılım derecelerine göre puan vermeleri istenmiştir.

Bu faktörler, önemsizse 1 puan, fark etmezse 2 puan, önemli ise 3 puan olarak hesaplanmıştır. Katılımcılar iletişim kurarken, en çok karakteristik özelliklere, hal ve hareketlere önem vermektedir. Nitekim bu faktörün aritmetik ortalaması, 2,74, standart sapması ise 0, 54'tür. İletişim kurma becerilerine verilen önem ise 2,51'lik bir aritmetik ortalamaya ve 0,64'lük bir standart sapmaya sahiptir. Karşı tarafın eğitim düzeyi ise 2,25'lik aritmetik ortalamayla en çok önem verilen özellikler açısından üçüncü sırada yer almaktadır.

Kişinin statüsü bir diğer ifade ile toplum içindeki rolü ve saygınlığının önemi ise 2,20'dir. Meslek kişinin toplum içindeki rolünü ve saygınlığını belirleyen önemli bir kriterdir. Bu sebeple toplum içindeki saygınlık ile meslek arasında aritmetik açıdan çok az fark bulunmaktadır. Mesleğe verilen önemin aritmetik değeri 1,97'dir. Karşıdaki kişinin dini ve inançları sizi etkiler mi? sorusu ise katılımcıların 1,90 aritmetik ortalama ile diğerlerine göre daha az önem verdikleri bir konu olmuştur. Bu aritmetik ortalama sonucundan yola çıkarak, Türkler açısından din ve inançlar diğer kişilerarası iletişim faktörlerine göre daha az anlam taşımaktadır. Bununla birlikte ilk izlenim açısından önemli olan fiziksel görüntünün aritmetik ortalaması 1,89, yaşın 1,81, cinsiyetin ise 1,79'tur.

Genel bir çıkarım yaparak, katılımcıların kişilerarası iletişimde en çok dikkat ettikleri faktörler şu şekilde sıralanabilir; karakteristik özellikleri, hal ve hareketler (2,74±0,54), iletişim kurma becerileri (2,51±0,64) ve eğitim düzeyidir (2,25±0,73). Bunları sırasına göre kişinin toplum içindeki rolü ve saygınlığı, mesleği, inançları ve dini, fiziksel özellikleri, dış görüntüsü, yaşı ve cinsiyeti takip etmektedir. En önemsiz görülen faktörler ise fiziksel özellikler, yaş ve cinsiyettir.

Tablo 36. İletişim Yöntemlerinin Yüzdelik Dağılımı

İletişim Yöntemleri	n	%
Online İletişim	43	5,2
Yüz yüze iletişim	282	34,1
Hem online iletişim hem yüz yüze iletişim	501	60,7
Toplam	826	100,0

Çalışmanın birinci bölümünde kişilerarası iletişim geleneksel iletişim ve dijital iletişim olmak üzere kişilerarası iletişim iki açıdan ele alınmıştır. Katılımcılara günlük hayatlarında en sık tercih ettikleri iletişim türü sorulmuştur. Katılımcılardan yüzde 5,2'si sadece online iletişim yoluyla kişilerarası iletişim kurarken, yüzde 34,1'i de sadece yüz yüze iletişim türünü kullanmaktadır. Çevresi ile hem dijital hem de yüz yüze iletişim kuranlar ise yüzde 60,7'dir.

Tablo 37. Online İletişim Türünün Yüzdelik Dağılımı

Online İletişim Türü	n	%
Mesajlaşma	549	66,5%
Sesli görüşme	387	46,9%
Görüntülü görüşme	178	21,5%

Online iletişim kullanıcılarına, en çok tercih ettikleri online iletişim türünün ne olduğu sorusu yöneltilmiştir. Katılımcılardan birden fazla seçenek işaretlemeleri istenmiş ve bu doğrultuda en çok tercih edilen iletişim türü yüzde 66,5 ile mesajlaşma olmuştur. Sesli görüşme yüzde 46,9 ile ikinci sırada yer alırken, görüntülü görüşme yüzde 21, 5 ile online iletişim türünde en az tercih edilen tür olmuştur. Mesajlaşma internet tabanlı anlık mesajlar olabileceği gibi SMS ve MMS gibi operatörlerin sunduğu uygulamalar da olabilmektedir. Mobil anlık mesajlaşma uygulamaları diğer mesaj uygulamalarına göre avantajlıdır. İnteraktif ve eş zamanlı bir şekilde etkileşime olanak tanıyan anlık mesajlar kişide gerçeklik hissi uyandırmaktadır.

Bununla birlikte anlık mesajlaşma servisleri kişilerin varlığından haberdar olmayı, online olanları görünür kılmayı hem grup halinde hem de dışa kapalı bir şekilde iletişim kurulmasını sağlamaktadır (Rennecker ve Godwin, 2013, s. 138). Gelişen internet teknolojisi sayesinde birçok anlık mesajlaşma servisi ortaya çıkmıştır. Bu mesajlaşma servisleri kullanıcılarına gizlilik, hız, görüntü kalitesi, depolama alanı gibi farklı özellikler sunmaktadır. Ayrıca anlık mesajlaşma uygulamaları hem sesli hem de görüntülü konuşma imkânı da sunmaktadır. Hem sesli hem de görüntülü görüşme operatör servis ağları aracılığıyla da yapılmaktadır. Görüntülü görüşme, mesaj servisinin kalitesine bağlı olarak gerçekleşen ve çok büyük bir oranda gerçeklik hissi veren bir uygulama türüdür. Burada kişi, karşıdaki kişinin sözlü ve sözsüz iletişim mesajlarını rahatlıkla takip edebilmektedir. Sesli görüşme de konuşma ön planda olduğundan dolayı sözlü iletişim ön plandayken, görüntülü görüşme hem sözlü hem de sözsüz iletişim etkindir.

Son dönemde 5G teknolojisinin tüm dünyada kullanıma sunulması ve COVID-19 salgının ortaya çıkmasıyla bireylerin mobil iletişim algıları yeniden şekillenmiştir. Bu dönemde mobil internet, en çok büyüme dönemine ulaşmıştır ve mobil tüketim oranı daha önce görülmemiş bir seviyeye ulaşmıştır (The Statistic Portal, 2021). Dolayısıyla bu dönemde dijital iletişim daha görünür kılınmıştır.

Tablo 38. Sosyal Ağların Merkezi Eğilim İstatistikleri

Sosyal Ağlar	X	S.D.
WhatsApp	3,85	1,05
Facebook	2,53	1,14
Instagram	2,28	1,21
Messenger	2,15	1,07
Twitter	1,50	0,86
Snapchat	1,32	0,71

Katılımcılara yukarıdaki sosyal ağları kullanma sıklıkları sorulmuştur. Katılımcılara bu ifadelere puan vermişlerdir. 5'li likert ölçeği kullanılarak oluşturulan bu çalışmanın kullanım sıklıkları ise hiç (1), nadiren (3), ara sıra (3), çoğu zaman (4), her zaman (5) şeklindedir. Yukarıdaki sosyal ağlar seçilirken ise sosyal medya listesi referans seçilmiştir. Dünyada en çok kullanılan sosyal ağların listesine ulaşılmış, kişilerarası iletişim açısından en çok kullanılan sosyal ağlar listelenmiştir.

Buna göre en çok tercih edilen sosyal ağ WhatsApp (X=3,85±1,05), ikinci sırada Facebook (X=2,53±1,14) ve sonrası ile Instagram (X=2,28±1,21), Messenger (X=2,15±1,07), Twitter (X=1,50±0,86), Snapchat (X=1,32±0,71) aritmetik ortalamaya ve standart sapmaya sahiptir. Sonuç itibariyle katılımcıların diğer uygulamalara göre WhatsApp'ı daha sık tercih ettikleri görülmüştür. Facebook, Instagram ve Messenger ise orta sıklıkta kullanılırken, Twitter ve Snapchat kullanım sıklığı en düşük uygulamalardır.

Tablo 39. Sözsüz İletişim Becerilerinin Merkezi Eğilim İstatistikleri

İfadeler	X	S.D.
El kol hareketlerini kullanırım	3,39	1,25
Şaşkınlık, kızma utanç gibi ifadeler yüzüme yansır	2,89	1,18
Konuşurken, çok sakin ve yavaş konuşurum	3,29	1,22
Konuşurken çok hızlı konuşurum	3,39	1,04
Konuşurken göz teması kurarım	4,11	0,87
Konuşurken sert bir yüz ifadesine sahibim	3,69	0,94
Konuşurken güler yüzlüyümdür	3,90	0,84

Katılımcıların sözsüz iletişim becerilerinin merkezi eğilim istatistiklerine bakıldığında en yüksek aritmetik ortalama konuşurken göz teması kuranlara aittir. Güler yüzlü ifadesi ise aritmetik ortalama 3,90 açısından ikinci sırada yer almaktadır. Katılımcıların sözsüz iletişim becerilerinde en yetersiz görülen faktör ise şaşkınlık, kızma, utanç gibi ifadeleri yüzüne yansıtmalarıdır. Bu değişkenin aritmetik ortalaması 2,89'dur.

3.2.1.5. Katılımcıların Kimlik, Aidiyet ve Kültürleşme Yönelimleri İlgili Düşüncelerinin Frekans Analizi Sonuçları

Katılımcıların kimlik ve aidiyet duygularını teyit edebilmek amacıyla, katılımcılara *'Türkiye'ye ne sıklıkta gidiyorsunuz? Gelecekte Türkiye'ye dönmeyi düşünüyor musunuz? Bir ev satın almak isteseniz, hangi ülkeden almayı tercih edersiniz? Öldüğünüzde defnedilmek istediğiniz ülke hangisidir? Kaç yıldır Almanya'da yaşıyorsunuz?'*, soruları yöneltilmiştir. Bu sorulara ise farklı yanıtlar gelmiştir.

Tablo 40. Kültürleşme Tutumları Yönelimlerinin Merkezi Eğilim İstatistikleri

İfadeler	n	Min.	Max.	X	S.D.
Asimilasyon Boyutu M=2,41					
1. Almancayı Türkçeden daha iyi yazarım.	826	1	5	2,73	1,31
2. Dairemde /evimde genellikle Almanca konuşuyorum	826	1	5	2,30	1,06
3. Eğer şiir yazmam istenirse, Almanca yazmayı tercih ederim.	826	1	5	1,97	1,09
4. Almanlarla Türklerden daha iyi anlaşıyorum.	826	1	5	2,41	1,16
5. Almanların beni Türklerden daha iyi anladığını hissediyorum.	826	1	5	2,26	1,18
6. Duygularımı Almanlara iletmeyi Türklere göre daha kolay buluyorum.	826	1	5	2,31	1,20
7. Almanlar ile sosyalleşmeyi Türklerden daha rahat buluyorum	826	1	5	2,42	1,19
8. İşteki / okuldaki arkadaşlarımın çoğu Alman	826	1	5	2,93	1,28
Ayrılma Boyutu M= 3,12					
1. Dinlediğim müziğin çoğu Türkçe.	826	1	5	2,86	1,25
2. En yakın arkadaşlarım Türk.	826	1	5	2,88	1,19
3. İnsanların çoğunun Türk olduğu sosyal ortamlara gitmeyi tercih ederim.	826	1	5	2,72	1,24
4. Türklerin bana Almanlardan daha eşit davrandığını hissediyorum	826	1	5	3,0	0,92
5. Bir Türk ile randevulaşmayı bir Alman ile randevulaşmaya tercih ederim.	826	1	5	3,35	1,13
6. Bir Türk ile birlikte iken Alman ile birlikte olduğumdan çok daha rahat hissederim.	826	1	5	2,65	1,22
7. Türkler, Türk olmayanlar ile buluşmamalı.	826	1	5	4,40	0,92
Bütünleşme Boyutu M=3,68					
1. Hem Almanca hem de anadilimde şakalar yapıyorum.	826	1	5	3,92	1,13
2. Anadilde düşündüğüm gibi Almanca da düşünüyorum	826	1	5	3,61	1,21
3. Hem Alman hem de Türk arkadaşlarım var.	826	1	5	3,95	1,03
4. Hem Türklerin hem de Almanların bana değer verdiğini hissediyorum.	826	1	5	3,48	1,06
5. Hem Türklerin hem de Almanların yanında çok rahat hissediyorum.	826	1	5	3,46	1,02
Marjinalleşme Boyutu M= 2,43					
1. Genellikle Türk veya Alman herhangi biriyle sosyalleşmeyi zor buluyorum.	826	1	5	2,10	1,01
2. Bazen hem Almanların hem de Türklerin benden hoşlanmadığını hissediyorum.	826	1	5	2,42	1,16
3. Kimsenin beni anlamadığını düşündüğüm zamanlar oluyor.	826	1	5	2,86	1,22
4. Bazen insanlarla iletişim kurmakta zorlanıyorum.	826	1	5	2,21	1,02

5. Bazen Türklerin ya da Almanların beni kabul etmediğini hissediyorum.	826	1	5	2,60	1,21
6. Bazen hem Türklere hem de Almanlara güvenmekte zorlanıyorum.	826	1	5	3,09	1,18
7. Hem Türklerin hem de Almanların beni anlamakta zorlandığını görüyorum	826	1	5	2,28	0,96
8. Diğer insanlarla birlikle olduğumda rahat hissetmiyorum.	826	1	5	2,13	0,91
9. Türkiye'den ya da farklı ülkelerden biriyle kaynaşmanın zor olduğunu düşünüyorum	826	1	5	2,20	1,07

Kültürleşme yönelimlerinin istatistiki verilerine bakıldığında asimilasyon boyutu x= 2,41, ayrılma boyutu x=3, 12, bütünleşme boyutu x=3,68 ve marjinalleşme boyutu ise x=2,43 olarak hesaplanmıştır. Aritmetik ortalamaları değerlendirme aralığına göre asimilasyon, ayrılma ve marjinalleşme boyutu için *"kararsızım"*, bütünleşme boyutu için ise *"katılıyorum"* şeklinde hesaplanmıştır. Buna göre *'**Hipotez 1:** Kültürleşme yönelimleri içerisinde en çok tercih edilen yönelim bütünleşmedir.'*, hipotezi doğrulanmıştır.

İstatistiki verilere Almanya'da yaşayan Türklerin en çok benimsediği kültürleşme yönelimi bütünleşmedir. Bütünleşme boyutunun alt faktörleri içerisinde ise en yüksek aritmetik ortalamaya *"Hem Türk hem Alman arkadaşlarım var"* ile (x=3,95) *"Hem Almanca hem de anadilimde şakalar yapıyorum"* (X=3,92) ifadesi sahiptir.

Tablo 41. Ziyaret Etme Sayılarının Yüzdelik Dağılımı

Ziyaret Sayısı	n	%
Yılda bir kez	405	49,0
Yılda birden fazla	269	32,6
2-3 yılda bir	103	12,5
Daha seyrek	28	3,4
Hemen hemen hiç gitmiyorum	21	2,5
Toplam	**826**	**100,0**

Katılımcılar" *Türkiye'ye ne sıklıkta gidiyorsunuz?"* sorusuna yüzde 49 ile yılda bir kez, yüzde 32,6 ile yılda birden fazla, yüzde 12,5 ile 2-3 yılda bir kez Türkiye'ye gittiklerini ifade etmişlerdir. Katılımcıların yüzde 3,4 ise daha seyrek, hemen hemen hiç gitmediklerini söyleyenler yüzde 2,5'tir. Bu tabloya bakıldığında Almanya'da yaşayan Türklerin, Türkiye'ye ciddi bir bağlılıklarının olduğu söylenebilir.

Kaya'ya göre bu bağlılık sadece orijin kültüre bağlılık şeklinde yorumlanmamalıdır. Nitekim, Almanya'daki Türkler akraba ziyaretlerinin yanı sıra, Türkiye'nin turistik yerlerini görmek, sahil beldelerini ziyaret etmek ve buralarda yeni iş arayışına girmek için de sıklıkla Türkiye'yi ziyaret etmektedirler. Bununla birlikte Kaya'nın yaptığı bu araştırma da yüzde 65 oranında Türkün yılda birden fazla Türkiye'yi ziyaret ettiği görülmüştür (2016, s. 63).

Tablo 42. Türkiye'ye Dönme Düşüncelerinin Yüzdelik Dağılımı

Türkiye'ye Dönme Düşüncesi	n	%
Evet	400	48,4
Hayır	174	21,1
Kararsızım	252	30,5
Toplam	826	100,0

Katılımcıların gelecekte Türkiye'ye dönüp dönmeyecekleri sorusuna da soru formunda yer verilmiştir. Buna göre katılımcıların neredeyse yarısının (yüzde 48,4) gelecekte Türkiye'ye dönme planlarının olduğu görülmüştür. Yüzde 21,1'nin böyle bir dönüş planı yoktur. Bununla birlikte dönüş yapıp yapmama noktasında kararsız olanlar da vardır. Bu kişiler örneklemin yüzde 30,5'ini oluşturmaktadır.

Tablo 43. Mülk Sahibi Olunmak İstenen Ülkelerin Yüzdelik Dağılımı

Ev Sahibi Olunmak İstenen Ülke	n	%
Türkiye	387	46,9
Almanya	391	47,3
Başka bir ülke	27	3,3
Hiçbiri	21	2,5
Toplam	826	100,0

Bununla birlikte katılımcılara bir ev almak isteseniz, hangi ülkeden almayı tercih edersiniz? sorusu yöneltilmiş. Katılımcıların yüzde 46,9'u Türkiye'den, yüzde 47,3'ü Almanya'dan, yüzde 3,3'ü başka bir ülkeden ev almayı tercih ettiğini belirtmiştir. Yüzde 2,5'nun böyle bir planı yoktur.

Tablo 44. Defnedilmek İstenilen Ülkelerin Yüzdelik Dağılımı

Defnedilmek İstenen Ülke	n	%
Türkiye	717	86,8
Almanya	93	11,3
Başka bir ülke	16	1,9
Toplam	826	100,0

Katılımcıların ülkelerine bağlılıklarını ölçmek amacıyla öldükten sonra defnedilmek istedikleri ülke sorulmuştur. Katılımcıların yüzde 86,8'i naaşlarının Türkiye'de olmasını isterken, yüzde 11,3'ü Almanya'da defnedilmek istemektedir. Türkiye ve Almanya dışında başka bir ülkede defnedilmek isteyenler de (yüzde 1,9) vardır.

Tablo 45. Almanya'da Yaşam Süresinin Yüzdelik Dağılımı

Almanya'da Yaşam Süresi	n	%
1-10 yıl	177	21,43
11-20 yıl	79	9,56
21-30 yıl	226	27,36
31-40 yıl	176	21,31
41-50 yıl	150	18,16
51 Yıl ve üzeri	18	2,18
Toplam	826	100,0

Ayrıca katılımcılara ne kadar süredir Almanya'da yaşıyorsunuz, sorusu açık uçlu yöneltilmiştir. Katılımcılardan bu soruya ay veya yıl şeklinde yanıt vermeleri istenmiştir. Çalışmanın kapsamı ve sınırlılıkları kapsamında 1 yıldan az sürede yaşayanlar değerlendirmeye alınmamıştır. Daha sonra bu açık uçlu soru kategorik hale getirilmiştir. Bu tabloya göre katılımcıların yüzde 27,36'sı en büyük yüzde ile 21 ile 30 yıl aralığında Almanya'da yaşamaktadır. Bu yüzdeyi, yüzde 21,31 ile 31 ile 40 yıl arasında Almanya'da yaşadıklarını söyleyen kişiler, takip etmektedir. En az yüzde ise birinci kuşağa aittir. Buna göre 51 yıldan fazla Almanya'da yaşadıklarını söyleyen kişi yüzdesi 2,18'dir. İçerisinde birinci kuşak Türklerin de olabileceği düşünülen, 41 ile 50 yıl arasında Almanya'da bulunan kişi yüzdesi ise 18,6'dır. Almanya'ya yeni göç edenlerin yüzdesi (1 ile 10 yıl arasında Almanya'da yaşayanlar) 21,43'tür. Üçlü bir sınıflandırmaya gidilirse, 1 ile 20 yıl arasında yaşayanların yüzdesi 30,99, 21 ile 40 yıl arasında yaşayanlar yüzde 48,67, 40 yılın üstünde Almanya'da yaşayanlar ise yüzde 20,34'lük bir kesimi temsil etmektedir.

Tablo 46. Yaş ve Almanya'da Yaşam Süresinin Merkezi Eğilim İstatistikleri

Ölçümler	N	X	S.D.	Min.	Max.
Yaş	826	39,29	10,31	16	73
Almanya'da Yaşam Süresi	826	25,26	13,88	1	55

Katılımcıların ortalama yaşlarının 39,29±10,31 olduğu görülmüştür. En genç bireyin 16 ve en yaşlı bireyin 73 yaşında olduğu görülmüştür. Katılımcılar Almanya'da ortalama 25,26±13,88 yıldır yaşadıklarını ifade etmiştir. Almanya'da en uzun yaşayan 55 yıl, en kısa yaşayan 1 yıldır Almanya'da bulunmaktadır.

Tablo 47. Etnik Kökenin Yüzdelik Dağılımları

Yakınlık Derecesi	n	%
Eş- Çocuk	131	15,9%
Akraba	107	13,0%
İş veya Okul arkadaşı	596	72,2%
Komşu	530	64,2%
Sevgili Nişanlı	115	13,9%

Yukarıdaki tabloda katılımcılara etkileşimde bulundukları kişilerin etnik kökenin Alman olup olmadığı sorulmuştur. Bu doğrultuda katılımcılardan yüzde 15,9'unun eş veya çocuğu Alman etnik kökenine mensuptur. Katılımcıların akrabalarının yüzde 13'ü Alman'dır. Sevgilisinin veya nişanlısının Alman olduğunu söyleyenlerin kişi yüzdesi 13,9'dur. Türkler en çok Almanlarla okulda veya iş ortamında bir araya gelmektedir. İş veya okul arkadaşının Alman olduğunu ifade edenler yüzde 72,2'dir. Bununla birlikte komşularının Alman olduğunu belirtenlerin yüzdesi de 64,2'dir.

3.2.1.6. Algı, Tutum ve Davranış Soruları İlgili Frekans Analizleri

Yukarıdaki tabloda algı, tutum ve davranışları ölçen sorulara yer verilmiştir. Katılımcılardan Almanlar hakkında ne düşündükleri, düşünceleri doğrultusunda geliştirdikleri tutum ve davranışlara yer vermeleri istenmiştir.

Tablo 48. Türklerin Almanlar Hakkındaki Genel Algısının Yüzdelik Dağılımı

Almanlar Hakkındaki Algı	Sayı	Yüzde
İyi insanlar	311	37,7
Kötü İnsanlar	16	1,9
Ne iyi ne de kötü insanlar	485	58,7
Bilgim yok.	14	1,7
Toplam	826	100,0

Katılımcılara *"Sizce Almanlar nasıl insanlardır?"* sorusu yöneltilmiştir. Katılımcıların yüzde 37,7'si iyi insanlar, yüzde 1,7'si kötü insanlar yanıtı verirken, yüzde 58,7'si ne iyi ne de kötü insanlar ifadesini kullanmıştır. Bilgim yok diyenler yüzde 1,7'dir. Buna göre Türkler, Almanlar hakkında olumlu bir algıya sahiptir.

Tablo 49. Türklerin Almanlar Hakkındaki Düşüncelerinin Yüzdelik Dağılımı

Almanlar Hakkındaki Düşünceleri	n	%
Etnik kökeninden etkilenmem	345	41,8%
Güvenilir- iyi- dürüst insanlar olduğunu düşünürüm	79	9,6%
İslam ya da Türk karşıtı insanlar olduğunu düşünürüm	79	9,6%
Soğuk- mesafeli insanlar düşünürüm	37	4,5%
Yabancı olduğunu düşünürüm	34	4,1%
Çalışkan- disiplinli- profesyonel insanlar olduğunu düşünürüm	29	3,5%
Diğer	11	1,3%
Toplam	**826**	**100,0**

Türklerin Almanlar hakkındaki düşüncesi daha da derinleştirilerek, katılımcılara *'Bir Alman ile karşılaştığınızda, onun hakkında ne düşünürsünüz. Lütfen ilgili satıra belirtiniz.'* ifadesi açık uçlu soru ile yöneltilmiştir. Bunun nedeni algı kişilerarası ilişkilere yön veren önemli bir faktördür. Bu faktörün ağırlığı ilişkinin başlangıcından, çözülmesi aşamasına kadar geçerlidir. Bu doğrultuda katılımcılardan elde edilen yanıtlar konularına göre kategorileştirilmiştir. Katılımcıların yüzde 41,8'i etnik kökenin, tutum ve davranışlarını etkilemediğini söylemektedir. Almanların güvenilir, iyi, dürüst, insanlar olduğunu düşünenler yüzde 9,6 iken, onların İslam ya da Türk karşıtı olduğunun düşünenlerin yüzdesi de 9,6'dır. Bununla birlikte soğuk ve mesafeli insanlar olduğunu düşünenler yüzde 4,5 iken, onları yabancı olarak görenler de yüzde 4,1'dir. Almanları çalışkan disiplinli, profesyonel insanlar olarak betimleyenler yüzde 3,5'tir.

Tablo 50. Türklerin Almanlara Karşı Tutum ve Davranışlarının
Yüzdelik Dağılımı

Almanlara Karşı Tutum ve Davranışlar	n	%
Alman olduğu için iyi davranırım	134	16,2
Alman olduğu için kötü davranırım	2	0,2
Alman olduğu için ne iyi ne de kötü davranırım	624	75,5
Kararsızım	66	8,0
Toplam	826	100,0

Etnik kökenin önemsizliği Türklerin tutum ve davranışlarına da yansımaktadır. *"Bir Alman ile karşılaştığınızda, o kişiye nasıl davranırsınız?"* sorusuna katılımcıların yüzde 75,5'i karşımdaki kişiye "Alman olduğu için ne iyi ne de kötü davranırım" yanıtını vermiştir. Alman olduğu iyi davrananlar yüzde 16,2 iken, kötü davrananlar 826 kişi içinde sadece 2 kişidir. Etnik kökeninin Alman olması, tutum ve davranışlarının nasıl etkiledikleri veya etkileyecekleri konusunda kararsız olanlar yüzdesi 8,0'dır.

3.2.1.7. Alman Kültürüne Uyumla İlgili Soruların Frekans Analizleri

Katılımcıların Alman kültüründen edinimleri, Alman kültürüne yatkınlıkları ve Alman kültürünü benimseme düzeyleri aşağıdaki tablolarda sunulmuştur.

Tablo 51. Kültürel Faktörlerin Yüzdelik Dağılımı

Kültürel Faktörler	n	%
Almanca öğrendim veya öğreniyorum.	495	59,9%
Almanların hukuki ve ahlaki kurallarını öğreniyorum.	474	57,4%
Yeme – içme şekilleri, temizlik anlayışları gibi günlük faaliyetlerini öğreniyorum.	407	49,3%
Almanya'nın tarihini öğreniyorum.	342	41,4%
Almanya'nın edebiyat, müzik gibi sanat eserlerini öğreniyorum	237	28,7%
Almanların namus, askerlik gibi konulardaki dünya görüşünü öğreniyorum	211	25,5%
Almanya'nın dini inançları hakkında bilgi ediniyorum	154	18,6%

Kültür oluşturan faktörler soru formunda katılımcılara özelleştirilerek yöneltilmiştir Buna göre katılımcıların yüzde 59,9'u Almanca öğrendiğini veya öğrenmeye devam ettiğini belirtmiştir. Almanya'ya özgü hukuk ve ahlak kurallarını öğrenenlerin yüzdesi 57,4'tür. Yeme içme şekilleri, temizlik anlayışları gibi günlük kültürel rutinleri öğrendiğini söyleyenlerin yüzdesi 49'dur. Alman tarihi hakkında bilgi sahibi olduğunu belirtenler yüzde 41,4 iken, sanatsal faaliyetlerini öğrenenlerin yüzdesi 28,7'dir. Almanların namus, askerlik gibi dünya görüşleri hakkında kültürel edinim sağlayanlar yüzde 25,5'tir. Almanların dini inançları hakkında bilgi edinenler yüzde 18,6'dır.

Tablo 52. Kültürel Edinimlerin Yüzdelik Dağılımları

Almanların dini uygulamalarını günlük hayatımda uyguluyorum	n	%
Evet	16	1,9
Hayır	810	98,1
Geleneksel Alman yemek tariflerini evimde yapıyorum.	n	%
Evet	210	25,4
Hayır	616	74,6
Öğünlerimde Almanlar gibi besleniyorum.	n	%
Evet	97	11,7
Hayır	729	88,3
Alman politik sistemini benimsiyorum.	n	%
Evet	366	44,3
Hayır	460	55,7
Evimde Alman sanat anlayışını yansıtan objeler kullanıyorum.	n	%
Evet	88	10,7
Hayır	738	89,3
Alman dilinde yazılan romanlar ve kitaplar okuyorum.	n	%
Evet	430	52,1
Hayır	396	47,9
Evimin döşeme stili Alman stiline benziyor.	n	%
Evet	232	28,1
Hayır	594	71,9
Almanların geleneksel törenlerine katılıyorum.	n	%
Evet	184	22,3

Hayır	642	77,7
Giysilerim, Almanların giysilerine benziyor.	**n**	**%**
Evet	272	32,9
Hayır	554	67,1
Konuşurken Almanlar gibi konuşuyorum.	**n**	**%**
Evet	338	40,9
Hayır	488	59,1
Alman müzikleri dinliyorum.	**n**	**%**
Evet	268	32,4
Hayır	558	67,6
TOPLAM	**826**	**100,0**

Katılımcılara *'Alman kültürüne ait unsurları tercih etme eğilimleriniz ne yöndedir'* sorusu yöneltilmiştir. Katılımcıların yüzde 98,1 Almanların dini uygulamalarını günlük hayatında uygulamadığını söylemektedir. Geleneksel Alman yemeklerini yapanlar yüzde 25,4 iken, öğünlerinde Almanlar gibi beslenenler yüzde 11,7'dir. Alman politik sistemini benimseyenlerin yüzdesi ise yüksektir (yüzde 44,3). Evinde Alman sanat anlayışını yansıtan objeler kullananlar yüzde 10,7'dir. Bununla birlikte katılımcıların yarısından fazlası (yüzde 52, 1) Alman dilinde yazılan roman ve kitapları okuduğunu belirtmektedir.

Ev döşeme stilinin Almanlar gibi olduğunu söyleyenler yüzde 28,1 iken, Almanların geleneksel törenlerine katılanlar yüzdesi 22,3'tür. Almanlar gibi giyindiğini söyleyenler yüzde 32,9, Almanlar gibi konuştuğunu ifade edenler yüzde 40,9'dur. Almanca müzik dinleyenler yüzde 32,4'tür.

Tablo 53. Alman Kültürüne Uyum Düzeyinin İstatiksel Dağılımı

Almanya'nın her adresini rahatlıkla bulabilirim.	n	%
Evet	668	80,9
Hayır	158	19,1
Almanya'nın iklim koşullarına uyum sağladım.	**n**	**%**
Evet	664	80,4
Hayır	162	19,6
Almanya'da arkadaş bulmakta zorlanmıyorum.	**n**	**%**
Evet	561	67,9
Hayır	265	32,1
Almanya'da insanlarla iletişim kurabiliyorum.	**n**	**%**
Evet	715	86,6
Hayır	111	13,4
Girdiğim sosyal ortamlarda zorlanmıyorum.	**n**	**%**
Evet	629	76,2
Hayır	197	23,8
Yeme içme ile ilgi sorun yaşamıyorum.	**n**	**%**
Evet	521	63,1
Hayır	305	36,9
TOPLAM	**826**	**100,0**

Türk katılımcıların Almanya'daki uyum süreçleri araştırmada üzerinde durulan bir diğer araştırma sorusu olmuştur. Bu doğrultuda katılımcıların yüzde 80,9'u Almanya'nın her adresini rahatlıkla bulabildiğini söylemektedir. Almanya'nın iklim şartlarına uyum sağlayanların yüzdesi büyük bir çoğunluğa sahiptir (yüzde 80,4). Katılımcıların yüzde 67,9'nun arkadaş bulmada zorlanmadığı tespit edilmiştir. Buna paralel olarak yüzde 86,6'sının insanlar iletişim kurabildiği görülmüştür. Katılımcılar yeni insanlar tanıma, arkadaş edinme gibi önemli sosyal problemler yaşamamaktadır. Nitekim katılımcıların yüzde 76,2'si sosyal ortamlara adapte olabilmektedir. Bununla birlikte katılımcıların yüzde 63,1'nin yeme içme problemi yaşamadığı görülmüştür. Sonuç itibariyle katılımcıların Alman kültürüne genel düzeyde bir uyum sağladıkları görülmüştür.

3.2.2. Parametrik Testler

Çalışmada verilerin dağılımlarının değerlendirilmesi için Kolmogrov-Simirnov testi yapılmıştır. Bu test dağılımların parametrik veya parametrik olmadığını tespit etmek amacıyla uygulanmaktadır. Yapılan test sonucuna göre boyutların dağılımlarında normallik uyumu tespit edilememiştir ($p<0,05$). Ancak bu test sonucu dağılımların parametrik veya parametrik olmadığını tespit etmek için yeterli değildir. Bu sebeple eğiklik, basıklık, sapan değer ve örneklem sayısı da önemlidir. Çalışmada örneklem sayısının yüksek olması, sapan değerlerinin bulunmaması, eğiklik ve basıklık değerlerinin -1 ile 1 arasında olması nedeni ile dağılımların normallik varsayımını sağladığı görülmüştür. (Friedman, 1937, s.y, Duman, 2018, s. 678). Özellikle örneklem sayısının oldukça yüksek olması nedeni ile parametrik testler seçilmiştir. Bu doğrultuda konunun amacına yönelik olarak, bağımsız örneklem t – testi, ANOVA testi yapılmıştır.

3.2.2.1. Bağımsız Örneklem T-Testi

Cinsiyet, medeni durum, doğum yeri, defnedilmek istenen ülke, Almanya'daki tanıdıklık boyutu, Alman kültürüne ait unsurları tercih etme eğilimleri, Alman kültürü ile etkileşim gibi değişkenler üzerinde bağımsız örneklem t – testi yapılmıştır. Bu testler farklı kategorilere ayrılmıştır.

3.2.2.1.1. Sosyo Demografik Değişkenlere Göre T-Testi Sonuçları

Cinsiyet, medeni durum, doğum yeri sosyo demografik değişkenlerinin kültürleşme tutumları ve kişilerarası iletişim ölçeği arasındaki ilişkiye t -testi yapılarak bakılmıştır.

Tablo 54. Cinsiyete Yönelik T Testi Sonuçları

Boyutlar	Cinsiyet	n	X	S.D.	p
Asimilasyon	Kadın	364	2,40	0,72	0,89
	Erkek	462	2,39	0,69	
Ayrılma	Kadın	364	3,29	0,72	0,06
	Erkek	462	3,18	0,71	
Bütünleşme	Kadın	364	3,32	0,68	0,88
	Erkek	462	3,33	0,60	
Marjinalleşme	Kadın	364	2,46	0,81	0,07
	Erkek	462	2,56	0,77	
Kişilerarası İletişim Ölçeği	Kadın	364	4,00	0,53	0,01*
	Erkek	462	3,85	0,52	

Tabloda kültürleşme tutumları ve kişilerarası iletişim ölçeğinin cinsiyete yönelik t testi sonuçlarına yer verilmiştir. Elde edilen bulgulara göre asimilasyon, ayrılma, bütünleşme ve marjinalleşme boyutlarının cinsiyetlere göre farklılık göstermediği kadın ve erkeklerin asimilasyon, ayrılma ve marjinalleşme düzeylerinin farklı olmadığı sonucuna ulaşılmıştır. Nitekim, boyutların anlamlılık düzeylerine bakıldığında asimilasyon 0,89, ayrılma 0,06, bütünleşme 0,88, marjinalleşme ise 0,07 düzeyinde çıkmıştır.

Kişilerarası iletişim ölçeğine göre ise kişilerarası iletişim düzeyinin cinsiyete göre farklılıklar gösterdiği, kadınların erkeklere göre, kişilerarası iletişim düzeylerinin daha yüksek olduğu sonucuna varılmıştır (p=0,01). Buradan hareketle kadınların, erkeklere göre iletişim becerilerinde daha başarılı oldukları söylenebilir. Bu doğrultuda *'Hipotez 7a: Cinsiyet ile iletişim düzeyleri arasında anlamlı bir ilişki bulunmaktadır* hipotezi doğrulanmıştır.

Tablo 55. Medeni Duruma Yönelik T Testi Sonuçları

Boyutlar	Medeni durum	n	X	S.D.	p
Asimilasyon	Evli	593	2,37	0,72	0,08
	Bekar	233	2,46	0,66	
Ayrılma	Evli	593	3,17	0,72	0,01*
	Bekar	233	3,37	0,68	
Bütünleşme	Evli	593	3,29	0,64	0,01*
	Bekar	233	3,42	0,59	
Marjinalleşme	Evli	593	2,52	0,80	0,79
	Bekar	233	2,51	0,76	
Kişilerarası İletişim Ölçeği	Evli	593	3,90	0,54	0,20
	Bekar	233	3,96	0,50	

Medeni durum bazında kültürleşme yönelimleri ölçeğinin t testi sonuçlarına bakıldığında asimilasyon ve marjinalleşme yönelimlerinin katılımcıların medeni durumlarına göre farklılık göstermediği sonucuna ulaşılmıştır. Nitekim asimilasyon boyutu 0,08, marjinalleşme boyutu da 0, 79'dur. Buna göre medeni durum ile asimilasyon ve marjinalleşme boyutu arasında anlamlı bir ilişki yoktur (p>0,05). Medeni durum ile ayrılma ve bütünleşme yönelimleri arasındaki ilişkiye bakıldığında ise katılımcıların medeni duruma göre farklılıklara sahip olduğu görülmüştür. Bu saptamaya göre bekarların, evlilere göre bütünleşme düzeyleri daha yüksektir (p=0,01). Buna göre önceden belirlenen **Hipotez 2a:** *Medeni durum ile kültürleşme yönelimleri arasında anlamlı bir ilişki vardır'*, hipotezi doğrulanmıştır. Kişilerarası iletişim ölçeğine göre ise kişilerarası iletişim düzeyinin medeni duruma göre farklılık göstermediği sonucuna ulaşılmıştır (p=0,20).

Tablo 56. Doğum Yerine Yönelik T Testi Sonuçları

Boyutlar	Doğum yeri	n	X	S.D.	p
Asimilasyon	Türkiye	518	2,40	0,71	0,68
	Almanya	298	2,38	0,68	
Ayrılma	Türkiye	518	3,21	0,74	0,58
	Almanya	298	3,24	0,67	
Bütünleşme	Türkiye	518	3,23	0,66	0,01*
	Almanya	298	3,49	0,54	
Marjinalleşme	Türkiye	518	2,59	0,80	0,01*
	Almanya	298	2,40	0,76	
Kişiler Arası İletişim Ölçeği	Türkiye	518	3,91	0,53	0,52
	Almanya	298	3,93	0,54	

Sosyo demografik değişkenler arasında yer alan kullanıcıların doğum yerleri ile, kültürleşme ve kişilerarası iletişim boyutları arasındaki ilişkiye bakıldığında ise şu sonuçlara ulaşılmıştır. Buna göre, asimilasyon (p=0,68) ve ayrılma (p=0,58) düzeylerinin Türkiye ve Almanya olmak üzere katılımcıların doğum yerlerine göre farklılıklar göstermediği sonucuna ulaşılmıştır (p>0,05).

Bununla birlikte, marjinalleşme ve bütünleşme boyutlarında ise katılımcıların doğum yerlerine göre farklılıklara sahip olduğu görülmüştür. Doğum yeri Türkiye olanların bütünleşme düzeyleri (X=3,23), daha düşük iken, Almanya'da doğanların bütünleşme düzeyleri (X=3,49), daha yüksek bulunmuştur. Türkiye'de doğanların (X=3,23) ile marjinalleşme boyutunu Almanya'da doğanlardan daha fazla benimsedikleri görülmüştür. Buna göre '*Hipotez 2b: Doğum yeri ile bütünleşme yönelimleri arasında anlamlı bir ilişki bulunmaktadır.*' hipotezi doğrulanmıştır. Kişilerarası iletişim düzeyinin ise doğum yerlerine göre farklılıklar göstermediği, Almanya ve Türkiye doğumlu olan katılımcıların kişiler arası iletişim düzeylerinin benzer düzeyde olduğu görülmüştür(p=0,52). '*Hipotez 2: Kültürleşme yönelimleri ile sosyo demografik faktörler arasında bir ilişki vardır.'*, hipotezi ise yukarıda belirtilen hipotezlere göre kısmen doğrulanmıştır.

3.2.2.1.2. Aidiyet ve Ülkede Tanıdıklık Boyutuna Göre T-Testi Analizi Sonuçları

Katılımcıların öldükten sonra defnedilmek istedikleri ülke ile kültürleşme tutumları arasındaki ilişkiye bakılmıştır. Almanya'da kendilerinden önce göç edenler arasında tanıdık bulunup bulunmaması durumu da hem kültürleşme tutumları ölçeği ile hem de kişilerarası iletişim ölçeği ile incelenmiştir.

Tablo 57. Defnedilmek İstenen Ülkelere Göre T Testi Sonuçları

Boyutlar	Defnedilmek İstenen Ülke	n	X	S.D.	p
Asimilasyon	Türkiye	717	2,34	0,67	0,01*
	Almanya	93	2,77	0,79	
Ayrılma	Türkiye	717	3,18	0,70	0,01*
	Almanya	93	3,57	0,71	
Bütünleşme	Türkiye	717	3,32	0,64	0,48
	Almanya	93	3,37	0,61	
Marjinalleşme	Türkiye	717	2,54	0,79	0,01*
	Almanya	93	2,29	0,73	

Çalışmada asimilasyon, marjinalleşme ve ayrılma düzeylerinin katılımcıların defnedilmek istediği ülkeye göre farklılıklar gösterdiği tespit edilmiştir (p=0,01). Nitekim asimilasyon, ayrılma ve bütünleşme boyutu 0,01 olarak bulunmuştur. Öldüğünde Türkiye'de defnedilmek isteyen katılımcıların asimilasyon (X=2,34) ve ayrılma düzeyleri (X=3,18) daha düşük, marjinalleşme düzeylerinin (X=2,54) ise daha yüksek olduğu görülmüştür. Bütünleşme düzeyinin ise defnedilmek istediği ülkeye göre farklılıklar göstermediği tespit edilmiştir (p=0,48). Defnedilmek istenen yer, ülke bağlılığını belirleyen, etmenlerden biridir. Bu sebeple kültürleşme yönelimleri ile defnedilmek istenen ülke arasında doğrudan bir bağ olabileceği öngörülmüştür.

Tablo 58. Tanıdık Boyutuna Göre T Testi Sonuçları

Boyutlar	Almanya'da Kendinden Önce Göç Edenlerin Tanıdık Olup Olmaması	n	X	S.D.	p
Asimilasyon	Evet	622	2,40	0,70	0,91
	Hayır	204	2,39	0,72	
Ayrılma	Evet	622	3,22	0,70	0,33
	Hayır	204	3,27	0,75	
Bütünleşme	Evet	622	3,38	0,61	0,09
	Hayır	204	3,26	0,66	
Marjinalleşme	Evet	622	2,50	0,79	0,32
	Hayır	204	2,56	0,77	
Kişiler Arası İletişim Ölçeği	Evet	622	3,92	0,52	0,87
	Hayır	204	3,92	0,55	

Çalışmada, kültürleşme ölçeğinin dört boyutunun da asimilasyon, ayrılma, bütünleşme ve marjinalleşme boyutunun, Almanya'ya gelmeden önce tanıdık olup olmama durumuna göre farklılık göstermediği görülmüştür (p>0,05). Nitekim bütünleşme, asimilasyon, marjinalleşme ve ayrılma düzeylerinin benzer seviyelerde olduğu tespit edilmiştir. Kişilerarası iletişim ölçeği için de aynı sonuca ulaşılmıştır (p=0,87).

3.2.2.1.3. Yaşam Süresi Boyutuna Göre T-Testi Analizi Sonuçları

Almanya'daki yaşam süresi ile, kültürel edinimler ve Alman kültüründen etkileşim arasındaki ilişkiye bakılmıştır. Yapılan T -Testi sonucunda ise farklı sonuçlara ulaşılmış ve önceden belirlenen hipotezler test edilmiştir.

Tablo 59. Alman Kültürüne Ait Unsurları Tercih Etme Eğilimlerinin, Yaşam Süresine Göre T Testi Sonuçları

İfadeler		Almanya'da Yaşam Süresi			
		n	X	S.D.	P
Almanların dini uygulamalarını günlük hayatımda uyguluyorum	Evet	16	13,94	12,77	0,01*
	Hayır	810	25,48	13,82	
Geleneksel Alman yemek tariflerini evimde yapıyorum.	Evet	210	23,49	13,81	0,02*
	Hayır	616	25,86	13,86	
Öğünlerimde Almanlar gibi besleniyorum.	Evet	97	22,06	14,96	0,03*
	Hayır	729	25,68	13,69	
Alman politik sistemini benimsiyorum	Evet	366	25,50	14,39	0,65
	Hayır	460	25,07	13,48	
Evimde Alman sanat anlayışını yansıtan objeler kullanıyorum.	Evet	88	18,92	14,90	0,01*
	Hayır	738	26,01	13,57	
Alman dilinde yazılan romanlar ve kitaplar okuyorum.	Evet	430	26,27	14,25	0,03*
	Hayır	396	24,15	13,41	
Evimin döşeme stili Alman stiline benziyor.	Evet	232	27,24	14,61	0,01*
	Hayır	594	24,48	13,52	
Almanların geleneksel törenlerine katılıyorum.	Evet	184	24,47	14,28	0,12
	Hayır	642	25,48	13,77	
Giysilerim, Almanların giysilerine benziyor.	Evet	272	28,27	13,01	0,01*
	Hayır	554	23,78	14,07	
Konuşurken Almanlar gibi konuşuyorum.	Evet	338	28,71	13,18	0,01*
	Hayır	488	22,86	13,86	
Alman müzikleri dinliyorum.	Evet	268	22,87	15,17	0,01*
	Hayır	558	26,41	13,08	

Almanya'da yaşam süresi ile Alman kültürüne ait unsurları tercih etme eğilimleri arasında ilişkiyi tespit edebilmek amacıyla t testi yapılmıştır. Buna göre bazı faktörler açısından Almanya'da bulunma süresi ile kültürel faktörleri edinimleri arasında farklı sonuçlara ulaşılmıştır. Bir diğer ifade ile Almanya'da daha az sürede yaşayanlar, Alman kültürüne ait faktörleri daha çok benimsemektedir.

Bu faktörlerden ilki dini öğeleri günlük hayatta uygulama ritüeli ile ilgilidir. Almanların dini öğelerini günlük hayatında uygulayan katılımcıların Almanya'da bulunma süresi, uygulamayan katılımcılara göre daha azdır (p=0,01). Almanya'da daha az sürede bulunan kişiler ya o kültürün içine doğan son kuşaktır ya da yeni göç etmiş bireylerdir. Dolayısıyla birey içine doğduğu kültürün dinini daha kolay benimsemektedir. Bununla birlikte Almanya'da daha az yaşayanlar Alman yemeklerini tercih etmektedirler (p=0,02) ve Almanlar gibi beslenmektedirler (p=0,03). Alman sanatından etkilenenler ve evinde bu tarz objelere yer verenlerin ve Almanca müzik dinleyenlerin Almanya'da bulunma süreleri daha azdır (p=0,01).

Buradaki istatistiki verilerden yola çıkarak, Almanya'da süre bakımından daha uzun süre yaşayanlar kişiler birinci ve ikinci kuşakları temsil etmektedir. Eski kuşakların Alman kültürüne karşı bir direniş gösterdiği görülmüştür. Yeni kuşaklar veya yeni göç edenler Alman kültürüne karşı daha ılımlıdır. Birinci ve ikinci kuşak Türklerin dini değerlerine sahip çıktığı, yeme içme kültürlerinde Almanlardan etkilenmediği görülmüştür. Bununla birlikte sanat ve müzik anlayışlarında da Alman kültürüne bağımlı olmadıkları sonucuna ulaşılmıştır.

Almanya'da yaşama süresi arttıkça, benimsenen öğeler de vardır. Ancak bu öğeler arasında dil öğesi, yaşam süresi ile doğrudan ilişkilidir. Yaşam süresi arttıkça dil becerisinin artacağı öngörülen bir sonuçtur. *'Hipotez 5a: Yaşam süresi ile dil konuşma becerisi arasında anlamlı bir ilişki vardır'.* hipotezi doğrulanmıştır. Nitekim Almanca kitapları okuyanlar, okumayanlara göre Almanya'da daha fazla yaşamıştır (p=0,03). Buna paralel olarak, Almanya'da uzun süre yaşayanların Almanca konuşma yetileri artmıştır.

Türklerin Almanlardan etkilendiğini işaret eden diğer göstergeler ise giyim ve ev stilidir. Nitekim evlerinin döşeme stillerinde Almanlardan esinlenenler ile Almanlar gibi giyindiğini söyleyenler Almanya'da daha fazla yaşayanlardır (p=0,01). Süre ile kültürel edinimler arasında anlamlı bir ilişkinin olmadığı faktörler de vardır. Nitekim Alman politik sistemini benimseyenler ile benimsemeyenler arasında yaşama süresi bakımından bir farklılık yoktur (p=0,65). Bununla birlikte Almanların geleneksel törenlerine katılanlar ile katılmayanlar arasında da anlamlı bir fark görülmemiştir (p=0,13).

Tablo 60. Alman Kültürüne Uyumun Yaşam Süresine Göre T – Testi Sonuçları

İfadeler		Ne kadar süredir Almanya'da yaşıyorsunuz?			P
		n	X	S.D.	
Almanya'nın her adresini rahatlıkla bulabilirim.	Evet	668	26,49	13,82	0,01*
	Hayır	158	20,04	12,93	
Almanya'nın iklim koşullarına uyum sağladım.	Evet	664	26,24	13,81	0,01*
	Hayır	162	21,21	13,46	
Almanya'da arkadaş bulmakta zorlanmıyorum.	Evet	561	26,64	13,58	0,01*
	Hayır	265	22,34	14,08	
Almanya'da insanlarla iletişim kurabiliyorum.	Evet	715	26,12	13,82	0,01*
	Hayır	111	19,69	12,98	
Girdiğim sosyal ortamlarda zorlanmıyorum.	Evet	629	26,34	13,89	0,01*
	Hayır	197	21,81	13,32	
Yeme içme ile ilgi sorun yaşamıyorum.	Evet	521	25,12	14,06	0,36
	Hayır	305	25,50	13,60	

Katılımcıların uyum süreci ve yaşama süresi arasındaki ilişkiye bakıldığında yeme içme faktörü dışında, diğer faktörler arasında anlamlı bir ilişki vardır. Nitekim yeme içme ile ilgi sorun yaşayan bireylerin Almanya'da yaşadığı yılların farklı sürelerde olmadığı görülmüştür (p=0,36).

Diğer faktörler ve yaşam süresi arasında ilişkiye bakıldığında Almanya'nın her adresini rahatlıkla bulabildiğini ifade eden katılımcılar yaşam süresi bakımından Almanya'da daha fazla sürede bulundukları ortaya çıkmıştır (p=0,01).

Almanya'nın iklim koşulları ile yaşama süresi arasındaki ilişki arasında da doğru orantı vardır. Nitekim yaşam süresi bakımından Almanya'da daha fazla yaşayanlar, yaşamayanlara göre Almanya'nın iklim ve koşullarına daha çok uyum sağlamıştır (p=0,01). Bununla birlikte Almanya'da insanlarla iletişim kurabildiğini ifade edenlerin Almanya'da bulunma süresi, iletişim kuramayanlara göre daha fazladır (p=0,01). Bir yerde yaşama süresi arttıkça iletişim ve etkileşim etkinliği artacaktır. Önce yabancı olanlar, sonra komşu ve arkadaş gibi sıfatlarla tanıdık kategorisine girecektir. Bu tanıdıklar bazen her gün konuşulan, selamlaşılan kişiler olacak ve bu kişilerle kurulan iletişimin süresi artacaktır. Bununla birlikte doğrulanan bir diğer hipotez ise sosyal etkileşim hipotezidir. Araştırma sonucuna göre girdiğim sosyal ortamlarda zorlanmıyorum diyen katılımcıların, zorlananlara göre süre bakımından Almanya'da daha uzun yaşadığı görülmüştür (p=0,01). *'Hipotez 5b: 'Almanya'da daha uzun süre yaşayanlar sosyal ortamlara uyum arasında anlamlı bir ilişki vardır'* hipotezi doğrulanmıştır.

3.2.2.2. ANOVA Testi Sonuçları

Katılımcıların aylık gelir durumları, yaşadıkları şehir, eğitim düzeyleri gibi sosyo demografik faktörleri ile kültürleşme tutumları ölçeği ve kişilerarası iletişim ölçeği arasında ANOVA testi yapılmıştır. Bununla birlikte Türklerin Almanlara yönelik düşüncelerine göre de ANOVA testi yapılmıştır. Kişilerarası iletişim yönelik yapılan ANOVA testlerinde ise kültürel unsurları, iletişim soruları üzerinde testler gerçekleştirilmiştir.

3.2.2.2.1. Sosyo-Demografik Değişkenlere Göre ANOVA Testi Sonuçları

Yaş, aylık gelir, yaşanılan şehir ve eğitim düzeyleri değişkenleri ile kültürleşme tutumları ölçeği ve kişilerarası iletişim ölçeği arasında anlamlı bir ilişki olup olmadığını tespit etmek için ANOVA testi yapılmıştır.

Tablo 61. Yaş Boyutlarına Göre ANOVA Testi Sonuçları

Boyutlar	Yaş grubu	n	X	S.D.	p
Ayrılma	15-24 yaş	60	3,51	0,62	
	25-34 yaş	232	3,26	0,73	
	35-44 yaş	311	3,17	0,69	0,03*
	45-54 yaş	170	3,19	0,74	
	55-64 yaş	48	3,22	0,70	
	65 yaş ve üzeri	5	3,25	0,64	
Bütünleşme	15-24 yaş	60	3,52	0,62	
	25-34 yaş	232	3,38	0,60	
	35-44 yaş	311	3,33	0,64	0,01*
	45-54 yaş	170	3,23	0,64	
	55-64 yaş	48	3,14	0,64	
	65 yaş ve üzeri	5	3,48	0,67	
Kişilerarası İletişim Ölçeği	15-24 yaş	60	3,88	0,60	
	25-34 yaş	232	3,96	0,47	
	35-44 yaş	311	3,95	0,51	0,03*
	45-54 yaş	170	3,87	0,56	
	55-64 yaş	48	3,71	0,66	
	65 yaş ve üzeri	5	4,06	0,55	

Yaş ve kültürleşme tutumları ölçeğine bakıldığında bütünleşme (P= 0,01) ve ayrılma (P=0,03) yönelimi arasında anlamlı bir fark olduğu görülmüştür. Bütünleşme boyutuna bakıldığında, 15 – 24 yaş arasındaki katılımcıların bütünleşme düzeylerinin daha yüksek olduğu görülmüştür. Bu kuşak literatürdeki sınıflandırmaya göre üçüncü ya da dördüncü kuşağı temsil etmektedir. *"Hipotez 3: Bütünleşme yönelimini en çok benimseyen kuşak üçüncü kuşaktır"* hipotezi doğrulanmıştır. 15 ile 35 yaş arasındaki kişiler ise bütünleşme 6,9 aritmetik ortalamaya sahiptir. 35 ve 54 yaş arasındaki kişilerin bütünleşme eğilimlerinin aritmetik ortalaması ise 6,56, 55 yaş ve üzerindeki kişilerin ise 6,62'dir. Buna göre Alman kültürü ile en çok bütünleşen grup, genç yetişkinlerdir. Bu kesim ise Almanya'da yaşayan son kuşak Türklerdir.

Kişilerarası iletişim davranışlarının yaşlara göre farklılık gösterdiği sonucuna ulaşılırken, yaş arttıkça kişilerarası iletişim düzeyinin azaldığı görülmüştür. 15 ile 34 yaş arasındaki grubun kişilerarası iletişim becerilerinin aritmetik ortalaması 7,84, 35 ile 54 yaş arasındaki grubun 7,82, 55 yaş ve üzerinin ise 7,77'dir (p=0,03).

Tablo 62. Aylık Gelire Yönelik ANOVA Testi Sonuçları

Boyutlar	Aylık Gelir	n	X	S.D.	p
	1000 Euro'dan az	120	2,68	0,79	
	1001- 2000 Euro arası	179	2,54	0,75	
Marjinalleşme	2001- 3000 Euro arası	299	2,56	0,82	0,01*
	3001 – 4000 Euro arası	122	2,46	0,75	
	4001 – 5000 Euro arası	53	2,24	0,70	
	5000 Euro üzeri	53	2,25	0,77	

Kültürleşme yönelimlerinden sadece marjinalleşmenin katılımcıların gelir düzeyine göre anlam ifade ettiği görülmüştür (p=0,01). Buna göre gelir grubu bakımından en çok marjinalleşme eğilimi gösteren grup, 1000 Euro'dan az gelire sahip olan kişilerdir. Ayrıca gelir düzeyi arttıkça marjinalleşme yöneliminin azaldığı da söylenebilir. Marjinalleşme yönelimini en az benimseyen gelir grubu geliri 4001 Euro ve üzerinde olan katılımcılardır (X=2,24).

Tablo 63. Yaşanılan Şehre Göre ANOVA Testi Sonuçları

Boyutlar	Şehir	n	X	S.D.	p
	Stuttgart	59	4,01	0,67	
	Berlin	47	3,83	0,54	
	Hamburg	35	3,91	0,56	
Kişiler Arası İletişim Ölçeği	Frankfurt	34	4,05	0,44	0,02*
	Köln	35	4,11	0,42	
	Münih	37	4,07	0,48	
	Diğer	579	3,89	0,52	

Yaşanılan şehir ile kültürleşme yönelimleri arasındaki ilişkiye bakıldığında anlamlı bir farklılık görülmemiştir. Nitekim asimilasyon (p=0,32), ayrılma (p=0,47), bütünleşme (p=0,37) ve marjinalleşme boyutlarının (p=0,06), p değeri 0,05'ten büyüktür. Kişilerarası iletişim ölçeğine göre bakıldığında yaşanılan şehir ve kişilerarası iletişim yetileri arasında anlamlı bir farklılığın olduğu ortaya çıkmıştır (p=0,02). Buna göre Köln'de yaşayan katılımcıların kişilerarası iletişim yetileri, diğer şehirde yaşayanlara göre daha fazla gelişmiştir (X =4,11). Köln'ü sırasıyla, Münih (X =4,07), Frankfurt (X =4,05), Stuttgart (X =4,01), Hamburg (X =3,91), bu şehirlerin dışındakiler (X=3,89), ve Berlin (X =3,83) takip etmektedir. Görüldüğü üzere Hamburg, Berlin ve tablonun dışında yer alan şehirlerde yaşayanlar katılımcılar daha az kişilerarası iletişim yetilerine sahiptir.

Tablo 64. Eğitim Boyutuna Yönelik ANOVA Testi Sonuçları

Boyutlar	Eğitim düzeyi	n	X	S.D.	p
	İlkokul	87	3,24	0,69	
	Ortaokul	57	3,31	0,68	
	Lise	152	3,12	0,68	
Bütünleşme	Üniversite	232	3,34	0,61	0,01*
	Lisansüstü ve üzeri	22	3,28	0,56	
	Türkiye'de eğitim almadım.	274	3,47	0,56	
	İlkokul	87	2,68	0,82	
	Ortaokul	57	2,59	0,79	
	Lise	152	2,51	0,81	
Marjinalleşme	Üniversite	232	2,59	0,78	0,01*
	Lisansüstü ve üzeri	22	2,58	0,66	
	Türkiye'de eğitim almadım.	274	2,40	0,76	
	İlkokul	87	3,84	0,66	
	Ortaokul	57	3,85	0,53	
	Lise	152	3,84	0,56	
Kişilerarası İletişim Ölçeği	Üniversite	232	4,00	0,44	0,01*
	Lisansüstü ve üzeri	22	4,21	0,50	
	Türkiye'de eğitim almadım.	274	3,91	0,53	

Bu tabloda kültürleşme yönelimlerinden bütünleşme ve marjinalleşme boyutlarında katılımcıların eğitim düzeylerine göre farklılıklar saptanmıştır ve aralarında anlamlı bir ilişki görülmüştür (p=0,01). Buna göre Türkiye'de eğitim almayanların bütünleşme düzeyleri daha yüksek çıkmıştır ve önceden belirlenen hipotez nicel verilerle doğrulanmıştır. Bütünleşme açısından Türkiye'de herhangi bir eğitim almayan grubu ise Türkiye'de lisans ve lisans üstü eğitimi alan kişiler takip etmektedir. Buna göre eğitim düzeyi arttıkça bütünleşme düzeyi artmaktadır, şeklinde bir ifade kullanılabilir.

Bütünleşme düzeyi ile eğitim seviyesi arasındaki ilişkiye bakıldığında ilkokul mezunlarının (X =3,24), ortaokul mezunları (X =3,31), lise mezunları (X =3,12), üniversite mezunları (X =3,34), lisansüstü ve üzeri eğitime sahip olanlar ise (X =3,28) aritmetik ortalamalara sahiptir. Bu doğrultuda Türkiye'de eğitim alanlar içerisinde bütünleşme yönelimini en fazla ortaokul mezunları, en az ise lise mezunları tercih etmektedir.

Marjinalleşme düzeyi ve eğitim seviyesi arasındaki ilişkiye bakıldığında ilkokul (X =2,68) ve ortaokul (X =2,59), lise (X =2,51), üniversite (X =2,59) lisansüstü ve üzeri (X =2,58), Türkiye'de eğitim almayanlar ise (X =2,40) aritmetik ortalamaya sahiptir. Buna göre en yüksek marjinalleşme eğilimi gösteren grup, ilkokul mezunları iken, en az marjinalleşen gruplar ise Türkiye'de eğitim almayanlardır. Türkiye eğitim alan bireylerin bütünleşme düzeyi daha yüksek ve marjinalleşme düzeylerinin daha düşük seviyelerde olduğu tespit edilmiştir. Bu bağlamda eğitim düzeyi düştükçe marjinalleşme eğiliminin arttığı söylenebilir.

Eğitimin kişilerarası iletişimdeki rolüne bakıldığında kişilerarası iletişim düzeyinin eğitim düzeylerine göre farklı olduğu sonucuna ulaşılmıştır. Buna göre ilkokul ve lise mezunları (X =3,84), ortaokul mezunları (X =3,85), üniversite mezunları (X =4,00), lisansüstü ve üzeri mezunlar (X =4,21), Türkiye'de eğitim almayanlar ise (X =3,91) aritmetik ortalamaya sahiptir. Eğitim düzeyi lisansüstü ve üzerinde olan katılımcıların kişiler arası iletişim düzeylerinin diğer gruplara göre daha yüksek düzeyde olduğu görülmüştür. Buna göre önceden belirlenen *'Hipotez 7b: Eğitim düzeyi ile kişilerarası iletişim becerileri arasında anlamlı bir ilişki vardır. Eğitim düzeyi arttıkça kişilerarası iletişim becerileri de artmaktadır.'*. Bu anlamda *'Hipotez 7: Kişilerarası İletişim becerileri ile sosyo demografik özellikler arasında pozitif anlamlı bir ilişki bulunmaktadır.'*, hipotezi kısmen doğrulanmıştır.

3.2.2.2.2. Türklerin Almanlara Yönelik Düşüncelerinin ANOVA Testi Sonuçları

Katılımcıların Almanlar hakkındaki algıları ile kültürleşme boyutları ve kişilerarası iletişim ölçeği arasındaki bağlantıya bakılmıştır. Nitekim algı kişilerarası iletişim davranışlarını ve kültürleşme yönelimlerini doğrudan etkileyen bir faktör olarak düşünülmektedir.

Tablo 65. Türklerin Almanlar Hakkındaki Algısının ANOVA Testi Sonuçları

Boyutlar	Almanlar Hakkındaki Görüşler	n	X	S.D.	p
Asimilasyon	İyi insanlar.	311	2,61	0,73	0,01*
	Kötü İnsanlar.	16	2,25	0,69	
	Ne iyi ne de kötü insanlar.	485	2,27	0,65	
	Bilgim yok.	14	1,95	0,55	
Ayrılma	İyi insanlar.	311	3,47	0,72	0,01*
	Kötü İnsanlar.	16	2,91	0,85	
	Ne iyi ne de kötü insanlar.	485	3,10	0,66	
	Bilgim yok.	14	2,77	0,53	
Bütünleşme	İyi insanlar.	311	3,44	0,60	0,01*
	Kötü İnsanlar.	16	3,08	0,44	
	Ne iyi ne de kötü insanlar.	485	3,27	0,65	
	Bilgim yok.	14	3,24	0,61	
Marjinalleşme	İyi insanlar.	311	2,34	0,80	0,01*
	Kötü İnsanlar.	16	3,35	0,68	
	Ne iyi ne de kötü insanlar.	485	2,61	0,75	
	Bilgim yok.	14	2,35	0,71	
Kişilerarası İletişim Ölçeği	İyi insanlar.	311	4,00	0,55	0,01*
	Kötü İnsanlar.	16	3,56	0,49	
	Ne iyi ne de kötü insanlar.	485	3,88	0,51	
	Bilgim yok.	14	3,67	0,59	

Algı, kültürleşme ve kişilerarası iletişim davranışları arasındaki ilişkiye bakıldığında hem kültürleşme yönelimleri arasında hem de kişilerarası iletişim davranışları arasında anlamlı bir ilişki olduğu tespit edilmiştir (p=0,01). Bu araştırma sonucuna göre Almanları iyi insanlar olarak nitelendiren katılımcıların en fazla benimsediği kültürleşme tutumu ayrılmadır. Buna göre katılımcılar, Alman toplumundan ayrılsa da Alman hakkında olumsuz bir algıya sahip değildir. Kişilerin ayrılma nedenin arka planında Almanların etkisi bulunmaktadır. Bununla birlikte Almanlar için ne iyi ne de kötü ifadesini kullananlar ile Almanlar hakkında bilgisi olmayan katılımcılar en fazla bütünleşme yönelimini benimsemişlerdir.

Araştırmada marjinalleşme eğilimi gösteren bireylerin Almanları kötü insanlar olarak nitelendirdiği görülmüş ve bu sonuç önceden öngörülmüştür. İyi insanlar olduğunu düşünen katılımcıların marjinalleşme düzeylerinin daha düşük olduğu görülmüştür. Buna göre *'Hipotez 6: Algı ve kültürel yönelimler arasında anlamlı bir ilişki vardır.'*, hipotezi doğrulanmıştır. Asimilasyon, bütünleşme, ayrılma ve marjinalleşme arasında anlamlı bir ilişki olduğu görülmüştür.

Algı, kültürleşme ve kişilerarası iletişim davranışları arasındaki Almanlar hakkında sahip olunan algının, kişilerin kişilerarası iletişim davranışları üzerindeki etkisine bakıldığında ise anlamlı bir farklılık ortaya çıkmıştır (p=0,01). Nitekim Almanların iyi insanlar olduğunu düşünen katılımcıların kişilerarası iletişim becerileri, düşünmeyen ve nötr görüş belirten katılımcılara göre daha yüksektir (p=0,01).

3.2.2.2.3. Kişilerarası İletişime Yönelik Soruların ANOVA Testi Sonuçları

Bu bölümde ise kişilerarası iletişim kategorisinde yer alan sorular ile kültürleşme tutumları ve kişilerarası iletişim ölçeği arasında ilişkiye bakılmıştır.

Tablo 66. İletişim Yöntemine Göre ANOVA Testi

Boyutlar	İletişim şekli	n	X	S.D.	p
Bütünleşme	Online İletişim	43	3,11	0,76	
	Yüz yüze iletişim	282	3,26	0,68	0,01*
	Hem online iletişim hem yüz yüze iletişim	501	3,38	0,59	
Kişilerarası İletişim Ölçeği	Online İletişim	43	3,69	0,53	
	Yüz yüze iletişim	282	3,98	0,53	0,02*
	Hem online iletişim hem yüz yüze iletişim	501	3,99	0,53	

Çalışmada asimilasyon (p=0,06), ayrılma (p=0,53) ve marjinalleşme düzeylerinin (p=0,25), katılımcının iletişim durumuna göre farklıklar göstermediği tespit edilmiştir. Bütünleşme boyutu ve iletişim boyutu arasında doğrudan bir ilişki vardır (P=0,01). Alman toplumu ile bütünleşen bireylerin online iletişimden çok yüz yüze iletişimi daha etkin kullandıkları görülmüştür. Buna göre *'Hipotez 8a: 'Bütünleşme ile yüz yüze iletişim arasında anlamlı bir ilişki vardır.'*, hipotezi doğrulanmıştır. Ancak bütünleşme yönelimi açısından online iletişim de etkin bir role sahiptir.

Kişilerarası iletişim ölçeğine göre online iletişim kuranların kişiler arası iletişim düzeyinin, katılımcıların iletişim şekillerine göre farklılık gösterdiği tespit edilmiştir. Buna göre yüz yüze iletişim kuranların, online iletişim kuranlara göre kişilerarası iletişim düzeyleri daha yüksektir. Hem online hem de yüz yüze iletişim kuranlar ise kişilerarası iletişim davranışlarında daha etkin bir role sahiptir. Dolayısıyla *'Hipotez 9: Yüz yüze iletişimde bulunanların kişilerarası iletişim düzeyleri online iletişim kuranlara göre daha yüksektir.'*, şeklinde bir hipotez kurulmuştur ve bu hipotez doğrulanmıştır. Online iletişim gündelik hayatı kuşatsa da kişilerarası iletişimi büyük ölçüde dijitalleştirse de yüz yüze iletişim hem bir toplumla bütünleşme açısından hem de kişilerarası iletişim becerileri açısından önemini korumaktadır.

Tablo 67. Etnik Köken ve Kişilerarası İletişim Ölçeğinin ANOVA
Testi Sonuçları

Etnik Köken	Kişilerarası İletişim Ölçeği			p
	N	X	S.D.	
Eş ya da çocuk	131	3,95	0,56	
Akraba	107	3,97	0,53	
İş veya okul arkadaşı	596	3,95	0,52	0,63
Komşu	530	3,93	0,54	
Sevgili veya nişanlı	115	3,92	0,62	

Almanya'da yaşayan kişilerin çevrelerinin etnik kökeni ile kişilerin kendi iletişim becerileri arasındaki ilişkiye bakılmış ve aralarında anlamlı bir ilişki tespit edilememiştir (p=0,63).

Tablo 68. Edinilen Kültürel Edinimler ve Kişiler Arası İletişim Ölçeği
Arasındaki İlişkiye Yönelik ANOVA Testi

Kültürel Edinimler	Kişiler Arası İletişim Ölçeği			p
	n	X	S.D.	
Almanca öğrendim veya öğreniyorum	495	3,90	0,55	
Almanya'nın dini faaliyetlerini öğreniyorum	154	4,02	0,53	
Almanya'nın edebiyat, müzik gibi sanat eserlerini öğreniyorum	237	4,04	0,54	
Almanya'nın tarihini öğreniyorum	342	3,99	0,54	
Almanların namus, askerlik gibi konulardaki dünya görüşünü öğreniyorum	211	3,98	0,55	0,07
Almanların hukuki ve ahlaki kurallarını öğreniyorum	474	3,98	0,54	
Yeme – içme şekilleri, temizlik anlayışları gibi günlük faaliyetlerini öğreniyorum	407	3,96	0,53	

Çalışmada Alman bireylerden dil, dini faaliyetler, sanat eserlerini, tarihini, dünya görüşlerini, hukuki ve ahlaki kurallarını, günlük faaliyetlerini öğrenen veya öğrenmeyen bireylerin kişilerarası iletişim düzeylerinin farklı seviyelerde olmadığı görülmüştür(p=0,07).

Tablo 69. Facebook ve Marjinalleşme Boyutuna Yönelik ANOVA Testi

Boyutlar	Facebook Kullanım Sıklığı	n	X	S.D.	P
	Hiçbir Zaman	168	2,42	0,74	
	Nadiren	276	2,38	0,67	
Marjinalleşme	Ara sıra	208	2,36	0,65	0,04*
	Çoğunlukla	128	2,43	0,74	
	Her Zaman	46	2,37	0,82	

Kültürleşme yönelimleri sosyal ağları kullanım arasındaki ilişkiye bakıldığında, sadece marjinalleşme düzeyinde bir anlamlı ilişki görülmüştür (P=0,04). Buna göre Marjinalleşme yönelimi benimseyenler 2,43 aritmetik ortalama ile sadece Facebook kullanmaktadır.

Tablo 70. Instagram Kullanımına Yönelik ANOVA Testi Sonuçları

Boyutlar	Instagram Kullanım Sıklığı	n	X	S.D.	P
	Hiçbir Zaman	280	2,27	0,68	
	Nadiren	229	2,44	0,69	
Asimilasyon	Ara sıra	162	2,40	0,68	0,01*
	Çoğunlukla	112	2,45	0,68	
	Her Zaman	43	2,70	0,81	
	Hiçbir Zaman	280	3,15	0,74	
	Nadiren	229	3,09	0,68	
Ayrılma	Ara sıra	162	3,40	0,67	0,00*
	Çoğunlukla	112	3,31	0,67	
	Her Zaman	43	3,53	0,65	
	Hiçbir Zaman	280	3,23	0,58	
	Nadiren	229	3,25	0,64	
Bütünleşme	Ara sıra	162	3,49	0,63	0,00*
	Çoğunlukla	112	3,43	0,54	
	Her Zaman	43	3,41	0,86	
	Hiçbir Zaman	280	3,84	0,54	
	Nadiren	229	3,85	0,54	
Kişilerarası İletişim Ölçeği	Ara sıra	162	4,01	0,47	0,00*
	Çoğunlukla	112	4,03	0,47	
	Her Zaman	43	4,06	0,58	

Instagram kullanımı ile asimilasyon (p=0,01) ayrılma (p=0,00) ve bütünleşme (p=0,00) yönelimi arasında anlamlı bir ilişki bulunmaktadır. Buna göre her zaman Instagram kullandıklarını ifade eden kişiler, ayrılma yönelimini benimsemişlerdir. Asimile olanlar, Instagram'ı çoğunlukla kullandıklarını ifade ederken, bütünleşme yönelimi gösterenler ise Instagram'ı ara sıra kullanmaktadır.

Kişilerarası iletişim ölçeği ile Instagram arasında anlamlı bir ilişki bulunmaktadır (p=0,00). Instagram her zaman kullananların kişilerarası iletişim becerileri daha yüksek çıkmıştır. Buna göre katılımcılar, Instagram 'da kendilerini daha iyi ifade etmektedirler.

Tablo 71. WhatsApp Kullanımına Yönelik ANOVA Testi Sonuçları

Boyutlar	WhatsApp Kullanım Sıklığı	n	X	S.D.	p
Ayrılma	Hiçbir Zaman	18	3,09	0,78	0,00*
	Nadiren	104	3,02	0,57	
	Ara sıra	107	3,04	0,72	
	Çoğunlukla	353	3,28	0,72	
	Her Zaman	244	3,32	0,70	
Bütünleşme	Hiçbir Zaman	18	3,11	0,77	0,04*
	Nadiren	104	3,21	0,60	
	Ara sıra	107	3,18	0,69	
	Çoğunlukla	353	3,34	0,57	
	Her Zaman	244	3,41	0,66	
Marjinalleşme	Hiçbir Zaman	18	2,45	0,80	0,00*
	Nadiren	104	2,77	0,69	
	Ara sıra	107	2,70	0,79	
	Çoğunlukla	353	2,47	0,75	
	Her Zaman	244	2,39	0,83	
Kişilerarası İletişim Ölçeği	Hiçbir Zaman	18	3,56	0,97	0,01*
	Nadiren	104	3,82	0,50	
	Ara sıra	107	3,85	0,53	
	Çoğunlukla	353	3,92	0,47	
	Her Zaman	244	3,99	0,54	

WhatsApp kullanımı ile ayrılma (P=0,00), bütünleşme (p=,04) ve marjinalleşme (p=0,00) yönelimleri arasında anlamlı bir ilişki bulunmaktadır. Her zaman WhatsApp kullananların en fazla bütünleşme yönelimi gösterdiği görülmüştür. Nadiren WhatsApp kullananlar en fazla marjinalleşme yönelimini tercih etmektedir. Kişilerarası iletişim ölçeği ile WhatsApp kullanım sıklığı arasındaki ilişkiye bakıldığında ise WhatsApp'ı her zaman kullananların kişilerarası iletişimde kendilerini daha iyi ifade ettikleri görülmüştür.

Sosyal ağlar ile kültürleşme yönelimleri ve kişilerarası iletişim ölçeği arasında ilişkiye bakıldığında bu ağları her zaman kullananların bütünleşme yönelimlerini tercih ettikleri görülmüştür. Bu doğrultuda. *'Hipotez 8b: Sosyal ağ kullanım sıklığı ile bütünleşme düzeyi arasında anlamlı bir ilişki vardır.'* hipotezi kısmen doğrulandığı için *'Hipotez 8: Kültürleşme yönelimleri ile kişilerarası iletişim arasında anlamlı bir ilişki vardır'* hipotezi de doğrulanmıştır.

3.2.2.2.4. Diğer Değişkenler ile Yapılan ANOVA Testinin Sonuçları

Diğer değişkenler olarak belirtilen Almanya'da yaşanılan süre, katılımcıların Türkiye'yi ziyaret etme sıklığı ve gelecekte Türkiye'ye dönme düşünceleri ile ölçekler arasında ANOVA testi yapılmıştır.

Tablo 72. Yaşam Süresinin ANOVA Testi Sonuçları

Boyutlar	Almanya'da Yaşanılan Süre Aralıkları	n	X	S.D.	p
	1-10 yıl	177	2,59	0,80	
	11-20 yıl	79	2,65	0,80	
Marjinalleşme	21-30 yıl	226	2,59	0,77	0,0
	31-40 yıl	176	2,38	0,77	1*
	41-50 yıl	150	2,45	0,79	
	51 Yıl ve üzeri	18	2,22	0,76	

Kültürleşme yönelimlerinden marjinalleşme boyutunu benimseyenler ile Almanya'da yaşanan süre aralıkları arasında anlamlı bir ilişki olduğu görülmüştür. Bununla birlikte yaşam süresi arttıkça marjinalleşme düzeyinin de düştüğü sonucuna ulaşılmıştır. *'Hipotez 5: Almanya'da yaşam süresi ile kültürleşme düzeyi arasında anlamlı bir ilişki vardır'*, hipotezi alt hipotezler ile sınanmıştır ve hipotezler doğrulanmıştır.

Tablo 73. Ziyaret Sayısının ANOVA Testi Sonuçları

Boyutlar	Ziyaret Sayısı	n	X	S.D.	P
Asimilasyon	Yılda bir kez	405	2,41	0,70	0,01*
	Yılda birden fazla	269	2,28	0,65	
	2-3 yılda bir	103	2,47	0,74	
	Daha seyrek	28	2,63	0,90	
	Hemen hemen hiç gitmiyorum	21	2,91	0,69	
Ayrılma	Yılda bir kez	405	3,22	0,66	0,01*
	Yılda birden fazla	269	3,20	0,75	
	2-3 yılda bir	103	3,21	0,78	
	Daha seyrek	28	3,37	0,71	
	Hemen hemen hiç gitmiyorum	21	3,64	0,65	
Bütünleşme	Yılda bir kez	405	3,34	0,60	0,01*
	Yılda birden fazla	269	3,35	0,66	
	2-3 yılda bir	103	3,37	0,61	
	Daha seyrek	28	3,11	0,73	
	Hemen hemen hiç gitmiyorum	21	2,90	0,69	
Marjinalleşme	Yılda bir kez	405	2,46	0,75	0,01*
	Yılda birden fazla	269	2,42	0,80	
	2-3 yılda bir	103	2,55	0,85	
	Daha seyrek	28	2,54	0,84	
	Hemen hemen hiç gitmiyorum	21	2,76	0,86	

Bu tabloda kültürleşme yönelimlerinin tamamı ile Türkiye'ye gitme sıklığı arasında anlamlı bir ilişki tespit edilmiştir (p=0,01). Asimilasyon yönelimine benimseyen katılımcıların hemen hemen Türkiye'ye hiç gitmedikleri görülmüştür. Bütünleşen birey her iki kültüre de yakın durumda olduğu için kendi ülkelerini ziyaret etmeleri öngörülen bir sonuçtur. Bununla birlikte Marjinalleşen gruplar ise en yüksek aritmetik değer ile hemen hemen hiç Türkiye'ye gitmediklerini ifade etmişlerdir. Bu doğrultuda ayrılma yönelimi hariç, diğer kültürleşme yönelimleri arasında paralellik olduğu görülmüştür.

Tablo 74. Dönüş Planının ANOVA Testi Sonuçları

Boyutlar	Dönüş Planı	n	X	S.D.	p
	Evet	400	2,24	0,68	
Asimilasyon	Hayır	174	2,66	0,76	0,01*
	Kararsız	252	2,46	0,63	
	Evet	400	3,01	0,70	
Ayrılma	Hayır	174	3,53	0,69	0,01*
	Kararsız	252	3,37	0,64	
	Evet	400	3,24	0,64	
Bütünleşme	Hayır	174	3,40	0,69	0,01*
	Kararsız	252	3,42	0,55	
	Evet	400	2,62	0,81	
Marjinalleşme	Hayır	174	2,34	0,76	0,01*
	Kararsız	252	2,48	0,74	

Araştırmada önem taşıyan bir diğer ilişki Türkiye'ye dönme düşüncesi ile kültürleşme yönelimleri arasındaki ilişkidir. Araştırma bulgularına göre asimilasyon, ayrılma, bütünleşme ve marjinalleşme düzeylerinin katılımcıların Türkiye'ye dönmeyi düşünme isteğine göre farklılıklar gösterdiği tespit edilmiştir (p=0,01). Faktörler arasındaki anlamlı ilişkiye bakarak, Türkiye'ye dönmeyi düşünmeyen katılımcıların en fazla bütünleşme yönelimini tercih ettikleri görülmüştür. Türkiye'yi dönme planı olmayanlar en yüksek aritmetik ortalama ile ayrılma yönelimini benimseyen kişilerden oluşmaktadır. Yapılan parametrik testlere göre *Hipotez 4: Kimlik ve aidiyet duyguları ile kültürleşme yönelimleri arasında anlamlı bir ilişki vardır.'*, hipotezi doğrulanmıştır. Asimile olanların öldükten sonra defnedilmek istedikleri Almanya'da defnedilmek isteyenler ile asimile olanlar arasında anlamlı bir ilişki vardır. Bununla birlikte asimile olanların hemen hiç Türkiye'yi ziyaret etmediği, bütünleşme yönelimi gösterenlerin 2-3 yılda bir Türkiye'yi ziyaret ettikleri görülmüştür.

3.2.3. Korelasyon Analizi

Bu bölümde üç farklı korelasyon analizi yapılmıştır. Birincisi kültürleşme tutumların kendi içerisindeki ilişkisine bakılmış daha sonra kültürleşme tutumları ile kişilerarası iletişim ölçeği arasında korelasyon analizi yapılmıştır. Bununla birlikte "Hem Türklerin hem de Almanların bana değer verdiğini hissediyorum" ve "Hem Türklerin hem de Almanların yanında çok rahat hissediyorum" bütünleşme yönelim ifadeleri ile kültürleşme tutumları ölçeği arasında da korelasyon analizi gerçekleştirilmiştir.

Tablo 75. Kültürleşme Tutumlarının Korelasyon Analizi Sonuçları

Boyutlar		Asimilasyon	Ayrılma	Bütünleşme	Marjinalleşme
Asimilasyon	R	1			
	p				
Ayrılma	R	-0,45*	1		
	p	0,01			
Bütünleşme	R	0,31*	-0,30*	1	
	p	0,01	0,01		
Marjinalleşme	r	-0,11*	0,14*	-0,10*	1
	p	0,01	0,01	0,01	

Kültürleşme tutumlarının korelasyon analizi sonuçlarına göre katılımcıların asimilasyon ve ayrılma düzeyleri arasında negatif yönde orta seviyede bir ilişki olduğu görülmüştür (r= -0,45, p=0,01). Asimilasyon düzeyleri yüksek olan bireylerin, ayrılma düzeyleri düşüktür. Asimilasyon ve bütünleşme arasında ise pozitif yönde orta seviyede bir ilişki bulunmaktadır (r=0,30, p=0,01). Bütünleşme düzeyleri yüksek olan bireylerin asimilasyon düzeylerinin de yüksek olacağı düşünülmektedir. Ayrıca asimilasyon ve marjinalleşme arasında negatif yönde zayıf bir ilişki bulunmaktadır (r=0,11, p=0,01). Buna göre asimilasyon düzeyi yüksek olan bireylerin marjinalleşme düzeyleri düşüktür. Ayrılma ile bütünleşme arasında ise negatif yönde orta düzeyde bir ilişki bulunmaktadır (r= -0,30, p=0,01). Bireylerin ayrılma düzeyi arttıkça, bütünleşme düzeyleri azalmaktadır. Ayrılma ve marjinalleşme arasında ise pozitif yönde zayıf bir ilişki vardır (r= 0,14, p=0,01). Ayrılma düzeyi yüksek olan bireylerin, marjinalleşme düzeyleri de yüksektir. Bütünleşme ve marjinalleşme arasındaki ilişki negatif yönde zayıf yöndedir (r= -0,45, p=0,01). Bütünleşme düzeyleri yüksek olan bireylerin, marjinalleşme düzeyleri düşüktür. Kültürleşme tutumlarının korelasyon analizinden tutarlı sonuçlar elde edinilmiştir. Aynı kulvarda görülen faktörlerin birbirileriyle ilişkileri tespit edilmiştir.

Tablo 76. Kültürleşme Yönelimleri ile Kişilerarası İletişim Ölçeği Arasındaki İlişkinin İncelenmesi

Ölçek		Asimilasyon	Ayrılma	Bütünleşme	Marjinalleşme
Kişilerarası İletişim Ölçeği	r	-0,13*	-0,11**	0,26*	-0,23*
	p	0,01	0,01	0,01	0,01

Çalışmada katılımcıların asimilasyon ve kişilerarası iletişim düzeyleri arasında negatif yönde ve çok zayıf güçte bir ilişki bulunmuştur (r=-0,13 p=0,01). Kişilerarası iletişim düzeyleri yüksek olan bireylerin asimilasyon düzeylerinin de daha düşük olacağı düşünülmektedir. Ayrıca katılımcıların ayrılma ve kişilerarası iletişim düzeyleri arasında negatif yönde ve çok zayıf güçte bir ilişki olduğu görülmüştür (r=0,12 p=0,01). Buna göre kişilerarası iletişim düzeyleri yüksek olan bireylerin ayrılma düzeylerının de daha düşük olacağı çıkarımında bulunulmaktadır. Katılımcıların bütünleşme ve kişilerarası iletişim düzeyleri arasında pozitif yönde ve zayıf güçte bir ilişki olduğu görülmüştür (r=0,26 p=0,01). Kişilerarası iletişim düzeyleri yüksek olan bireylerin bütünleşme düzeyleri de daha yüksektir.

Tablo 77. Bütünleşme Yönelimleri ile Kültürleşme Tutumları Arasındaki İlişkinin Korelasyon Analizi Sonuçları

İfadeler		Asimilasyon	Ayrılma	Bütünleşme	Marjinalleşme
Hem Türklerin hem de Almanların bana değer verdiğini hissediyorum.	r	0,156*	0,162*	0,727*	-0,231*
	p	0,01	0,01	0,01	0,01
Hem Türklerin hem de Almanların yanında çok rahat hissediyorum.	r	0,196*	0,207*	0,729*	-0,215*
	p	0,01	0,01	0,01	0,01

seçilmiştir. Bu ifadelerin kültürleşme yönelimleri ile aralarındaki ilişkiye bakılmıştır. Buna göre hem Türklerin hem de Almanların kendisine değer verdiğini hisseden bireylerin asimilasyon ve ayrılma düzeyleri ile arasında çok zayıf güçte ve anlamlı bir ilişki olduğu görülmüştür. Türklerin ve Almanların kendisine değer verdiğini hisseden bireylerin asimilasyon ve ayrılma düzeylerinin daha yüksek olduğu sonucuna ulaşılmıştır (p=0,01). Türklerin ve Almanların kendisine değer verdiğini hisseden bireylerin bütünleşme düzeyleri güçlü ve anlamlıdır. Bu yönde düşünen bireylerin bütünleşme düzeylerinin daha yüksek olacağı çıkarımında bulunulmuştur (p=0,01). Dolayısıyla anlamlı bir sonuç elde edilmiştir.

Hem Türklerin hem de Almanların kendisine değer verdiğini hisseden bireylerin marjinalleşme düzeyleri ile bu düşünceleri arasında ters yönde ve zayıf bir ilişki vardır. Değer gördüğünü hisseden bireyin marjinalleşme düzeyi daha düşüktür (p=0,01). Buna göre değer gören birey kendini toplumdan daha az izole etmektedir.

Türklerin ve Almanların yanında rahat hisseden bireylerin asimilasyon ve ayrılma düzeyleri ile arasında çok zayıf güçte ve anlamlı bir ilişki vardır. Hem Türklerin hem de Almanların yanında rahat hisseden bireylerin asimilasyon ve ayrılma düzeylerinin daha yüksek olacağı düşünülmektedir (p=0,01). Bununla birlikte hem Türklerin hem de Almanların yanında rahat hisseden bireylerin bütünleşme düzeyleri ile bu düşünceye sahip olanlar arasında güçlü ve anlamlı bir ilişki olduğu görülmüştür. Kendilerini bu iki ülke vatandaşlarının yanında rahat hisseden bireylerin bütünleşme düzeylerinin de daha yüksek olacağı tespit edilmiştir (p=0,01). Türklerin ve Almanların yanında rahat hisseden bireylerin marjinalleşme düzeyleri ise ters yönde ve zayıf bir ilişkiye sahiptir. Hem Türklerin hem de Almanların yanında rahat hisseden bireyler ise daha az marjinalleşme eğilimi göstermektedir (p=0,01).

3.2.4. Basit Doğrusal Regresyon Analizi

Asimilasyon, ayrılma, bütünleşme ve marjinalleşme düzeyinin kişilerarası iletişimi ne derece etkilediğini (yordadığını) belirlemek amacıyla regresyon analizi uygulanmıştır. Tablo 78'de bu değerlere yer verilmiştir.

Tablo 78. Kişilerarası İletişim Ölçeğine Yönelik Basit Doğrusal Regresyon Analizi

Bağımlı Değişken	B	B	t	Sig.
Kültürleşme Tutumları				
Asimilasyon	,167	,126	3,65	,000
Ayrılma	,149	,111	3,19	,001
Bütünleşme	,321	,269	8,021	,000
Marjinalleşme	-,343	-,223	-6,82	,000

Bağımlı Değişken Kültürel Tutumlar	R	R Square	Adjusted R Square	F	Df	Sig.
Asimilasyon	,126	,016	,015	13,337	1	,000
Ayrılma	,111	,012	,011	10,227	1	,001
Bütünleşme	,269	,072	,071	64,344	1	,000
Marjinalleşme	,231	,053	,052	46,575	1	,000

Bu çalışmada bağımsız değişkenlerden kişilerarası iletişim düzeyleri ile bağımlı değişkenlerden kültürleşme tutumları arasında basit doğrusal regresyon analizi yapılmıştır. Kişilerarası iletişim düzeylerinin kültürleşme tutumlarından asimilasyon, bütünleşme ve marjinalleşme yönelimlerini anlamlı seviyede etkilediği görülmüştür. Nitekim asimilasyon yönelimi (R^2=,016, F= 13,337, p<,001), bütünleşme yönelimi (R^2=,072, F= 64,344, p<,001) ve marjinalleşme yönelimi (R^2=,053, F= 46,575, p<,001) olarak bulunmuştur. Kişilerarası iletişim değişkeni asimilasyon varyansının yüzde 16'sını, bütünleşme varyansının yüzde 72'sini, marjinalleşme varyansının yüzde 53'ünü açıklamaktadır.

Regresyon denklemine giren değerler açısından asimilasyon (B= ,167, β=,126, p<,001), ayrılma (B=-149, β=-,111, p=,001), bütünleşme (B=,321, β=,269, p<,001) ve marjinalleşme (B=-,343 β=-

,223, p<,001) yönelimleri kişilerarası iletişim düzeylerinden etkilenmektedir. Buna göre kişilerarası iletişim düzeyleri yüksek olan bireyler en çok bütünleşme yönelimi göstermişlerdir. Dolayısıyla '**Hipotez 8c:** *Kişilerarası iletişim düzeyleri yüksek olan kişiler ile bütünleşme tercihleri arasında pozitif anlamlı bir ilişki vardır.*', hipotezi de bu doğrultuda doğrulanmıştır. Kişilerarası iletişim düzeylerinin yüksek olan kişilerin asimilasyon yönelimini benimsemesi de beklenen sonuçlar arasındadır. Bütünleşme ve asimilasyon birbirinden farklı olsa da benzerliklere sahiptir. Marjinalleşme yönelimi ile kişilerarası iletişim arasındaki ilişkiye bakıldığında negatif yönde anlamlı bir ilişki vardır. Bir diğer ifade ile kişilerarası iletişim düzeyleri yüksek olan kişiler marjinalleşme eğilimi göstermemişlerdir. Kişilerarası ilişkilerinde zayıf olan bireyler her iki toplumdan kendini soyutlamaktadır. Regresyon analizinden elde edilen sonuçlar araştırmada beklenen sonuçlara karşılık gelmektedir.

Bu çalışmada görüldüğü üzere farklı analizlere yer verilmiştir. Frekans analizleriyle betimleyici analizler yapılırken, parametrik testler ile de farklı değişkenler arasındaki ilişkilere bakılmıştır. Bununla birlikte ölçekler arasındaki ilişkiye bakmak için korelasyon ve regresyon analizi yapılmıştır. Böylece önceden belirlenen hipotezlerin doğruluğu sınanmıştır.

3.2.5. Kişilerarası İletişim Düzeyleri ile Almanya Hakkındaki Görüşlerin Kültürleşme Tutumları Üzerindeki Etkisi Üzerine Bir Araştırma Modeli Önerisi

Araştırma sonucunda ortaya çıkan modele göre kişilerarası iletişim düzeyleri, Almanlar hakkındaki görüşler bağımsız değişkenleri ile kültürleşme yönelimleri arasında bağıntı bulunmaktadır.

Şekil 14. Kişilerarası İletişim Düzeyleri ile Almanya Hakkındaki Görüşlerin
Kültürleşme Tutumları Üzerindeki Etkisi Üzerine Araştırma Modeli

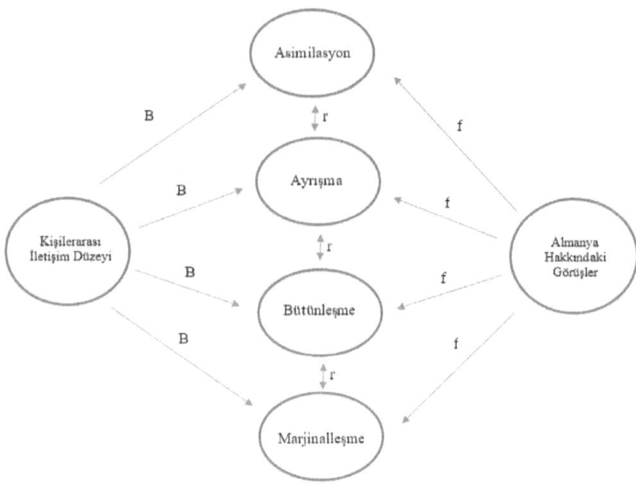

Bu araştırma sonucunda elde edilen sonuca göre şekil 14'te-
ki modele ulaşılmıştır. Buna göre kültürleşme stratejileri üze-
rinde kişilerarası iletişimin etkin bir rolü bulunmaktadır. Nite-
kim araştırmada en çok tercih edilen eğilimin bütünleşme ol-
duğu görülmüştür. Kişilerarası iletişimlerinde etkin olan kişiler,
göç ettikleri toplumla bütünleşebilmektedir. Bununla birlikte
Almanya ve Alman toplumu hakkındaki düşünceler kültürleş-
me stratejilerinin benimsenmesi açısından önemli bir faktör ola-
rak görülmektedir ve kültürleşmeyi kolaylaştırmaktadır.

SONUÇ VE ÖNERİLER

İlk göç hareketi bundan, altmış yıl önce başlamıştır. İkinci Dünya Savaşı sonrası savaşın yıkıntılarından kurtulmak isteyen Almanya, içerisinde Türkiye'nin de yer aldığı sekiz Akdeniz ülkesinden iş gücü talep etmiş, böylece Türkiye'den Almanya'ya işçi gücü akımı başlamıştır. Başlangıçta, bu göç çağrısına az sayıda kişi katılırken, daha sonra göç edenlerin sayısı katlanarak artmıştır. Almanya'ya resmi kanallar aracılığıyla göç edildiği gibi kaçak yollarla da giriş yapılmıştır. Her dönem farklı bir göç hareketi ile tanımlanmış, bu dönemler arası farklılıklara göre kuşaklar ortaya çıkmıştır. Almanya'daki Türkler, birinci, ikinci ve üçüncü kuşak olarak sınıflandırılmaktadır. Birinci kuşak ilk göç edenleri, ikinci kuşak aile birleşim yasasıyla giden çocuk ve eşleri, üçüncü kuşak ise birinci kuşağın torunlarını temsil etmektedir ve bu kuşak çoğunlukla Alman kültürünün içine doğan kişilerden oluşmaktadır. İkinci kuşak Türkler ise birinci kuşak Türkler vasıtasıyla Almanya'ya göç edenlerdir.

İlk kuşak için eski Almanya Cumhurbaşkanı Richard von Weizsäcker *"Sanıyorum ikinci ya da üçüncü kuşak bir Türk olsaydım, kolay uyum sağlardım. Birinci kuşak Türk olarak, herhalde, yurduma geri dönmek isterdim."* (Duman, 2018, s. 91), ifadesini kullanmıştır. Birinci kuşak Türkler için Almanya bütünüyle yabancı bir ülkedir. Sayıca azınlıkta olup dil bilmemektedirler.

Göçün ilk zamanlarında, göçmen işçilerin eğitim durumları ve Almanca düzeyleri hiç önemsenmemiş, hatta Almanca öğrenmelerine gerek olmadığı düşünülmüştür. Almanya'da kalıcı olacakları öngörülmemiş, oradaki varlıklarının geçici olduğu düşünülmüş, geri döneceklerine inanılmıştır. Bu bağlamda Alman toplumuna uyum sağlamaları için hiçbir girişimde bulunulmamıştır. Ancak göçmenlerin toplum sahnesinde yer almaya başlamaları ve toplumun çeşitli alanlarında çok yönlü diyaloğa girmeleriyle başta Almanca bilgisi olmak üzere, eğitim çok büyük bir sorun haline gelmiştir (Toksöz, 2006, s. 31).

Dönemin teknolojisi ise günümüz teknolojisinin çok gerisindedir. İki ülke arasında yolculuklar ve haberleşmeler günlerce sürmektedir. Bir göçmen *"Düğünden iki ay sonra gittim gurbete. Ama hasretlik zor geldi, bıraktım. Öyle erken döndüm ki, eşime yazdığım mektup bile benden sonra geldi"* (Duman, 2018, s. 25), diyerek dönemin iletişim şartlarını ifade etmektedir.

İkinci kuşak için göç etmek daha kolaydır. Kendilerinden önce yakın çevresinden kişiler Almanya'ya göç etmiştir. İkinci kuşak Türklerinin göç ettiği dönemde petrol ambargosu çıkmış, ekonomik buhranlar baş göstermeye başlamıştır. Bu dönemde aile birleşimlerine önem verilse de yeni işçi alımları durdurulmuştur. Hatta çalışmakta olan Türkler için geri dönün çağrısında bile bulunulmuştur. Buna rağmen Almanya'ya göç akımı bir türlü durmamış, Türkler farklı kanallar ve başvurular yoluyla göç etmeye devam etmiştir. Önceleri Almanya'da işçi olmak için başvuranlar, seksenli yıllara gelince siyasi mülteci olarak Türkiye'den ayrılmışlardır. Bu göç akımı 2000'li yıllara kadar sürmüş, Almanya ise sayıları giderek artan Türk işçilerden rahatsız olmaya başlamıştır. Bu hoşnutsuzluk politik arenada konuşulduğu gibi kamusal alanda da hissedilmiştir. Türkler önceleri "gastarbeiter (misafir işçi)" statüsü ile anılırken iken, daha sonra "auslander" adıyla bir yabancıya dönüşmüştür. 90'lı yıllarda ise ötekileştirme iyice artmış, Türklere ırkçı saldırılarda bulunulmuştur. Bu Türk karşıtlığına tepki olarak Türkler de örgütlenmeye başlamıştır. 2000'lere gelindiğinde ise 11 Eylül saldırılarının yansıması tüm Avrupa'da olduğu gibi Almanya'da da hissedilmiştir. Almanya Türkleri, bu saldırıdan doğrudan etkilenmiş, Türkler İslamofobik bir söylemin etkisinde kalmış ve Almanya, Türkler için yaşanması zor bir coğrafyaya dönüşmüştür.

2000'lerin ortasında gelindiğinde göç tersine dönmüştür. 2000 yılından günümüze yaklaşık 500.000 Türk, Almanya'dan Türkiye'ye göç etmiştir. Yarım milyon kişi göç etmesine rağmen Alman İstatistiklerine göre şu an yaklaşık 1,5 milyon Türk kökenli kişi Almanya'da yaşamaktadır. Bunlar resmi rakamlar olup resmi olmayan rakamlara göre ise 3 milyon Türk'ün Almanya'da yaşadığı bilinmektedir.

Bu tarihsel süreç içerisinde Almanya'ya göç konusu sinemada birçok filme uyarlanmış, Almanya Türkleri üzerine roman ve hikâye kitapları yazılmış, belgeseller çekilmiştir. 'Almanya Acı Vatan', 'Dönüş', 'El Kapısı', 'Berlin in Berlin', 'Almanyalı Yârim', 'Gurbetçi Şaban', 'Polizei', 'Sarı Mercedes', 'Yaşamın Kıyısında', 'Kısa ve Acısız' gibi filmlerde Almanya'ya göç ve Almanya'da yaşam konusu işlenmiştir. Bekir Yıldız, Necati Tosuner, Aras Ören gibi roman yazarları da Almanyalı Türkler üzerinden göçü anlatmaya çalışmışlardır. Bekir Yıldız'ın 'Türkler Almanya'da', 'Alman Ekmeği', 'Halkalı Köle' adlı eserleri ile Necati Tosuner'in 'Sancı... Sancı' ve Aras Ören'in 'Almanya'da Türk Masalı' adlı romanları, bunlardan bazılarıdır. 'Almanya'da Bir Türk Semti Harbi Getto', 'Almanya Treni', 'Mustafa: Misafir İşçi – No:569716', 'Almanya'ya Göçün Hatıra Defteri' gibi belgesellerde ise olay ve olgular ışığında süreç anlatılmaya çalışılmıştır.

Almanya'daki Türkler ve Almanya'ya göç konusu bilimsel açıdan sosyoloji, psikoloji, tarih, din ve dil bilimleri gibi farklı disiplinler tarafından incelenmiştir. Her bir bilim dalı konuyu kendi perspektifinde ele almıştır. Bu çalışmada ise Almanya'daki Türkler konusu, kültürleşme ve iletişim çerçevesinde ele alınmıştır. Araştırmada Almanya'daki Türklerin kültürleşme düzeyleri, kişilerarası iletişim becerileri, kimlik ve aidiyet duyguları, Almanya'da yaşadıkları sorunlar, Alman kültüründen edinimleri, Almanya'da nelere uyum gösterdikleri, Almanlar hakkındaki düşünceleri, tutumları ve Almanlara karşı davranışları araştırılmıştır. Önceden belirlenen hipotezler test edilmiştir.

Bu araştırmanın temel araştırma sorularından birisi Almanya'daki Türklerin kültürleşme düzeyleridir. Çalışmadan elde edilen bulgulara göre Almanya Türklerinin, Alman toplumu ile bütünleştiği görülmüştür. Nitekim katılımcılar, bütünleşme faktörleri içerisinde yer alan ifadelerin tamamına katılmışlardır. Türkler, Almanlar tarafından bir yabancı olarak algılandığını düşünse de Almanlar hakkında olumlu düşüncelere sahiptirler.

Türklerin bu algısı, onların tutum ve davranışlarına da yansımaktadır. Almanyalı Türkler, kişilerarası ilişkilerinde etnik kökenden etkilenmemektedir. Katılımcılara, bir Almanla karşılaştığınızda onunla ilgili ne düşünürsünüz şeklinde açık uçlu bir soru yöneltilmiş, katılımcılar bu soru karşısında etnik kökenden etkilenmediklerini, Alman olduğu için karşısındaki kişiye farklı davranmadıklarını belirtmişlerdir.

Katılımcıların en çok önem verdiği şey karşıdaki kişinin karakteristik özellikleridir. Kişilerarası iletişim unsurları ve engelleri bağlamında, katılımcılara kişilerarası ilişkilerinde nelere, ne düzeyde önem verdikleri sorulmuştur. Katılımcılar kişinin karakteristik özelliklerinin, etnik özelliklerinden daha önemli olduğunu ifade etmişlerdir. Bu durum katılımcıların, tutum ve davranışlarına da yansımıştır. Katılımcılar kişilerarası tutumlarında ve eylemlerinde etnik kökenin değer ifade etmediğini belirtmişlerdir.

Bir toplumla bütünleşmeyi engelleyen ötekileştirilme, etnik kökene ve dini değerlere saygı gösterilmemesi gibi faktörler, kültürel azınlığın ev sahibi toplumla bütünleşmesinin önündeki engeller arasındadır. Almanyalı Türkler bu problemlerle karşılaştıklarını ifade etseler de Alman toplumu ile bütünleşmişlerdir. Bütünleşme eğilimi gösteren yaş grubu daha çok 15 ila 35 yaş arası genç yetişkinlerden oluşmaktadır. Bu katılımcıların çoğunun doğum yeri Almanya'dır ve bu kişiler Alman vatandaşlığına sahiptirler. Dolayısıyla, başlangıçta misafir işçi olup daha sonra yabancıya dönüşmemişlerdir. Bununla birlikte, bu kişilerin çoğu gelecekte Türkiye'ye dönmeyi düşünmemektedir ve Türkiye'de herhangi bir eğitim almamışlardır.

Ayrılma yönelimini benimseyen katılımcılara bakıldığında ise farklı sonuçlara ulaşılmıştır. Türkler, ötekileştirilip ırkçı saldırılara maruz kalsalar da Almanlar hakkında olumsuz düşüncelere sahip değillerdir. Yaşadıkları sorunlardan, Alman halkını sorumlu tutmamaktadırlar.

Ayrılma yönelimini benimseyen katılımcıların çoğunluğu; Almanya'da doğan, evlilik için Almanya'ya giden ve ailesi Almanya'da olduğu için göç eden kişilerdir. Dolayısıyla bu kişilerin çevresinin büyük bir kısmı Almanya'da yaşamakta ve bu katılımcılar Türkiye'yi daha az ziyaret etmektedirler. Bununla birlikte Alman toplumundan ayrılanların birçoğu gelecekte Türkiye'ye dönmeyi düşünmeyip Almanya'da defnedilmek istemektedir. Buna göre Almanya'daki Türkler, ayrılma yönelimini benimsemişlerse de Almanya'da yaşamaya kararlıdırlar. Bunun nedeni de belirtildiği üzere Almanya'da çok sayıda Türkün yaşaması ve göçün üzerinden altmış yıl geçmiş olmasıdır. Yaşam süresi ve kişi sayısı dikkate alındığında Türklerin ayrılma yönelimini benimseyip öldükten sonra bile Almanya'da kalmak istemeleri beklenen bir durumdur.

Alman toplumu içerisinde asimile olanlara bakıldığında, bunlar Almanlar hakkında olumlu düşüncelere sahip, öldükten sonra Almanya'da defnedilmeyi isteyen, hemen hemen Türkiye'yi hiç ziyaret etmeyen, gelecekte Türkiye'ye dönmeyi düşünmeyen kişilerden oluşmaktadır. Marjinalleşme yönelimini benimseyenler ise Türkiye'de doğmuş, öldükten sonra Türkiye'de defnedilmeyi isteyen, düşük gelir düzeyine sahip, çoğunluğu ilk okul mezunu, Almanları kötü olarak nitelendiren, süre bakımından daha az süre Almanya'da yaşayan, Türkiye'ye hemen hemen hiç gitmeyen, ancak gelecekte Türkiye'ye dönmeyi planlayan kişilerdir. Buna göre, marjinalleşme eğilimi gösteren bireylerin Türk toplumuna daha yakın olduğu görülmüştür.

Araştırmada bireylerin kendilerini ifade etme şekillerini gösteren bir kişilerarası iletişim ölçeği kullanılmıştır. Bu ölçekte yer alan ifadelere kadınların erkeklerden daha çok katıldığı görülmüştür. Bununla birlikte Stuttgart'ta yaşayan katılımcıların diğer şehirlerde yaşayan katılımcılara göre kişilerarası ilişkilerinde daha iyi olduğu ulaşılan sonuçlar arasındadır. Yaş aldıkça, bireylerin kendilerini ifade etme becerileri de azalmıştır. Eğitim düzeyi yüksek olanlar ise kişilerarası ilişkilerinde kendilerini daha iyi ifade ettiklerini söylemektedir. Kültürleşme tutumları ile kişilerarası iletişim ölçeği ile yapılan korelasyon analizi sonucuna göre ise kişilerarası iletişim becerileri yüksek katılımcıların bütünleşme eğilimleri de yüksektir.

Almanya'ya göç eden Türklerin, Almanya kültüründen en büyük edinimleri ise dildir. Katılımcıların yaklaşık %60'ı Almanca öğrendiğini ve öğrenmeye devam ettiğini ifade etmiştir. Bu katılımcılar Alman dilinde yazılan roman ve kitapları okuyup Alman müzikleri dinlemektedirler. Yaşam süresi ile dil kullanımı arasında doğrusal bir ilişki bulunmaktadır. Almanya'da daha uzun yaşayanların Almancayı daha etkin kullandıkları görülmüştür. Kültürel faktörler arasında yer alan Alman hukuk ve ahlak kuralları en çok benimsenen ikinci kültürel edinimdir. Almanya'nın dini uygulamaları hakkında bilgi sahibi olduklarını söyleyenler ise dini uygulamalarını günlük yaşamlarında icra edenlerden çok daha fazladır.

Katılımcılardan elde edilen verilere göre Almanya'da yaşayan Türkler, yeme içme rutinleri bakımından Almanlardan farklılaşmaktadır. İki ülke farklı yemek kültürlerine sahip olsalar da Türkler yeme içme sorunlarının olmadığını ifade etmişlerdir. Almanya'nın politik sistemini benimsemeyenlerin yüzdesi fazladır. Ancak Almanya'da yaşam süresi arttıkça, Alman politik sistemini benimseyen kişi sayısı artmıştır. Bununla birlikte katılımcılar giyim şekillerinde ve ev döşeme stillerinde Türk tarzını yansıttıklarını, Alman ekolünden etkilenmediklerini söylemektedirler.

Türklerin Almanya'nın iklim koşullarına uyum sağladığı görülmüştür. Katılımcılar arkadaş ortamlarında zorlanmadıklarını, arkadaş edinebildiklerini ve insanlarla iletişim kurarken bir sıkıntı yaşamadıklarını ifade etmişlerdir. Bunlara uyum sağlayan kişilerin, Almanya'da yaşam süreleri daha fazladır. Çalışmada yaşam süresi ile bütünleşme yönelimleri arasında anlamlı bir fark çıkmadığı için sonuç test edilememiştir. Ancak Alman katılımcıların uyum gösterdiği şeyler, bütünleşme yönelimi ile ilişkili ifadelerdir. Dolayısıyla bütünleşme yönelimi ile yaşanılan zaman arasında doğrudan bir bağlantı vardır. Göç edilen ülkede yaşam süresi arttıkça, bütünleşme düzeyi de artmaktadır ifadesi kullanılabilir denebilir.

Kültürleşme yönelimleri ile kişilerarası iletişim yöntem ve araçları arasındaki ilişkiyi tespit etmek için yapılan parametrik test sonuçlarına göre katılımcılar kişilerarası iletişimlerinde dijital iletişim araçlarını kullandıklarını ifade etseler de katılımcıların büyük bir çoğunluğu yüz yüze iletişim yoluyla etkileşime geçmektedir. Online iletişim kanalları arasında ise sesli görüşmeden daha çok mesajlaşma yöntemi tercih edilmektedir. En sık kullanılan sosyal ağ WhatsApp iken, en az kullanılan ise Snapchat'dir. Bununla birlikte katılımcılar, Alman toplumu ile bütünleşmeyi sağlayan, kolaylaştırıcı, sözsüz iletişim aktivitelerinde bulunmaktadırlar. Katılımcıların sözsüz iletişim becerilerine bakıldığında, olumlu eylemleri daha sık yerine getirdikleri görülmüştür.

Kişilerarası iletişim engelleri olarak kategorileştirilen seçeneklere göre, katılımcıların kişilerarası iletişim engellerinden etkilenmedikleri sonucuna ulaşılmıştır. Katılımcılar için meslek, din, fiziksel görüntü gibi özellikler bir anlam ifade etmemektedir. Hem online hem yüz yüze iletişimi kullananların kültürleşme yönelimi içerisinde bütünleşme yönelimini benimsediği görülmüştür. Bununla birlikte bütünleşme yöneliminin benimsenmesinde yüz yüze iletişimin rolü, online iletişime göre daha etkindir. Katılımcılar, kendilerini yüz yüze iletişim yoluyla daha iyi ifade ettiklerini dile getirmişlerdir.

Sosyal ağ ile kültürleşme yönelimleri arasındaki ilişkiye bakıldığında ise her bir kültürleşme yönelimi için sosyal ağlar farklı anlamlara gelmektedir. Nitekim Facebook kullanıcılarının, marjinalleşme yönelimini benimsediği sonucuna ulaşılmıştır. Intstagram kullanıcılarına bakıldığında ise bu sosyal ağı düzenli olarak aktif bir şekilde kullanan kişilerin daha çok ayrılma yönelimini tercih ettiği görülmüştür. Bununla birlikte, kişiler kendilerini Instagram'da daha iyi ifade ettiklerini dile getirmişlerdir. WhatsApp ise kişileri toplumla bütünleştiren aktif sosyal ağlardan birisidir. WhatsApp'ı her zaman aktif bir şekilde kullandığını belirten kişilerin bütünleşme yönelimleri daha yüksektir. WhatsApp'ın yapısal özellikleri kişilerarası ilişkileri kolaylaştırmaktadır. Kişilerarasında etkileşim arttıkça, bütünleşme düzeyi de artmaktadır. Ayrıca kişiler, kendilerini WhatsApp'ta daha iyi ifade ettiklerini söylemektedirler.

Sonuç olarak, kültürleşme açısından kişilerarası iletişimin aktif bir role sahip olduğu görülmüştür. Kişilerarası iletişim becerileri yüksek olanların ve kişilerarası iletişim araçlarını aktif kullananların Alman toplumu ile bütünleştiği görülmüştür. Buna göre kültürleşmede kişilerarası iletişimin rolü, bütünleşmedir. Dijitalleşmenin gelişen yapısına rağmen, kültürleşme yönelimlerinde yüz yüze iletişim halen yerini korumaktadır. Dijital iletişimin yapısı daha fazla gelişim gösterse bile geleneksel kişilerarası iletişim kültürleşmede her zaman daha büyük bir önemini koruyacaktır şeklinde bir çıkarımda bulunulabilir.

Bu çalışmada, örneklemin göç geçmişinin eski olmasından dolayı farklı sonuçlara ulaşılmıştır. Buna göre Almanyalı Türkler yabancılaştırılsa da yaşadığı topluma entegre olmuşlardır. Ayrılma yönelimi gösterse bile gelecek planları arasında Türkiye'ye dönüş yoktur. Sayıca çok olan Türkler, Almanya'da yurt olarak bir Türkiye inşa etmişlerdir. Almanya'da inşa ettikleri bu Türkiye ise Türklerin kendi kolektif geçmişlerinden bağımsız değildir. Türkler, Alman kültürel değer ve normlarından etkilendiklerini söyleseler de kendi kültürel kimliklerini korumak istemektedirler.

Kültürel değer ve normların empoze edilmesinde en önemli ideolojik aygıtlarından birisi de okullardır. Almanyalı Türklerin çoğunluğu Türkiye'de eğitim almamıştır. Alman okullarından mezun olan bu kişilerin, Alman kültürel değerleri hakkında bilgi sahibi oldukları, ancak bu kültürel değerleri bütünüyle benimsemedikleri görülmüştür. Bir diğer ifadeyle Almanyalı Türkler uyuma karşı direnç göstermektedirler.

Yapılan bu saha araştırması ve literatür incelemesi ile literatürde ve Almanya'daki Türkler ilgili eksiklikler görülmüş ve bu doğrultuda farklı önerilerde bulunulmuştur. Göç çalışmaları genellikle göçmenler üzerinde yapılmaktadır. Bu araştırma da kültürel bir çalışma olması dolayısıyla tek bir örneklem üzerinde yapılmıştır. Ancak araştırma sonuçları, Türklerin Almanlar hakkındaki düşünceleri kadar Almanların da Türkler hakkındaki değerlendirmelerinin önemli olduğunu göstermiştir. John Berry'nin iki boyutlu kültürleşme modeli, kültürleşme çalışmalarının tamamında referans olarak gösterilse de ev sahibi toplum ile göçmen toplum arasında kıyaslama yapabilmek açısından yetersizdir. Çünkü kültürleşme tek taraflı bir süreç değildir. Bu sebeple, literatürde hem ev sahibi toplumu hem de göçmen toplumu anlamak için bir kültürleşme modeline ihtiyaç vardır.

Bununla birlikte dijitalleşme konusu ile ilgili çok sayıda çalışma yapılmasına rağmen kişilerarası iletişimde dijitalleşme konusu, güncelliğini kaybetmeyen ve çalışılması gereken bir alandır. Dijital kişilerarası iletişim konusu, farklı kitleler üzerinde çalışılmalıdır. Çalışmada görülen temel problemlerden bir diğeri ise Türklerin ötekileştirilmesi ve yabancı olarak görülmesidir. Göçün ilk yıllarında Türklere duyulan sempatinin geri kazandırılması gerekmektedir. Alman toplumu tarafından Türkler bir tehdit olarak görülse de Türkler Almanya'nın sosyal sistemine dahil olmuş bir toplumdur.

Kaya ve Kentel'in Avrupalı Türkler üzerinde yaptığı araştırmada Türklerin sosyal sisteme dahil olmak istedikleri sonucuna ulaşılmıştır. Türkler, yaşadıkları ülkelerin siyasal ve sosyal sistemleri bir tehdit değildir. Aksine göç ettikleri ülkenin siyasal ve sosyal sistemine dahil olmayı istemektedirler (2005, s. 157). Bu iyi niyet göstergesi üzerinden, Türk karşıtlığına karşı politikalar geliştirilmelidir. Türk, Alman üniversiteleri ile yapılan bilimsel toplantı sayıları artırılmalı, bilimsel verilerle kamuoyu ikna edilmeli, ötekileştirme çabası yürüten siyasal sisteme karşı ılımlı bir politika izlenilmelidir.

Bununla birlikte, ülkenin çıkarları için Almanya'da yetişmiş Türk iş ve beyin gücünden de istifade edilmelidir. DPT'nin birinci beş yıllık kalkınma planında, Almanya'ya işçi göndererek yetişmiş iş gücü açığını kapatma planı vardır. Bu plan günümüze uyarlanabilir niteliktedir. Alman ekolüyle yetişen iş ve beyin gücü için dönüş çağrısında bulunabilir. Bu dönüş çağrısı kısa vadede olabileceği gibi uzun vadede de olabilir. Türk kimliği ve aidiyet duygularına sahip kişiler üzerinde, Türk kimliği teması kullanılarak kampanyalar oluşturulabilir.

Türkiye'de Alman diline önem verilmelidir. Kuşak farkı zaman geçtikçe artmaktadır. Dilini koruyamadıklarını söyleyenler ise azımsanmayacak kadar çoktur. Dolayısıyla Almanya'da Türkçe bilen kişi sayısı da azalmaktadır. Bunun için hem Almanya'da hem Türkiye'de kültürel dil politikalarına ağırlık verilmelidir. Almanya'da Türkçe eğitiminin önemi vurgulanmalı, Türkiye'de ise Almanca eğitimine yer verilmelidir.

Türkler misafir işçi değildir, hatta birçoğu Alman vatandaşıdır ve Alman vatandaşlığının özlük haklarına sahiptir. Bu çalışmada Türklerin Alman toplumu ile bütünleştiği görülmüştür. Bu verilere göre, Alman toplumu içerisinde Türklerin kültürel değerlerini bütünüyle kaybedip asimile olmaları mümkün değildir. Göç altmışıncı yılında olsa da kültürel değerlerin kaybedilmesi açısından yenidir. Dolayısıyla Almanya'da yaşam süresi arttıkça, Almanyalı Türklerin Türk kültürel kimlikliğini kaybetmeleri mümkündür. Bu sebeple, Almanya'da yaşayan Türkler üzerinde, Türk bilincini zinde tutan politikalar geliştirilmelidir. Almanya ve Türkiye arasında bir köprü görevi üstlenen bu yurttaşların sorunları çözüme kavuşturulmalıdır.

Toplumsal önerilere ek olarak bundan sonraki araştırmacılara da farklı önerilerde bulunmak mümkündür. Araştırma sürecinde Alman toplumundaki kişilerle de görüşülmüştür. Bu kişiler Almanya'daki Türkler hakkında yorumlarda bulunarak izlenimlerinden ve deneyimlerinden bahsetmişlerdir. Buna göre gelecekte bu konu ile ilgili karşı kültür araştırmaları yapılabilir. Bununla birlikte her iki kültür üzerinde de bir araştırma gerçekleştirilebilir. Ancak John Berry'nin çift yönlü kültürleşme modeli karşı kültür araştırmaları açısından yetersiz kalacaktır. Bu sebeple her iki toplumu da betimleyecek bir ölçek geliştirilebilir. Ayrıca göç edenler ile göçün ardında kalanlar da vardır. Almanya'ya göçü daha iyi anlayabilmek açısından göçün ardında bıraktıkları üzerinde bir araştırma gerçekleştirilebilir. Dijital kişilerarası iletişim ve kültürleşme üzerinde de farklı kitleler üzerinde araştırmalar yapılabilir. Türkiye'de yapılan çalışmalara bakıldığında bu yönde bir eksik olduğu söylenebilir.

Sonuç olarak bu çalışma ile literatüre katkı sağlanmak istenmesinin yanı sıra yaşanan problemlere dikkat çekilmek istenmiş, Türklerin mevcut kültürel tutumları hakkında bilgi sahibi olunması amaçlanmıştır. Bağımlı ve bağımsız değişkenler arasında ilişki kurulmuş, çıkan sonuçlar hipotezler ile test edilmiştir. Nedensellik tasarımı üzerinden, toplumsal ve akademik önerilerde bulunulmuştur.

KAYNAKÇA

Abadan - Unat N. (1964). *Batı Almanyada'ki Türk İşçiler ve Sorunları*. Ankara: DPT Yayını.

Abadan - Unat, N. (2007). Türk Dış Göçünün Aşamaları: 1950'li Yıllardan 2000'li Yıllara. (Editörler: A. Kaya ve B. Şahin). İçinde, *Kökler ve Yollar Türkiye'de Göç Süreçleri*. İstanbul: İstanbul Bilgi Üniversitesi Yayınları, 3-18.

Abadan- Unat N. (2017). *Bitmeyen Göç Konuk İşçilikten Ulus Ötesi Yurttaşlığa*. İstanbul: İstanbul Bilgi Üniversitesi Yayınları.

Abe, J., Talbot, D. M. ve Geelhoed, R. J. (1988). Effects of a Peer Program on International. *Journal of College Student Development*, 539-547.

Acun, R. (2011). Her Dem Yeniden Doğmak: Online Sosyal Ağlar ve Kimlik. *Milli Folklor Dergisi*, (89), 66-77.

Adıgüzel, Y. (2020). *Göç Sosyolojisi*. Ankara: Nobel Yayınevi.

Akar, H. (2017). Kişilerarası İletişim Motivasyonları: İnsanların Çevrelerindeki Kişilerle İletişime Girme Sebepleri Üzerine Bir Araştırma. *Humanities Sciences (Nwsahs)*, 2 (12), 76-89.

Akıncı, B., Nergiz, A. ve Gedik, E. (2015). Uyum Süreci Üzerine Bir Değerlendirme: Göç ve Toplumsal Kabul. *The Journal of Migration Studies*, 1 (2), 58-83.

Aksan, D. (1999). *Anlambilim*. Ankara: Engin Yayınevi.

Aktaş, C. ve Çaycı, B. (2013 Kasım). Yeni Enformasyon ve İletişim Teknolojilerinin Sosyal Hayattaki Rolü. *I. International Symposium on Media Studies*, Antalya, 1-14.

Alem, J. (2005). Kişilerarası İletişimde Algı ve Algılama Süreci. (Editörler: D. Gürüz ve A. Temel). İçinde, *İletişime Yeni Yaklaşımlar*. Ankara: Nobel Yayınları, 261-301.

Allison, J. ve Alan, P. (1997). *Constructing and Reconstructing Childhood*. England: Routledge.

Ansbacher, H. ve Ansbacher, R. (1956). *The İndividual Psychology of Alfred Adler: A Systematic Presentation in Selections From His Writings*. Newyork: Basic Books.

Arifeen, M. S. (2013). Academic Sojourners, Acculturation and Interpersonal Communication: Path Analysis. *Global Journal of Human Social Science*, (13), 47-53.

Arslantürk, M. (2016), *Almanya'da Yaşayan Türkiyeli Gençlerin Değer Yapıları: Köln Örneği*. Yayınlanmamış Yüksek Lisans Tezi, Selçuk Üniversitesi Sosyal Bilimler Enstitüsü Sosyoloji Anabilim Dalı, Konya.

Kaynakça

Ataca, B. (1998). *Psychological, Sociocultural, and Marital Adaptation of Turkish Immigrants in Canada*. Unpublished PhD Thesis, Queen's University, Kanada.

Ataca, B. ve Berry, J. W. (2002). Psychological, Sociocultural and Marital Adaptation of Turkish İmmigrant Couples in Canada. *Journal of Psychology*, (37), 13-26.

Atalay, B. (1991). Sanayileşme ve Kentleşmenin Aile Değişiminde Etkileri. *Türk Aile Ansiklopedisi Cilt 2*. Ankara: T.C. Başbakanlık Aile Araştırmaları Kurumu Yayınları, 877-892.

Aycan, Z. ve Berry, J. (1996). İmpact of Employment - Related Expreriences on İmmigrant' Well Being and Adaptation to Canada. *Canada Journal of Behavioural Science*, 3 (28), 240-251.

Aycan, Z. ve Kanungo, R. N. (1998). İmpact of Acculturation and Socialization Beliefs on Behavioral Occurences Amang İndocanadian İmmigrants. *Journal of Comparative Family Studies*, (29), 451-469.

Aydın, İ. E. (2010). *İnternet Ortamında Bireylerarası İletişim: Anadolu Üniversitesi Açıköğretim Fakültesi Bilgi Yönetimi Programı Öğrencileri Üzerine Bir Çalışma*. Yayınlanmamış Doktora Tezi, Anadolu Üniversitesi Sosyal Bilimler Enstitüsü, Eskişehir.

Aydın, M. (2011). *Güncel Kültürde Temel Kavramlar*. İstanbul: Açılım Kitap.

Aziz, A. (2012). *İletişime Giriş*. İstanbul: Hiperlink Yayınları.

Baltaş, Z. ve Baltaş, A. (2015). *Bedenin Dili*. İstanbul: Remzi Kitabevi.

Barutçugil, İ. (2011). *Kültürler Arası Farklılıkların Yönetimi*. İstanbul: Kariyer Kitapçılık.

Batır, O. (2020). *Dünden Bugüne Uluslararası Göç*. Ankara: Nobel Bilimsel Eserler.

Baumeister, R. F. (1995). Self and İdenty. (Editor: A. Tesser). İn, *Avanced Social Psychology*. Newyork: McGraw.

Baykal, F.H. (2010), *Bir Siyasal İletişim Aracı Olarak Almanya'daki Türk Medyasının, Almanya'da Yaşayan Türklerin Siyasal Tercihleri Üzerine Etkisi*. Yayınlanmamış Doktora Tezi, Marmara Üniversitesi Sosyal Bilimler Enstitüsü, İstanbul.

Baymur, F. (1972). *Genel Psikoloji*. Ankara: İnkılap Kitabevi.

Baysal, A. C. (t.y.). Sosyal Psikolojide Tutumlar. *İstanbul Üniversitesi İşletme Fakültesi*, 121-138.

Berelson, B. ve Steiner, G. A. (1964). *Human Behavior: An Inventory of Scientific Findings*. Newyork: Harcourt, Brace & World.

Berger, J. ve Mohr, J. (2011). *Yedinci Adam: Avrupada'ki Göçmen İşçilerin Öyküleri*. İstanbul: Agora Kitaplığı.

Berry, J. (1980). Acculturation as Varieties of Adaptation. (Editor: A. Padilla). İn, *Acculturation: Theory Models and New Findings*. Boulder: Westview, 9-25.

Berry, J. (1997). Lead Article: İmmigration, Acculturation and Adaptation. *Applied Psychology an İnternational Review*, 1 (46), 5-34.

Berry, J. (2001). A Psychology of Immigration. *Journal of Social Issues*, 3 (57), 615-631.

Berry, J. (2005). Acculturation: Living Successfully in Two Cultures. *International Journal of İntercultural Relations*, (29), 697-712.

Berry, J. (2006). Acculturation. (Editors: J. Grusec ve P. Hastings). İn, *Handbook of Socialization Research*. New York: Guilford Press.

Berry, J., Kim, U., Power, S., Young, M. ve Bujaki, M. (1989). Acculturation Attitudes in Plural Societies. *Applied Psychology: An International Review*, 185-206.

Berry, J., Phinney, J. S., Sam, D. L. ve Vedder, P. (2006). İmmigrant Youth: Acculturation, İdentity, and Adaptation. *Appl Psychol*, (55), 303-332.

Berry, J., Poortinga, Y., Breugelmans, S., Chasiotis, A. ve Sam, D. (2015). *Kültürlerarası Psikoloji*. Ankara: Nobel Yayınevi.

Berry, J., Trimble, J. ve Olmedo, E. (1986). *Assesment of Acculturation*. Newbury Park: California: Sage Publication.

Bilgin, N. (1994). *Sosyal Bilimlerin Kavşağında Kimlik Sorunu*. İzmir: Ege Yayıncılık.

Bilgin, N. (2016). *Sosyal Psikoloji Sözlüğü*. İstanbul: Bağlam Yayıncılık.

Bilmez, A. (2019). *İnternet Medyasında Yabancı Algısı (Almanya'da Yaşayan Türkler Örneği)*. Yayınlanmamış Yüksek Lisans Tezi, Erciyes Üniversitesi Sosyal Bilimler Enstitüsü, Kayseri.

Birleşmiş Milletler (BM) (2005). *Ülke İçinde Yerinden Olma Konusunda Yol Göstericí İlkeleri*. Washington: Brookings Enstitüsü Yerinden Olma Projesi.

Bluestone, K. (2015). Acculturation, Interpersonal Networks, and the Learner's Sense of Self:The Effects of Social Relationships on Second Language Learning. Columbia: Columbia University Press, 135-164.

Bochner, S., Hutnik, N. ve Furnham, A. (1984). The Friendship Patterns of Overseas Students: A Functional Model. *International Journal of Psychology*, 6 (125), 689-694.

Bora, A. (2012). *Kadınların Sınıfı*. İstanbul: İletişim Yayınları.

Bourghis, R. Y., Moise, L. C., Perrault, S. ve Senecal, S. (1997). Towards an Acculturative Acculturation Model: A Social Psychological Approach. *International Journal of Psychological*, (32), 369-386.

Burger, J. M. (2006). *Kişilik*. İstanbul: Kaknüs Yayınları.

Burgoon, J. K. ve Guerro, L. K. (1994). Nonverbal Communication. (Editors: M. L. Knapp ve G. R. Miller). İn, *Human Communication*. California: Sage Publications.

Burleson, B. R. (2010). The Nature of Interpersonal Communication: A Message Centered Approach. (Editors: C. R. Berger, M. E. Roloff ve D. R. Ewoldsen). İn, *Handbook of Communication Science*. Thousand Oaks: SAGE Publications.

Cabassa, L. J. (2003). Measuring Acculturation: Where We Are and Where We Need to Go. *Hispanic Journal of Behavioral Sciences*, 2 (25), 127-146.

Candan, H., Oktay, E. ve Sürmeli, İ. (2018). Sanayileşme ve Göç Olgusunun Kent Planları Üzerindeki Etkisi: Karaman Örneği. *Uluslararası Sosyal Araştırmalar Dergisi*, 11 (60), 868-879.

Kaynakça

Cappella, J. N. (1987). İnterpersonal Communication: Definitions and Fundamental. (Editors: C. R. Berger ve S. H. Chaffee). İn, *Handbook of Communication Science*. Newbury Park: SAGE Publications.

Caputo, J. S., Hazel, H. C. ve McMahon, C. (1994). *İnterpersonal Communication Compentency Through Critical Thinking*. USA: Ally and Bacon.

Carl Bankston, M. Z. (1996). The Ethnic Church, Ethnic İdentification, and Social Adjustment of Vietnamese Adolescents. *Review of Religious Review*, 1 (38), 18-3.

Carlson, J. ve Fullmer, D. (1992). Family Counselling: Principles for Growtn. (Editors: R. L. Smith ve P. S. Smith). İn, *Family Counselling and Therapy Major İssues and Topics*. USA: ERIC Counseling and Personnel Services Clearinghouse.

Castells, M. (2016). *İletişim Gücü*. İstanbul: İstanbul Bilgi Üniversitesi Yayınları.

Castles, S. ve Godula, K. (1985). *İmmigrant Workers and Class Structure in Western Europe*. Oxford: Oxford University Press.

Castro, S. V. (2003). *Acculturation and Psychological Adaptation*. USA: Greenwood Publication.

Cavalli-Sforza, L. L., Menozzi, P. ve Piazza, A. (1996). *The History and Geography of Human Genes*. New Jersey: Princeton University Press.

Champagnie, A. (1993). *The Role of Television Advertising in Acculturation: A Media System Dependency Approach*. Unpublished PhD Thesis, Michigan State University Communication Arts and Sciences, Amerika Birleşik Devletleri.

Chandler, D. ve Munday, R. (2018). *Medya ve İletişim Sözlüğü*. İstanbul: İletişim Yayınevi.

Cherry, C. (1978). *On Human Communication: A Review, a Survey and a Criticism*. Massachusetts: Them Mit Press.

Chiu, C.-Y., Gelfand, M. J., Yamagishi, T., Shteynberg, G. ve Wan, C. (2010). Intersubjective Culture: The Role of Intersubjective Perceptions in Cross-Cultural Research. *Perspectives on Psychological Science*, 4 (5), 482-493.

Cormode, G. ve Krishnamurthy, B. (2008). Key differences between Web 1.0 and Web 2.0. *First Monday*, 13 (6), 4-25.

Croucher, S. M. (2011). Social Networking and Cultural Adaptation: A Theoretical Model. *Journal of International and Intercultural Communication*, 4 (4), 259-264.

Cüceloğlu, D. (2011). *Yeniden İnsan İnsana*. İstanbul: Remzi Kitabevi.

Cüceloğlu, D. (2017). *İnsan ve Davranışı*. İstanbul: Remzi Kitabevi.

Çakkalkurt, K.F. (2015), *Göç Sinemasının Kuramsal Temelleri: Türk Sinemasında İç Göç ve Almanya'ya Emek Göçü Örnekleri*. Yayınlanmamış Yüksek Lisans Tezi, Marmara Üniversitesi Sosyal Bilimler Enstitüsü, İstanbul.

Çıta, K. ve Keçecioğlu, T. (2015). Çalışanların Perfermans Yönetimi Sistemini Algılamaları Üzerine Bir Araştırma. *EUL Journal of Social Sciences*, 2 (6), 19-36.

Dayani, D. (2017). *The Role of Social Media in the Acculturation of South Asian Immigrants in the United States: A Phenomenological Study.* Unpublished PhD Thesis, Arizone: Presscott Valley.

Demirel, S. D. (2023). Dijital C,ağda C,ocukluk ve Dijital Bağımlılıkların Anahtar Kavramı Olarak Dijital Obezite: Gazete Haberleri Üzerinden Betimsel Bir Analiz. *Social, Mentality and Researcher Thinkers Journal* , 9(68), 2829-2842.

Dejun, L. (1996). *Computer-Mediated Communication and Acculturation the Role of the Internet in the Resocialization of Chinese Students and Scholars in the United States.* Unpublished PhD Thesis, Graduate College of Bowling Green State University, Bowling Green.

Demir, O. Ö. ve Erdal, H. (2012). Yasadışı Göç ile İlgili Kavramların Doğru Anlaşılamaması Sorunu ve Yazılı Basında Çıkan Haberler Üzerine Bir İnceleme. *Polis Bilimleri Dergisi*, 12 (1), 29-54.

Demir, Ö. ve Acar, M. (2002). *Sosyal Bilimler Sözlüğü.* Ankara: Vadi Yayınları.

Demir, S. (2010). *Türk Göçmen Ailelerinde Boşanma: Almanya Örneği.* Yayınlanmamış Doktora Tezi, Sakarya Üniversitesi Sosyal Bilimler Enstitüsü, Sakarya.

Demir, Z. (2010). *Almanya'da Yaşayan Türk Kadınları.* Ankara: DİB Yayınları.

Dentakos, S., Wintre, M., Chavoshi, S. ve Wright, L. (2016). Acculturation Motivation in International Student Adjustment and Permanent Residency Intentions:A Mixed-Methods Approach. *Study of Emerging Adulthood and SAGE Publications*, 1 (5), 27-41.

Derya Güngör, M. H. (2012). Religiosity, Values, and Acculturation: A Study of Turkish,Turkish Belgian, and Belgian Adolescents. *Int J Behav Dev*, (36), 367-373.

Devito, J. (1978). *Comminocology: An Introduction to Study of Communication.* Harper and Row: Publishers.

Devito, J. (1978). *Communicology: An Introduction to the Study of Communication.* Newyork: Harper and Row.

DeVito, J. A. (1985). *Human Communication.* Newyork: Harper and Row.

DeVito, J. A. (2013). *The İnterpersonal Communication Book.* Newyork: Harper Collins Collage Publishers.

Dickson, D. ve Hargie, O. (2003). *Skilled İnterpersonal Communication: Research, Theory and Practise.* London: Routledge.

Dikeçligil, B. F. (2012). Aileye Dair Kabullerin Ezber Bozumu. *Muhafazakar Düşünce Dergisi,* (31), 21-52.

Dökmen, Ü. (2005). *İletişim Çalışmaları ve Empati.* İstanbul: Sitem Yayıncılık.

Dönmezer, S. (1984). *Sosyoloji.* Ankara: Savaş Yayınları.

D'Rozario, D. ve Douglas, S. P. (1999). Effect of Assimilation on Prepurchase External Information-Search Tendencies. *Journal of Consumer Psychology,* 2 (8), 187-209.

Duben, A. (2006). *Kent, Aile, Tarih.* İstanbul: İletişim Yayınları.

Duman, G. (2018). *11. Peron.* İstanbul: Vadi Kültür Yayıncılık.

Kaynakça

Dwivedi, L. D. (2016). Developing Interpersonal Communication Strategies. *Research on Humanities and Social Sciences,* 11 (6), 23-25.

Ebuta, E. E. (1988). *Communication Patterns in the Acculturation Process for Nigerian Foreign Students.* Unpublished PhD Thesis, The University of Oklahoma, Norman.

Ekman, P. (2016). *Yalan Söylediğimi Nasıl Anladın.* İstanbul: Okuyan Us Yayınları.

Erder, S. (2006). *Refah Toplumunda.* İstanbul: İstanbul Bilgi Üniversitesi Yayınları.

Erdoğan, İ. (2005). *İletişimi Anlamak.* Ankara: Erk Yayınları.

Erdoğan, M. (2011). Göçmenlikten Yurttaşlığa Geçiş. Almanya ve Göç *50. Yılında Almanya'da Türkler Sempozyumu,* 71-82.

Eren, E. (2010). *Örgütsel Davranış ve Yönetim Psikolojisi.* İstanbul: Beta Basım Yayınları.

Eren, G. (2018). Kişilerarası İletişim Nedir? Ne Değildir?. (Editör: S. Ulağlı). İçinde, *Kişilerarası İletişim Güncel Yaklaşımlar ve Kuramsal Temeller.* İstanbul: Motto Yayınları, 15-27.

Ergil, E. (2012). *Sınır Dışı Etem, Geri Gönderme ve Geri Verme.* Ankara: Yargı Yayınevi .

Ersoy, E. G. ve Köşger, F. (2016). Empati: Tanımı ve Önemi. *Osmangazi Tıp Dergisi/Osmangazi Journal of Medicine,* 2 (38), 9-17.

Ersöz, B. (2020). Yeni Nesil Web Paradigması: Web 4.0. *Bilgisayar Bilimleri ve Teknolojileri Dergisi,* 1 (2), 58-65.

Fexeus, H. (2014). *Akıl Okuma Sanatı.* İstanbul: Diyojen Yayıncılık.

Fidan, M. (2016). *İletişim Kurmak İstiyorum.* Konya: Atlas Akademi.

Fidan, N. ve Erden, M. (1993). *Eğitim Bilimine Giriş.* Ankara: Meteksan Yayıncılık.

Fine, C. (2010). *Toplumsal Cinsiyet Yanılsaması.* İstanbul: Sel Yayıncılık.

Fiske, J. (1996). *İletişim Çalışmalarına Giriş.* Ankara: Ark Yayınları.

Freedman, J. L., Sears, D. O. ve Carlsmith, J. M. (2003). *Sosyal Psikoloji.* İstanbul: Ara Yayıncılık.

Fuchs, C. (2011). An Alternative View of Privacy on Facebook. *İnformation,* 140-165.

Fulbrook, M. (2011). *Almanya'nın Kısa Tarihi.* İstanbul: Boğaziçi Üniversitesi Yayınevi.

Gadd, C. (1971). Code of Hammurabi. (Editor: W. E. Preece). İn, *Encyclopaedia Britannica.* Chicago: William Benton, 41-43.

Galbraith, K. (1975). *The Great Crash.* London: Penguin Books.

Gay, G. (1994). *A Synthesis of Scholarship in Multicultural Education.* Washington: Urban Education Program.

Geçikli, F. (1999). Süreç, Bilim, Meslek ve Sanat Olarak Halkla İlişkiler. *İstanbul Üniversitesi İletişim Fakültesi Dergisi,* 251-263.

Gençtan, E. (1988). *Psikanaliz ve Sonrası.* İstanbul: Metis Yayınları.

Giddens, A. (1998). *Sosyoloji:* Eleştirel Bir Yaklaşım. İstanbul: Birey Yayıncılık.

Giddens, A. (2008). *Sosyoloji.* İstanbul: Kırmızı Yayınları.

Glass, L. (2018). *Yalancının Beden Dili.* İstanbul: Paloma Yayınları.

Gordon, M. M. (1964). *Assimilation in American Life: The Role of Race, Religion and National Origins*. Oxford: Oxford University Press.

Gordon, R. A., Druckman, D., Rozelle, R. M. ve Baxter, J. C. (2006). Non-Verbal Behaviour as Communication: Approaches, İssues and Research. (Editor: O. Hargie). İn, *A Handbook of Communication Skills*. London: Routledge, 73-82.

Gökçe, B. (1996). *Türkiye'nin Toplumsal Yapısı ve Toplumsal Kurumlar*. Ankara: Savaş Yayınları.

Gökçe, O. (2006). *İletişim Bilimi İnsan İlişkilerinin Anatomisi*. Ankara: Siyasal Kitabevi.

Görmez, K. (1991). *Şehir ve İnsan:* Milli Eğitim Bakanlığı Yayınları.

Grant, P. (2007). Sustaning a strong cultural and national identity: the acculturation of immigrants and second generation Canadians of Asian and African descent. *Migr Integr*, (8), 89-116.

Gudykunst, W. B. ve Toomey, S. T. (1988). *Culture and İnterpersonal Communication*. California: Sage Publications.

Gudykunst, W. ve Matsumoto, Y. (1996). Cross Cultural Variability of Communication in Personal Relationship. (Editors: W. B. Gudykunst, S. T. Toomey ve T. Nishida). İn, *Communication in Personal Relationship Across Cultures*. Thousand Oaks: Sage Publication.

Güler, D. ve Ulutak, N. (1992). Aile Kavramının Tarihsel Gelişimi ve Türk Toplum Yaşantısında Aile. *Kurgu Dergisi*, (11), 51-76.

Gülnar, B. (2011). Yabancı Öğrencilerde Kültürleşme ve Medya Kullanımı. *Global Media Journal* 2 (3), 51-68.

Gülnar, B. ve Balcı, Ş. (2011). *Yeni Medya ve Kültürleşen Toplum*. Konya: Literatürkacademi Yayınları.

Gülsünler, M. E. (2008). *Halkla İlişkiler Eğitimi*. Konya: Tablet Kitabevi.

Güney, S. (2000). *Davranış Bilimleri*. Ankara: Nobel Yayınevi.

Güney, S. (2012). *Sosyal Psikoloji*. Ankara: Nobel Akademi Yayıncılık.

Güngör, N. (2013). *İletişim Kuramlar Yaklaşımlar*. Ankara: Siyasal Kitabevi.

Güreşçi, E. (2016). Ortak ve Farklı Yönleriyle İç ve Dış Göçler. *Uluslararası Sosyal Araştırmalar Dergisi*, 9 (43), 1058-1064.

Gürüz, D. ve Eğinli, A. (2017). *Kişilerarası İletişim Bilgiler Etkiler Engeller*. Ankara: Nobel Yayınları.

Güvenç, B. (1996). Göç Olgusu ve Türk Toplumul. *II. Uluslararası Sosyoloji Kongresi: Toplum ve Göç*. Mersin: Sosyoloji Derneği Yayınları.

Güvenç, B. (1999). *İnsan ve Kültür*. İstanbul: Remzi Kitabevi.

Güvenç, B. (2002). Kültürün ABC'si. İstanbul: Yapı Kredi Yayınları.

Güzel, M. (2006). Küreselleşme, İnternet ve Gençlik Kültürü. *Kocaeli Üniversitesi*, (1), 1-16.

Hadley, J. (1943). A Brief History of the English. (Editor: W. A. Nielson). İçinde, *Webster's New İnternational Dictionary of the English Language*. Springfield, MA: Mırrıam.

Hançerioğlu, O. (2005). *Felsefe Ansiklopedisi 7. Cilt*. İstanbul: Remzi Kitabevi.

Kaynakça

Hançerlioğlu, O. (1986). *Toplum Bilim Sözlüğü*. İstanbul: Remzi Kitabevi.

Hartley, P. (2014). *Kişilerarası İletişim*. Ankara: İmge Kitabevi.

Hastings, P. D., Waxler, C. ve McShane, K. (2006). We are by Nature, Moral, Creatures: Biological Bases of Concern for Others. (Editors: M. Killen ve J. G. Smetana). İn, *Handbook of Moral Development*. Nahwah: New Jersey: Erlbaum, 483-516.

Hofhuis, J., Hanke, K. ve Rutten, T. (2019). Social network sites and acculturation of international sojourners in the Netherlands: The mediating role of psychological alienation and online social support. *International Journal of Intercultural Relations*, (69), 120-130.

Hogg, M. A. ve Vaughan, G. M. (2014). *Sosyal Psikoloji*. Ankara: Ütopya Yayınevi.

Hortaçsu, N. (2007). *Ben Biz Siz Hepimiz Toplumsal İlişkiler ve Gruplararası İlişkiler*. Ankara: İmge Kitabevi.

İçduygu, A. ve Sirkeci, İ. (1999). Cumhuriyet Dönemi Türkiye'sinde Göç Hareketleri. (Editör: O. Baydar). İçinde, *75 Yılda Köylerden Kentlere*. İstanbul: Tarih Vakfı Yayınları.

İçduygu, A. ve Toktaş, Ş. (2005). *Problems in the Identification of Quantities and Qualities of Immigrants*. Turkish Academy of Sciences.

İçduygu, A., Erder, S. ve Gençkaya, F. (2014). *Türkiye'nin Uluslararası Göç Politikaları, 1923-2023: Ulus-devlet Oluşumundan Ulus-Ötesi Dönüşümlere*. İstanbul: Koç Üniversitesi Göç Araştırmaları Merkezi.

İnceoğlu, M. (2011). *Tutum Algı İletişim*. Ankara: Siyasal Kitabevi.

IOM (Uluslararası Göç Örgütü). (2013). *Göç Terimleri Sözlüğü*. IOM (Uluslararası Göç Örgütü).

James, K. (2010). *The Internet: A User's Guide Paperback*. PHI.

Johns, C. H. (1991). *The Code of Hammurabi Commentary*. Ottawa: World Library.

Jones, P. E. (2004). False Consensus in Social Context: Differential Projection and Perceived Social Distance. *Br J Psychol*, (43), 417-429.

Kachur, M. (2006). *Slavery in the Americas: The Slave Trade*. Nex York: Chelsea House.

Kağıtçıbaşı, Ç. ve Cemalcılar, Z. (2014). *Dünden Bugüne İnsan ve İnsanlar Sosyal Psikolojiye Giriş*. İstanbul: Evrim Yayınevi.

Kalınkara, V. (2016). *Temel Gerontoloji Yaşlılık Bilimi*. Ankara: Nobel Yayınevi.

Kapıkıran, N. (2018). Kişilerarası İlişkiler ve İletişimde Empati. (Editör: A. Kaya). İçinde, *İnsan İlişkileri ve İletişim*. Ankara: Pegem Akademi, 110-133.

Karaboğa, Ö. (2018). *Almanya'da Yaşayan Alevi Göçmenler*. Yayınlanmamış Yüksek Lisans Tezi, Hacettepe Üniversitesi Sosyal Bilimler Enstitüsü Sosyoloji Anabilim Dalı, Ankara.

Karabulut, B. (2015). Bilgi Toplumu Çağında Dijital Yerliler, Göçmenler ve Melezler. *Pamukkale Üniversitesi Sosyal Bilimler Enstitüsü Dergisi*, (21), 11-23.

Karaduman, S. (2010). Modernizmden Postmodernizme Kimliğin Yapısal Dönüşümü. *Journal of Yasar University*, 5 (17), 2886-2889.

Karagülle, A. ve Çaycı, B. (2014). Ağ Toplumunda Sosyalleşme ve Yabancılaşma. *The Turkish Online Journal of Design, Art and Communication - TOJDAC*, 1-9.

Karakuş, C. (2012). *Sanal Ortamda Davranış Yönlendirme.* https://ckk.com.tr/bilimsel/sanal.pdf.

Kartari, A. (2014). *Kültür, Farklılık ve İletişim: Kültürlerarası İletişimin Kavramsal Dayanakları.* İstanbul: İletişim Yayınları.

Kaya, A. (2016). *İslam, Göç ve Entegrasyon Güvenlikleştirme Çağı.* İstanbul: İstanbul Bilgi Üniversitesi Yayınları.

Kaya, A. ve Kentel, F. (2005). *Euro Türkler Türkiye ile Avrupa Birliği Arasında Köprü mü, Engel mi?* İstanbul: İstanbul Bilgi Üniversitesi Yayınları.

Kaya, M. (2017). *Türkiye'deki Suriyeliler İç İçe Geçişler ve Karşılaşmalar.* İstanbul: Hiperlink Yayınları.

Kaypakoğlu, S. (2010). *Kişilerarası İletişim Cinsiyet Farklılıkları Güç ve Çatışma.* İstanbul: Derin Yayınları.

Keleş, R. (1972). *Şehirciliğin Kuramsal Temelleri.* Ankara: A.Ü. Siyasal Bilgiler Fakültesi Yayınları.

Keleş, R. (1996). *Kentleşme Politikaları.* Ankara: İmge Kitabevi.

Kendon, A. (2004). *Gesture: Visible Action as Utterance.* Cambridge: Cambridge University Press.

Khodaparast, N. (2008). *The Acculturation Experience of Adult Iranian İmmigrants in the United States.* Unpublished PhD Thesis, School Professional Psychology, Massachusetts.

Kılıç, N. (2012). Toplumsal İlişkiler Alanı Olarak Sanal Alem Üzerine Schutzcu Bir Çözümleme. *Dokuz Eylül Üniversitesi Sosyal Bilimler Enstitüsü Dergisi,* 13 (4), 139-150.

Kılıçoğlu, G. (2014). *İngiltere'deki Öğretmenlerin Çok Kültürlü Öğretim Yeterlilikleri ile Türk Öğrencilerin Kültürleşme Tercihlerinin Okula Aidiyet Duygusu ve Akademik Başarıyla İlişkisi.* Yayınlanmamış Doktora Tezi, Eskişehir Osmangazi Üniversitesi Eğitim Bilimleri Enstitüsü, Eskişehir.

Kim, Y. S. ve Kim, Y. Y. (2016). Ethnic Proximity and Cross-Cultural Adaptation:A Study of Asian and European Students in the United States. *Intercultural Communication Studies,* (3), 61-80.

Kim, Y. Y. (1976). *Communication Patterns of Foreign Immigrants in the Process of Acculturation: A Survey Among The Korean Population in Chicago.* Yayınlanmamış Doktora Tezi, Northwestern University, Evanston:

Kim, Y. Y. (1978). A Communication Approach To The Acculturation Process: A Study Of Korean Immigrants In Chicago. *International Journal of Intercultural Relations,* 197-224.

Kim, Y. Y. (1978). Acculturation and Patterns of Interpersonal Communication Relationships: A Study of Japanese, Mexican and Korean Communities in the Chicago Area. *ERİC,* 1-38.

Kim, Y. Y. (1979). Toward an Interactive Theory of Communication-Acculturation. *Annals of the International Communication Association,* 3 (1), 435-453.

Kim, Y. Y. (1990). Communication and Adaptation: The Case of Asian Pasific Refugees. *Journal of Asian Pasific Communication,* 1 (1), 191-207.

Kaynakça

Kin, T., Wan, K., Wang, C. ve Chan, W. (2017). Acculturation and Cross-Cultural Adaptation: The Moderating Role of Social Sport. *İnternational Journal of Intercultural Relations*, (30), 9-30.

Kizgin, H., Jamal, A., Dey, B. L. ve Rana, N. P. (2018). The Impact of Social Media on Consumers' Acculturation and Purchase Intentions. *Information Systems Frontiers*, 503-514.

Kızılçelik, S. ve Erjem, Y. (1994). *Sosyoloji Terimler Sözlüğü*. Ankara: Atilla Kitabevi.

Kızıltaş, Ş. (2014). *Kültürleşmenin Tüketici Etnosentrizmi Üzerine Etkisini Belirlemeye Yönelik Bir Araştırma*. Yayınlanmamış Doktora Tezi. Atatürk Üniversitesi Sosyal Bilimler Enstitüsü, Erzurum.

Koçak, Y. ve Terzi, E. (2012). Türkiye'de Göç Olgusu, Göç Edenlerin Kentlere Olan Etkileri ve Çözüm Önerileri. *KAÜ - İİBF Dergisi*, 3 (3), 163-184.

Koçyiğit, M. (2016). *Etkili İletişim ve Duygusal Zeka*. Konya: Eğitim Yayınevi.

Koenig, S. (2000). *Sosyoloji Toplumuna Giriş*. İstanbul: Ütopya Kitabevi.

Kömürcü, E. (2011), *Almanya'da Yaşayan Türk Göçmenlerin Sosyo – Kültürel Sorunları: Bir Entegrasyon Çalışması*. Yayınlanmamış Yüksek Lisans Tezi, Ankara Üniversitesi Fen Bilimleri Enstitüsü, Ankara.

Kumbier, D. ve Thun, F. (2006). *Interkulturelle Kommunikation:Methoden, Modelle, Beispiele. Rohwolt Taschenbuch Verlag*. Hamburg: Reinbeck bei.

Kunjara, K. (1982). *Communication Patterns of Thai Students in the Process of Acculturation*. Yayınlanmamış Doktora Tezi, The University of Oklahoma Graduate College, Norman.

Kurien, D. N. (2010). Body Language: Silent Communicator at the Workplace. The IUP Journal of Soft Skills, 4 (1), 29-36.

Kurtuluş, B. (1995). ABD'ne Beyin Göçünün Seyri. *Sosyal ve Siyaset Konferansları Dergisi*, (40), 133-144.

LaFollette, H. (1997). *Kişisel İlişkiler*. İstanbul: Ayrıntı Yayınları.

LaFromboise, T., Coleman, H. L. ve Gerton, J. (1993). Psychological Impact of Biculturalism: Evidence and Theory. *Psychological Bulletin*, (114), 395-412.

Lahti, I., Horenczyk, G. ve Kinunen, T. (2011). Time and Context in the Relationship Between Acculturation Attitudes and Adaptation Among Russian Speaking İmmigrants in Finland and Israel. *Journal of Ethnic and Migration Studies*, 9 (37), 1423-1440.

Lapsey, D. ve Stey, P. C. (2011). Id, Ego, Superego. *Encyclopedia of Human Behavior*. England: Elsevier, 1-9.

Laswell, H. (1948). The Structure and Function of Communication in Society. (Editörler: L. Bryson). İçinde, *The Communication of Ideas*. New York: The Institute for Religious and Social Studies, 216-228.

Lavenda, R. H. ve Schultz, E. A. (2018). *Kültürel Antropoloji*. Ankara: Doğu Batı Yayınları.

Lee, E. (1966). *A Theory of Migration*. America: Population Association of America.

Littlejohn, S. W. ve Foss, K. A. (1992). *Encyclopedia of Communication Theory.* USA: Sage Publications.

Macionis, J. J. (2012). *Sosyoloji. Ankara:* Nobel Yayıncılık.

Madsar, S. (2021). Sosyal Medya ve Post-Truth İlişkisi: Covid-19 Aşı Haberleri Üzerine Bir İnceleme, *Kastamonu İletişim Araştırmaları Dergisi,* (7) 48-63.

Madsar, S. (2021). Politik İletişim Aracı Olarak Sosyal Medya: 2018 Cumhurbaşkanlığı Seçimlerinde Adayların Twitter Kullanımı Üzerine Bir İnceleme, *Medya ve Sanat Çalışmaları Dergisi,* (1), 61-85.

Maisonneuve, J. (2005). *Sosyal Psikoloji.* Ankara: Dost Yayınları.

Mann, T. (2012). *Doktor Faustus (38. Auflage).* Frankfurt am Main: Fischer Taschenbuch Verlag.

Marshall, G. (1999). *Sosyoloji Sözlüğü.* Ankara: Bilim ve Sanat Yayınları.

Martin, P. L. (1981). Germany's Guestworkers. *Taylor & Francis,* 3 (24), 34-42.

Masgoret, A ve Ward, C. (2006). Culture Laerning Approach to Acculturation. (Editörler: D. L. Sam ve J. Berry). İçinde, *Cambridge Hanbook of Acculturation.* Cambridge: Cambridge Universty Press, 58-77.

Massey, D. S., Arango, J., Hugo, G., Kouaouci, A., Pellegrino, A. ve Taylor, J. E. (1998). *Worlds in Motion: Understanding İnternational Migration at the End of the Millennium.* Oxford: Oxford University Press.

Mbugua, L. W. (2003). *An Examination of Immigrant Consumer Acculturation: The Case of Recent African Immigrants to The United States.* Unpublished PhD Thesis, University of Memphis, Memphis.

Meray, S. L. (1982). *Toplum Bilim Üzerine.* İstanbul: Hil Yayınları.

Mercan, N. (2010). Dijital Dünyada Zaman, Mekan, *İnsan İlişkileri ve Yabancılaşma. Silahlı Kuvvetler Dergisi,* (403), 100-111.

Miller, A. (2014). *Beden Yalan Söylemez.* Okuyan Us Yayınları: İstanbul.

Miller, G. R. (1978). The Current State of Theory and Research in *Interpersonal Communication. Human Communication Research,* 2 (4), 164-178.

Mooney, E. D. (2003). Towards a Protection Regime for İnternally Displaced. (Editors: Persons. E. Newman, ve J. V. Selm). İn, *Refugees and Forced Displacement: İnternational Security, Human Vulnerability and the State.* New York: United Nations University Pres, 159-180.

Morgan, C. (2013). *Psikolojiye Giriş. Konya:* Eğitim Kitabevi.

Morris, C. (2002). *Psikolojiyi Anlamak.* Ankara: Türk Psikolojisi Derneği Yayınları.

Mullin, M. (1995). *Africa in America: Slave Acculturation and Resistance in the American South and the British Caribbean.* USA: University of Illinois Press.

Murray, S. (2008). Digital İmages, Photo Sharing, and Our Shifting Notions of Everyday Activities. *Journal of Visual Culture,* (7), 147-163.

Mutlu, E. (2008). *İletişim Sözlüğü.* Ankara: Ayraç Kitabevi.

Mutluer, M. (2003). *Uluslararası Göçler ve Türkiye: Kurumsal ve Ampirik Bir Alan Araştırması.* Ankara: Çantay Kitabevi.

Myers, G. E. ve Myers, M. T. (1992). *The Dynamics of Human Communication.* Newyork: McGraw.

Kaynakça

Nadkarnif, A. ve Hofmann, S. (2012). Why do people use Facebook? Personolity and İndividual Differences, *Pers Individ Dif*, 3 (52), 243-249.

Nancy, B. K. (2010). *Personal Connections in the Digital Age*. Malden: Polity Press.

Navarro, J. ve Poynter, T. S. (2010). *Louder Than Words Take Your Career from Average to Exceptional with the Hidden Power of Nonverbal Intelligence*. England: Harper Collins Publisher.

Ng, S. H. ve Bradac, J. J. (1993). *Power in Language: Verbal Communication and Social Influence (Language and Language Behavior)*. USA: Sage Publications.

Nguyen, H. H. ve Eye, A. V. (2002). The Acculturation Scale for Vietnamese Adolescents (ASVA): A Bidimensional Perspective. *International Journal of Behavioral Development*, 3 (26), 202-213.

Nirun, N. (1994). *Sistematik Sosyoloji Yönünden Aile ve Kültür*. Ankara: Atatürk Kültür Merkezi Yayınları.

Odabaşı, Y. ve Gülfidan, B. (2007). *Tüketici Davranış*. İstanbul: Mediacat Yayınları.

O'Guınn, T., Lee, W.-N., ve Faber, R. (1986). Acculturation: The İmpact of Divergent Paths on Buyer Behavior. *Advances in Consumer Research*, (13), 579-583.

Okur, H. D. ve Özkul, M. (2015). Modern İletişimin Arayüzü: Sanal İletişim Sosyal Paylaşım Sitelerinin Toplumsal İlişki Kurma Biçimlerine Etkisi (Facebook Örneği). *Süleyman Demirel Üniversitesi Sosyal Bilimler Enstitüsü Dergisi*, (21), 213-246.

Omur, S. (2011). *Almanya'da Yaşayan Türklerin Televizyon İzleme Alışkanlıkları*. Yayınlanmamış Yüksek Lisans Tezi, Marmara Üniversitesi Sosyal Bilimler Enstitüsü, İstanbul.

Onur, B. (1991). *Gelişim Psikolojisi: Yetişkinlik, Yaşlılık, Ölüm*. Ankara: İmge Kitabevi.

Outhwaite, W. (2008). *Modern Toplumsal Düşünce Sözlüğü*. İstanbul: İletişim Yayınları.

Özden, L. (1978). Algılama: Tüketici Davranışı İçindeki Yeri ve Pazarlamadaki Önemi. *Pazarlama Dergisi*, 4.

Özen, S. (1990). Aile Kurumuna Bazı Sosyolojik Yaklaşımlar. (Editörler: B. Dikeçligil ve A. Çiğdem). İçinde, *Aile Yazıları: Temel Kavramlar, Yapı ve Tarihsel Süreç*. Ankara: Başbakanlık Aile Araştırması Kurumu Yayınları.

Özkalp, E. (2013). *Sosyolojiye Giriş*. Bursa: Ekin Basım ve Dağıtım.

Özodaşık, M. (2009). *Kişilerarası İletişim Sürecinde Algı İkna ve Empatik İletişim İlişkiler*. Konya: Tablet Kitabevi.

Öztürk, M. ve Altuntepe, N. (2008). Türkiye'de Kentsel Alanlara Göç Edenlerin Kent ve Çalışma Hayatına Uyum Durumları: Bir Alan Araştırması. *Journal of Yaşar University*, 3 (11), 1587-1625.

Öztürk, R. G. (2011), *Turizm Reklamlarında Stratejik Duygu Kullanımı ve Marka Algısı: Almanya ve Avustralya Üzerinde Deneysel Bir Çalışma*. Yayınlanmamış Doktora Tezi, Marmara Üniversitesi Sosyal Bilimler Enstitüsü, İstanbul.

Pamuk, İ. (2019). *Almanya'da Kimlik Aidiyet ve Türkiye Kökenli Öğrenciler*. İstanbul: Yeni İnsan Yayınevi.

Parsa, A., Kuruoğlu, H. ve Aytaş, S. (2016). Yeni Medyada Göstergeler Evrenine Bakış. *I. International Visual Arts and Aesthetics Symposium*. Greece, 241-266.

Payne, K. E. (2001). *Different but Equal: Communication between the Sexes*. Westport: Praeger Publishing.

Pazarkaya, Y. (2011). Az Zamanda Çok İşler Başardık. (Editörler: Ş. Özil, M. Hoffman ve Y. Dayıoğlu). İçinde, *Jahre Türkishche Arbeitsmigration in Deutschland*. Göttingen: V and R Unipress, 113-125.

Pearce, W. B. ve Kang, K. (1987). Acculturation and Communicaiton Competence. (Editor: L. Kincaid). İn, *Communication Theory: Eastern and Western Perspectives*. San Diego: Academic Press, 235-244.

Pearce, W. B. ve Kang, K. (1987). Acculturation and Communicaiton Competence. (Editor: D. L. Kincaid). İn, *Communication Theory: Eastern and Western Perspectives*. San Diego: Academic Press, 235-244,

Peñaloza, L. (1994). Atravesando Fronteras/Border Crossings:A Critical Ethnographic Exploration of the Consumer Acculturation of Mexican Immigrants. *Journal of Consumer Research*, 3 (21), 32-54.

Perşembe, E. (2005). *Almanya'da Türk Kimliği Din ve Entegrasyon*. Ankara: Araştırma Yayınları.

Phillips, J. M. ve Gully, S. M. (2011). *Organizational Behavior: Tools for Success*. USA: South-Western Congage.

Powell, G. N. ve Greenhaus, J. H. (2010). Sex, Gender and Decisions at the Family Work İnterface. *Journal of Management*, 4 (36), 1011-1039.

Prensky, M. (2001). Digital Natives, Digital Immigrants. MCB University Press, 5 (9), 1-6.

Preston, P. (2005). Persuasion: What To Say, How To Be. Journal of *Healthcare Management*, 5 (50), 294-296.

R. Bourhis, J. D. (2004). Acculturation orientations towards Israeli Arabs and Jewish immigrants in Israel. *International Journal of Psychology*, (39), 118-131.

Redfield, R., Linton, R. ve Herskovits, M. (1936). Memorandum for the Study of Acculturation. *American Anthropologist, (38), 149-152*.

Richmond, V. R. ve McCroskey, J. C. (2000). Nonverbal Communication. (Editor: O. Hargie). İçinde, *A Handbook of Communication Skills*. England: Routledge.

Rubin, R. B., Perse, E. ve Barbato, C. A. (1988). Conseptualization and Measurement of İnterpersonal Communication Motives. *Human Communication Research*, 602-628.

Rudmin, F. (2009). Constructs, Measurements and Models of Acculturation and Acculturative Stress. *International Journal of Intercultural Relations*, (33), 106-123.

Rudmin, F. W. (2003). Separation, Integration, and Marginalization Critical History of the Acculturation Psychology of Assimilation. *Review of General Psychology*, 1 (7), 3-37.

Kaynakça

Sağır, Z. (2018). *Suriyeli Kadın Mültecilerde Kültürel Uyum, Ruh Sağlığı ve Din.* Yayınlanmamış Doktora Tezi, İstanbul Üniversitesi Sosyal Bilimler Enstitüsü, İstanbul.

Saha, J. (2006). *Management and Organizational Behaviour.* New Delhi: Excel Books India.

Sahlins, M. (2015). *Akrabalık Nedir, Ne değildir?* İstanbul: Dipnot Yayınları.

Sam, D. L. (2006). Acculturation: conceptual background and core components. (Editors: D. L. Sam, ve J. Berry). İn, *The Cambridge Handbook of Acculturation Psychology.* Cambridge: Cambridge University Press, 11-26.

Sam, D. ve Berry, J. (1997). Acculturation and Adaptation. (Editors: J. Berry, M. H. Segal ve Ç. Kağıtçıbaşı). İn, *Handbook of Cross Cultural Psychology.* Needham Heights: MA: Viacom, 291-326.

Sam, D. ve Berry, J. (2006). İntroduction. (Editors: D. Sam ve J. Berry). İn, *The Cambridge Handbook of Acculturation Psycholog.* Cambridge: Cambridge University Press, 1-7.

Samovar, L. A., Porter, R. E. ve McDaniel, E. R. (2004). *Communication Between Cultures.* Boston: Nelson Education.

Sarıgöl, P. (2013), *Kesişimsellik Teorisi Bağlamında Kadın Deneyimleri: Almanya'daki Türkiyeli Göçmen Kadınlar.* Yayınlanmamış Yüksek Lisans Tezi, Ankara Üniversitesi Sosyal Bilimler Enstitüsü, Ankara.

Satir, V. (2005). Communication is to a Relationship What Breathing is Maintaining Life. (Editors: S. A. Beebe, S. J. Beebe, ve M. V. Redmonda). İn, *İnterpersonal Communication Relating to Others.* USA: Pearson Education.

Saydam, A. (2015). *Algılama Yönetimi.* İstanbul: Remzi Kitabevi.

Saygın, S. ve Hasta, D. (2018). Göç, Kültürleşme ve Uyum. *Psikiyatride Güncel Yaklaşımlar,* 3 (10), 312-333.

Schiller, H., Castells, M. ve Virilio, P. (2008). Yeni Medya ve Enformasyon Toplumu. (Editor: N. Stevenson). İçinde, *Medya Kültürleri.* Ankara: Ütopya Yayınevi, 297-345.

Seel, P. (1984). *Thesen zur Landeskunde Eine Polimik, Bauer, H.L. (Hrsg), Unterrichtspraxis und theoretische Fundierung in Deutsch als Fremdsprache.* München: Goethe Institut.

Seidel, E. (1993). Sokak Politikası. Çaresizlik ile Militanlık Arasında Türk Gençleri. (Editors: C. Leggewie, ve Z. Şenocak). İçinde, *Türk Almanlar.* Hamburg: Rowohlt Tachenbuch Verlag GmbH, 164-175.

Senemoğlu, O. (2016). Antik Yunan Siyasal Düşünüşünde İnsan Doğası ve Toplum Anlayışı: Platon ve Aristotele. *İnsan & İnsan Dergisi,* 3 (10), 42-63.

Sevim, N. (2010). *Tüketici Kültürleşmesinin Almanya'daki Türk Göçmenlerin Gıda Tüketim ve Gıda Alışveriş Davranışları Üzerindeki Etkisi.* Yayınlanmamış Doktora Tezi, Anadolu Üniversitesi Sosyal Bilimler Enstitüsü, Eskişehir.

Seyyar, A. ve Genç, Y. (2010). *Sosyal Hizmet Terimleri, Ansiklopedik, Sosyal Pedagolojik Çalışma Sözlüğü.* Sakarya: Sakarya Yayıncılık.

Sezgin, M. ve Akgöz, E. (2009). *Genel ve Teknik İletişim.* Ankara: Gazi Kitabevi.

Shah, H. (1991). Communication and Cross- Cultural Adaptation Patterns Amang Asian Indians. *International Journal of Intercultural Relations*, (15), 311-321.

Sharma, R. M. (1992). Empathy: A Retrospective on its Development in Psychotherapy. *Austr NZJ Psychiatry*, 3 (26), 377-390.

Sillars, S. (1997). *İletişim*. İstanbul: Milli Eğitim Bakanlığı Yayınları.

Simonson, P. ve Park, D. W. (2016). The International History of Communication Study. England: Routledge.

Sirkeci, İ. ve Erdoğan, M. (2012). Göç ve Türkiye. *Migration Letters*, 4 (9), 297-302.

Sirkeci, İ., Cohen, J. H. ve Yazgan, P. (2012). Türk Göç Kültürü: Türkiye ile Almanya Arasında Göç Hareketleri, Sosyo-Ekonomik Kalkınma ve Çatışma. *Migration Letters*, 9 (10), 373-386.

Siyez, D. (2018). Kişilerarası İlişkilerin Başlangıcı ve Gelişimi. (Editör: A. Kaya). İçinde, *İnsan İlişkileri ve İletişim*. Ankara: Pegem Akademi Yayınları, 62-92.

Smith, R. L. ve Patricia Stevens-Smith. (1992). *Family Counseling and Therapy Major Issues and Topics*. Michigan: The University of Michigan Ann Arbor.

Soytetir, S. (2005). Benlik ve Kişilerarası İletişim. (Editörler: D. Gürüz ve A. Temel). İçinde, *İletişime Yeni Yaklaşımlar*. Ankara: Nobel Yayınevi, 227-259.

Stalker, P. (1994). *The Work of Strangers: a Survey of İnternational Labour Migration*. Geneva: İnternational Labour Office.

Sternberg, R. J. (1986). A triangular theory of love. *Psychological Review*, 2 (93), 119-135.

Stevens, E., Masggoret, A. M. ve Ward, T. (2007). Problems Of Psychological And Sociocultural Adaptation Among Russian-Speaking Immigrants In New Zealand. *Social Policy Journal of New Zealand*, (30), 178-198.

Stuart, J. ve Ward, C. (2011). A question of balance: Exploring the Acculturation, İntegration and Adaptation of Muslim İmmigrant Youth. *Psychological Intervention*, (20), 255-267.

Szapocznik, J., M. A. Scopetta, M. A., Kurtine, W. ve Aranalde, M. A. (1978). Theory and Measurement of Acculturation. *Interamerican Journal of Psychology*, (12), 113-130.

Şahin, B. (2010). Almanya'daki Türk Göçmenlerin Sosyal Entegrasyonunun Kuşaklar Arası Karşılaştırması: Kültürleşme. *Bilig*, (55),103- 134.

Şahin, S. (2012). Almanya'da Türk Vatandaşlarının Göçünün 51. Yılı Kazanımlar ve Tehditler. *Hacettepe Üniversitesi Edebiyat Fakültesi Sosyoloji Dergisi*, 1-15.

Şeker, B. D. (2005). *Kente Göç Etmiş Bir Örneklemde Bireycilik Toplulukçuluk Eğilimleri ve Değerler Açısından Kültüre Uyum (Kültürlenme) Süreçleri*. Yayınlanmamış Doktora Tezi, Ege Üniversitesi Sosyal Bilimler Enstitüsü, İzmir.

Kaynakça

Şeker, B. D. ve Boysan, M. (2013). İranlı Geçici Sığınmacıların Kültürleşme Tercihlerinin Demografik Özelliklere Göre İncelenmesi. *YDÜ Sosyal Bilimler Dergisi*, 6 (1), 18-39.

Taburoğlu, Ö. (2018), *Toplumsal Dayanışma, İş bölümü ve Dilencilik Olgusu Arasındaki İlişkiler: Almanya ve Türkiye Karşılaştırması*. Yayınlanmamış Doktora Tezi, Hacettepe Üniversitesi Sosyal Bilimler Enstitüsü Sosyoloji Anabilim Dalı, Ankara.

Tan, M. (1981). *Toplum Bilimine Giriş Temel Kavramlar*. Ankara: Ankara Üniversitesi Eğitim Fakültesi Yayınları.

Tan, M. (1993). *Toplumsal Tarihte Çocuk*. Ankara: Tarih Vakfı Yayınları.

Tanenbaum, T. J., El-Nasr, M. S. ve Nixon, M. (2014). *Nonverbal Communication in Virtual Worlds: Understanding and Designing Expressive Characters*. Pittsburgh: ETC Press Carnegie Mellon University.

Tarcan, B. (2015). *Gençlerin Facebook Kullanımları: Almanya ve Türkiye Örneği*. Yayınlanmamış Yüksek Lisans Tezi, Anadolu Üniversitesi Sosyal Bilimler Enstitüsü, Eskişehir.

Taşdemir, E. (2017). *Kişilerarası İletişim*. Bursa: Ekin Yayınları.

Taşer, S. (2015). *Konuşma Eğitimi*. İstanbul: Pegasus Yayınevi.

Taylor, S., Letita, A. P. ve Sears, D. (2015). *Sosyal Psikoloji*. Ankara: İmge Kitabevi.

Tekin, H. ve Hasskamp, L. (2011). Türklerin Geri Dönüşü. (Editör: F. Şen). İçinde, *50. Yılında Göç*. Ankara: Kültür ve Turizm Bakanlığı Yayınları, 167-193.

Telman, N. ve Ünsal, P. (2005). *İnsan İlişkilerinde İletişim*. İstanbul: Epsilon Yayınevi.

Teske, R. ve Nelson, B. (1974). Acculturation and Assimilation: a Clarification. *American Ethnologist*, (1), 351-367.

Thakkar, B. M. ve Kanekar, S. (1989). Dispositional Empathy and Causal Attribution as Determinants of Estimated Willingness to Help. *The Irish Journal of Psychology*, 381-387.

The Open Universty of Hong Kong. (t.y.). *Communication Theory*. Hong Kong: The Open Universty of Hong Kong.

Toksöz, G. (2006). *Uluslararası Emek Göçü*. İstanbul: İstanbul Bilgi Üniversitesi Yayınları.

Tolhuizen, J. H. (1989). Communication Strategies for Intensifying Dating Relationships: Identification, Use and Structure. *SAGE Journals*, 4 (6), 413-434.

Toprak, A., Yıldırım, A., Aygül, E., Binark, M., Börekçi, S. ve Çomu, T. (2009). *Toplumsal Paylaşım Ağı Facebook: "Görülüyorum Öyleyse Varım"*. İstanbul: Kalkedon Yayınevi.

Trebbe, J. J. (2007). Types of integration, acculturation strategies and media use of young Turks in Germany. *Communications*, (32), 171-191.

Triandis, H. (1994). *Culture and Social Behavior*. Newyork: McGraw.

Trimble, J. E. (2003). İntroduction: Social Change and Acculturation. (Editors: K. M. Chun, P. B. Organista ve G. Marin). İn, *Acculturation: Advances in Theory Measurement and Applied Research*. Washington: American Psychological Association, 3-33.

Türk, M. S. (2014). Algı Yönetimi ve İletişim: Algının Ötesinde Bir Gerçeklik Var mı?. (Editör: B. Karabulut). İçinde, *Algı Yönetimi*. İstanbul: Alfa Yayınları, 13-37.

Türkdoğan, O. (1977). *Türkiye'de Köy Sosyolojisinin Temel Sorunları*. İstanbul: Dedekorkut Yayınları.

Türkdoğan, O. (1991). Aile Sosyolojisi Modeli. *Türk Aile Ansiklopedisi Cilt 1* Ankara: T.C. Başbakanlık Aile Araştırması Kurumu Yayınları, 24-36.

Ultan, Ö. (2017). Avrupa Birliği'nde İstenen Göçmen Profili Analizi: Ekonomik Göçmen mi, Politik Göçmen mi? *Süleyman Demirel Üniversitesi, İİBF Dergisi*, (Göç Özel Sayısı 22), 1143-1456.

Uluç, G. ve Yarcı, A. (2017). Sosyal Medya Kültürü. *Dumlupınar Üniversitesi Sosyal Bilimler Dergisi*, (52), 88-102.

Uludağlı, N. (2017). Baba Katılımında Etkili Faktörler ve Baba Katılımının Baba Anne ve Çocuk Açısından Yararları. *Türk Psikolojik Yazıları*, 20 (39), 70-88.

Usluata, A. (1994). *İletişim*. İstanbul: İstanbul Üniversitesi Yayınları.

Uzun, K. ve Aydın, C. H. (2012). Kullanıcı Profilinin ve Bireylerarası İlişkilerin Gerçek Yaşamla Karşılaştırılması: Second Life Örneği. *Eskişehir Osmangazi Üniversitesi İİBF Dergisi*, 263-290.

Uzundumlu, Ö. (2015). Bir İletişim Unsuru Olarak Sosyal Selfie Uygulamaları. *Atatürk İletişim Dergisi*, (8), 27-248.

Üçok, E. (2018). Kişilerarası İletişimin Psikolojik Boyutları. (Editör: S. Ulağlı). İçinde, *Kişilerarası İletişim*. İstanbul: Motto Yayınları, 81-91.

Ünalan, D. (2016). The Communication Of Syrian Students With The Dominant Culture in the Context of Intercultural Communication: Ömer Halisdemir University Case. *European Journal of Business and Social Sciences*, 5(7), 24-37.

Ünalan, D. (2018). İletişim Biçemleri ve Kültürlerarası Duyarlılık Geliştirme Süreçlerinin "Pk" Filmi Özelinde İncelenmesi. *The Turkish Online Journal of Design, Art and Communication*, 8(2),437-446.

Üstündağlı, E. (2009). *Balkan Göçmenlerinin Türkiye'de Kültürleşmeleri Sürecinde Türk Tüketim Kültürüyle Olan Etkileşimi*. Yayınlanmamış Yüksek Lisans Tezi, Ege Üniversitesi Sosyal Bilimler Enstitüsü, İzmir.

Vlachonis, V. (2014). *Beden Yalan Söylemez*. İstanbul: Koton Kitap.

Ward, C. (2008). Thinking Outside the Berry Boxes: New Perspectives on İdentity, Acculturation and İntercultural Relations. *İntercultural Relations*, (32), 105-114.

Ward, C. ve Deuba, A. R. (1999). Acculturation and Adaptation Revisited. *Journal of Cross - Cultural Psychology*, 4 (30), 422-442.

Wayne, S. ve Liden, R. (1995). Effects of Impression Management on Performance Ratings: A Longitudinal Study. *Academy of Management Journal*, 38 (1), 232-260.

Weaver, R. L. (1996). *Understanding İnterpersonal Communication*. Newyork: Longman.

Kaynakça

Wells, R. B. (2011). Weaver's Model of Communication and its Implications. *Semantic Scholar*, 1-20.

Wickhorst, V. ve Geroy, G. (2006). Physical Communication and Organization Development. *Organization Development Journal; Chesterland*, 3 (24), 54-63.

Yağbasan, M. (2016). *Almanya ve Türkiye Özelinde Kültürlerarası İletişim.* Konya: Literatürk Akademi Yayınları.

Yağmur, K., ve de, V. V. (2012). Acculturation and language orientations of Turkish immigrants in Australia, France, Germany. *Journal of Cross-Cultural Psychology*, 7 (43), 1110-1130.

Yalçın, A. ve Adiller, S. (2016). *Sözsüz İletişim Şehir Efsanesi Olarak Beden Dili.* İstanbul: Mediacat Yayınları.

Yalçın, C. (2004). *Göç Sosyolojisi.* Ankara: Anı Yayıncılık.

Yalçın, M. G. (2017.). Göç Psikolojisi. Ankara: Pharmakon

Yaylagül, L. (2013). *Kitle İletişim Kuramları.* İstanbul: Dipnot Yayınları.

Yenson, M. (1995). *İnsan Biyokimyası.* Ankara: Güneş Kitabevi.

Yılmaz, G. (2005). Emek Göçünün Tarihsel Arka Planı ABD'deki Göçmen İşçilerin Durumu. *Türk Tabipleri Birliği Mesleki ve Sağlık Güvenlik Dergisi*, 2-7.

Yılmaz, F.G. (2015), *Almanya'da Yaşayan Türkiyelilerin Gündelik Hayat Pratikleri ve Taktikleri; Almanya Aachen Örneği.* Yayınlanmamış Doktora Tezi, Muğla Sıtkı Koçman Üniversitesi Sosyal Bilimler Enstitüsü, Muğla.

Yinger, J. M. (1985). Ethnicity. Annuel Reviews, (11), 151-180.

Yüksel, A. (2013). Yeni Medyanın ve Sosyal Ağların Yaşamımıza Soktuğu Yeni Bir Yaşam Pratiği: Sofalısıng. *Anadolu Üniversitesi İletişim Bilimleri Fakültesi Uluslararası Hakemli Dergisi*, 25 (1), 17-27.

Yüksel, H. (2006). Sözsüz İletişim. (Editör: U. Demiray). İçinde, *Genel İletişim.* İstanbul: Pegem Yayıncılık.

Zafer, A. (2015). *1878-1914 Yıllarında Balkanlar ve Kafkasya'dan Gelen İkinci Kuşak Göçmen Kadınların Kültürleşme Süreci (Bursa Vilayeti İnegöl Kazası Örneği).* Yayınlanmamış Doktora Tezi, Uludağ Üniversitesi Sosyal Bilimler Enstitüsü, Bursa.

Zastrow, C. ve Ashman, K. K. (2014). *İnsan Davranışı ve Sosyal Çevre.* Ankara: Nika Yayınevi.

Zıllıoğlu, M. (2010). *İletişim Nedir?.* İzmir: Cem Yayınevi.

Zlobina, A., Basabe, N., Paeza, D. ve Furnham, A. (2006). Sociocultural Adjustment of Immigrants: Universal and Group-Specific Predictors. *International Journal of Intercultural Relations*, (30), 195-211.

İNTERNET KAYNAKÇA

Airtime (2020), www.airtime.com, Erişim Tarihi 03.02.2021

Almanya Bülteni (2021), https://www.almanyabulteni.de/haberler/almanya-da-gocmenlerin-dagilimi, Erişim Tarihi 15.10.2020

Argics (2019), www.arcgis.com, Erişim Tarihi 21.07. 2010

Befilo (2021), www.befilo.com, Erişim Tarihi 15.01.2021

Bemyeyes (2020), www.bemyeyes.com, Erişim Tarihi 03.02.2021

Bibsonomy (2020), www.bibsonomy.org, Erişim Tarihi 03.02.2021

Bigotv (2020), www.bigotv.com, Erişim Tarihi 03.02.2021

Blackplanet (2020), www.blackplanet.com, Erişim Tarihi 03.02.2021

Catster (2020), www.catster.com, Erişim Tarihi 03.02.2021

Classmates (2020), www.classmates.com, Erişim Tarihi 28.01.2021

Destatis (2021), https://de.statista.com/statistik/daten/studie/152911/umfrage/tuerken-in-deutschland-seit-2001/, ErişimTarihi13.01.2021

Dijilopedi (2020), https://dijilopedi.com/2020-dunya-internet-sosyal-medya-ve-mobil-kullanim-istatistikleri/ , Erişim Tarihi 12.03.2020

Discordapp (2020), www.discordapp.com Erişim Tarihi 03.02.2021

Dogster (2020), www.dogster.com, Erişim Tarihi 03.02.2021

Encyclopedia (2021), https://www.encyclopedia.com/media/encyclopedias-almanacs-transcripts-and-maps/interpersonal-communication, Erişim Tarihi 15.05.2021

Evernote (2020), www.evernote.com, Erişim Tarihi 03.02.2021

EyeEm (2020), www.EyeEm.com, Erişim Tarihi 03.02.2021

Flixter (2020), www.flixter.com, Erişim Tarihi 03.02.2021

Gays (2020), www.gays.com, Erişim Tarihi 03.02.2021

Glocals (2020), www.glocals.com, Erişim Tarihi 28.01.2021

Göç İstatistik Raporu (2017),www.kizilay.org.tr/Upload/Dokuman/Dosya/38492657_2017-yili-goc-istatistik-raporu-ocak-2018.pdf, Erişim Tarihi 15.05.2020

Grindr (2020), www.grindr.com, Erişim Tarihi 03.02.2021

Habbo (2020), www.habbo.com, Erişim Tarihi 03.02.2021

Houseparty (2020), www.houseparty.com, Erişim Tarihi 15.01.2021

IOM (2021), https://www.iom.int/, Erişim Tarihi 15.04.2021

inLinx (2020), www.inLinx.com, Erişim Tarihi 19.01.2021

İnternations (2020), www.internations.org Erişim Tarihi 03.02.2021

Kik (2020), www.kik.com, Erişim Tarihi 28.01.2021

Line (2020), www.line.com, Erişim Tarihi 28.01.2021

Meetme (2020), www.meetvibe.com, Erişim Tarihi 15.01.2021

Meetup (2020), www.meetup.com, Erişim Tarihi 28.01.2021

Meetvibe (2020), www.meetvibe.com, Erişim Tarihi 15.01.2021

Messenger (2020), www.messenger.com, Erişim Tarihi 19.01.2021

Mocospace (2020), www.mocospace.com, Erişim Tarihi 28.01.2021

Myheritage (2020), www.myheritage.com Erişim Tarihi 28.01.2021

Myopportunity (2020), www.myopportunity.com, Erişim Tarihi 03.02.2021

Nap Sack (2020) ,www.nap-sack.com ,Erişim Tarihi 15.01.2021

Outeverywhere (2020), www.outeverywhere.com, Erişim Tarihi 03.02.2021

UNHCR (2020), https://www.unhcr.org/tr/unhcr-turkiye-istatistikleri, Erişim Tarihi 12.02.2021

United Nations (2021), https://www.un.org/en/desa, Erişim Tarihi 15.03.2021

Kaynakça

Peanut app (2020), www.peanut.app.com, Erişim Tarihi 03.02.2021

Pof (2020), www.pof.com, Erişim Tarihi 28.01.2021

Raftr (2020), www.raftr.com, Erişim Tarihi 28.01.2021

Republic of Turkey Ministry of Foreign Affairs (2021), http://www.mfa.gov.tr, Erişim Tarihi 12.03.2021

Ryze (2020), www.ryze.com, Erişim Tarihi 03.02.2021

Similarcartoonsblogspot (2019), http://similarcartoons.blogspot.com/2018/04/6-9.html, Erişim Tarihi 19.02.2019

Skype (2020), www.skype.com, Erişim Tarihi 19.01.2021

Slacak (2020), www.slacak.com, Erişim Tarihi 03.02.2021

Social Media List (2020), https://socialmedialist.org/sosyal-medya-siteleri.html, Erişim Tarihi 12.04.2020

Spinchat (2020), www.spinchat.com, Erişim Tarihi 03.02.2021

Statistisches Bundesamt (2004), https://de.statista.com, Erişim Tarihi 12.03.2021.

The Statistical Portal (2021), https://www.statista.com/markets/424/topic/538/mobile-internet-apps/ , Erişim Tarihi 15.01.2021

Tagged (2020), www.tagged.com, Erişim Tarihi 15.01.2021

Telegram (2020), https://telegram.org/, Erişim Tarihi 28.01.2021

Threema.ch (2020), www.threema.ch.com, Erişim Tarihi 28.01.2021

Tinder, (2020), www.tinder.com, Erişim Tarihi 19.01.2021

Trombi (2020), www.trombi.com/, Erişim Tarihi 28.01.2021

Tureng (2020), https://tureng.com/en/turkish-english/empati, Erişim Tarihi 13.07.2020

Twoo (2020), www.twoo.com, Erişim Tarihi 15.01.2021

Unrefugees (2021), www.unrefugees.org, Erişim Tarihi 15.09.2020

Viber (2020) www.viber.com, Erişim Tarihi 28.01.2021

weChat (2020), www.weChat.com, Erişim Tarihi 28.01.2021

Wer Kennt Wen (2020), www.wer-kennt-wen.net/, Erişim Tarihi 28.01.2021

Word Migration Report (2020), https://publications.iom.int/system/files/pdf/wmr_2020.pdf , Erişim Tarihi 15.02.2021

Writeaprisoner (2020), www.writeaprisoner.com, Erişim Tarihi 03.02.2021

Xing (2020), www.xing.com, Erişim Tarihi 03.02.2021

23andme (2020),www.23andme.com, Erişim Tarihi 19.01.2021

www.ingramcontent.com/pod-product-compliance
Lightning Source LLC
La Vergne TN
LVHW041453170726
843492LV00005B/1219